HOLT ADVANCED SPANISH
Curso de introducción

Nuevas vistas®

HOLT, RINEHART AND WINSTON
A Harcourt Education Company

Orlando • **Austin** • New York • San Diego • Toronto • London

Contributing Writers

María Elena Alvarado
San Juan de Puerto Rico
Ms. Alvarado wrote and
reviewed presentations and
activities for all collections.

Sylvia Madrigal Velasco
San Benito, Texas
Ms. Madrigal selected readings
and wrote Antes de leer and
Después de leer activities.

Virginia Maricochi
Buenos Aires, Argentina
Ms. Maricochi wrote and
reviewed presentations and
activities for all collections.

Reviewers

Argelia Guadarrama
University of Texas - Pan American
Edinburg, Texas
Ms. Guadarrama reviewed all
collections.

Amalia Hethcoat
St. John's School
Houston, Texas
Ms. Hethcoat reviewed all collections.

Nancy A. Humbach
Miami University
Oxford, Ohio
Ms. Humbach reviewed the grammar
scope and sequence for all collections.

Pat Donahue-McElhiney
Brookline High School
Brookline, MA

Judy Ford
North Pulaski High School
Jacksonville, AR

Elizabeth Gorman
Brookline High School
Brookline, MA

V. Catherine Kozij
Sylvan Hills High School
Sherwood, AR

Iris Kulp
Health Opportunities Secondary School
Bronx, NY

Field Test Participants

Kathleen Neal Carroll
Johnny Economedes High School
Edinburg, TX

Zulema Silva
Dudley High School
Greensboro, NC

María Suarez
Atherton High School
Louisville, KY

Nitza Cochran
N.B. Forrest High School
Jacksonville, FL

José G. Valadez
Johnny Economedes High School
Danna, TX

Myrta Córdova
Fort Hamilton High School
Brooklyn, NY

Yvonne L. Harrell
Englewood High School
Jacksonville, FL

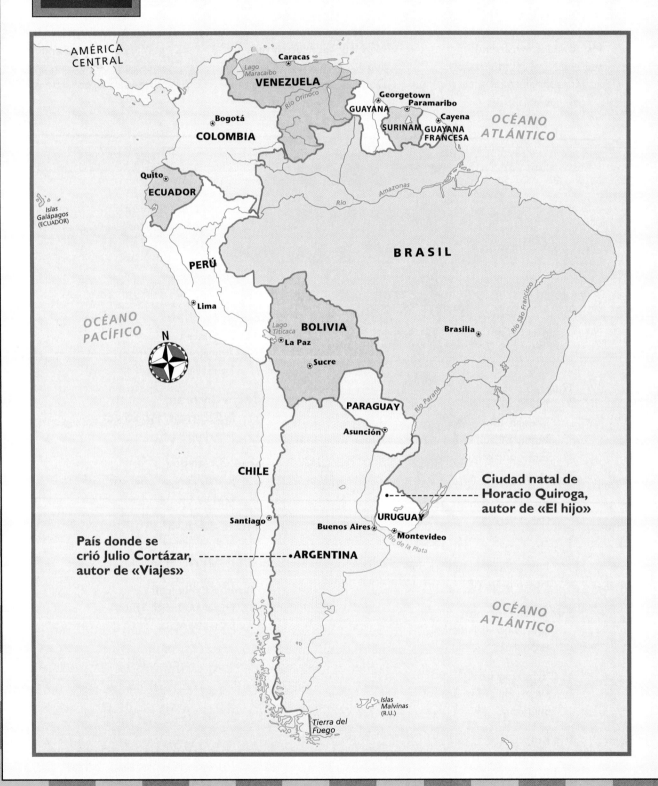

MAPAS

AMÉRICA CENTRAL

VENEZUELA
Caracas
Lago Maracaibo
Río Orinoco

Bogotá
COLOMBIA

GUAYANA
Georgetown
Paramaribo
SURINAM
Cayena
GUAYANA FRANCESA

OCÉANO ATLÁNTICO

Quito
ECUADOR

Islas Galápagos (ECUADOR)

Río
Amazonas

PERÚ

Lima

BRASIL

OCÉANO PACÍFICO

N

Lago Titicaca
BOLIVIA
La Paz

Sucre

Brasilia

Río São Francisco

PARAGUAY

Asunción

Río Paraná

CHILE

Ciudad natal de Horacio Quiroga, autor de «El hijo»

URUGUAY

Santiago

Buenos Aires

Montevideo

Río de la Plata

País donde se crió Julio Cortázar, autor de «Viajes» - - - - - - - - •ARGENTINA

OCÉANO ATLÁNTICO

Islas Malvinas (R.U.)

Tierra del Fuego

OCÉANO ATLÁNTICO

MÉXICO

Río Grande
Río Bravo

GOLFO DE MÉXICO

País natal de Julia de Burgos, autora de «A Julia de Burgos»

La Habana ⊛

CUBA

REPÚBLICA DOMINICANA

Santo Domingo ⊛

San Juan ⊛

OCÉANO PACÍFICO

Ciudad de México ⊛

MAR CARIBE

Cuidad natal de Laura Esquivel, autora de «Enero: tortas de navidad»

N

Ciudad natal de Carlos Fuentes, autor de «Chac Mool»

BELICE
⊛ Belmopan

GUATEMALA

HONDURAS
Tegucigalpa ⊛

Guatemala ⊛

EL SALVADOR   ⊛ San Salvador

NICARAGUA
⊛ Managua

Cuidad natal de Guillermo Samperio, autor de «Tiempo libre»

San José ⊛

COSTA RICA

PANAMÁ
⊛ Panamá

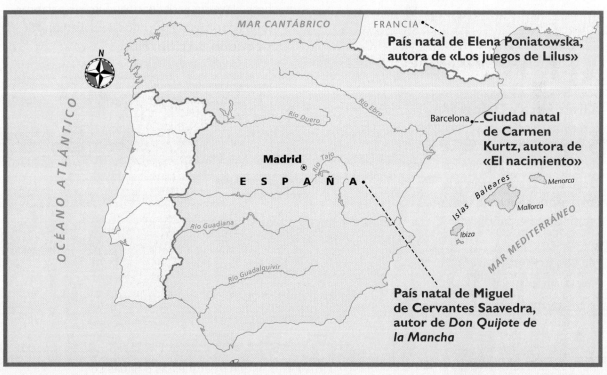

MAR CANTÁBRICO

FRANCIA ●

N

País natal de Elena Poniatowska, autora de «Los juegos de Lilus»

Río Ebro

Río Duero

Barcelona ●   Ciudad natal de Carmen Kurtz, autora de «El nacimiento»

OCÉANO ATLÁNTICO

Madrid ⊛

Río Tajo

E S P A Ñ A ●

Islas Baleares

Menorca

Mallorca

Río Guadiana

Ibiza

MAR MEDITERRÁNEO

Río Guadalquivir

País natal de Miguel de Cervantes Saavedra, autor de Don Quijote de la Mancha

Al estudiante

Nuevas vistas: Curso de introducción se divide en seis **Colecciones.** En cada colección se incluyen dos lecturas, acompañadas de presentaciones y actividades que enriquecerán tu conocimiento del español.

Introducción En estas páginas se presentan las diferentes secciones y los temas de la colección.

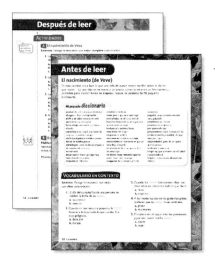

Antes de leer, Mientras lees y **Después de leer** Estas secciones contienen estrategias y actividades que te facilitarán la lectura de los diferentes textos.

Vocabulario En esta sección encontrarás actividades en las que se practican las palabras clave de cada lectura. Dichas palabras junto con sus significados se hallan en **Mi pequeño diccionario**.

Gramática y **Ortografía** En estas secciones se incluyen presentaciones y prácticas relacionadas con la gramática, las reglas de acentuación y la correspondencia de letras y sonidos en español.

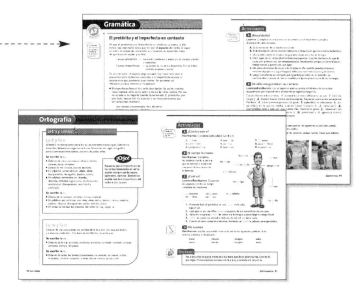

Taller del escritor En estas páginas se presentan estrategias que te ayudarán a escribir una variedad de textos relacionados con el tema de cada colección.

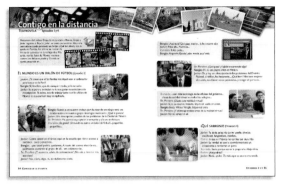

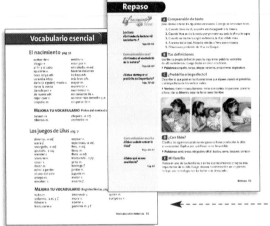

Cultura y comparaciones presenta información sobre diferentes aspectos de la cultura hispana.

Contigo en la distancia En esta telenovela se presentan jóvenes latinos en una historia sobre temas de actualidad.

Repaso Las actividades en esta sección te ayudarán a repasar los puntos fundamentales de la colección.

Vocabulario esencial En esta página se indican las palabras clave de cada lectura, evaluadas en las pruebas y exámenes.

En cada colección, vas a encontrar una variedad de íconos, sellos y cuadros, cada uno con un propósito específico.

Este ícono indica que hay material relacionado en el video o DVD.

Estos íconos indican que hay actividades auditivas y de escritura.

Este ícono indica que hay material relacionado en Internet.

Estos íconos indican que la actividad se hará en pareja o en grupo.

Estos íconos indican la presentación de una estrategia de lectura o escritura.

Este ícono te recuerda la estrategia de tomar apuntes y hacerte preguntas mientras lees.

Este sello te remite a otras secciones del libro si tienes dudas o preguntas.

Este sello te remite al Cuaderno de práctica para que practiques.

Este sello indica secciones o actividades de especial utilidad durante la preparación para los exámenes AP de lengua o de literatura.*

Estos íconos presentan recuadros con información importante acerca de un punto gramatical u ortográfico.

Este ícono indica que hay un aspecto cultural sobre el que debes investigar.

ÍNDICE

Colección 2
La niñez Págs. 48–95

COLECCIÓN 3
El mundo en que vivimos Págs. 96–147

COLECCIÓN 4
El misterio y la fantasía
Págs. 148–199

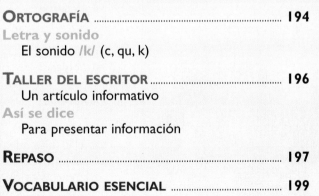

COLECCIÓN 5
El amor Págs. 200–255

COLECCIÓN 6

El poder de la palabra

Págs. 256–305

COLECCIÓN 1

¡Así somos!

■ **En esta colección, vas a tratar los siguientes temas:**

Lectura

- «Yo soy, tú eres, él es...»
- «Viajes» por Julio Cortázar
- «...Y así nos distraemos»

Comunicación oral

- **Vocabulario:** Los sinónimos; los antónimos
- **Gramática:** El modo indicativo: usos y conjugación del presente de indicativo; ser, estar y gustar; el adjetivo; el presente progresivo; el presente perfecto; los comparativos

Cultura

- *Contigo en la distancia:* Telenovela ¿Qué hicisteis en México? (Episodio 1) Desde que se fueron los muchachos... (Episodio 2)
- **Cultura y comparaciones:** Ritmo y folclor del mundo hispano

Comunicación escrita

- **Ortografía:** El acento tónico; la **h,** el sonido /y/
- **Taller del escritor:** La correspondencia informal; la correspondencia formal
- **Así se dice:** Para escribir cartas: el saludo, el cuerpo y la despedida

◢ internet

go. hrw .com

MARCAR: go.hrw.com
PALABRA CLAVE:
　　WN6 SOMOS

Así se distraen los jóvenes hispanos.

Antes de leer

Yo soy, tú eres, él es... y Viajes

En esta sección vas a leer sobre algunas semejanzas y diferencias entre chicos y chicas; vas a hacer un test de personalidad y vas a conocer a tres divertidísimos personajes creados por Julio Cortázar: los cronopios, los esperanzas y los famas. Antes de empezar, repasa las palabras de **Mi pequeño diccionario.**

Mi pequeño diccionario

a las espaldas de alguien (hacer o decir algo) sin que la otra persona lo sepa

abordar *v.* emprender, ponerse a hacer algo

acorde a *prep.* según, conforme a

adorno *m.* lo que se usa para decorar o embellecer, ornamento

agregar *v.* añadir

amenazar *v.* intimidar, sugerir que se quiere hacer mal

arreglado, -a *pp.* elegante, adornado

atado, -a de manos imposibilitado

autosuficiente *adj.* capaz de satisfacer sus propias necesidades

capricho *m.* antojo, gusto, deseo

carcajada *f.* risa ruidosa

caricatura *f.* dibujo donde se exagera o deforma algún aspecto físico de alguien o algo

comisaría *f.* oficina de policía

deleite *m.* placer, gusto

desanimarse *v.* perder las ganas, desilusionarse

desempeñar *v.* realizar las funciones propias de una tarea

diligencia *f.* procedimiento, trámite, formalidad burocrática

discreto, -a *adj.* prudente, sensato, que actúa con discreción

echarse a (llorar, reír, etc.) *v.* empezar a hacer algo (llorar, reír, etc.)

fuerza de voluntad *f.* valor necesario para hacer algo difícil, que cuesta mucho trabajo

hablar por los codos *v.* hablar mucho

ingenioso, -a *adj.* inteligente, hábil

introspectivo, -a *adj.* vuelto hacia el interior, hacia uno mismo

(buenos) modales *m. pl.* compor-

tamiento, manera (buena o mala) de actuar de una persona

novedad *f.* innovación, cambio

ostentoso, -a *adj.* aparatoso, grandioso, presumido

perdurable *adj.* capaz de durar mucho tiempo

pernoctar *v.* pasar la noche en algún lugar

pragmático, -a *adj.* práctico, realista

rechazar *v.* negar, rehusar

relacionarse con *v.* tratarse con, alternar con

rezongar *v.* protestar, quejarse demostrando mala gana o mala voluntad

sedentario, -a *adj.* tranquilo, que no lleva una vida agitada y permanece en un mismo sitio

titubeo *m.* duda, vacilación

valorar *v.* estimar, apreciar, dar valor

VOCABULARIO EN CONTEXTO

Leamos Completa el párrafo con las palabras dadas. Haz los cambios que sean necesarios.

▶ **Palabras:** ingenioso, amenazar, rezongar, a carcajadas, echarse a, hablar por los codos

Los chicos piensan que ellos son mucho más __1__ que las chicas, en todo lo que hacen. Dicen que no se entienden con las chicas porque __2__ llorar cuando se quedan sin argumentos y siempre __3__ y se ríen tontamente. Pero las chicas piensan que los chicos se ríen __4__ por cosas que no tienen gracia. También dicen que los chicos __5__ y que no se entienden con ellos porque __6__ siempre y no quieren ser amables.

Comparación y contraste Comparar consiste en establecer los parecidos entre dos cosas; contrastar significa hallar las diferencias. Al leer, presta atención a las palabras y frases que te servirán de pistas para hacer comparaciones: *ambos, tanto uno como otro, como, igual que, más que y menos que*; y para indicar diferencias: *a diferencia de, por el contrario, sin embargo, pero…* Recuerda que a veces no habrá ninguna palabra de enlace.

ACTIVIDADES

A Comparemos rostros

Leamos/Escribamos Basándote en las fotos, decide si las oraciones son ciertas o falsas. Luego usa las palabras subrayadas en cinco oraciones similares.

MODELO <u>Tanto</u> A <u>como</u> B abordan los retos de su propia vida.

1. B aprende español <u>pero</u> A lo habla sin titubeos.
2. A y B viven en países diferentes: <u>ambos</u> están felices de vivir en su respectivo país.
3. <u>Tanto</u> A <u>como</u> B están ocupados en sus diversas actividades y se ven contentos.
4. B es <u>más</u> joven <u>que</u> A.
5. B tiene un trabajo establecido, <u>a diferencia de</u> A, quien debe empezar a planear su futuro.

B Dime cómo viajas y te diré cómo eres

Hablemos/Escribamos Contesta las siguientes preguntas y comenta tus respuestas con un(a) compañero(a).

MODELO ¿Crees que la manera de viajar de una persona nos dice cómo es?
Escribes: Sí, creo que sí/No, creo que no porque…

1. ¿Crees que la manera de viajar de una persona nos dice cómo es?
2. ¿Qué hace tu familia cuando llega a una ciudad desconocida? ¿Y tú?
3. ¿A qué clase de personas no les gusta nunca mudarse del lugar donde viven?
4. ¿Has pernoctado alguna vez en una ciudad del extranjero?

Yo soy, tú eres, él es...

MIENTRAS LEES

A. ¿Cómo te llevas con los chicos y las chicas?

B. ¿Crees que tu mejor amigo(a) puede ser una persona del sexo opuesto?

C. ¿En qué se parece una chica a un árbol de Navidad?

D. ¿En qué se parece un chico a un huracán?

E. ¿En qué se diferencian los chicos de las chicas en clase?

F. ¿Qué fingen ser los chicos? ¿Y las chicas?

G. ¿Con cuál de las afirmaciones sobre tu propio sexo estás más de acuerdo y por qué?

¿CÓMO SOMOS?

Las chicas según los chicos

1. Siempre están muy arregladitas.
2. Llevan adornos en el pelo como un árbol de Navidad.
3. Se ríen tontamente y demasiado a tus espaldas.
4. Se hacen las mosquitas muertas.[1]
5. Hablan por los codos.
6. Se la pasan horas en el cuarto de baño.
7. Quieren ser el ojito derecho de[2] los profesores.

Los chicos según las chicas

1. Llevan el pelo como un puerco espín.[3]
2. Siempre se la pasan con juegos rudos.
3. Se ríen a carcajadas por cosas que no tienen gracia.
4. Se hacen los duros.
5. Hay que sacarles las palabras como con destornillador.[4]
6. Dejan el cuarto de baño como si hubiera pasado un huracán.
7. Son insoportables en el salón de clase.

¿Por qué los chicos no se entienden con ellas?

1. Porque siempre rezongan y se quejan cuando no haces lo que quieren.
2. Porque se echan a llorar cuando se quedan sin argumentos.[5]
3. Porque no hacen nada para agradar a los chicos.
4. Porque les cuesta reconocer que un chico es mejor en algo.
5. Porque hacen algo que te agrada con segundas intenciones.[6]
6. Porque son taaan complicadas.

¿Por qué las chicas no se entienden con ellos?

1. Porque amenazan siempre y no quieren ser amables.
2. Porque no hacen nada para agradar a las chicas.
3. Porque no reconocen nunca que una chica es mejor en algo.
4. Porque siempre llegan tarde.
5. Porque piensan que los buenos modales son cosa de chicas.
6. Porque son taaan sinvergüenzas[7] y caraduras.

---

1 personas que fingen ser más buenas e inocentes de lo que en realidad son 2 ser el favorito 3 pequeño roedor que tiene espinas en el dorso para defenderse 4 herramienta que se emplea para meter o sacar tornillos 5 razones, opiniones 6 con un propósito diferente del que se da a entender 7 aprovechados, que no tienen vergüenza

········ TEST DE PERSONALIDAD ········

Escoge la gráfica que más llama tu atención, la que más va con tus gustos. Considera sus formas y colores. Tal vez debas meditarlo[1] unos segundos antes de contestar. No tiene que ser necesariamente la imagen que te parezca más bonita, sino la que realmente sientas dentro de ti. Cuando finalmente te hayas decidido, pasa la página.

H. ¿Qué gráfica elegiste? ¿Por qué? ¿Qué te llamó más la atención?

I. ¿Cuál es la gráfica que menos te gusta? ¿Por qué?

1

2

3

4

5

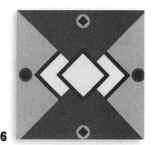

6

7

8

---

1 pensarlo detenidamente, con cuidado y atención

MIENTRAS LEES

J. ¿Estás de acuerdo con el resultado del test? ¿Te ha sorprendido?

K. ¿Qué tipo o tipos de persona no se comprarían nunca la última novedad en el mercado? ¿Por qué?

L. ¿Qué tipo o tipos de persona no necesitan estar rodeados de amigos para divertirse?

M. ¿Qué tipos de persona son los más arriesgados?

N. ¿Cuáles son los más independientes?

Ñ. ¿Cuáles de todos estos rasgos de personalidad te gustaría tener? ¿Cuáles no? ¿Por qué?

1 Independiente, poco convencional

Eres autosuficiente. Tienes inclinaciones[1] artísticas o actividades pasivas. Tu estilo de vida es individualista. Nunca imitarías ciegamente[2] a lo que está de moda, buscas vivir acorde a tus propias ideas y convicciones, aún cuando signifiquen nadar <u>contra la corriente</u>.[3]

2 Con los pies en la tierra[4], armonioso(a)

Valoras un estilo natural y amas todo aquello que es simple y sencillo. Las personas pueden depender de ti. Eres una persona cálida[5] y humana. Rechazas lo ostentoso y trivial. Tiendes a ser escéptico[6] ante los caprichos de la moda.

3 Lleno(a) de paz, discreto(a)

Eres sereno(a) y discreto(a). Haces amistades fácilmente y disfrutas a la vez tu privacidad e independencia. Te gusta estar solo(a) de vez en cuando para contemplar el significado de la vida. Te sientes en paz y aprecias la vida y todo aquello que el mundo te ofrece y agrega a tu vida a diario.

4 Dinámico(a), activo(a)

Estás dispuesto(a) a aceptar ciertos riesgos y a hacer grandes compromisos en intercambio por un interesante y variado trabajo. La rutina, por el contrario, <u>tiende a</u>[7] tener un efecto paralizante en ti. Lo que más te gusta es desempeñar un rol activo en los eventos.

5 Introspectivo(a), reflexivo(a)

Logras comprenderte más a ti mismo(a) y al ambiente que te rodea que la mayoría de las personas. Detestas la superficialidad,[8] prefieres estar en soledad que tener que soportar charlas sin sentido y frivolidades. Pero tu relación con tus amigos(as) es bien fuerte. No te preocupas de estar solo(a) y rara vez te aburres.

6 Analítico(a),[9] seguro(a)

Tu sensibilidad representa aquello que es perdurable y de alta calidad. La cultura desempeña un rol especial en tu vida. Has encontrado tu propio estilo exclusivo y elegante, libre de tendencias y caprichos de la moda. Tu ideal es el deleite en la cultura. Valoras la cultura en la gente con quien te relacionas.

7 Pragmático(a)

Pones menos fe en tu suerte que en tus propios actos. Resuelves los problemas de una manera práctica. Tienes un punto de vista realista sobre las cosas y las abordas sin titubeos. La gente sabe que puede depender de ti. Tu fuerza de voluntad proyecta tu seguridad a otros.

8 Alegre, ingenioso(a)

Amas la vida libre y espontánea. Y tratas de vivirla al máximo. Eres curioso(a) y abierto(a) a la novedad y prosperas[10] en el cambio. Nada es peor para ti que sentirte atado(a) de manos. Te gusta ser versátil[11] y te parece ideal dar o recibir sorpresas.

---

1 intereses, aficiones **2** sin pensarlo, sin tener seguridad y convencimiento **3** al contrario de los demás **4** realista, práctico **5** agradable, cariñosa **6** que no cree nada o duda de todo **7** suele, con frecuencia, habitualmente **8** frivolidad, algo ligero y trivial **9** que analiza y examina las cosas **10** progresas, sales favorecido o beneficiado **11** que se adapta fácilmente a nuevas circunstancias

Viajes

Julio Cortázar (1914–1984), nacido en Bruselas de padres argentinos, vivió desde niño en Argentina. Su talento de narrador comenzó a manifestarse en *Bestiario*, cuando tenía treinta y siete años. Luego, publicó libros de relatos excelentes como *Final del juego* (1956), *Historias de cronopios y de famas* (1962), y novelas largas como *Rayuela* (1963) y el *Libro de Manuel* (1973). Gran parte de su obra se considera realismo mágico o fantástico.

En este fragmento, de Historias de cronopios y de famas, *Cortázar ha creado tres clases de seres: los cronopios, inventores, espontáneos y tiernos; los famas, rígidos y organizados; y las esperanzas, observadoras de la vida y muy comodonas.[1] Caricaturas del ser humano, nos reímos con ellos a la vez que nos reconocemos.*

Cuando los famas salen de viaje, sus costumbres al pernoctar en una ciudad son las siguientes: Un fama va al hotel y averigua cautelosamente[2] los precios, la calidad de las sábanas y el color de las alfombras.[3] El segundo se traslada a la comisaría y labra un acta declarando los muebles e inmuebles de los tres, así como el inventario[4] del contenido de sus valijas.[5] El tercer fama va al hospital y copia las listas de los médicos de guardia y sus especialidades. Terminadas estas diligencias, los viajeros se reúnen en la plaza mayor de la ciudad, se comunican sus observaciones, y entran en el café a beber un aperitivo. Pero antes se toman de las manos y danzan en ronda. Esta danza recibe el nombre de «Alegría de los famas». Cuando los cronopios van de viaje, encuentran los hoteles llenos, los trenes ya se han marchado, llueve a gritos, y los taxis no quieren llevarlos o les cobran precios altísimos. Los cronopios no se desaniman porque creen firmemente que estas cosas les ocurren a todos, y a la hora de dormir se dicen unos a otros: «La hermosa ciudad, la hermosísima ciudad». Y sueñan toda la noche que en la ciudad hay grandes fiestas y que ellos están invitados. Al otro día se levantan contentísimos, y así es como viajan los cronopios. Las esperanzas, sedentarias, se dejan viajar por las cosas y los hombres, y son como las estatuas que hay que ir a ver porque ellas <u>no se molestan.</u>[6]

MIENTRAS LEES

O. ¿Qué hacen los famas al llegar a un hotel? ¿Y en la comisaría y el hospital?

P. ¿A qué se refiere la «Alegría de los famas»? ¿Cuándo se produce?

Q. ¿Cómo viajan los cronopios? ¿Cuál es su consuelo?

R. ¿Cuáles de estos personajes te gustan más? ¿A cuál de los tres tipos te gustaría pertenecer? ¿Por qué?

---

1 que les gusta la comodidad y el descanso **2** con cuidado y atención **3** tejidos con que se cubre el piso de las habitaciones para abrigar y adornar **4** documento en el que se listan las cosas que pertenecen a una persona o institución, etc. **5** maletas, piezas de equipaje **6** no hacen el esfuerzo

Después de leer

ACTIVIDADES

Cuaderno de práctica, págs. 1–2

A Los chicos y las chicas

Leamos Combina las frases de la sección A y las de la sección B y forma cuatro oraciones sobre chicos y chicas y lo que piensan los unos de los otros.

Sección A

1. Las chicas según los chicos...
2. Los chicos según las chicas...
3. Las chicas no se entienden con los chicos porque...
4. Los chicos no se entienden con las chicas porque...

Sección B

a. amenazan siempre y no quieren ser amables.
b. llevan adornos en el pelo como un árbol de Navidad.
c. se echan a llorar cuando se quedan sin argumentos.
d. se ríen a carcajadas por cosas que no tienen gracia.

B La personalidad

Leamos/Hablemos Lee de nuevo la lectura «Test de personalidad». Con un(a) compañero(a), describan en sus propias palabras las características principales de los siguientes tipos de personalidad. Después presenten sus descripciones a la clase.

▶ **Tipos de personalidad:** 1. Independiente, poco convencional; 2. Introspectivo, reflexivo; 3. Pragmático; 4. Dinámico, activo

C Comparemos personajes

Leamos/Escribamos En «Viajes» se describen tres tipos de personajes: cronopios, famas y esperanzas. Vuelve a leer el fragmento y escoge dos palabras o expresiones para cada uno de los personajes que te digan o sugieran algo sobre su manera de ser. Escribe una oración con cada una de ellas en una hoja aparte.

MODELO   no se desaniman (los cronopios)

Escribes: Los cronopios piensan que las cosas ocurren de la misma manera a todo el mundo, por eso no se desaniman nunca.

D Opinemos

Hablemos En grupos de tres comenten sus opiniones a partir de estas preguntas sobre «Viajes».

1. ¿Cuál es la semejanza principal entre los cronopios, los famas y las esperanzas?
2. ¿Cuál es la diferencia principal entre los cronopios, los famas y las esperanzas?
3. ¿Te identificas con alguno de estos personajes?
4. Si pudieras elegir un personaje de esta lectura, ¿cuál te gustaría ser? ¿Por qué?
5. ¿Reconoces estas caricaturas de Julio Cortázar en alguna persona conocida?

Comunicación

E A investigar

Escribamos/Hablemos Con un(a) compañero(a), investiga el papel que el hombre y la mujer han desempeñado en la sociedad en el último siglo, en culturas como la anglosajona, la árabe y la hispana. ¿Qué diferencias son evidentes? ¿Qué tienen en común? ¿Cómo han cambiado los papeles del hombre y la mujer a través del tiempo? Hagan un cuadro comparativo y preséntenlo en clase.

Allegory of the Creation por Jacopo Zucchi (1542–1596)

Nota cultural

Las diferencias entre los sexos son muy importantes en muchos mitos de la creación del mundo y de los orígenes de la humanidad. Según una leyenda colombiana, el mundo fue creado por Are. Cuando acabó de formarlo, vio unos juncos y tomando un par de ellos, inspirado, formó con uno una figura esbelta, graciosa y bella a la que llamó Fura, mujer; del otro junco elaboró a Tena, hombre. Con su soplo las figuras cobraron vida convirtiéndose en una bellísima pareja. Are los animó a reproducirse por tiempos sin fin, manifestándoles que serían siempre felices, sin conocer el dolor, las enfermedades, las desdichas o la muerte siempre y cuando respetaran su mandato de ser fieles.

Vocabulario

Cuaderno de práctica, págs. 3–4

A Relaciona

Leamos Relaciona las palabras de la Lista A con las palabras de la Lista B.

▸**Lista A:** adorno, carcajada, rezongar, valorar, agregar, rechazar
▸**Lista B:** apreciar, protestar, ornamento, despreciar, risa, unir

B Elige la palabra

Escribamos Escribe un par de oraciones relacionadas con cada una de las imágenes. Usa las palabras dadas como guía.

▸ **Palabras:** ostentoso, ajetreado, deleite, perdurable, arriesgado, comisaría, inteligente, adorno, arreglado, contento, atado, melancólico, diligencias, valorar

1.

2.

3.

C Así somos

Leamos Completa el párrafo con una de las palabras entre paréntesis.

A los adolescentes nos gusta salir a divertirnos los fines de semana, para (desgracia/deleite) de nuestros padres quienes se preocupan por nuestra seguridad. Algunos padres se quejan, otros (amenazan/critican): «Para tal hora deberás estar de vuelta en casa, o si no...». De nada sirve que les prometamos que vamos a (pernoctar/salir) en casa de un amigo o una amiga o que no vamos a tardar. Lo cierto es que nuestros padres no comprenden que anticipamos la (novedad/monotonía) que puede traernos un sábado por la noche. Vivimos en obediencia absoluta durante la semana. Tan sólo por un día queremos ser grandes, libres y (obedientes/autosufcientes).

D Tú mismo

Escuchemos/Hablemos Define con tus propias palabras el término al final de cada afirmación. Luego di si pueden aplicarse a tu propia personalidad y por qué.

E Las expresiones

Leamos/Escribamos Completa las oraciones usando las siguientes expresiones.

▶ **Expresiones:** criticar a las espaldas, echarse a reír, buenos modales, hablar por los codos, echarse a llorar, fuerza de voluntad

1. No me gustan los muchachos que no saben escucharte y...
2. No tolero la risa constante sin contenido, ni a los que...
3. En cambio, sí me gustan los que...
4. Y por sobre todo, me atraen los que...
5. Mi madre me dice siempre: "Fíjate en los chicos que...
6. No hay que despreciar a los que...

F Anuncio por palabras

Escribamos ¿Cómo te definirías? Elabora un anuncio para el periódico en el que te presentes a ti mismo(a) para conocer nuevos amigos. Usa las siguientes palabras.

▶ **Palabras:** discreto, desempeñar, ingenioso, pragmático, sedentario, titubeos, caprichos

MODELO   Joven simpático y discreto, con aficiones artísticas, busca amigos...

MEJORA TU VOCABULARIO

Los sinónimos son palabras que tienen un significado parecido, aunque no suele ser exactamente igual. Por ejemplo: **enojado** (de mal genio) y **furioso** (de muy mal genio) son sinónimos pero tienen un matiz diferente. Por esa razón, es importante tener en cuenta el contexto y las variaciones de significado de una palabra antes de sustituirla.

certidumbre: seguridad (**certidumbre** es menos frecuente y de registro elevado)
harto: cansado (**harto** es enfático)
antojo: deseo (**antojo** es restringido; **deseo** es genérico)
indeciso: dudoso (**indeciso** para personas; **dudoso** para situaciones)
humillante: vergonzoso (**humillante** es más fuerte y deliberado)
podar: cortar (**podar** es más restringido que **cortar**)

G La palabra parecida

Leamos Escoge el sinónimo de cada una de las palabras en negrilla y luego escribe una oración con cada uno.

1. **suprimir,** agregar, quitar
2. **vacilante,** indeciso, dispuesto
3. **ostentoso,** sencillo, lujoso
4. **certeza,** seguridad, desconfianza
5. **riesgo,** peligro, amenaza

Lo esencial del presente de indicativo **Cuaderno de práctica,** págs. 113–115

El modo indicativo

Usos y conjugación del presente de indicativo

El modo del verbo indica la manera en que se presentan las acciones. El **modo indicativo** se usa para expresar estados o acciones que ocurren en el presente, el pasado o el futuro, y que el hablante siente como reales.

> *Antes me **gustaba** mirar televisión. Ahora **prefiero** navegar por Internet. En el futuro, no sé qué me **gustará.***

● El **presente de indicativo** se usa para hablar de una acción que sucede habitualmente o algo que sucede o se piensa en el momento que se habla.

> *Los chicos **tienen** una prueba de historia cada quince días.*
> *Los chicos nunca **entienden** a las chicas.*

Éstas son las conjugaciones del **presente de indicativo:**

trabajar	beber	vivir
trabaj**o**	beb**o**	viv**o**
trabaj**as**	beb**es**	viv**es**
trabaj**a**	beb**e**	vive
trabaj**amos**	beb**emos**	viv**imos**
trabaj**áis**	beb**éis**	viv**ís**
trabaj**an**	beb**en**	viv**en**

¿Se te ha olvidado? **los verbos irregulares** Ver la página P11

● Algunos verbos no siguen este patrón de conjugación. Pueden tener cambios en la raíz **(verbos de cambio radical),** en su terminación **(verbos de cambio ortográfico),** o tanto en la raíz como la terminación **(verbos irregulares):**

pe**nsar** (ie) ➞ p**ie**nso, p**ie**nsas, p**ie**nsa, pensamos, pensáis, p**ie**nsan

do**rmir** (ue) ➞ d**ue**rmo, d**ue**rmes, d**ue**rme, dormimos, dormís, d**ue**rmen

escoger ➞ esco**j**o, escoges, escoge, escogemos, escogéis, escogen

conoc**er** ➞ cono**zc**o, conoces, conoce, conocemos, conocéis, conocen

ser ➞ **soy, eres, es, somos, sois, son**

¡Ojo!

Algunos verbos sólo son irregulares en la primera persona del singular.

dar: doy, das, da, damos, dais, dan

hacer: hago, haces, hace, hacemos, hacéis, hacen

saber: sé, sabes, sabe, sabemos, sabéis, saben

Cuaderno de práctica, págs. 5–6

A Informe de un fama

Leamos Lee el siguiente informe sobre la llegada de un fama a una ciudad y escribe la forma correcta de los verbos entre paréntesis.

1. ===== (llegar) al aeropuerto. ===== (pensar) en coger un taxi, pero como ===== (costar) un 3% más caro que el autobús, ===== (coger) el autobús.

2. En la recepción del hotel, le ===== (decir) su número de habitación y él lo ===== (anotar) en su libreta: el 51. ===== (subir) a la quinta planta pero no ===== (poder) abrir la puerta de la habitación, no ===== (saber) cómo funciona. ===== (hacer) uso de su celular y en dos minutos, ===== (venir) el botones y lo ayuda.

3. Luego se ===== (desvestir), ===== (poner) su ropa cuidadosamente en la cama y se ===== (acostar) a leer toda la información sobre el hotel y la ciudad.

B El primer día

Leamos Completa el siguiente párrafo con el presente de indicativo de los verbos dados.

conocer	ser	conversar	divertir	reír

comenzar	encontrar	haber	contar

El primer día de clase siempre __1__ mi favorito. Me __2__ con mis antiguos compañeros, y juntos __3__ sobre las vivencias de las vacaciones. Siempre __4__ alguna novedad. Unos __5__ sus historias, otros se __6__ a carcajadas, y __7__ un gran bullicio. Además, ese día tambien __8__ a los nuevos compañeros, y me __9__ imaginando cómo es el carácter de cada uno de ellos.

C ¿Qué hay de nuevo?

Escribamos Imagínate que uno(a) de tus amigos(as) se ha mudado a un país de habla hispana y está ansioso por tener noticias tuyas. Escríbele y cuéntale en detalle sobre tus actividades y las de tus amigos(as), en el colegio y fuera del colegio y dile que esperas su respuesta, pues todos quieren saber de su vida.

Ser, estar y gustar

- Los verbos **ser** y **estar** tienen diferencias en cuanto a su uso y significación, los cuales puedes observar en el siguiente cuadro.

verbos	significado	ejemplos
ser	identidad característica	¿Quién **es**? **Soy** yo, Estela. Los cronopios **son** optimistas.
estar	lugar, condición o estado de ánimo	¿Dónde **está** el gato? **Está** en el sótano. Los cronopios **están** contentos.

- El verbo **gustar** y muchos verbos de percepción como **encantar, interesar,** o **sorprender,** no se usan de la misma manera ni siguen el patrón de conjugación de otros verbos regulares.

  *A muchos jóvenes **les** gusta la televisión.*
  *A mí **me** interesan más los videojuegos.*

- El verbo **gustar** se usa con los **pronombres de complemento indirecto,** los cuales indican la persona a quien le gusta algo. Se usan sólo las formas **gusta** si lo gustado es algo singular o una actividad (infinitivo), y **gustan** si lo gustado es plural.

  — *¿**Te** gusta el fútbol?* (Lo gustado es singular.)
  — *No mucho, pero **me** gustan otros deportes.* (Lo gustado es plural.)
  — *¿Qué deporte **te** gusta jugar?* (Lo gustado es una actividad.)

¿Se te ha olvidado?
el verbo gustar
Ver la página R13

¿Te acuerdas?

Los **pronombres de complemento indirecto** son: **me, te, le, nos, os, les.** Pueden aclararse con la preposición **a** y el nombre al cual refieren si éste no es claro en el contexto.

*A los jóvenes **les** encantan las fiestas.*
*A nosotros **nos** gusta la ciudad, pero también el campo.*

Otros verbos se construyen en la oración del mismo modo que **gustar:** *agradar, doler, enojar, faltar, fascinar, fastidiar, preocupar, quedar, etc.*

D La Plaza

Escribamos Ésta es la Plaza de la Independencia de México D. F. Completa en presente las oraciones del párrafo, que describen la imagen, usando **ser** y **estar**.

Ésta __1__ una de las plazas más grandes del mundo: el Zócalo. En el centro de la plaza __2__ la bandera de México. La bandera __3__ roja, blanca y verde. Un hombre camina con un niño; ambos __4__ turistas y __5__ cerca de la bandera. El hombre __6__ alto y __7__ contento, el niño __8__ rubio y __9__ cansado. El mercado __10__ pequeño y __11__ en la esquina de la plaza. Un hombre __12__ apoyado en una columna. __13__ mexicano. La mujer que __14__ en la ventana y mira hacia la plaza __15__ la esposa del alcalde de la ciudad.

E Tipos y estereotipos

Leamos/Escribamos Clasifica a las siguientes personas en cronopios, esperanzas o famas. Luego, teniendo en cuenta su tipo de personalidad, completa las oraciones con la forma correcta de los verbos dados y las frases que correspondan.

▶ **Verbos:** gustar, disgustar, encantar, interesar, faltar, fascinar

▶ **Frases:** las sorpresas, la desorganización, quedarse en casa, ir a fiestas, los horarios, la rutina, la improvisación, planear todo en detalle, las excursiones

MODELO   Mi profesora de español es ====. A ella ====

    Escribes: Mi profesora de español es una fama. A ella le encantan los horarios.

1. Mi mejor amigo(a) es ====. A él ====.
2. Mis padres son ====. A ellos ====.
3. Mi profesor de arte es ====. A él ====.
4. En clase, nosotros somos ====. A nosotros ====.
5. Tú eres ====. A ti ====.
6. Yo soy ====. Me ====.

F Encuesta de personalidad

Hablemos/Escribamos Haz una lista de diez preguntas para una encuesta de personalidad. Hazle la encuesta a un(a) compañero(a) y saca tus propias conclusiones según sus respuestas. Comenta tus conclusiones con él (ella) para ver qué piensa.

MODELO   **Preguntas:** ¿Te gusta salir con amigos? ¿Haces bromas? ¿Te ríes seguido cuando estás con amigos? ¿Ves el lado positivo o negativo de las cosas?
             Conclusiones: Eres... ¿Estás de acuerdo?

Lo esencial
de los
adjetivos
**Cuaderno
de práctica,**
págs. 118–120

El adjetivo

El **adjetivo** modifica un **sustantivo** y concuerda con él en género y número.
Se coloca después del **sustantivo** cuando le atribuye a éste una cualidad.

> *Se oye un **ruido** espantoso.*

Se coloca antes del **sustantivo...**

- Cuando se usa para determinar una cantidad.

> *Aquí hay **mucho** ruido.*

- Cuando el adjetivo expresa posesión. En este caso, se denomina **adjetivo posesivo.**

> ***Tu relación** con **tus amigos** es bien fuerte.*

Éstos son los adjetivos posesivos:

mi(s)	nuestro(s)	nuestra(s)
tu(s)	vuestro(s) (Esp.)	vuestra(s) (Esp.)
su(s)	su(s)	su(s)

- Cuando el **adjetivo** expresa el lugar donde se encuentra el **sustantivo** respecto al hablante. En este caso, se denomina **adjetivo demostrativo.**

> ***Estos chicos** quieren seguir estudiando. **Aquellas niñas** son serenas.*

Éstos son los adjetivos demostrativos:

próximo al hablante		próximo al oyente		próximo a ninguno	
este	esta	ese	esa	aquel	aquella
estos	estas	esos	esas	aquellos	aquellas

En algunos casos el adjetivo cambia de significado según esté antes o después del sustantivo.

*una amiga **vieja** (avanzada en edad)*   *una **vieja** amiga (Hace mucho que la conozco.)*

Además de cambiar su significado, el adjetivo **grande** pierde sus dos últimas letras cuando antecede al sustantivo.

*Ese día fue una **gran** celebración. (La celebración no fue grande, sino fantástica.)*

G El abuelo

Escuchemos Escucha la conversación de estos dos hermanos sobre su abuelo. Después completa el siguiente párrafo con los adjetivos que recuerdes de la conversación.

Jaime y Armando están __1__ por su abuelo. Dicen que se ve __2__ y que en __3__ días se pasa todo el tiempo sentado en un sillón. __4__ vida es __5__ y últimamente parece muy __6__. Jaime cree que el abuelo echa de menos a __7__ amigos del Perú. Tiene una __8__ amistad con ellos pero no los ha visto en __9__ tiempo. Armando dice que podrían pagarle un viaje al abuelo con el dinero que ahorraron el verano __10__. Jaime está de acuerdo. Sabe que al abuelo le encantará la idea.

H Cliente de pesadilla

Leamos Imagínate que estás en una joyería y quieres comprarte algo pero no sabes qué comprar. Completa el diálogo usando el adjetivo demostrativo correcto según la distancia entre los objetos de la imagen. Imagina que estás más cerca de la imagen número uno.

— Me gustan __1__ aretes, pero no sé.
¿No son demasiado pequeños?

— Sí, son pequeños. ¿Qué le parecen
__2__ otros? Son un poco más grandes.

— Se ven bien, pero deben ser caros.

— ¿Y qué tal __3__ collar?

— Pues también es algo caro.

— ¿Cómo le parece __4__ anillo?

— No, a mí no me gustan los anillos.
Pero __5__ pulseras se ven
fantásticas...

omunicación

I Tienes una llamada

Hablemos Tu amigo(a) acaba de recibir tu carta y te llama por teléfono para ponerte al tanto de todas sus noticias. Representen la conversación telefónica. Tú tienes miles de preguntas y él (ella) te cuenta sobre su nuevo colegio, sus amigos y sus actividades. Intenta entrevistar a un joven de otro país para averiguar cómo suelen ser las cosas en ese país.

MODELO   — Y el colegio, ¿qué tal es?
— Te cuento que me encanta. No es muy grande pero mis profesores
son...

Ortografía

Acentuación

El acento tónico

Toda palabra está formada por una o más sílabas. Una sílaba es el grupo de letras que se pronuncia con un solo golpe de voz.

cla-se   sen-ci-llo   in-te-re-san-te

Para dividir las palabras en sílabas...

- Una sola consonante entre dos vocales se agrupa con la segunda vocal: *pa-sa, pá-gi-na, bo-ni-ta*.
- Los siguientes grupos de consonantes nunca se separan, y se comportan como si fueran una: **bl, br, cl, cr, dr, fl, fr, gl, gr, pl, pr, rr, tr.**

  a-gra-dar, siem-pre, in-so-por-ta-bles

- Cuando hay dos consonantes entre vocales, la primera se agrupa con la primera vocal, y la segunda con la segunda vocal: *muer-tas, cuar-to, car-ca-ja-das*.
- Cuando hay tres consonantes, las dos primeras se unen a la vocal previa y la tercera se une a la siguiente vocal: *ins-tan-te, trans-pa-ren-te, cons-truc-ción*.
- Si dos vocales fuertes están juntas, se separan: *i-de-as, re-a-lis-ta, es-pon-tá-ne-os*.
- Si una vocal débil y otra fuerte o dos vocales débiles están juntas, forman un diptongo y no se separan: *jue-gos, siem-pre, es-pe-cial, rui-do*.
- Si el énfasis de la pronunciación cae sobre la vocal débil, se separan: *rí-en, dí-a, a-cen-tú-o*.

En español, las palabras siempre tienen una **sílaba tónica.** Esta sílaba se pronuncia con más fuerza que las demás, y a esto lo llamamos **acento tónico.** El resto de las sílabas que forman la palabra son átonas, es decir, no se pronuncian con ningún acento especial.

No hacen nada para agradar a las chicas.

Las vocales fuertes o abiertas son **a, e, o.**

Las vocales débiles o cerradas son **i, u.**

- Cuando la sílaba tónica es la última sílaba de la palabra, la palabra es **aguda:** *agradar, Navidad, mejor, progresar, reloj, tamal, rigidez*.
- Cuando la sílaba tónica es la penúltima sílaba de la palabra, la palabra es **llana:** *adornos, pelo, sinvergüenza, revista*.

ACTIVIDADES

Cuaderno de práctica, pág. 8

A Por sílabas

Leamos/Escribamos Divide las siguientes palabras en sílabas. Luego señala la sílaba tónica e indica si las palabras son agudas o llanas.

▸ **Palabras:** mosquitas, determinar, quieren, ideal, rezongan, ríen, llorar, chico, cuando, ojito, arregladitas

B Un poco de color

Leamos/Escribamos Pon color a las siguientes oraciones. Observa la imagen y completa correctamente las oraciones con el nombre del color que corresponda. Luego indica la sílaba tónica y di si la palabra es aguda o llana.

1. El color del amor y la pasión es el ▭.
2. El ▭ es un color que simboliza la paz.
3. El ▭ es el color del cielo y el mar.
4. Para muchos, el ▭ es el color de la esperanza.
5. El ▭ es el color de un día lluvioso y nublado.
6. El ▭ es el color del chocolate.

Garden at Sainte-Adresse por Claude Monet

C Las nueve agudas

Leamos/Escribamos Busca tres palabras agudas en el texto «Yo soy, tú eres, él es...», tres en «Test de personalidad» y otras tres en «Viajes». Luego, incluye esas nueve palabras en un párrafo que tenga sentido.

DICTADO

Vas a escuchar una serie de oraciones basadas en «Viajes». Escribe lo que oigas en una hoja aparte. Luego subraya las sílabas tónicas y di si las palabras son agudas o llanas.

Taller del escritor

ESTRATEGIA

La correspondencia informal es una forma de comunicación escrita que ha ido cambiando con los avances tecnológicos: no escribimos menos cartas, sino que muchas las enviamos por correo electrónico. Sin embargo, es importante saber redactar cartas convencionales. Al escribir una carta informal a familiares o amigos, recuerda que hay que incluir el lugar, la fecha (como en la ilustración), y el saludo, que va seguido por dos puntos. A continuación, escribes el cuerpo de la carta, donde narras los sucesos, y por último, la despedida y la firma (sin apellidos).

Así se dice

Para escribir el saludo
Hola:
Querido amigo o amiga:
Querido (con el nombre
a continuación):

Para escribir el cuerpo de la carta
¿Qué tal te va?, / ¿Cómo estás?
Hace mucho tiempo que…
Te escribo para…

Para escribir la despedida
Un abrazo,
Un beso,
Hasta pronto,
Muchos recuerdos…

Madrid, 29 de septiembre de 2005
— **lugar y fecha**

Querido Juan: _____ — **saludo**

¿Cómo estás? Hace mucho tiempo que no hablamos. Yo estoy muy bien, estudiando mucho para mis exámenes. Mi familia también está muy bien.

Te escribo para contarte que voy a estar en Guadalajara entre el 15 y el 30 de octubre, y me gustaría verte. Avísame si puedes.
— **cuerpo**

Un beso, _____ — **despedida**
Paula _____ — **firma**

ACTIVIDAD

Llegó el cartero

Escribamos Escribe una carta de una página a un amigo o a una amiga y cuéntale sobre tus vacaciones: si viajaste, a dónde y con quién y todo lo demás que hiciste. Acuérdate de las partes de la carta y respeta los signos de puntuación.

Antes de leer

...Y así nos distraemos

En esta sección vas a leer el informe «...Y así nos distraemos», acerca de los medios de esparcimiento de chicos y chicas de hoy en día. Antes de empezar, repasa las palabras de **Mi pequeño diccionario.**

Mi pequeño *diccionario*

alabanza *f.* algo bueno que se dice de alguien

asociado, -a *pp.* relacionado

carente (de) *adj.* sin, privado de, desprovisto de

concepto *m.* idea, pensamiento

conclusión *f.* resultado al que se llega después de examinar algo

conversar *v.* charlar

convivir *v.* vivir con alguien o algo

corresponder a *v.* tener una cosa relación con otra; tener que hacer

creatividad *f.* capacidad para inventar y hacer cosas nuevas

descender *v.* bajar, disminuir

en detrimento de a costa de

entretenimiento *m.* lo que se hace como diversión

equivaler *v.* ser igual que otra cosa

esparcimiento *m.* lo que se hace

como diversión

espectador, -a *m. y f.* persona que asiste a un espectáculo

imprescindible *adj.* absolutamente necesario

incrementarse *v.* aumentar, crecer

invertir *v.* ocupar o hacer uso de alguna cosa en algo

ir en aumento *v.* crecer, subir

masivo, -a *adj.* que llega a grandes cantidades de personas

medios (de comunicación) *m. pl.* se dice de las nuevas tecnologías de información masiva, como la televisión o Internet

obviamente *adv.* naturalmente, evidentemente

ocupar (un lugar) *v.* llenar un espacio; hallarse en una posición

placer *v.* gustar

porcentaje *m.* cantidad que representa una parte de cien

proveer *v.* dar, proporcionar

recomendación *f.* consejo que se da para hacer bien

reconocimiento *m.* aprecio, consideración, estimación

recreativo, -a *adj.* que divierte, con lo que se disfruta

remunerado, -a *pp.* pagado, retribuido

reponerse *v.* volver a estar sano o tranquilo

riesgo *m.* posibilidad de que algo no salga bien

ser del agrado de *v.* gustarle a

temática *f.* asuntos, tópicos

vivencia *f.* experiencia de la vida

VOCABULARIO EN CONTEXTO

Leamos Completa el párrafo con las siguientes palabras. Haz los cambios que sean necesarios.

▶ **Palabras:** entretenimiento, placer, reponerse, invertir, remunerado, conversar, convivir, medios masivos, esparcimiento, asociado

El concepto de tiempo libre está __1__ al trabajo, es un tiempo que dedicamos a hacer lo que nos __2__, para __3__ de la actividad laboral, sea por trabajo __4__ o el que __5__ estudiando. Tradicionalmente se dedicaba a diferentes actividades de __6__, como __7__ con amigos y familia. Desafortunadamente, hoy abusamos de los __8__ de comunicación para conseguir el __9__ en lugar de compartir y comunicarnos cara a cara con las personas con quienes __10__ .

ESTRATEGIA

Impresiones del texto En esta estrategia se presentan, en orden cronológico, algunas frases clave de un texto. Así, el lector se forma una impresión de lo que pasa en la historia antes de leerla. Estas impresiones no tienen que ser correctas. Lo importante es que lo ayuden a familiarizarse con la lectura y a hacer predicciones.

ACTIVIDADES

A Impresiones del artículo

Escribamos/Leamos Lee las siguientes oraciones extraídas del artículo de esta sección. Después, escribe en una hoja como ésta las palabras clave de las oraciones y, basándote en ellas, haz un breve resumen de lo que crees que tratará la lectura.

1. El cine es desde luego el entretenimiento más costoso.

2. Su mayor frecuencia está en relación con el nivel de estudios, además de la propia temática de las películas, porque no todas son del agrado de jóvenes entre 13 y 15 años.

3. El deporte da al joven la oportunidad de desarrollar el espíritu de equipo, deseo de triunfo, la competitividad, el entrenamiento hasta lograr... el reconocimiento de los espectadores, etc.

B Tu tiempo libre

Hablemos Con un(a) compañero(a), túrnense para contestar estas preguntas.

1. ¿Con qué actividades asocias el concepto de tiempo libre?

2. ¿Cuántas horas diarias recomiendas dedicar al sueño?

3. ¿Piensas que las actividades recreativas son sólo para los jóvenes?

4. ¿Qué conclusión sacas de las diferentes formas de entretenimiento de los jóvenes?

5. ¿Piensas que estas formas de entretenimiento varían mucho de un país a otro? Explica.

Palabras clave	Impresiones del texto

...Y así nos distraemos

Tiempo libre... pero, ¿libre de qué? El concepto del tiempo libre está asociado al trabajo, es un tiempo que dedicamos a hacer lo que nos plazca, para reponernos de la actividad laboral, sea por trabajo remunerado o el que invertimos estudiando. Nuestras vidas están divididas en tres grandes actividades:

Tiempo libre 50%
Estudios 17%
Sueño 33%

a) Dormir, que es algo así como el 33% de nuestro tiempo.

b) Estudiar o trabajar, que equivale al 17% de nuestro tiempo.

c) Tiempo libre, que representa el 50% de nuestro tiempo.

Actividades de esparcimiento electrónico

La vida urbana es prácticamente carente de espacios verdes, lugares donde poder convivir con la naturaleza. Las calles están diseñadas pensando en el automóvil más que en el hombre. A eso se añade que las normas de construcción permiten espacios cada vez más pequeños en donde viviendas uniformes,[1] mal diseñadas y estrechas, hacen que la única opción sea el uso de medios masivos de comunicación como entretenimiento. De ellos, obviamente el más poderoso es la televisión, que nos ha llevado a ser espectadores de la vida y no actores de ella. Pasamos horas frente al televisor, almacenando en nuestra mente todo lo que productores y anunciantes[2] quieren transmitirnos.

Se sabe que el gusto por ver televisión desciende al incrementarse el nivel de estudios, y esto nos habla de la enorme influencia que está jugando la televisión en la formación[3] de los jóvenes y en sus <u>estados de ánimo</u>,[4] principalmente entre los 13 y 15 años.

MIENTRAS LEES

A. Para ti, ¿qué quiere decir tiempo libre?

B. ¿Qué te gusta hacer en tu tiempo libre? ¿Prefieres estar solo o con mucha gente?

C. ¿Cómo se define el tiempo libre según el texto? ¿Es diferente de tu definición? Explica.

D. Según el texto, ¿cómo se distribuye el tiempo de las personas, en general?

E. ¿Por qué se utilizan los medios de comunicación como entretenimiento?

F. ¿Cómo se relaciona la preferencia por la televisión con el nivel de estudios?

---

1 iguales, muy parecidas **2** quienes crean o transmiten los anuncios publicitarios **3** educación, desarrollo **4** lo que se siente, el deseo de hacer algo, nivel de energía

MIENTRAS LEES

G. ¿Cuáles son las ventajas e inconvenientes de Internet?

H. ¿Qué piensan los adultos de los videojuegos?

I. ¿Por qué el índice de preferencia de los videojuegos es menor?

J. ¿Qué programas de radio escuchan los jóvenes?

K. ¿Cuál es el entretenimiento más costoso?

L. ¿Qué se aprende a través de las actividades sociales?

La computadora como medio de entretenimiento se usa para jugar, chatear o consultar páginas de interés. No olvidemos que Internet nos abre la posibilidad de comunicación mundial y los beneficios de tener el conocimiento del planeta entero en tu casa, pero también lleva consigo el riesgo que implica acceder a información agresiva o inmoral. El videojuego es un pasatiempo que los adultos no entendemos. El tiempo empleado en éste es visto en detrimento del dedicado al estudio y como inhibidor[1] de otras actividades de recreo más positivas y «educativas». Al igual que con la televisión, la práctica de esta rama de entretenimiento desciende aun más cuando se incrementa la edad de los jóvenes. En general, su índice de preferencia es menor debido a que es un pasatiempo que no es del todo del agrado[2] del sexo femenino.

El gusto de los jóvenes por la radio es por la música y los comentarios de locutores jóvenes. No parecen ser radioescuchas activos de noticieros radiofónicos.

Una compañía imprescindible en la vida del joven es la música, y para escucharla, cualquier lugar es bueno y entre más alto el volumen, mejor. La población joven es el mercado más importante de compra de audiocasetes y CD.

El cine es desde luego el entretenimiento más costoso y por ello también su mayor frecuencia está en relación directa con el nivel de estudios de los jóvenes, además de la propia temática de las películas, porque no todas son del agrado de jóvenes entre 13 y 15 años.

Actividades sociales de esparcimiento

Son todas aquellas que promueven la comunicación y la interrelación entre los jóvenes y el mundo que les rodea. A través de ellas será como lleguen a apreciar la amistad, la solidaridad,[3] a valorar diferencias y similitudes de pensamiento. Podrán compartir vivencias y aprenderán a llevar una relación madura[4] con otro ser humano distinto a su familia. Entre las actividades sociales se encuentran: estar con amigos, pasar tiempo con la familia, conversar, ir a un restaurante o a una discoteca.

---

1 que no permite o que impide hacer otras cosas **2** no les gusta del todo, no le gusta demasiado **3** preocupación por otros, apoyo
4 seria, responsable

Actividades físicas de esparcimiento

La actividad física es considerada como una de las más importantes opciones para conservar la salud. El deporte, como pocas actividades, da al joven la oportunidad de desarrollar el espíritu de equipo, la competitividad, el entrenamiento hasta lograr la perfección y paladear[1] el reconocimiento y alabanza de los espectadores, etc. Ocupa una alta preferencia en el gusto del estudiante, pero sin embargo no significa que su gusto por el deporte <u>se traduzca en</u>[2] el ejercicio.

Actividades culturales de esparcimiento

El gusto por la lectura va en aumento desde la secundaria a la vida profesional, y aunque los porcentajes no son tan bajos, la gran mayoría no es afecta[3] a la lectura.

La actividad artística, además de ser una forma de entretenimiento, nos permite desarrollar la creatividad, es un medio de expresión y comunicación con otros, es útil para conocer la cultura actual y de generaciones anteriores; sin embargo ocupa un bajísimo lugar en las preferencias de nuestros jóvenes.

Conclusiones y recomendaciones

Dijimos que el 50% del tiempo libre de los jóvenes se dispone para la recreación, pero la mayoría de ese tiempo se invierte en actividades electrónicas o pasivas, con un índice del 42% en las preferencias, seguidas por las actividades sociales. Descendiendo más en las preferencias se encuentran la práctica de deportes, acampar, paseos, etc. y al final y con sólo un 7% en promedio[4] de las preferencias, aquellas actividades que desarrollan el intelecto.

Estas formas de recreación están haciendo a los jóvenes sedentarios. Pero estas prácticas recreativas no son solamente responsabilidad de los jóvenes, sino que corresponden también a la sociedad, a los empresarios[5] y a los padres de familia, proveer una oferta más amplia de actividades positivas de esparcimiento y recreación. Invierte tu tiempo libre en tu propio beneficio.

MIENTRAS LEES

M. ¿Por qué es importante el deporte? ¿Cómo se relaciona con el ejercicio?

N. ¿Es la lectura una actividad de esparcimiento muy popular? ¿Y las actividades artísticas?

O. ¿Cómo reparten los jóvenes las diferentes actividades de esparcimiento?

P. ¿Cuál es la consecuencia principal de sus preferencias?

---

1 disfrutar 2 signifique, implique 3 aficionada, que tiene gusto por 4 el punto medio 5 directores de empresas o negocios

ACTIVIDADES

Cuaderno
de práctica,
págs. 9–10

A Favoritos de tu tiempo libre

Leamos/Hablemos Estudia la siguiente tabla de preferencias y evalúa
tus actividades favoritas en una escala de 0 (mínimo) a 10 (máximo). Después, comenta y compara tus preferencias con las de un(a) compañero(a).

MODELO   Estar con amigos 10
             Cocinar 4

Actividades recreativas:	**Actividades físicas:**
Conversar con amigos o familia	Hacer deporte
Escuchar música	Acampar
Ir a un restaurante o una discoteca	Asistir a un club
Jugar juegos de mesa	Hacer paseos de fin de semana
Leer	Hacer viajes, excursiones...

B Una entrevista

Hablemos/Escribamos Con un(a) compañero(a), túrnense para contestar
las siguientes preguntas. Luego, escriban una breve conclusión sobre la manera
de ser de la otra persona.

MODELO   **Conclusión:** A mi compañero(a) le gusta mucho salir en grupo y
             comunicarse con los demás; es la única persona que
             conozco que no ve la televisión.

1. ¿Cuáles son tus programas de televisión favoritos?
2. ¿Cuántas horas al mes dedicas a conversar por teléfono?
3. ¿Usas la computadora como entretenimiento? ¿Para jugar o chatear?
4. ¿Cuántas veces al año vas al cine? ¿Cuántos libros al año lees para divertirte?
5. ¿Cuántas veces has ido al teatro en los dos últimos años?

C Los años 20

Escribamos Imagina que has viajado al pasado, a los años veinte, y contesta
estas preguntas según lo que observas. Investiga en la biblioteca o por Internet.
Escribe un artículo breve, en tiempo presente, titulado: «La vida en los años 20».

1. Describe lo que hacen los jóvenes, de lunes a viernes.
2. Cuenta cómo se entretienen después del colegio y los fines de semana.
3. ¿Son aficionados a la música? ¿Tocan algún instrumento musical?
4. ¿Son aficionados de los deportes? ¿Qué deportes practican?
5. ¿Les gusta la lectura? ¿Qué les gusta leer?

D No todo tiempo pasado fue mejor

Hablemos/Escribamos En base las actividades A, B y C escribe tres oraciones comparando las actividades de los jóvenes en la actualidad y en el pasado. Comenta tus conclusiones a la clase.

MODELO   En la actualidad los jóvenes dedican más tiempo libre a... que en el pasado. Al igual que antes, practican deportes y... pero no emplean mucho tiempo en...

Comunicación

E Ellas y ellos

Hablemos Fíjate en estas fotos de películas. Conversen en grupo sobre los siguientes temas: ¿Cómo ha cambiado el papel de las mujeres en los últimos 100 años? ¿Crees que las chicas jóvenes tenían más tiempo libre en la época de la foto A que en la época de la foto B? ¿Crees que compartían su esparcimiento con los chicos? ¿Por qué? ¿Qué actividades compartían con los chicos y cuáles no?

Nota cultural

En los países hispanohablantes, incluso en zonas de desarrollo, la mayoría de los hogares cuenta con medios de comunicación modernos. La televisión, accesible en muchos países desde los años 50, se ha convertido en un medio de información, educación y entretenimiento. Tanto es así, que hasta en las remotas aldeas del Amazonas se encuentran televisores. Por el contrario, el uso de computadoras y el acceso a Internet de momento se generaliza en las grandes urbes, donde se implementa a veces como servicio comunitario, así como el uso de teléfonos celulares.

Vocabulario

A Ocio

Leamos/Escribamos Lee las siguientes oraciones y escoge del recuadro la expresión relacionada con las palabras subrayadas. Haz los cambios que sean necesarios. Después escribe una oración con cada una de ellas.

Cuaderno de práctica, págs. 11–12

▸ **Palabras:** descender, convivir, la alabanza, ser del agrado de, entretenimiento, incrementarse

1. Los partidos de fútbol dan la oportunidad de transmitir <u>el reconocimiento</u> de los espectadores hacia los jugadores.
2. El gusto por la lectura <u>va en aumento</u> desde la secundaria a la universidad.
3. El número de lectores <u>ha bajado</u> con el estímulo de la televisión y la informática.
4. La actividad artística no <u>atrae a</u> los jóvenes pese a ser una de las más enriquecedoras.
5. El deporte muchas veces permite <u>vivir en contacto</u> con la naturaleza.
6. Hacer actividades físicas es una buena forma de <u>pasar el tiempo libre</u>.

B ¿Qué opinas?

Leamos/Hablemos Haz los cambios necesarios y completa las siguientes oraciones con una de las palabras dadas. Luego, con un compañero(a), di si estás de acuerdo o no con las afirmaciones.

| carente de | un medio de comunicación | equivaler |
| ir en detrimento | recomendación | temática | conversar |

1. Algunos creen que los grandes inventos tecnológicos, como la televisión y la computadora, ===== de las relaciones personales.
2. Para muchos, chatear desde la computadora no ===== a hablar cara a cara.
3. La televisión es ===== ===== capacidad para profundizar los temas que muestra.
4. Además, la ===== de gran parte de la programación televisiva es violenta y desaconsejable.
5. La mejor ===== para el esparcimiento es sencillamente ===== con tus amigos.

C Cierto o falso

Escuchemos Decide si las siguientes declaraciones son ciertas o falsas.

D Tu propio beneficio

Hablemos Completa el texto del siguiente artículo con la palabra correcta entre paréntesis.

¿Cómo puedes invertir el tiempo en tu propio beneficio?

Esta pregunta tiene diversas respuestas según tu __1__ (concepto/conocimiento) de beneficio. Muchos pueden decir que nuestro beneficio es hacer todo lo que nos __2__ (place/disgusta). Otros pueden decir que el beneficio está __3__ (desconectado de/asociado a) todo aquello que ayuda a mejorar la calidad de vida de la persona. Sin irnos a los extremos, podemos llegar a la __4__ (terminación/conclusión) de que el beneficio personal es una mezcla de lo que nos gusta hacer y de lo que nos conviene o tenemos que hacer según el lugar que __5__ (ocupamos/habitamos) en nuestra sociedad.

Así, podemos pasar el tiempo entre el estudio, que es __6__ (opcional/imprescindible) en la vida de todo adolescente, y el esparcimiento, que siempre __7__ (provee/niega) variedad y satisfacción personal en la vida del estudiante. El mejor bienestar se logra cuando las responsabilidades no van __8__ (en detrimento de/en provecho de) los hobbies y la diversión, sino todo lo contrario. Nos __9__ (corresponde a/desalienta a) nosotros hacer del estudio y otras obligaciones un beneficio y un placer de todos los días.

E Esparcimiento preferido

Leamos/Escribamos Escribe un breve párrafo sobre tu actividad de esparcimiento preferida usando las siguientes palabras.

riesgo	porcentaje	vivencia	reponerse	ser del agrado de
creatividad	entretenimieto	equivaler	invertir	placerle

MEJORA TU VOCABULARIO

Los antónimos son palabras que tienen un significado contrario. Pueden usarse para comparar o para contrastar la cualidad de algo. Se usan en contextos opuestos.

aumentar/bajar   **lujoso**/humilde   **sincero**/falso   **enemigo**/amigo
implícito/explícito   **odiar**/admirar   **enrojecer**/palidecer   **enriquecido**/empobrecido

F La palabra opuesta

Leamos Escoge el antónimo de cada una de las palabras en negrilla y luego escribe una oración con cada uno.

1. **incrementar,** crecer, añadir, bajar
2. **detestar,** admirar, aborrecer, odiar
3. **ocio,** esparcimiento, entretenimiento, trabajo
4. **ineficaz,** perjudicial, útil, inadecuado
5. **usual,** raro, frecuente, común
6. **poderoso,** miserable, potente, imperial

Lo esencial del presente progresivo **Cuaderno de práctica,** pág. 122

El presente progresivo

El **presente progresivo** se usa para referirse a una acción que está ocurriendo en el momento del habla.

> *¿Qué **estás haciendo**? **Estoy chateando** en la computadora.*

● También se puede usar para expresar acciones o situaciones que han comenzado a ocurrir en la actualidad.

> *Esta forma de recreación **está fomentando** el sedentarismo.*
>
> *Los jóvenes se **están acostumbrando** a las nuevas formas de comunicación virtual.*

El **presente progresivo** se forma con el verbo estar en **presente** y el **gerundio** (participio presente) del verbo que quieras conjugar.

presente de estar	gerundio
estoy	
estás	
está	cantando
estamos	comiendo
estáis	viviendo
están	

● El **gerundio** del verbo se forma agregando **-ando** a la raíz de los verbos que terminan en **-ar** e **-iendo** a la raíz de los verbos que terminan en **-er** e **-ir.**

comprar   comprando

● Algunos verbos cambian la vocal de la raíz en el gerundio.

e → i: convertir convirtiendo

decir   diciendo

divertir   divirtiendo

o → u: morir   muriendo

dormir   durmiendo

¡Ojo!

También se pueden usar otros verbos como **andar, venir, ir** y **seguir** con el gerundio para indicar que una acción está sucediendo en el momento en que se habla.

***Anda** buscando nuevas formas de esparcimiento.*

***Vienen** diciendo que los niños son más perezosos hoy.*

***Va** mejorándose la calidad de vida.*

***Sigue** aumentando el gusto por la lectura.*

Cuaderno
de práctica,
pág. 13–15

ACTIVIDADES

A ¿Cuántos errores?

Leamos Completa las siguientes oraciones con el presente o el presente progresivo de los verbos dados. Luego, con un(a) compañero(a), compara el texto con la imagen, halla las diferencias y corrige los errores.

1. En la habitación, (haber) ropa tirada por el suelo y pósters en las paredes.
2. Un joven tumbado en la cama (escuchar) sus CD con un par de audífonos y (leer) una revista deportiva.
3. Otro joven sentado en el suelo (jugar) al videojuego.
4. La luz de la lámpara (iluminar) toda la habitación.
5. La música no (sonar).
6. Muy enojada, una mujer de mediana edad (salir) de la habitación.

B Muy actual

Escribamos Completa los siguientes comentarios sobre el estilo de vida actual con la forma correcta del verbo entre paréntesis.

1. Nuestro estilo de vida (llegar) a los límites de la pasividad.
2. Poco a poco, el estrés (acabar) con nuestra salud.
3. La actual incorporación de nuevas tecnologías nos (obligar) a ser más ordenados.
4. La sociedad de trabajo (cambiar) y muchas personas (comenzar) a mirar una pantalla de computadora por varias horas a diario.
5. La tendencia indica que muchas familias (marcharse) de la ciudad para vivir tranquilamente en los alrededores rurales.
6. El número de espectadores de teatro (subir) año tras año.

C ¿Qué opinas tú?

Hablemos ¿Cuál es tu propia opinión de la juventud actual? ¿Crees que hay diferencias considerables entre la juventud de tu país y la de los países hispanohablantes? Consulta páginas de Internet de jóvenes latinoamericanos o españoles o lleva a cabo una encuesta en tu colegio para determinar algunas de las diferencias que pueda haber. Comenta tus ideas con un(a) compañero(a) usando el presente y el presente progresivo.

Lo esencial
del presente
perfecto
**Cuaderno
de práctica,**
pág. 123

El presente perfecto

El **presente perfecto** se usa…

● Para referirse a acciones ocurridas en el pasado que todavía ocurren en el presente.

> Se **ha observado** que los adolescentes **pasan** mucho tiempo frente a la televisión.

● Para hablar de una acción ocurrida repetidas veces en el pasado, o no ocurrida, pero sin especificar el momento en el que ocurrió o no ocurrió.

> El cine nunca **ha ocupado** el primer lugar en las preferencias de los jóvenes.
>
> En los últimos años **ha habido** una mayor variedad de posibilidades para el esparcimiento.

● Para referirse a una acción del pasado que tiene un efecto o importancia en el presente.

> Todavía no se **ha resuelto** la polémica sobre si los juegos electrónicos **ayudan** a desarrollar destrezas de aprendizaje.

El **presente perfecto** se construye con el presente del verbo **haber** y el **participio pasado** del verbo que desees conjugar. El participio **pasado** se forma agregando **-ado** a la raíz del verbo que termina en **-ar,** e **-ido** a la raíz del verbo que termina en **-er** o **-ir.**

presente de haber	participio pasado
he	
has	
ha	cant**ado**
hemos	com**ido**
habéis	viv**ido**
han	

Algunos participios son irregulares:

escribir ⟶ **escrito**
hacer ⟶ **hecho**
abrir ⟶ **abierto**
morir ⟶ **muerto**
descubrir ⟶ **descubierto**

Nota que las referencias temporales son pistas para saber cuándo usar el presente perfecto:

hasta ahora, todavía no, aún, nunca, jamás, alguna vez

¿Alguna vez has viajado al extranjero?
Todavía no he escuchado este CD.
Jamás le he oído decir semejante cosa.

D Los nuevos jóvenes

Leamos Escoge la forma correcta del verbo en las siguientes oraciones.

1. En la última década, el nivel de los estudios (incrementarse) en 15 puntos.
   a. se incrementa   **b.** se ha incrementado   **c.** se está incrementando

2. La práctica del videojuego (descender) a medida que incrementa la edad de los jóvenes.
   a. ha descendido   **b.** está descendiendo   **c.** desciende

3. Desde la llegada de Internet, se nos (abrir) la posibilidad de comunicación mundial.
   a. ha abierto   **b.** abre   **c.** está abriendo

4. Durante el 33 por ciento de nuestro tiempo, (dormir).
   a. hemos dormido   **b.** estamos durmiendo   **c.** dormimos

5. La música (ser) una compañía de la juventud desde siempre.
   a. ha sido   **b.** es   **c.** está siendo

E ¿Sabes quién es?

Escribamos Completa el siguiente párrafo con el presente o el presente perfecto de los verbos dados y luego adivina a qué cantante famosa se refiere.

▶ **Verbos:** recibir, escribir, vivir, grabar, hacer, convertir, residir, ser

Esta cantante __1__ originaria de Cuba pero __2__ en los Estados Unidos la mayor parte de su vida. En la actualidad __3__ con su esposo y sus hijos en Estados Unidos. Durante su carrera artística __4__ innumerables discos y __5__ muchas de sus propias canciones, las cuales se __6__ en hits del momento. Por supuesto, ella __7__ giras por muchos países del mundo y __8__ gran cantidad de premios.

F El club

Escribamos/Hablemos Muchos clubes estudiantiles proporcionan ratos de esparcimiento, pero también cumplen una función social. Imagínate que tienes que presentar un informe de los logros alcanzados por un club. Con un(a) compañero(a), prepara una lista y presenten su informe en clase. Usen el presente perfecto y las siguientes ideas como guía.

▶ **Ideas:** participar en la limpieza de vecindarios, visitar hogares de ancianos, colaborar en las bibliotecas, donar y servir comida en los resguardos de indigentes,[1] ayudar en los jardines infantiles, hacer fiestas de beneficio.

MODELO   En el transcurso de este año, hemos participado en la limpieza de tres vecindarios. Los voluntarios del club han...

1 personas sin los medios necesarios para vivir

Lo esencial de los comparativos **Cuaderno de práctica,** pág. 121

Los comparativos

Se pueden establecer comparaciones entre diferentes personas, cosas o situaciones de diverso modo. Usamos un **adjetivo** para establecer comparaciones de cualidades, y un **sustantivo** para establecer comparaciones entre situaciones. Pero también debemos establecer si la comparación implica una relación de superioridad, igualdad o inferioridad.

Superioridad	**más + adjetivo + que** **más + sustantivo + que**	*Luis es* **más alto que** *yo.* *Luis tiene* **más dinero que** *yo.*
Inferioridad	**menos + adjetivo + que** **menos + sustantivo + que**	*Él es* **menos trabajador que** *tú.* *Él trabaja* **menos horas que** *tú.*
Igualdad	**tan + adjetivo + como** **tantos(as) + sustantivo +** **como tanto como**	*Pepe es* **tan avaro como** *Carlos.* *Pepe da* **tanto dinero como** *Carlos.* *Ella estudia* **tanto como** *tú.*

● Fíjate que los comparativos de algunos **adjetivos** son irregulares:

bueno	**mejor**	*Esta película es* **mejor** *que la otra.*
malo	**peor**	*Este examen es* **peor** *que el anterior.*
grande	**mayor**	*Es* **mayor** *el tiempo libre en la actualidad.*
pequeño	**menor**	*El porcentaje de adolescentes que estudian bellas* *artes es* **menor.**
viejo	**mayor**	*Este chico es* **mayor** *que mi hermano.*
joven	**menor**	*Somos* **menores** *que tus amigas.*

● Los **superlativos** se usan para darle un énfasis especial al adjetivo y se pueden formar de varias maneras:

bajo   bajísimo   muy bajo   *alto   altísimo   muy alto*

el **más** *poderoso*   *la* **mayor** *creatividad*

lo **menos** *importante*   *el* **menor** *de los inconvenientes*

la **mejor** *de las películas*   *el* **mayor** *de los hijos*

el **peor de los** *problemas*   *la* **menor** *de la familia*

G ¿Pueblo o ciudad?

Leamos Completa las siguientes oraciones comparativas. En algunas de ellas puede haber más de una opción.

1. La ciudad es ===== insegura ===== el pueblo.
2. En el pueblo hay ===== facilidad para conversar con la gente extraña.
3. El clima depende de la geografía. Es ===== bueno o malo en el pueblo ===== en la ciudad.
4. Hay ===== variedad cultural en los pueblos ===== en las ciudades.
5. El tráfico es ===== en los pueblos ===== en las ciudades.
6. Hay edificios bonitos ===== en las ciudades ===== en los pueblos.

H Aficiones

Escuchemos/Escribamos Vas a oír a Ricardo hablar de sus aficiones favoritas. Escucha atentamente lo que le gusta más, y lo que le gusta menos. Luego compara sus aficiones con las tuyas.

1. A mí me gusta ===== el cine ===== a Ricardo.
2. (No) me gusta charlar con mis amigos ===== a Ricardo.
3. (No) soy ===== buen jugador de baloncesto ===== Ricardo.
4. (No) soy ===== aficionado(a) al esquí.
5. El tenis me gusta =====.
6. Claro, me gusta ===== a Ricardo dar un paseo con mi novio(a).

omunicación

I De compras

Hablemos Con un(a) compañero(a), compara estos aparatos electrónicos. Comenten tres ventajas y tres desventajas de cada uno y elijan la mejor compra.

Doble procesador 2.8 GHz
$1,700
• 512 MB RAM
• Multiformato; Unidades 8xDVD+RW/40xCD-RW
• Tarjeta de video
• Disco duro 80GB $1,700

Procesador 500MHz
$399
• 256MB RAM
• Unidad 8 x DVD-ROM
• Tarjeta de video integrada 8MB $399
• Disco duro 4GB

Contigo en la distancia

TELENOVELA   Episodios 1 y 2

Resumen del video Pasado el verano, los amigos Javier y Sergio hablan de su viaje a México en un café sevillano. Llega Zoraida, la hermana de Javier. Javier no deja de pensar en Alejandra, una de las mexicanas, mientras que ella, en México, le confiesa por teléfono a Irene que sólo piensa en Sergio. ¿Habrá nacido el amor? Al día siguiente, Alejandra e Irene se encuentran con su amigo Carlos en un parque.

Sergio · Irene · Alejandra

Carlos · Javier · Zoraida

¿QUÉ HICISTEIS EN MÉXICO? (Episodio 1)

Javier: Sí, creo que echo de menos México, me había acostumbrado a los amigos. Pasamos mucho tiempo con ella... digo ellos, con ellos.

Sergio: Por cierto. Todavía no he revelado las fotos.

Zoraida: Estoy loca por enterarme de algo. ¿Qué hicisteis? ¿A quién conocisteis?

Sergio: Conocimos a mucha gente, pero por lo general salíamos con dos chicas, Alejandra e Irene.

Sergio: Había un tío en el grupo también, si te interesa, se llama Carlos.

Zoraida: ¿Cómo es? ¿Es guapo?

Sergio: Pues me imagino que sí. Es de estatura mediana y tiene el pelo rizado. Ya verás su foto.

Zoraida: ¡Suena como un tío estupendo!

Javier: Alejandra es guapísima, súper inteligente, y tiene el pelo castaño oscuro y rizado.
Sergio: Muy maja.
Javier: Eso creo.
Zoraida: ¿Y tú, Sergio, qué hay de la otra chica?
Sergio: ¿Irene?

Javier: Irene es de la costa. Ahora vive en el D. F. con sus tíos. Es una gran aficionada a los deportes acuáticos: el esquí, la vela...
Sergio: Sí, siempre cuando íbamos a la playa quería enseñarnos a esquiar, pero qué paliza. No me interesa para nada.
Javier: ¡Mentiroso! Es que tú eres fatal para el esquí y ella era más atlética que tú.

DESDE QUE SE FUERON LOS MUCHACHOS... (Episodio 2)

Alejandra: ...Creo que desde que se fueron los muchachos... es decir, desde que se fue Sergio, no hago otra cosa que pensar en él.
Irene: No me digas, ¿lo extrañas?
Alejandra: Mucho. Anoche me acosté tarde, no dormí lo suficiente y hoy sólo pienso en él... Ay, estoy agobiada. ¿Qué debo hacer?

Irene: ¿Y por qué no llamarlo?... ¿Qué pasa contigo? Qué tímida eres.
Alejandra: ¿Qué me recomiendas hacer?
Irene: Mira, mañana hablamos, ahora ya es un poco tarde y estoy rendida, hice mucho ejercicio hoy.

Carlos: ¡Qué deportistas las dos! ¿Cuántos kilómetros corrieron?
Alejandra: ¡Kilómetros?... ¡A mí me parece que fueron miles de kilómetros! Ahora tengo más hambre.
Carlos: Podemos ir a la cafetería de la facultad, está aquí cerca.

Carlos: Sólo tengo una hora, tengo que ir al centro de computación, estoy trabajando en unos diseños.
Irene: ¿Qué diseños?
Carlos: Estoy aprendiendo a diseñar dibujos animados.
Alejandra: ¡Súper! Te va bien, eres tan artístico...

Irene: Y tú, Ale, tú eres <u>tan</u> romántica.
Carlos: ¿Por qué no quieres contármelo, Ale? ¿No confías en mí?
Irene: Carlos te guardará el secreto. Vas a ver como te ayudamos los dos.
Carlos: ¡Ah, ya caigo! Te sientes sola por un andaluz en particular...

Carlos: Yo te guardo el secreto.
Alejandra: Gracias, de verdad.
Carlos: Bueno, ahora a comer. Esta conversación me ha dado hambre a mí también.

COMPRENSIÓN

¿QUÉ HICISTEIS EN MÉXICO? (Episodio 1)

A Cierto o falso

Leamos/Escribamos ¿Son ciertas o falsas las oraciones? Corrige las oraciones falsas.

1. El verano pasado, Javier y Sergio visitaron México.
2. El viaje resultó muy aburrido; conocieron a muy poca gente y no salieron nunca con chicas.
3. Javier tiene una hermana que vive en Sevilla y se llama Zoraida.
4. Zoraida tiene el pelo castaño oscuro y rizado.
5. Zoraida es muy tímida y nunca les hace preguntas a Javier ni a Sergio.
6. Javier y Sergio le describen a Zoraida cómo son Carlos, Alejandra e Irene.

DESDE QUE SE FUERON LOS MUCHACHOS... (Episodio 2)

B ¿Te enteraste?

Leamos/Hablemos Contesta las preguntas según lo sucedido en este episodio.

1. ¿Por qué Alejandra telefonea a Irene por la noche?
2. ¿Qué le recomienda Irene a Alejandra acerca de su problema?
3. ¿Dónde está Sergio? ¿Cómo pueden comunicarse Alejandra y Sergio?
4. ¿Con quién ha quedado Irene para desayunar al día siguiente?
5. ¿Dónde se encuentran Alejandra, Irene y Carlos? ¿Adónde van a desayunar?
6. ¿Adónde tiene que ir Carlos después de desayunar?

Comunicación

C Imagínate

Hablemos Con un(a) compañero(a) representa una escena entre dos amigas que hablan por teléfono. Una le cuenta a la otra que se ha enamorado de un amigo común el pasado verano, y ahora lo echa muchísimo de menos. No sabe qué hacer. La otra la tranquiliza y le da consejos. En base a la conversación, preparen la columna de una consejera sentimental y publíquenla en el periódico escolar o en Internet.

Ritmo y folclor del mundo hispano

El ritmo y el folclor son manifestaciones culturales arraigadas en el sentir de cada nación, pero al igual que la cultura misma, resultan de una combinación de influencias autóctonas y extranjeras. En el ritmo y el folclor de cada país se reflejan la alegría, el orgullo y la identidad nacional de su gente. Mientras lees, establece comparaciones entre los diversos bailes y su historia.

Cuaderno de práctica, pág. 17

El flamenco es un baile típico español originado a mediados del siglo XVIII, y en el que se refleja la influencia del pueblo gitano y de otras culturas europeas y norte-africanas. Aunque en sus comienzos, sus presentaciones eran improvisadas, hoy en día es un espectáculo interpretado a nivel profesional por músicos, cantantes y bailarines quienes al son de canto y guitarras taconean sobre un tablado, tocan las castañuelas y bambolean sus vistosos vestidos.

La cueca, originalmente llamada Zamacueca, es considerada el baile nacional de Chile. Se cree que llegó al territorio chileno con el Ejército Libertador a principios del siglo XIX y se difundió por tradición oral. La danza es de origen arábigoandaluz y se interpreta al son de canciones e instrumentos melódicos de percusión.

▲ *Interpretación de flamenco*

▲ *La cueca, baile nacional de Chile*

Interpretación ▶ *de tango*

El tango se basa en una fusión de ritmos africanos y españoles. Conocido como el baile de Argentina por todo el mundo, fue creado por la clase trabajadora de Buenos Aires en la segunda mitad del siglo XIX. Para ellos, el tango era un símbolo de su identidad, lo que puede apreciarse en las canciones, las cuales hablan casi siempre del hombre corriente, su vida, problemas y recuerdos.

internet

MARCAR: go.hrw.com
PALABRA CLAVE:
WN6 SOMOS

El jarabe tapatío, influenciado por el jarabe gitano, tuvo sus comienzos a finales del siglo XVII. Fue difundido desde México hasta California y Centroamérica y en el siglo XIX fue denominado baile nacional de México. Se interpreta al son de mariachis y se caracteriza por ser muy alegre y por el zapateado de los bailarines.

◀ *Trajes típicos del folclor mexicano*

Interpretación de salsa ▶

La salsa, una combinación de ritmos africanos y caribeños, se ha convertido en uno de los bailes favoritos de los jóvenes del mundo entero. A pesar de tener orígenes en países como Cuba, Puerto Rico y la República Dominicana, entre otros, fue en Nueva York donde este ritmo se comenzó a popularizar durante los años 30.

El merengue, creado a principios del siglo XIX, es el baile nacional de la República Dominicana. Su danza, suave, corta y de ritmos simples, fue comparada con la elaboración del merengue (un dulce resultante de batir azúcar y clara de huevo). Este baile, de influencia africana y francesa, es de gran popularidad en América Latina.

Festival del ▶ *merengue en República Dominicana*

¡A investigar!

Investiga por Internet o en un libro de folclor norteamericano algunos de los bailes típicos de tu región y compáralos con los aquí presentados. Elige uno de cada cultura y crea un cartel con ilustraciones de ambos para el salón de música.

Ortografía

Letra y sonido

La *h*

La letra **h** no se pronuncia nunca en español. Es una consonante muda. Puede encontrarse al principio de la palabra o entre dos vocales (intercalada), pero nunca precede a otra consonante, salvo en el caso de palabras que vienen de lenguas indígenas.

Se escribe la **h**...

- Casi siempre que una palabra empieza con el sonido **ia-, ie-, ue-, ui-:** *hiato, hierro, huevo, huir.*

- Cuando una palabra empieza con **herm-** (excepto *ermita, ermitaño*), **histo-, holg-, horm-, horr-, hosp-, hum-:** *hermano, historiador, holgado, hormiga, horror, hospitalario, húmedo.*

- En medio de la combinación **vocal + ue:** *cacahuete, alcahueta.*

- Con todas las formas y las palabras derivadas de los verbos que empiezan con esa letra, como **hacer, haber, hallar:** *hacen, hizo, hecho, he, hubo, había, halló, hallazgo.*

¡Ojo!

Estas son algunas palabras de uso corriente que se escriben con **h,** sin seguir ninguna regla.

hablar, honrar, hígado, honesto, hambre, hispano, hijo, hembra, heredar, hombro

En estos ejemplos la **h** es intercalada.

zanahoria, ahogar, ahorrar, prohibir, alcohol, exhibir, exhausto, almohada

El sonido /y/

El sonido /y/ se escribe con las letras **y** o **ll.**

Se escribe la **ll**...

- Generalmente con palabras terminadas en **-alla, -ello, -ella, -illa, -illo:** *halla, atropello, aquella, silla, ladrillo.* Algunas excepciones son *vaya, haya* y *raya.*

- Generalmente con palabras que comienzan con **lla-, lle-, llo-, llu-:** *llaves, lleva, llorar, lluvia.* Algunas excepciones son: *yacer, yate, yegua, yodo.*

- Con verbos terminados en **-allar, -illar, -ullar, -ullir:** *hallar, pillar, patrullar, bullir.*

El sonido /y/ (cont.)

Se escribe la **y**...

- En la sílaba **-yec-:** *trayectoria, proyección, inyección.*
- En palabras que comienzan con **yer-, yes-, yac-:** *yerno, yeso, yacer.*
- En las formas de algunos verbos que tienen ese sonido en alguna parte de su conjugación pero no en su infinitivo:

  ir ⟶ *vaya*
  influir ⟶ *influye*
  construir ⟶ *construya*
  creer ⟶ *creyendo*

¡Ojo!

La letra **y** también se usa para representar el sonido /i/ cuando aparece sola o al final de una palabra.

*El re**y** debe seguir la le**y**, dijo mu**y** enfáticamente el fra**y**.*

ACTIVIDADES

Cuaderno de práctica, pág. 16

A En busca de la *h*

Leamos/Escribamos Algunas de las siguientes palabras se deben escribir con **h**. ¿Cuáles son? Escógelas y escríbelas correctamente en una hoja aparte.

> onra, ospedaje, eredar, ambiente, ielo, ombre, armonía, olgazán, amistad, umo, zanaoria, embra, empezar, olla, ermandad

B ¿Te acuerdas de cómo se escriben?

Escribamos Corrige la ortografía de las siguientes palabras si es necesario. Luego completa el párrafo con las palabras que correspondan de la lista.

▸ **Palabras:** oras, mayor, humano, ellas, malloría, desarroyo, inibidor, hacer

El tiempo libre está asociado a lo que nos gusta __1__ . Muchos pasan demasiadas __2__ mirando la televisión, lo cual no estimula el __3__ intelectual, sino una __4__ pasividad y sedentarismo. El tiempo empleado en ella es visto como __5__ de otras actividades de recreo. La gran __6__ de las actividades sociales, en cambio, fomentan la relación con otro ser __7__ . Es recomendable invertir más tiempo en __8__ .

DICTADO

Vas a escuchar a un padre desesperado por el comportamiento de su hijo. Escribe lo que oigas. Presta atención especial al uso del sonido **/y/,** así como al uso de la **h.**

Taller del escritor

Cuaderno de práctica, pág. 18

ESTRATEGIA

La correspondencia formal se usa para comunicarse en situaciones de negocios en las que, entre otras, se pide información, o se hacen reclamos. Se diferencian de las cartas informales en que se siguen fórmulas de redacción establecidas. Además del lugar y la fecha, se debe escribir un nombre y la dirección del destinatario. Después aparece el saludo seguido del cuerpo de la carta, el cual normalmente se redacta en un lenguage más culto. Finalmente se termina con fórmulas dadas para la despedida y se firma con el nombre y los apellidos.

Así se dice

Para escribir saludos formales
Muy señor mío:
Distinguido señor o señora:
Estimado señor o señora:

Para escribir despedidas formales
Me despido de usted atentamente,
Reciba usted mis más cordiales saludos,
Cordialmente,

ACTIVIDAD

Solicitud de empleo

Escribamos Vas a escribir una carta a la Cámara de Comercio Hispana de tu localidad, solicitando información sobre empleos para jóvenes bilingües. En el primer párrafo, preséntate y describe tus intereses, en el segundo enumera tus destrezas, en el tercero solicita información, y concluye la carta con tus datos de contacto.

Buenos Aires, 30 de agosto de 2005 — **lugar y fecha**

D. Jesús Sánchez Ruiz
Sánchez Gómez Asesores
c/ Gran Vía, 34. 1º B — **destinatario**

Muy señor mío: — **saludo**

Tengo el agrado de escribirle para enviarle un catálogo de nuestros productos, como usted lo solicitó. Como sabrá, somos una de las empresas más antiguas y prestigiosas del país en la industria del papel.

— **cuerpo**

En el catálogo encontrará los precios actualizados de todos nuestros productos, y otra información relacionada. No dude en contactarnos si tiene interrogantes.

despedida — Lo saluda atentamente,

Juan Pérez
Papelería Pérez
Juncal 3456 (1433) — **firma**
Buenos Aires, Argentina

Repaso

A Hilo conductor

Comenta con un(a) compañero(a) el tema en común de la lectura: «Yo soy, tú eres, el es…» y «Viajes». ¿Estás de acuerdo con lo que piensan los chicos de la chicas y viceversa? De las diversas personalidades descritas en el test, ¿cuál caracteriza típicamente a las chicas y cuál a los chicos? Según la descripción de los cronopios, esperanzas y famas, ¿cuál corresponde más a las chicas y cuál a los chicos? ¿Y tú qué eres?

B Conexiones

Une cada palabra con su sinónimo.

▸ **Palabras:** diligencias, amenazar, deleite, discreto, novedad
▸ **Sinónimos:** intimidar, prudente, trámites, placer, cambio

C En presente

Escibe diez oraciones sobre las lecturas «Yo soy, tú eres, él es…» y «Viajes», usando los verbos a continuación en presente.

▸ **Verbos:** querer, ir, pensar, poder, admirar, ser, estar, encontrar, gustar, parecer, molestar

D La personalidad

Completa las oraciones con los adjetivos con el número y género correspondientes.

▸ **Adjetivos:** grande, sedentario, su, pobre, cauto, abierto, cómodo

Los famas son muy __1__ con los precios. Cuando viajan, saben bien el contenido de __2__ valijas. Los cronopios, en cambio, son __3__ almas __4__ al mundo. Las esperanzas son __5__ y __6__. No tienen __7__ preocupaciones.

E ¿Aguda o llana?

Determina la sílaba tónica en las siguientes palabras y luego, en una hoja aparte, clasifícalas en dos columnas: agudas o llanas.

▸ **Palabras:** carcajada, volumen, introspectivo, abordar, llano, desamor, agregar, leal, relacionarse, nivel, acorde, volver

F Noticias a un amigo

Imagínate que estás de viaje en otro país. Escríbele una carta a tu mejor amigo(a) y cuéntale tus experiencias. No olvides incluir el lugar y fecha, el saludo y la despedida.

...Y así nos distraemos

G Preguntas clave

Contesta las siguientes preguntas sobre la lectura.

1. ¿Cómo pasa el tiempo libre la mayor parte de los adolescentes?
2. ¿Cuáles son las actividades preferidas por los jóvenes?
3. Según el artículo, ¿es bueno o malo el modo en que los jóvenes pasan el tiempo libre y por qué?

H Los medios de comunicación y el deporte

Escribe con las siguientes palabras un breve párrafo sobre la relación entre los medios de comunicación y el deporte, que incluya las palabras dadas.

▸ **Palabras:** equivaler, porcentaje, medio de comunicación, recreativo, espectadores, asociado a, esparcimiento, enfrentamiento, imprescindible

I La televisión

Completa el siguiente párrafo con las palabras dadas. Usa el presente progresivo o el presente perfecto de los verbos según corresponda.

▸ **Palabras:** tanto, hacer, tener, más, llevar, como, convertir, que

La televisión nos __1__ a ser espectadores de la vida. Esto nos habla de la enorme influencia que __2__ en la educación de los jóvenes, que además __3__ un uso cotidiano de la computadora. Para muchos, esta nueva tecnología nos __4__ en seres sedentarios. Tenemos __5__ tiempo libre para la televisión __6__ para el descanso o el trabajo. Ya no nos relacionamos __7__ con otras personas __8__ en otras épocas.

J El ritmo y el folclor hispanos

Compara dos bailes típicos del mundo hispano. Compara la música, la forma de bailarlos, los vestidos y su procedencia.

K Ricardo y su tiempo libre

Completa con **h, y** o **ll**.

Para ser ═onesto, ═o me la paso escribiendo chistes. El ═umor es mi pasión. ═ego de la escuela y me encierro en mi ═abitación. Comienzo a escribir situaciones y luego las termino con un final muy chistoso o ═umorístico. Me encanta ═acer reír a la gente ═asta ═acerla ═orar. Me gustaría ser artista cómico o incluso pa═aso para trabajar con los chiqui═os, sólo que el público me co═íbe.

L La asociación de vecinos

Escribe una carta dirigida al presidente de la asociación de vecinos de tu comunidad quejándote por el comportamiento de algunos de tus vecinos y el ruido que provocan.

Vocabulario esencial

Yo soy, tú eres, él es... y Viajes pág. 4

a las espaldas de alguien (hacer o decir algo)
abordar *v.*
acorde a *prep.*
adorno *m.*
agregar *v.*
amenazar *v.*
arreglado, -a *pp.*
atado, -a de manos
autosuficiente *adj.*
capricho *m.*
carcajada *f.*
caricatura *f.*

comisaría *f.*
deleite *m.*
desanimarse *v.*
desempeñar *v.*
diligencia *f.*
discreto, -a *adj.*
echarse a (llorar, reír, etc.) *v.*
fuerza de voluntad *f.*
hablar por los codos *v.*
ingenioso, -a *adj.*
introspectivo, -a *adj.*
(buenos) modales *m. pl.*

novedad *f.*
ostentoso, -a *adj.*
perdurable *adj.*
pernoctar *v.*
pragmático, -a *adj.*
rechazar *v.*
relacionarse con *v.*
rezongar *v.*
sedentario, -a *adj.*
titubeo *m.*
valorar *v.*

MEJORA TU VOCABULARIO Los sinónimos, pág. 11

antojo *m.*
certidumbre *f.*

harto, -a *adj.*
humillante adj.

indeciso, -a *adj.*
podar *v.*

...Y así nos distraemos pág. 23

alabanza *f.*
asociado, -a *pp.*
carente (de) *adj.*
concepto *m.*
conclusión *f.*
conversar *v.*
convivir *v.*
corresponder a *v.*
creatividad *f.*
descender *v.*
en detrimento de
entretenimiento *m.*

equivaler *v.*
esparcimiento *m.*
espectador, -a *m. y f.*
imprescindible *adj.*
incrementarse *v.*
invertir *v.*
ir en aumento *v.*
masivo, -a *adj.*
medios (de comunicación) *m. pl.*
obviamente *adv.*
ocupar (un lugar) *v.*

placer *v.*
porcentaje *m.*
proveer *v.*
recomendación *f.*
reconocimiento *m.*
recreativo, -a *adj.*
remunerado, -a *pp.*
reponerse *v.*
riesgo *m.*
ser del agrado de *v.*
temática *f.*
vivencia *f.*

MEJORA TU VOCABULARIO Los antónimos, pág. 29

aumentar *v.*
enemigo, -a *m. y f.*
enriquecido, -a *pp.*

enrojecer *v.*
implícito, -a *adj.*
lujoso, -a *adj.*

odiar *v.*
sincero, -a *adj.*

COLECCIÓN 2

La niñez

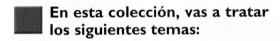

■ **En esta colección, vas a tratar los siguientes temas:**

Lectura

- «El nacimiento» por Carmen Kurtz
- «Los juegos de Lilus» por Elena Poniatowska

Comunicación oral

- **Vocabulario:** Pistas del contexto; el registro léxico
- **Gramática:** El pasado de indicativo: el preté-rito, el imperfecto, el pasado continuo, el pluscuamperfecto; los pronombres del nom-bre: los pronombres de complemento directo e indirecto

Cultura

- *Contigo en la distancia:* Telenovela El mundo es un balón de fútbol (Episodio 3) ¡Qué sabroso! (Episodio 4)
- **Cultura y comparaciones:** Datos históricos del mundo hispano

Comunicación escrita

- **Ortografía:** El acento ortográfico: palabras agudas y llanas; la *b* y la *v*, la *m* y la *n*
- **Taller del escritor:** Una semblanza; un episodio autobiográfico
- **Así se dice:** Para escribir sobre la vida de una persona; para hacer una descripción

▞ internet

MARCAR: go.hrw.com
PALABRA CLAVE:
WN6 NINEZ

Fuente en la Plaza Tapatía, Guadalajara, Jalisco, México

Antes de leer

El nacimiento (de *Veva*)

En esta sección vas a leer lo que una niña de nueve meses escribe sobre el día en que nació… lo que dijeron su mamá y su abuela, cómo la miraron sus hermanitos… ¡Increíble pero cierto! Antes de empezar, repasa las palabras de **Mi pequeño diccionario.**

Mi pequeño diccionario

acabar de *v.* hacer poco tiempo que

ahogar *v.* dejar sin respiración

al fin y al cabo después de todo

apurarse *v.* preocuparse

boca abajo *adv.* con la cara hacia el suelo

caramba *interj.* ¡vaya!, expresión de sorpresa, asombro o enojo

darle (a alguien) miedo *v.* asustar

darse la vuelta *v.* girarse

dársele por *v.* tener la idea de, empezar a

de nuevo *adv.* otra vez, nuevamente

dejar caer *v.* hacer que algo vaya hasta el suelo sin querer

empeño *m.* esfuerzo

estallar *v.* explotar

estar por *v.* que va a hacer algo

extrañado, -a *adj.* sorprendido

hacerse ilusiones *v.* tener esperanza, normalmente en vano

incluso *adv.* también, hasta

más bien *adv.* mejor

mayores *m.* adultos

murmurar *v.* decir en voz baja

nacimiento *m.* momento en que un bebé llega al mundo

no cansarse de *v.* no querer dejar de hacer algo

no tener más remedio que *v.* no poder hacer otra cosa que

ocuparse de *v.* atender, prestar atención a

pegado, -a *pp.* tocando uno con otro; golpeado

pendiente *adj.* atento

ponerse a *v.* empezar a

por poco *adv.* casi

proponerse *v.* tener la intención de

recién (nacido, casado) *adv.* que hace poco que

salpicadura *f.* gotas de un líquido que ha saltado

sostener *v.* mantener

torpe *adj.* que se mueve con dificultad y poca habilidad

trajín *m.* movimiento, alboroto, lío, trabajo

VOCABULARIO EN CONTEXTO

Leamos Escoge la respuesta que mejor complete cada oración.

I. El día del cumpleaños de una persona se celebra la fecha de su ══════.
   a. nacimiento
   b. muerte

2. Cuando mi hermana era pequeña, se le ══════ llevarse todo lo que tocaba a la boca. Era muy peligroso.
   a. daba por
   b. lloraba

3. Cuando los ══════ hablan entre ellos, muchos niños no entienden todo lo que dicen.
   a. ricos
   b. mayores

4. A los recién nacidos no les gustan los gritos; prefieren que les ══════ frases cariñosas.
   a. griten
   b. murmuren

5. El nacimiento de aquel niño fue prematuro y por eso causó mucho ══════.
   a. placer
   b. trajín

ESTRATEGIA

Pensar en voz alta El buen lector reacciona a lo que está leyendo, pero generalmente lo hace en su mente, no en voz alta. Muchas veces es valioso expresar estas reacciones verbalmente para comprenderlas mejor. Al examinar sus reacciones al texto, el lector puede identificar problemas de comprensión y clarificarlos; preguntarse el significado de las palabras o frases; visualizar lo que lee; y hacer predicciones, comparaciones o comentarios.

ACTIVIDADES

A Reacciones

Leamos Con un(a) compañero(a) túrnense para leer las siguientes oraciones del comienzo de «El nacimiento» y reaccionar al texto en voz alta. Cada uno debe leer una oración y pausar para hacer sus comentarios, mientras el otro (la otra) estudiante lleva la cuenta o puntaje del tipo de reacción expresada.

«Vine al mundo en Otoño.
Nadie me preguntó si quería nacer o prefería quedarme en ese lugar sin nombre, pero que seguramente existe. Es como una esfera, llena de oportunidades, parecida al bombo de la lotería.»
«—Es una niña —dijo el médico—. Una hermosa niña.»

Oraciones	Reacciones	Puntaje
«Vine al mundo en Otoño.»	Identificación de un problema	x
— ¿Cuál será el lugar sin nombre? (Problema de comprensión)	Clarificación de un problema	
	Predicción	
— En el otoño los árboles pierden las hojas y hay mucho viento. (Visualización)	Visualización del texto	x
— El nacer es siempre una oportunidad. (Comentario)	Comparación	
	Comentario	x

B Comentarios

Hablemos Contesta las siguientes preguntas sobre lo que acabas de leer.

1. ¿Qué tipo de comentarios hiciste con mayor frecuencia? ¿Y tu compañero(a)?
2. ¿Te ayudaron tus comentarios a entender la lectura? ¿De qué forma?
3. ¿De qué forma te ayudaron a comprender la lectura los comentarios de tu compañero(a)?
4. Y tus comentarios, ¿le fueron útiles a tu compañero(a)? Explica.

El nacimiento de Veva

Carmen Kurtz (1911–1999) nació en Barcelona, España, donde murió a los 87 años. Su padre nació en Cuba y su madre, en Estados Unidos. Vivió en Francia con su esposo Pedro Kurtz de 1935 hasta 1943, y emprendió su carrera literaria en 1955 con la publicación de su novela *Duermen bajo las aguas*. Su obra incluye 55 cuentos y novelas. Veva, la protagonista de «El nacimiento», es uno de sus personajes más conocidos ya que aparece en varios de sus cuentos. Carmen Kurtz fue galardonada con los premios Ciudad de Barcelona, Planeta y Lazarillo.

MIENTRAS LEES

A. ¿Qué sabes de tu nacimiento?

B. ¿Crees que es posible recordar algo de los momentos después del nacimiento?

C. ¿En qué estación nació la bebé?

D. ¿Cuál es el «lugar sin nombre»?

E. ¿Con qué compara ese lugar? ¿Cuál es la diferencia?

F. ¿Qué acaba de ocurrir?

En el siguiente fragmento de Veva, *la niña Genoveva acaba de nacer y describe sus primeros momentos en el mundo.*

Vine al mundo en Otoño.

Nadie me preguntó si quería nacer o prefería quedarme en ese lugar sin nombre, pero que seguramente existe. Es como una esfera,[1] llena de oportunidades, parecida al bombo[2] de la lotería. De pronto sale tu bola y no sabes si eres <u>el premio gordo</u>,[3] el segundo, el tercero, o la pedrea,[4] con la diferencia de que la lotería termina en cuanto la bola cae en el cesto, mientras la vida empieza justo en ese momento. Una gran aventura, si puedo expresarme como los mayores. Hasta ahora he tenido tanto trabajo que me ha sido imposible poner en orden mis memorias. A los nueve meses que acabo de cumplir, los niños empiezan a ser algo. No quiero perder ni un minuto de mi tiempo y voy a relatar lo vivido.

[…]

Puse todo mi empeño en nacer. Era algo, exclusivamente, entre mi madre y yo, y me sentí en la obligación de ayudarla. Difícil, ¡ya lo creo!, pero si otros lo habían conseguido[5] —me decía yo en aquellos momentos— ¿por qué no había de conseguirlo yo? […]

—Es una niña —dijo el médico—. Una hermosa niña. […]

---

1 bola, pelota, globo **2** caja redonda que da vueltas y contiene bolas de un juego **3** lo mejor que se puede ganar en un juego o concurso
4 el premio más pequeño **5** podido hacer

Aquel bárbaro[1] que me había pegado me pasó a otras manos y mientras él se ocupaba de mi madre, me dio por mirar a mi alrededor. Las nuevas manos, las de la enfermera-comadre, me aseaban.[2] ¡Caramba si era curiosa la buena mujer! Incluso me limpió la boca, por dentro, con un dedo gordísimo que por poco me ahoga. A su lado, y muy pendiente de mí, vi una mujer con cara redonda, algo achinada. Sí, hubiérase dicho una vieja china, con gafas y todo. Los cristales de sus gafas aparecían salpicados de lágrimas, pero ella sonreía. Muy poco después supe que era mi abuela materna; mi madre la llamó mamá.

—Mamá, ¿cómo está la niña?

—Bien, hijita, bien.

—¿Es bonita?

—Preciosa.

—¿Tiene de todo?

—No le falta ningún trozo,[3] hijita. No te apures.

Aquella madre de mi madre me cayó bien porque hablaba <u>en voz queda</u>[4] y, a pesar de las salpicaduras de sus gafas, me sonreía. En cuanto pudo liberarme de las manos de la comadre me tomó en sus brazos, <u>me estrechó</u>[5] contra ella y pude escuchar <u>los latidos de su corazón</u>[6] que parecía a punto de estallar. Murmuró algo así como «Vida mía», cosa que en aquel momento no comprendí del todo, tan aturrullada[7] me sentía.

Luego, la Buela, me puso en brazos de mi madre y la miré. Nos miramos. Hubiera[8] querido pedirle perdón por tanto trajín, pero eso no se hace.

G. ¿Quién es «aquel bárbaro»?

H. ¿Qué hace la enfermera con la niña?

I. ¿Qué quiere saber la mamá?

J. ¿Quién es la comadre?
K. ¿Quién es la «madre de mi madre»? ¿Qué hace con la niña?

---

1 persona cruel **2** limpiaban **3** parte **4** en voz baja **5** abrazó fuertemente **6** los sonidos y golpes que da el corazón **7** con mucha confusión **8** *I would have*

L. ¿Cómo se siente la niña hacia su madre?

M. ¿A quién llama la abuela?

Los mayores esperan que los recién nacidos lloren; pero no que hablen. Eso lo sé como tantas cosas que poco a poco uno olvida. Quise[1] a mi madre en cuanto la vi. Le hubiera echado los brazos al cuello y llenado de besos y caricias,[2] la vi tan pálida... Me limité a estar quieta, sin cansarme de mirarla hasta que la Buela me tomó de nuevo en sus brazos, abrió la puerta de aquella habitación tan blanca y desangelada,[3] y llamó a papá.

—Es una niña, Enrique. Una niña preciosa.

Y como la Buela, <u>sin encomendarse a Dios ni al diablo</u>,[4] me depositó en los brazos de mi padre, no tuve más remedio que mirarle.

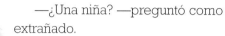

—¿Una niña? —preguntó como extrañado.

—Sí, una niña. ¡Cuidado! No la apretujes.[5] ¡Qué torpe era el hombre! Tuve tanto miedo de que me dejara caer que me puse a llorar, esta vez a gusto. Y mi padre me pasó rápidamente a la Buela, de modo que no tuve tiempo de fijarme demasiado en él; me pareció un hombre <u>bien parecido</u>,[6] aunque algo viejo. Luego supe que los cabellos canos no siempre son signo de vejez, que en la familia de papá blanquean[7] muy pronto y eso da un aire distinguido.[8] Me propuse gustar a papá que tenía muchos <u>quebraderos de cabeza</u>[9] y que, sigo creyéndolo, es muy torpe. [...]

N. ¿Por qué cree la niña que el hombre es viejo?

Ñ. ¿Cómo cree la niña que es su papá?

O. ¿Adónde quiere volver la niña? ¿Adónde la llevan?

Me hubiera gustado volver un ratito a los brazos de mi madre, pero no me dejaron. Se me llevaron a una sala, muy espaciosa, llena de cunas con otros recién nacidos. Me pusieron boca abajo, de modo que todo mi panorama consistía en la superficie lisa y blanca de una sábana.[10] Estúpido. En cuanto me dejaron en paz me di la vuelta. Mis compañeros dormían en aquella absurda posición; boca abajo. Cuando entró la enfermera y me vio boca arriba pegó un grito:

—¡Se ha dado la vuelta! ¡Se ha dado la vuelta!

Y la voz se corrió por la clínica como si darse la vuelta fuese[11] algo extraordinario.

P. ¿Qué hace la niña? ¿Por qué?

Q. ¿Cómo reacciona la enfermera? ¿Por qué?

---

1 amé **2** gesto cariñoso que consiste en tocar con suavidad y afecto **3** sin adornos, simple, sencilla **4** directamente, sin más preparación **5** le des un abrazo muy fuerte y torpe **6** guapo **7** se vuelven blancos **8** elegante **9** preocupaciones **10** tela que sirve para cubrirse en la cama **11** *as if... were*

Poco después vi tres caras pegadas al cristal de la *nursery;* deduje[1] que eran mis hermanos. La mayor, Natacha, me miró sin el menor cariño, como diciéndome:

—No te hagas ilusiones, niña. Siempre seré la mayor, el ojo derecho de papá. Y tú <u>pasarás por el tubo</u>,[2] como han hecho tus hermanos.

Sostuve su mirada y a mi modo le contesté:

—Eso está por ver, mandona.[3]

Y me fijé en Alberto, el de dieciséis. Me miraba entre sorprendido y contento. Más bien contento, sí. Vi que movía los labios para decir algo a Natacha, pero no pude oír su voz; la nursery era insonora.[4] Natacha <u>se encogió de hombros</u>[5] y entonces Alberto le dio un codazo. Me miró de nuevo y me sonrió. Yo agité el brazo para decirle «hola», pero enseguida me di cuenta de que aquello no se hacía y me fingí[6] dormida. Sin embargo no cerré del todo los ojos porque mi hermano pequeño, Quique, me contemplaba con una sonrisa de oreja a oreja. ¡Caramba! ¡Qué sonrisa tan buena! Hubiera querido decirle: «Quique, te adoro. Estoy contenta de ser tu hermana», pero lo mejor era hacer <u>lo que se espera</u>[7] de un recién nacido. Cerré los ojos y mi corazón se llenó de alegría. El balance era bueno. Tenía de mi lado a mamá, a la Buela Genoveva, que así se llama la mamá de mi mamá, y a Quique. Papá era buena persona, había de conquistarlo poco a poco. Alberto parecía conciliante[8] y en cuanto a Natacha… Bueno, aquellos ojos tan azules me daban un poco de miedo, pero quizá fuera <u>cuestión de</u>[9] días, de que <u>se hiciera cargo de</u>[10] mi situación. Al fin y al cabo, ¿qué culpa tenía yo de haber nacido?

R. ¿A quiénes ve la niña pegados al cristal de la nursery?

S. ¿Qué se dicen Natacha y Veva con la mirada?

T. ¿Cómo reaccionan los hermanos ante la niña?

U. ¿Qué concluye la niña al final? ¿En quién puede confiar? ¿Y en quién tal vez no?

---

1 llegué a un resultado   **2** harás lo que yo quiera, te rendirás   **3** alguien que da muchas órdenes   **4** preparada contra el ruido   **5** subió los hombros para expresar indiferencia   **6** simulé, hice parecer   **7** lo que se supone que debe hacer   **8** que ayuda a resolver conflictos **9** cosa de, cerca de, poco más o menos   **10** entendiera, se pusiera en mi lugar

ACTIVIDADES

Cuaderno de práctica, págs. 19–20

A El nacimiento de Veva

Leamos Escoge la respuesta que mejor complete cada oración.

1. La historia se cuenta desde el punto de vista de ≡≡≡
   a. la niña que acaba de nacer.
   b. la abuela Genoveva.
   c. la madre.

2. La niña ≡≡≡
   a. odia a la enfermera.
   b. quiere mucho a su mamá.
   c. no quiere a su abuela.

3. La niña cree que su papá es ≡≡≡ porque tiene canas.
   a. viejo
   b. inteligente
   c. joven

4. A la niña no le gusta estar boca abajo porque no puede ver más que ≡≡≡
   a. el piso.
   b. la sábana.
   c. a los otros bebés.

5. La niña se propone ≡≡≡ al padre.
   a. molestar
   b. gustarle
   c. sostener

6. La niña ve a ≡≡≡ a través del cristal de la *nursery*.
   a. su padre
   b. su abuela
   c. sus hermanos

7. La niña cree que su hermana Natacha la mira con ≡≡≡
   a. hostilidad.
   b. cariño.
   c. indiferencia.

8. La niña no saluda a sus hermanos porque ≡≡≡
   a. no puede.
   b. no quiere.
   c. eso no se hace.

B Reacciona en voz alta

Hablemos En grupos de tres, escojan tres oraciones consecutivas de «El nacimiento». Luego reaccionen a cada oración, trozo por trozo, en voz alta. Entre todos, identifiquen la clase de reacción, y luego sigan con las otras oraciones.

MODELO   «…Mis compañeros dormían en aquella absurda posición; boca abajo. …»

   Estudiante 1: La niña no es como los otros bebés. (comentario)

   Estudiante 2: A mi hermanito también le gusta dormir boca abajo. (comparación)

   Estudiante 3: ¡Ahora entiendo! La niña está acostada sobre una sábana blanca. (clarificación)

C Cierto o falso

Leamos/Hablemos ¿Son ciertas o falsas las siguientes oraciones? Corrige las oraciones falsas.

1. La niña cree que su nacimiento es una colaboración entre ella y su madre.
2. La niña cree que el médico es un bárbaro porque le pegó en el momento de nacer.
3. La niña piensa que su mamá se ve muy bien.
4. La niña tiene miedo porque piensa que su papá la va a dejar caer.
5. A la niña le gusta estar boca abajo como a sus compañeros.
6. Cuando la niña ve las tres caras pegadas al cristal de la *nursery*, no sabe quiénes son.

D Reacciones a los personajes

Hablemos/Escribamos «El nacimiento» es sólo el primer capítulo de la novela *Veva*. Piensa en los hechos y en los personajes: cómo son y qué hacen o dicen. Luego, haz una predicción sobre su comportamiento en el futuro.

MODELO   **Hecho:** Natacha es antipática. Está celosa de Veva.

               Predicción: Se va a enojar cuando Veva juegue con su papá.

Comunicación

E Los hermanos de Veva

Hablemos Con dos compañeros, recrea una conversación entre Natacha y sus hermanos la primera vez que ven a su nueva hermanita. ¿Qué piensan de ella? ¿Cómo se sienten? Asegúrate de que los comentarios vayan con los personajes según las descripciones de la lectura.

Vocabulario

Cuaderno
de práctica,
págs. 21–22

A Una de dos

Leamos Completa las oraciones con una de las palabras entre paréntesis.

1. El doctor (se ocupaba/se asustaba) de la salud de mi madre.
2. Mi abuela me tomó en sus brazos y (murmuró/gritó) unas palabras.
3. Su corazón latía con tal fuerza que parecía a punto de (parar/estallar).
4. Quería gustarle a mi padre y (me propuse/me negué a) conquistarlo.
5. Natacha quiso intimidarme con sus ojos pero yo (me liberé de/sostuve) su mirada.

B Resumen

Leamos Completa el resumen de este cuento con las siguientes palabras. Cambia su forma si es necesario.

caramba	nacimiento	darle miedo	recién nacido	extrañado
empeño	no tener más remedio	ocuparse de	trajín	apurarse

¡Ay __1__ ! Parece que mi __2__ causó mucho __3__ en mi familia. Dicen que a mi mamá __4__ cuando llegó el momento y que mi papá se mostró muy __5__. No sé por qué, si los dos sabían la fecha de mi llegada al mundo y yo, después de nueve meses, no __6__ que nacer. Mi abuela, por su parte, __7__ ayudar a mi mamá, y mi hermano puso todo su __8__ en calmar a mi papá. Aunque al principio algunos __9__ mucho, al final todos estaban muy felices de tenerme a mí, la __10__, en sus brazos.

C Sólo oídos

Escuchemos Escucha las siguientes oraciones e identifica quién habla o a quién se refiere el comentario dado. Escribe en una hoja aparte qué oración corresponde a cada personaje.

▶ **Personajes:** Veva, la abuela, el padre, Natacha, el médico, la enfermera

D Adivina la palabra

Hablemos Escoge una lista de palabras y explícale a tu compañero(a) el significado de cada palabra para que él (ella) la adivine. Luego deja que tu compañero(a) haga lo mismo.

MODELO   *Tú*   Son las personas que tienen más edad.
      Tu compañero(a) ¿Son los **mayores**?

Lista 1: boca abajo, salpicadura, ahogar, pendiente, extrañado
Lista 2: nacimiento, murmurar, darse la vuelta, torpe, trajín

E ¡A contestar!

Hablemos/Escribamos Con un(a) compañero(a), túrnense para hacer y contestar las siguientes preguntas prestando atención a las palabras subrayadas.

1. ¿Cuál fue la fecha, día y hora de tu <u>nacimiento</u>?
2. ¿Cómo te gustaba dormir cuando eras <u>recién nacido</u>(a), boca arriba o boca abajo?
3. ¿Cuántos meses tenías cuando <u>murmuraste</u> tu primera palabra? ¿Cuál fue?
4. ¿<u>Te daba miedo</u> algo en particular? ¿Los ruidos, la oscuridad?
5. ¿Eras <u>más bien</u> llorón(a) o dormilón(a)?

F Composición

Escribamos Imagina que ésta es una fotografía tomada cuando tenías cuatro años. Describe en un párrafo lo que pasó, los sentimientos y reacciones tuyos y los de tu mamá. Incluye las siguientes palabras y consulta el glosario si es necesario.

▸ **Palabras:** incluso, ponerse a, dejar caer, de nuevo, apurarse, estar por, proponerse, dársele, por poco, acabar de + *inf.*, pegado(a), cansarse de

Recuerdo que...

MEJORA TU VOCABULARIO

Pistas del contexto Una palabra puede cambiar de significado según el contexto en el que se encuentre, es decir, según las palabras que tenga a su alrededor. El contexto nos da información complementaria para deducir el significado de una palabra.

G ¿Qué significa?

Leamos/Escribamos Explica el significado de la palabra en negrilla según el contexto.

1. Me acabo de enterar que nació tu bebé. ¿Es **nene** o **nena?**
2. La niña ya sabe agarrar el **biberón** con las dos manos y se toma toda la leche solita.
3. Como el bebé no sabe caminar, su mamá lo saca a pasear en su **cochecito.**
4. Debes ponerle un **babero** a la nena para que no se ensucie la blusa con la comida.

Gramática

Lo esencial del pretérito **Cuaderno de práctica,** págs. 124–125

El pasado de indicativo

El pretérito

● El **pretérito** del verbo se usa para expresar un hecho o una serie de hechos concluidos en el pasado:

> *Vine al mundo en otoño.*
> *Cuando **entró** la enfermera y me **vio** boca arriba, **pegó** un grito.*
> ***Estuve** en Europa en las últimas vacaciones.*

Éstas son las conjugaciones de los verbos regulares en **pretérito:**

trabajar	correr	abrir
trabaj**é**	corr**í**	abr**í**
trabaj**aste**	corr**iste**	abr**iste**
trabaj**ó**	corr**ió**	abr**ió**
trabaj**amos**	corr**imos**	abr**imos**
trabaj**asteis**	corr**isteis**	abr**isteis**
trabaj**aron**	corr**ieron**	abr**ieron**

¡Ojo!

Para indicar el momento específico en que ocurrió la acción del pretérito, se emplean expresiones de tiempo como: *ayer, hace dos días, la semana pasada, en 1969, las últimas vacaciones.*

● Los **verbos de cambio radical** que terminen en **-ir** tienen cambios en la raíz de la tercera persona del singular y del plural:

> **d**o**rmir** (u) ⟶ dormí, dormiste, d**u**rmió,
> dormimos, dormisteis, d**u**rmieron
> **pref**e**rir** (i) ⟶ preferí, preferiste, pref**i**rió,
> preferimos, preferisteis, pref**i**rieron

● Los **verbos de cambio ortográfico** que terminan en **-car, -gar** y **-zar** cambian en la primera persona del singular:

> **lle**g**ar** ⟶ lle**gué**   **to**c**ar** ⟶ to**qué**   **almo**r**zar** ⟶ almor**cé**

Otros verbos cambian en la tercera persona del singular y del plural:

> **caer** ⟶ ca**y**ó/ca**y**eron   **huir** ⟶ hu**y**ó/hu**y**eron
> **creer** ⟶ cre**y**ó/cre**y**eron   **leer** ⟶ le**y**ó/le**y**eron

● Algunos verbos irregulares cambian en la raíz, pero siguen un patrón definido en su terminación. Otros son completamente irregulares.

estar	estuv-
poder	pud-
poner	pus-
querer	quis-
saber	sup-
tener	tuv-
venir	vin-

-e, -iste, -o,
-imos, -isteis,
-ieron

dar	hacer	ser/ir
di	hice	fui
diste	hiciste	fuiste
dio	hizo	fue
dimos	hicimos	fuimos
disteis	hicisteis	fuisteis
dieron	hicieron	fueron

ACTIVIDADES

A Presente o pasado

Escuchemos Escucha a los siguientes personajes. Di si se refieren a algo que sucede en presente o en pretérito.

B Lo que dijo Veva

Cuaderno de práctica, págs. 23–25

Leamos/Escribamos Completa las siguientes oraciones según el punto de vista de Veva. Usa el pretérito de los verbos dados.

▶ **Verbos:** querer, poner, ver, poder, no cerrar, venir, no tener, caer

1. ═══ al mundo en otoño.
2. ═══ todo mi empeño en nacer.
3. ═══ librarme de sus manos.
4. ═══ a mi madre en cuanto la vi.
5. Me ═══ bien porque hablaba en voz baja.
6. ═══ tiempo de fijarme en él.
7. ═══ tres caras pegadas al cristal.
8. ═══ del todo los ojos.

C Fíjate lo que pasó...

Hablemos/Escribamos Describe lo que hicieron los jóvenes de esta fotografía el sábado pasado. Haz tu narración en pretérito y usa los verbos a continuación como guía. ¿Qué dirías tú si te vieras en la situación del muchacho de la foto?

▶ **Verbos:** estar, ir a, salir con, leer, ver, llegar, almorzar, servir, conseguir, pagar, sentir, charlar, escuchar, divertirse, regresar, dormir

Lo esencial
del imperfecto
**Cuaderno
de práctica,**
pág. 126

El pasado de indicativo

El imperfecto

- El imperfecto expresa una acción no concluida en el pasado. A diferencia del **pretérito,** el imperfecto señala la acción en progreso, o sea, a medida que está sucediendo, y no señala su final.

    Vivíamos en una casa grande en las afueras de la ciudad.

En este caso, se sabe que la acción tuvo cierta duración, pero no se sabe cuándo terminó o si terminó.

- Se usa para referirse a acciones habituales o que se repiten en el pasa-do. En este caso se suele usar con expresiones de tiempo como *siem-pre, con frecuencia, todos los días, algunas veces, de vez en cuando,* etc.

    Siempre pasábamos las vacaciones en la finca de mis abuelos.

- Se usa para describir el estado físico y emocional de las personas, al igual que su apariencia y personalidad:

    La madre de Veva se veía muy cansada y estaba preocupada por la niña.

    Su padre parecía viejo porque tenía los cabellos blancos.

- Se usa para hacer descripciones en general y para indicar el lugar de las personas y las cosas.

    Veva estaba en una sala-cuna. Era espaciosa, blanca y sin gracia.

Éstas son las conjugaciones de los verbos regulares en imperfecto:

cantar	beber	vivir
cant**aba**	beb**ía**	viv**ía**
cant**abas**	beb**ías**	viv**ías**
cant**aba**	beb**ía**	viv**ía**
cant**ábamos**	beb**íamos**	viv**íamos**
cant**abais**	beb**íais**	viv**íais**
cant**aban**	beb**ían**	viv**ían**

¿Te acuerdas?

Sólo hay tres verbos irregula-res en el imperfecto:

era, eras, era,
éramos, erais, eran

iba, ibas, iba,
íbamos, ibais, iban

veía, veías, veía,
veíamos, veíais, veían

D En el pasado

Escuchemos Las oraciones que vas a escuchar están relacionadas con el cuento. Di si expresan una acción acabada o una acción no acabada (que estaba sucediendo) o una descripción.

E Antes y después

Escribamos Imagínate que han pasado cinco años desde el nacimiento de Veva. Usa el imperfecto y describe cómo eran los siguientes personajes en ese entonces. Luego, escoge tres personajes y explica cómo son ahora. ¿Cómo han cambiado? Usa los verbos dados como guía.

▸ **Verbos:** dar miedo, dormir, pasear, querer, saber, ser, estar, llevar, tener, hablar, mirar, contemplar, sonreír, parecer

▸ **Personajes:** Abuela, Mamá, Papá, Natacha, Alberto, Quique, Veva

MODELO   La abuela hablaba en voz queda.

F ¡Qué lindos!

Hablemos/Escribamos Describe cada una de las siguientes fotografías oralmente o por escrito. Usa el imperfecto e incluye información sobre el físico y la personalidad de los niños y lo que les gustaba o no les gustaba hacer.

Comunicación

G ¿Y tú?

Hablemos Pregúntale a un(a) compañero(a) cómo era su vida cuando tenía diez años y cómo es su vida ahora. Usa los temas dados como guía.

▸ **Temas:** ciudad, familia, escuela, actividades, amigos, idiomas

MODELO   ¿Dónde vivías cuando tenías diez años? ¿Y dónde vives ahora?

Los pronombres del nombre

Los pronombres de complemento directo e indirecto

Los pronombres son palabras que desempeñan varias funciones en la oración y se usan para referirse a un nombre ya mencionado y así evitar su repetición.

● Los **pronombres de complemento directo** desempeñan la función del complemento directo. Indican la persona o cosa que recibe la acción del verbo transitivo.

¿Viste <u>a la niña?</u> ⟶ Sí, **la** vi en la sala-cuna.
　　　complemento　　　　pronombre de
　　　directo　　　　　　complemento
　　　　　　　　　　　　directo

● Los **pronombres de complemento indirecto** desempeñan la función del complemento indirecto. Indican la persona o cosa que recibe el complemento directo.

Dieron <u>regalos</u> ⟶ <u>a la niña.</u> ⟶ **Le** dieron regalos.
　complemento　　complemento　　pronombre de
　directo　　　　indirecto　　　complemento
　　　　　　　　　　　　　　　indirecto

● Los **pronombres de complemento directo** e **indirecto**, por lo general, van antes de los verbos conjugados y antes o después del infinitivo y el gerundio.

　antes de un verbo conjugado: **Le** llevamos regalos a Veva.
　antes del gerundio: La enfermera **la** está limpiando.
　después del gerundio: La enfermera está limpiándo**la.**
　antes del infinitivo: **La** vamos a visitar más tarde.
　después del infinitivo: Vamos a visitar**la** más tarde.

● Éstos son los pronombres de complemento:

Complemento directo	
singular	**plural**
me	nos
te	os
lo/la	los/las

Complemento indirecto	
singular	**plural**
me	nos
te	os
le(se)	**les(se)**

¿Te acuerdas?

Muchas veces, **le** y **les,** por referirse a diferentes nombres (él, ella, ellos, ellas) necesitan ser clarificados con sus nombres correspondientes.

¿**Le** trajeron muchos regalos <u>a Veva</u>?

H ¿Quién lo hizo?

Leamos/Escribamos Presta atención a los nombres subrayados y completa las oraciones con el pronombre de complemento directo que corresponda.

1. La comadre alzó a <u>Veva</u> y ===== limpió.
2. <u>Papá</u> parecía buena persona. En realidad no ===== observé muy bien.
3. La enfermera cuidaba a <u>los niños</u>. ===== debía limpiar y alimentar.
4. Veva quiso <u>a su mamá y a su abuela</u> tan pronto ===== vio.
5. Al ver a <u>Quique</u>, Veva exclamó: ¡===== adoro!

I Según la Buela

Leamos/Escribamos Presta atención a los nombres subrayados y completa el siguiente párrafo con los pronombres de complemento indirecto que correspondan.

<u>Yo</u> no recuerdo el día en que nació Veva, pero mi abuela __1__ contó que ese día todos fuimos a visitar a <u>mamá</u> y a <u>Veva</u> y __2__ llevamos regalos. Dijo que papá __3__ compró un osito <u>a Veva</u>, __4__ llevó flores <u>a mamá</u> y a todos <u>nosotros</u> __5__ dio helados.

Comunicación

J Regalos y más regalos

Hablemos/Escribamos Imagínate que ésta es una foto del 6 de enero, Día de los Reyes Magos. Usa el pretérito, el imperfecto y los pronombres de complemento indirecto para describir los regalos que todos recibieron con motivo de esta celebración.

MODELO   A mi hermano, los Reyes le trajeron un camión. Era muy lindo.

Ortografía

El acento ortográfico: Palabras agudas y llanas

El **acento ortográfico** o **tilde (´)** es el acento escrito que se marca en la sílaba tónica de algunas palabras. Como ya sabes, todas las palabras en español llevan un acento tónico, pero no a todas las palabras se les marca un acento ortográfico. La tilde se marca según las siguientes reglas y clasificación.

- Las **palabras agudas** llevan el acento tónico en la **última sílaba:**
  mu-jer, hos-pi-tal, tra-tar, es-cri-tor.

Sin embargo, sólo se escribe tilde si acaban en **vocal, -n** o **-s:** *depositó, corazón, quizás.*

No llevan tilde *llorar, niñez, estallar, murmurar, ahogar* ni *poner* porque no acaban ni en **vocal,** ni en **-n** ni en **-s.**

> *Me tomó en sus brazos, me estrechó contra ella y pude escuchar los latidos de su corazón.*

> *Me miró de nuevo y sonrió.*

- Las **palabras llanas** llevan el acento tónico en la **penúltima sílaba:**
  son-ri-sa, her-ma-no, bo-ca.

Y, al contrario que en las agudas, se escribe tilde cuando **no** acaban en **vocal** ni en **-n** ni en **-s:** *azúcar, difícil, útil, Víctor.*

> *Mi abuela era dócil y de buen carácter.*

No llevan tilde *bola, orden, niños, minuto, examen* ni *hermosa* porque acaban en **vocal,** en **-n** o en **-s:**

> *Los mayores esperan que los recién nacidos lloren; pero no que hablen.*

> *Es una niña, Enrique. Una niña preciosa.*

¡Ojo!

En muchos casos el acento ortográfico cambia tanto la pronunciación de las palabras, como su significado y/o su categoría gramatical.

Cambian de categoría gramatical:

empeño (sustantivo)	empeñó (verbo)
paso (sustantivo)	pasó (verbo)
maná (sustantivo)	mana (verbo)

Cambian de significado:

papa (alimento)	papá (padre)
carne (alimento)	carné (identificación)

A ¿Agudas o llanas?

Leamos/Escribamos Determina si las siguientes palabras son agudas o llanas y luego márcales la tilde a las que la necesiten.

1. dificil	**6.** relatar	**11.** cumplir
2. ademas	**7.** facil	**12.** absurda
3. trajin	**8.** perdon	**13.** docil
4. cabellos	**9.** materna	**14.** arbol
5. caracter	**10.** asi	**15.** util

B Parecidas pero diferentes

Leamos/Escribamos Completa las oraciones con una de las palabras entre paréntesis. Recuerda que la sílaba tónica puede determinar cambios de significado en las palabras.

1. Puse todo mi (empeñó/empeño) en nacer.

2. La enfermera (pegó/pego) un grito.

3. Dio un (pasó/paso) y se acercó a mi abuela.

4. Mi corazón se (llenó/lleno) de alegría.

5. Mi madre la (llamó/llamo) mamá.

C El nacimiento

Leamos/Hablemos Busca en la lectura «El nacimiento» diez palabras (cinco con tilde y cinco sin ella). Úsalas en oraciones que describan esta foto y luego léeselas en voz alta a uno(a) de tus compañeros(as).

DICTADO

Escribe lo que oigas sobre «El nacimiento» y los signos del zodíaco. Presta atención especial al uso de las palabras agudas y llanas y márcales la tilde según corresponda.

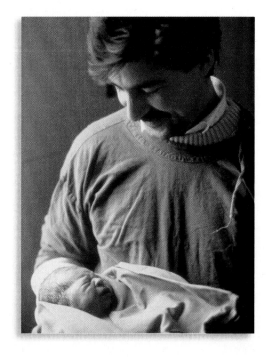

Taller del escritor

ESTRATEGIA

Una semblanza es una descripción breve sobre la vida de una persona. Al escribir una semblanza es importante resumir los acontecimientos y logros más importantes de la vida de la persona, y relatarlos en orden cronológico, es decir, en el orden en que ocurrieron.

ACTIVIDAD

PREPARACIÓN AP PRÁCTICA

Mi persona predilecta

Escribamos Escribe una semblanza sobre tu persona predilecta, alguien conocido personalmente o un personaje famoso. Concéntrate en los acontecimientos, experiencias y logros más importantes de la vida de la persona. Incluye información sobre su lugar y fecha de nacimiento, las experiencias que marcaron su vida, su profesión, los honores que haya obtenido y el lugar y fecha de su muerte, si ya ha muerto. Consulta los detalles en una enciclopedia de personajes de habla hispana o en Internet si es preciso. Después de terminar tu primer borrador, pídele a un compañero que lo lea y te dé sus comentarios.

Isabel Allende

Así se dice

Para escribir sobre la vida de una persona

Puedes usar estas expresiones al escribir tu semblanza:

…nació en (Perú), pero creció (vivió, se crió) en…

A la edad de (quince, veinte) años, se trasladó (mudó) con su familia a…

Desde niña (muy joven), se interesó por (se dedicó a)…

Una de las experiencias que más influenció su vida (carrera) fue…

Esta famosa escritora (poetisa) ha escrito (ganado)…

Sus libros han sido traducidos (vendidos) por…

¿Te acuerdas?

Se usa el **pretérito** para indicar lo que alguien sintió o hizo en un momento determinado:

*Natacha **se sintió** celosa cuando **vio** a su nueva hermanita.*

Antes de leer

Los juegos de Lilus (de *Lilus Kikus*)

En esta sección vas a conocer a Lilus Kikus, una niña con rarezas, que guarda objetos extraños, cree en las brujas y en los poderes mágicos, y nunca juega en su cuarto. Antes de empezar, repasa las palabras de **Mi pequeño diccionario.**

Mi pequeño *diccionario*

absorto, -a *adj.* fascinado

acera *f.* parte de la calle por donde se camina

amargado, -a *adj.* triste

apurado, -a *adj.* con prisa

atender *v.* cuidar

atorarse *v.* quedarse fijo, no poder moverse

coser *v.* unir algo con hilo y aguja

dolor *m.* sensación molesta

echar a perder *v.* estropear

el uno del otro expresión que se usa para relacionar una cosa con otra

ensayo *m.* escrito con las opiniones del autor sobre un tema

envolver *v.* cubrir con tela, papel

enyesar *v.* proteger un hueso roto con una cobertura dura y sólida

espantoso, -a *adj.* horrible, terrible

fino, -a *adj.* delgado, estrecho

físico *m.* aspecto de nuestro cuerpo

flaco, -a *adj.* delgado

fracturado, -a *pp.* roto

grito *m.* voz muy alta

hormiga *f.* insecto con seis patas y antenas

jarabe *m.* medicamento líquido

juguete *m.* objeto para jugar

meter *v.* poner adentro

muerte *f.* fin de la vida

muñeca *f.* figura de niña para jugar

orilla *f.* borde, lado

paso a paso *adv.* poco a poco

pedacito *m.* trozo o parte pequeña

poner una inyección *v.* introducir un líquido con una jeringa

publicar *v.* hacer público un escrito

rareza *f.* acción poco frecuente

salvar *v.* sacar de un peligro

separado, -a (de) *pp.* a poca distancia

ver + *infinitivo* (ver pasar) *v.* mirar, observar cómo los demás hacen algo

VOCABULARIO EN CONTEXTO

Leamos Escoge la respuesta que mejor complete cada oración.

1. Los niños que viven en el campo se divierten con todo; no necesitan tantos ▬▬▬.
   - **a.** zapatos
   - **b.** juguetes
   - **c.** familiares

2. Las actrices de cine se preocupan mucho por su ▬▬▬. Siempre quieren verse lindas.
   - **a.** mascota
   - **b.** coche
   - **c.** físico

3. El pobre perrito tenía mucha hambre. Estaba tan ▬▬▬ que me dio lástima.
   - **a.** alto
   - **b.** flaco
   - **c.** gordo

4. Todos tenemos nuestras ▬▬▬, porque el mundo sería muy aburrido si todos fuéramos iguales.
   - **a.** bellezas
   - **b.** tristezas
   - **c.** rarezas

5. De niña me encantaba jugar con mis ▬▬▬. Tenía muchas y muy bonitas.
   - **a.** muñecas
   - **b.** amigas
   - **c.** articulaciones

ESTRATEGIA

Las deducciones El buen lector hace deducciones mientras lee. El autor no siempre revela su mensaje de una manera directa; por eso es muy importante que el lector evalúe los detalles de un texto, conecte la información con lo que ya sabe, y luego saque conclusiones basándose en su conocimiento previo y la información dada en el texto.

ACTIVIDADES

A ¿Qué deduces?

Leamos Lee las siguientes oraciones de la lectura «Los juegos de Lilus» y escoge la conclusión más lógica para cada una.

1. Lilus nunca juega en su cuarto, ese cuarto que el orden ha echado a perder.
   a. A Lilus no le gusta tener su cuarto organizado y en orden.
   b. Lilus es muy organizada y le gusta tener todo en su lugar.
   c. A Lilus no le gusta jugar en la calle.

2. De allí ve pasar a los coches y a las gentes que caminan muy apuradas, con cara de que van a salvar el mundo…
   a. Lilus sueña con tener un coche.
   b. Lilus admira a los adultos que tratan de salvar el mundo.
   c. Los adultos no tienen tiempo para sentarse en la acera y ver pasar al mundo.

3. Lilus cree en las brujas y se cose en los calzones un ramito de hierbas finas, romerito y pastitos; un pelo de Napoleón, de los que venden en la escuela por diez centavos.
   a. A Lilus le gusta tomar té y agua con hierbas.
   b. Lilus es muy supersticiosa.
   c. Lilus no sabe coser.

4. Desde que fue al rancho de un tío suyo, Lilus encontró sus propios juguetes.
   a. Lilus tiene una imaginación muy activa.
   b. Lilus siempre está aburrida.
   c. A Lilus solamente le gustan los juguetes de las tiendas.

5. Tenía también un ciempiés, guardado en un calcetín, y unas moscas enormes que operaba del apéndice.
   a. Lilus es veterinaria.
   b. A Lilus le gustan los animales.
   c. Lilus les tiene miedo a las moscas.

B ¿Cómo es Lilus?

Escribamos/Hablemos Escribe un párrafo breve sobre la personalidad de Lilus según tus deducciones anteriores, y luego coméntalo con un(a) compañero(a).

Los juegos de Lilus

Elena Poniatowska nació en París, Francia, en 1933, de madre mexicana y padre francés de origen polaco. Llegó a la Ciudad de México en 1942, durante la segunda guerra mundial.[1] Inició su carrera de periodista en 1954 en el diario mexicano *Excélsior* y desde entonces ha publicado varias novelas, cuentos, crónicas y ensayos. Entre sus obras más conocidas están *Hasta no verte Jesús mío* (1969) y *La noche de Tlatelolco* (1971).

«Lilus Kikus... Lilus Kikus... ¡Lilus Kikus, te estoy hablando!» Pero Lilus Kikus, sentada en la banqueta[2] de la calle, está demasiado absorta operando a una mosca[3] para oír los gritos de su mamá. Lilus nunca juega en su cuarto, ese cuarto que el orden ha echado a perder. Mejor juega en la esquina de la calle, debajo de un árbol chiquito, plantado a la orilla de la acera. De allí ve pasar a los coches y a las gentes que caminan muy apuradas, con cara de que van a salvar el mundo…

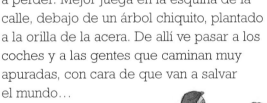

MIENTRAS LEES

A. ¿Te acuerdas de algunos de los juegos que inventabas cuando eras niño(a)?

B. ¿Tenías amigos imaginarios?

C. ¿Quién llama a Lilus?

D. ¿Por qué no oye Lilus los gritos de su mamá?

E. ¿Dónde juega Lilus? ¿Por qué no juega en su cuarto?

-----

1 guerra que tuvo lugar en Europa entre 1939 y 1945 2 acera, camino junto a la calle por donde se camina 3 insecto volador

F. ¿En qué cree Lilus? ¿Qué hace para protegerse?

G. ¿Crees que Lilus se aburre en el rancho? ¿Por qué?

H. ¿Qué observa en el rancho?

I. ¿Qué hace con los insectos?

Lilus cree en las brujas[1] y se cose en los calzones un ramito[2] de hierbas finas, romerito y pastitos; un pelo de Napoleón, de los que venden en la escuela por diez centavos. Y su diente, el primero que se le cayó. Todo esto lo mete en una bolsita[3] que le queda sobre el ombligo.[4] Las niñas se preguntarán después en la escuela cuál es la causa de esa protuberancia.[5] En una cajita Lilus guarda también la cinta negra de un muerto, dos pedacitos grises y duros de uñas de pie de su papá, un trébol de tres hojas[6] y el polvo recogido a los pies de un Cristo en la iglesia de Nuestra Señora de la Piedad.

Desde que fue al rancho de un tío suyo, Lilus encontró sus propios juguetes. Allá tenía un nido[7] y se pasaba horas enteras mirándolo fijamente, observando los huevitos y las briznas[8] de que estaba hecho. Seguía paso a paso, con gran interés, todas las ocupaciones[9] del pajarito: «Ahorita duerme... al rato se irá a buscar comida».

Tenía también un ciempiés, guardado en un calcetín, y unas moscas enormes que operaba del apéndice. En el rancho había hormigas, unas hormigas muy gordas. Lilus les daba a beber jarabe para la tos y les enyesaba las piernas fracturadas.

---

1 mujeres malvadas que practican la magia y vuelan sobre escobas **2** manojo de flores, ramas, etc. **3** bolsa pequeña para meter cosas dentro
4 agujero situado en el abdomen que se forma al nacer **5** bulto o elevación **6** parte verde de las plantas **7** grupo de ramas que sirve de hogar a los pájaros **8** hojas pequeñas **9** actividades

Un día buscó en la farmacia del pueblo una jeringa[1] con aguja muy fina, para ponerle una inyección de urgencia a Miss Lemon. Miss Lemon era un limón verde que sufría espantosos dolores abdominales y que Lilus inyectaba[2] con café negro. Después lo envolvía en un pañuelo de su mamá; y en la tarde atendía a otros pacientes: la señora Naranja, Eva La Manzana, la viuda[3] Toronja y don Plátano.

Amargado por las vicisitudes[4] de esta vida, don Plátano sufría <u>gota militar</u>[5], y como era menos resistente que los demás enfermos, veía llegar muy pronto el fin de sus días.

Lilus no tiene muñecas. Quizá su físico pueda explicar esta rareza. Es flaca y da pasos grandes al caminar, porque sus piernas, largas y muy separadas la una de la otra, son saltonas, se engarrotan[6] y luego se le atoran. Al caerse Lilus causa la muerte invariable de su muñeca. Por eso nunca tiene muñecas. Sólo se acuerda de una güerita[7] a la que le puso Güera Punch y que murió al día siguiente de su venida al mundo, cuando a Lilus Kikus se le atoraron las piernas.

MIENTRAS LEES

J. ¿De qué sufre Miss Lemon? ¿Qué hace Lilus para curarla?

K. ¿Quiénes son los pacientes de Lilus? ¿Qué nombres les da?

L. ¿Qué fruta es la que está más enferma?

M. ¿Por qué no tiene muñecas Lilus?

---

1 instrumento con una aguja al final, que usan los doctores para poner inyecciones **2** introducía un líquido con una jeringa **3** una persona a la que se le ha muerto su esposo o esposa **4** acontecimientos negativos **5** un tipo de enfermedad **6** se vuelven rígidas **7** de pelo rubio o claro

ACTIVIDADES

Cuaderno de práctica, págs. 27–28

A Más deducciones

Hablemos Responde a las siguientes preguntas sobre Lilus. Da ejemplos del texto que apoyen tus deducciones sobre su personalidad.

1. ¿Qué profesión le va a interesar a Lilus cuando sea adulta?
2. ¿Va a tener muchos amigos Lilus?
3. ¿Es Lilus una niña compasiva?
4. ¿Tiene Lilus la imaginación muy activa?
5. ¿Es Lilus de la clase de personas que se aburren fácilmente?
6. ¿Es Lilus de la clase de personas que dependen mucho de la gente, o es más bien independiente?
7. ¿Es Lilus de la clase de personas que te gustaría tener como amigas? ¿Por qué sí o por qué no?

B Cuando era niña

Escribamos Lilus Kikus le cuenta a una amiga cómo se divertía cuando era niña. Escribe lo que dice y usa el imperfecto de los verbos dados para describir lo que hacía.

MODELO sentarse / en la banqueta de la calle
Me sentaba en la banqueta de la calle.

1. ver / pasar a la gente y los coches
2. creer / en las brujas
3. jugar / en el rancho de mi tío
4. operar / a las moscas del apéndice
5. mirar / los pajaritos en su nido
6. enyesarles / las piernas fracturadas a las hormigas
7. envolver / a Miss Lemon en un pañuelo
8. tener / amigos imaginarios
9. darles / jarabe para la tos a las hormigas
10. atender / a los insectos y las frutas del rancho

C Recuerda

Hablemos Recuerda si en tu clase de escuela primaria había algún alumno parecido a Lilus. ¿En qué se parecían más y en qué se diferenciaban? Y tú cuando eras chico(a), ¿tenías puntos en común con Lilus? Coméntalo con tu compañero(a).

D ¿Qué les dice Lilus a sus pacientes?

Hablemos Lilus habla con sus amigos imaginarios. ¿Qué consejos les da para que solucionen sus problemas?

MODELO Miss Lemon, usted es muy agria, por eso no tiene muchos amigos. Debe relajarse un poco.

1. Don Plátano, usted no tiene mucho tiempo para vivir...

2. Señor Hormiga, usted está muy gordo...

3. Señora Toronja, yo sé que extraña mucho al señor Toronja, pero usted necesita...

4. Eva, ...

5. Señora Naranja, ...

6. Señoras moscas, ...

Comunicación

Nota cultural

En gran parte de Latinoamérica y en algunas zonas de España, la familia sigue siendo numerosa, en comparación con otros lugares. Los abuelos y tíos viven cerca y los niños, además de sus hermanos, tienen muchos primos con quienes jugar. Pasan tanto tiempo juntos, que se tratan casi como hermanos. La desventaja de esta situación es que debes compartir juguetes, libros y hasta la ropa. ¡Pero la gran ventaja es que te diviertes mucho más!

E Lilus, la adolescente

Hablemos/Escribamos ¡Ahora Lilus tiene tu edad! Ten en cuenta las preguntas que siguen y describe, oralmente o en un breve párrafo, a Lilus, la adolescente. Comenta las diferencias que podría haber entre Lilus y tú debido al país en donde viven.

- ¿Cómo es? ¿Cómo es su cuarto?
- ¿Qué estudia? ¿Cuál es su clase favorita?
- ¿Hace deportes? ¿Cuáles?
- ¿Cuáles son sus comidas favoritas?
- ¿Tiene muchos amigos(as)? ¿Y primos? ¿Cómo se lleva con sus padres?
- ¿Qué hace para divertirse? ¿Cuál es su pasatiempo favorito?
- ¿Le gustan los juegos de la computadora? ¿Navegar por Internet? ¿Qué clase de películas y literatura le gustan?

Vocabulario

Cuaderno
de práctica,
págs. 29–30

A Parecidos

Leamos Escoge la característica que tienen en común los siguientes pares de palabras.

1. meter/envolver
   a. guardar
   b. sacar
   c. tocar

2. atender/salvar
   a. ayudar
   b. prestar atención
   c. poner en peligro

3. jarabe/inyección
   a. amargo
   b. líquido
   c. aguja

4. flaco/fino
   a. sin energía
   b. delgado
   c. de poca consistencia

5. apurado/amargado
   a. de prisa
   b. muy ilusionado
   c. con problemas, preocupaciones

6. enyesar/fracturar
   a. oreja
   b. abdomen
   c. brazo

B Fragmento

Leamos/Escribamos Completa el fragmento de este cuento con las palabras que faltan. Cambia la forma de las palabras, si es necesario.

muñeca	pasar	acera	hormiga	dolor
fino	inyección	rareza	enyesar	fracturado	coser

Lilus es una niña diferente. No tiene __1__ y no juega en su cuarto como las demás niñas de su edad. Prefiere sentarse en la __2__ a ver __3__ la gente y los carros y jugar a ser doctora de frutas y de insectos, __4__, moscas y ciempiés. Lilus les da remedios para la tos, les __5__ las piernas __6__ y a las frutas, cuando tienen __7__ de estómago, les pone __8__ con una aguja muy __9__. Lilus no le tiene miedo a nada. Cree en brujas, y se __10__ en su ropa objetos extraños como hierbas o su primer diente. Lilus es definitivamente una niña de __11__.

C ¿Te acuerdas?

Escuchemos Determina si las siguientes frases de la lectura «Los juegos de Lilus» son ciertas o falsas.

D Preguntas

Hablemos Con un(a) compañero(a), piensa en una pregunta para cada una de las siguientes respuestas. Luego compartan las preguntas con otros compañeros.

1. Elena Poniatowska ha publicado novelas, crónicas y ensayos.
2. Miss Lemon sufría espantosos dolores abdominales.
3. Lilus les daba a beber jarabe a las hormigas gordas que había en el rancho.
4. Lilus guarda en una cajita cintas, pedacitos de uñas y un trébol.
5. Don Plátano veía llegar muy pronto el fin de sus días.
6. Lilus Kikus no tiene muñecas porque sus piernas se atoran y se cae con frecuencia.

E Composición

Escribamos Observa la imagen de la derecha y escribe una pequeña descripción de lo que ves. Usa las siguientes palabras.

▶ **Palabras:** oso de peluche, dolores, envolver, absorto, atender, enyesar, jarabe, poner una inyección

MEJORA TU VOCABULARIO

El registro léxico tiene que ver con el grado de formalidad y precisión con que usamos las palabras al comunicarnos, ya sea oralmente o por escrito. Por ejemplo, **poner una inyección** e **inyectar** tienen significados parecidos; sin embargo, no tienen el mismo registro. **Inyectar** tiene un registro más alto y por tanto se usa en un contexto más formal. Es importante tener en cuenta el registro de las palabras y adaptarlo según nuestra audiencia y la situación en que nos encontremos.

F Parecidas pero diferentes

Escribamos/Leamos Escribe una oración con cada palabra, teniendo en cuenta su registro, y luego léesela a un(a) compañero(a). Consulta el diccionario si es necesario.

1. operar/intervenir
2. enfermo/paciente
3. morir/fallecer
4. romperse/fracturarse
5. bulto/quiste

Lo esencial
del pretérito y
el imperfecto
**Cuaderno
de práctica,**
págs. 127

El pretérito y el imperfecto en contexto

Al usar el **pretérito** y el **imperfecto** en el mismo contexto, la diferencia más importante tiene que ver con el **aspecto** del verbo. El aspecto indica las etapas de una acción: su comienzo, su desarrollo (antes de que la acción acabe) y su final.

Tiempo **pretérito** → La acción comienza y acaba en un tiempo preciso y conocido.

Tiempo **imperfecto** → La acción se ve en su desarrollo. No se indica cuándo empieza o acaba.

En una narración, el aspecto juega un papel muy importante pues el **pretérito** *narra* los hechos concluidos y el **imperfecto** *describe* el escenario en que ocurrieron esos hechos. Ten presente esa diferencia y presta atención a los ejemplos.

● El **imperfecto** lleva el hilo de la descripción. Su acción, muchas veces habitual, sirve como telón o marco de otros hechos. Por eso no se sabe o no importa cuando ha terminado. El **pretérito,** en cambio, lleva el hilo de la acción y se indica claramente que los hechos han concluido.

*Lilus siempre **encontraba** cómo distraerse.*
***Jugaba** con todo a su alrededor.*

*Un día **encontró** un nido en el rancho de su tío y **jugó** con él por horas enteras.*

● Con el **imperfecto** se describe en general a las personas y las escenas, sentimientos, lugares, costumbres del pasado, etc. Con el **pretérito** se describen escenas en particular, o situaciones que ocurren en momentos o circunstancias específicas.

*A Miss Lemon **le dolía** el estómago y **se sentía** muy mal.*
*Lilus le **puso** una inyección y Miss Lemon **se sintió** mucho mejor.*

Usa el pretérito de **haber, hubo,** para referirte a eventos que sucedieron y el imperfecto, **había,** para describir en general el lugar de las personas y las cosas en el pasado.

***Hubo** un incendio en el centro de la ciudad.*
***Había** tanta gente que no se podía caminar.*

Cuaderno de práctica, págs. 31–33

ACTIVIDADES

A ¡Reconócelo!

Leamos Completa las oraciones con el pretérito o el imperfecto y explica el porqué de cada decisión.

A. Es la narración de un hecho concluido.

B. Es la descripción de las escenas habituales o el marco en que ocurrieron los hechos.

1. Lilus (creía/creyó) en brujas y se guardaba cosas extrañas en la ropa.

2. Otro signo de su rareza (fueron/eran) sus juguetes. Cuando (iba/fue) a la casa de su tío por primera vez, (se entusiasmaba/se entusiasmó) porque (encontró/encontraba) nuevos juguetes con qué jugar.

3. Allí (descubrió/descubría) un nido de pájaros. (Se pasó/Se pasaba) el tiempo mirando al pajarito y (siguió/seguía) todos sus movimientos con gran interés.

4. Luego (tuvo/tenía) un ciempiés que (guardó/guardaba) en un calcetín. Lo (sacó/sacaba) a pasear de vez en cuando y lo (ponía/puso) cerca de las hormigas.

B De niño me gustaban las carreras

Leamos/Escribamos Lee el siguiente texto y cambia el infinitivo de los verbos en paréntesis por el pretérito o el imperfecto según corresponda.

Cuando íbamos a las carreras, __1__ (tomar) la carretera del puerto, ya que __2__ (ser) domingo y __3__ (haber) mucho tráfico en la autopista. Recuerdo una carrera en especial. Martínez __4__ (ir) en primera posición. La gente __5__ (aplaudir) con entusiasmo. __6__ (estar/ellos) en la quinta vuelta, cuando César Campos lo __7__ (alcanzar). __8__ (correr/ellos) lado a lado por dos vueltas más, mientras la gente __9__ (observar) con expectativa. En la curva final, Campos se le __10__ (adelantar) y __11__ (ganar) la carrera. La experiencia __12__ (ser) muy emocionante.

C ¡Qué problema!

Escribamos/Hablemos Describe lo que pasó en las siguientes situaciones usando el pretérito o el imperfecto de los verbos dados.

▶ **Verbos:** gritar, jugar, enojarse, tratar de, sentirse, calmar, caerse, llevar por delante, quedarse, mirar, ponerse

El pasado continuo

El **pasado continuo** se usa para hablar de lo que ocurría en un instante determinado.

> *¿Qué tal, tío? Ahora mismo **estaba pensando** en ti.*

- Al igual que el **imperfecto,** el **pasado continuo** se usa para referirse a acciones que estaban sucediendo al tiempo que otra acción ocurrió o interrumpió.

> **Pasado continuo:** *Lilus le **estaba enyesando** la pata a una hormiga en el momento en que **llegaron** sus amigas.*

> **Imperfecto:** *Lilus le **enyesaba** la pata a una hormiga en el momento en que **llegaron** sus amigas.*

- También se pueden combinar el **imperfecto,** el **pasado continuo** y el **pretérito** en un mismo contexto. En una narración, el **imperfecto** ayuda con la descripción del escenario mientras que el **pasado continuo** enfatiza la acción que estaba ocurriendo en el momento en que la acción del **pretérito** ocurrió.

> ***Era** un día de sol. Lilus **jugaba** en la acera y **estaba mirando** a la gente que pasaba por la calle cuando de repente, alguien la **llamó.***

> ***Estaba lloviendo** a cántaros. Por la ventanilla del carro no se **veía** nada y **veníamos** muy preocupados. De repente, se **oyó** el chirriar de las llantas de un carro.*

- El **pasado continuo** se forma con **estar** en **imperfecto** + el **gerundio** del verbo que quieras usar:

imperfecto de estar	gerundio
estaba	
estabas	cant**ando**
estaba	com**iendo**
estábamos	viv**iendo**
estabais	
estaban	

¡Ojo!

Algunos verbos forman el gerundio siguiendo el patrón del cambio radical u ortográfico que sufren en la tercera persona del pretérito:

do**rmir** (u): durmió —➤ durmiendo

se**ntir** (i): sintió —➤ sintiendo

pe**dir** (i): pidió —➤ pidiendo

creer: creyó —➤ creyendo

D Cuando se fue la luz...

Hablemos/Escribamos Mira la siguiente ilustración y, usando el pasado continuo, explica qué estaban haciendo todos en esta familia en el momento en que se fue la luz.

E Lilus y Veva

Leamos Lee las siguientes oraciones relacionadas con Lilus y Veva y escoge el tiempo correcto del verbo entre paréntesis según corresponda.

1. Lilus estaba operando a la mosca cuando su mamá (la llamó/la llamaba).
2. Lilus no (estaba teniendo/tenía) muñecas y su físico (explicaba/explicó) esta rareza.
3. La Buela estaba sonriendo cuando (pusieron/estaban poniendo) a Veva en sus brazos.
4. Al verla, su padre (estaba exclamando/exclamó) «¡Una niña!»
5. Sus hermanos (estaban mirándola/la miraron) cuando ella despertó en la *nursery*.

F La testigo

Escuchemos Vas a oír un interrogatorio policial. Una testigo ha visto salir a dos ladrones de un banco. Escucha el diálogo atentamente e indica si las siguientes oraciones son ciertas o falsas. Luego corrige las oraciones falsas.

1. La testigo estaba mirando a los ladrones desde su oficina.
2. Los ladrones estaban hablando entre ellos.
3. Un ladrón estaba sacando la pistola.
4. Cada ladrón llevaba una mochila.
5. La testigo se estaba tapando la cara cuando vio a los ladrones.

G ¡Ahora te toca a ti!

Escribamos Escribe un párrafo sobre algún desastre natural que hayas visto en las noticias. Puede ser un incendio, un huracán o un apagón en una gran ciudad. Usa el imperfecto, el pasado continuo y el pretérito para describir en detalle el escenario y los acontecimientos. Consulta un periódico en español en Internet para obtener los detalles.

Lo esencial
del pluscuam-
perfecto
**Cuaderno
de práctica,**
pág. 131

El pluscuamperfecto

El **pluscuamperfecto** se usa para describir una acción concluida en el pasado con anterioridad a otra acción también concluida.

> *Cuando Lilus **llegó** a la casa de su tío, él ya se **había ido.***
> 2ª acción   1ª acción

- La primera acción, en **pluscuamperfecto,** se puede presentar con palabras como *ya* y *todavía no*. La segunda acción se puede introducir con *cuando* y un verbo en **pretérito** y *al* o *antes de* con un infinitivo.

  > *Ya **se había levantado**, cuando su madre la **llamó** a desayunar.*
  > *Todavía no **se había vestido** cuando su madre le **sirvió** el desayuno.*
  > *A Lilus le **habían regalado** muchas muñecas (al) (antes de) nacer.*

- En una narración la acción del **pluscuamperfecto** ayuda a la descripción del escenario al relatar hechos concluidos que tienen un efecto en el hilo de la acción o se relacionan con ella.

  > *Mis padres **se marcharon** ayer. **Habían venido** para quedarse una semana y **terminaron** quedándose un mes.*

El **pluscuamperfecto** se forma con **haber** en **imperfecto** + el **participio pasado** del verbo que quieras usar.

imperfecto de haber	participio pasado
había	
habías	
había	cant**ado**
habíamos	com**ido**
habíais	viv**ido**
habían	

H ¡Fíjate lo que pasó!

Escribamos Completa las siguientes oraciones con el pluscuamperfecto de los verbos dados.

▸ **Verbos:** decir, ver, llamar, marcharse, agotarse, dejar

1. El fin de semana se presentó Luis Miguel en concierto. Yo tenía muchos deseos de ir pues nunca antes lo ═══ en vivo.
2. Iba a ir con mi amigo Jorge, pero cuando pasé a recogerlo ya ═══.
3. Le pregunté a su mamá si ella sabía donde estaba o si él ═══ algo, pero ella no tenía ni idea.
4. Verifiqué mi celular para ver si me ═══ algún mensaje, pero él no ═══.
5. Decidí irme sin él. Por supuesto, cuando llegué ya ═══ los boletos.

I De vacaciones

Leamos Completa el siguiente párrafo con el pretérito o el pluscuamperfecto del verbo entre paréntesis.

El verano pasado __1__ (ir) con mis padres a España. Todo nos salió muy bien pues mamá __2__ (reservar) con anterioridad cuartos de hotel, excursiones y hasta el alquiler de un coche. La __3__ (pasar) delicioso. Sólo el día del viaje __4__ (tener) contratiempos. Cuando llegamos al aeropuerto nuestro avión ya __5__ (marcharse) y tuvimos que esperar como tres horas hasta el siguiente vuelo. Finalmente abordamos el avión. Pusieron una película pero como yo ya la __6__ (ver), preferí dormirme. Cuando me __7__ (despertar), ya estábamos aterrizando.

J Viaje por la «Piel de Toro»

Escribamos En su viaje por España, Amalia y su familia conocieron muchas ciudades. Aquí tienes el mapa de la ruta que hicieron. Lee sus anotaciones al margen y luego describe en un párrafo sus experiencias. Usa el pluscuamperfecto siempre que puedas.

Murcia. Entretenido, mucho calor. Toda la fruta que llevábamos echada a perder.

Valencia. Las mejores naranjas del país. ¡Casi ningún museo! Mal tiempo: nada de playa.

Madrid. ¡Qué interesante…! ¡Qué caro todo! Museos del Prado, Reina Sofía y Thyssen.

Soria. Búsqueda de un hotel barato: todo el dinero gastado en Madrid. Ciudad aburrida.

Barcelona. Playa, ambiente de noche… ¡Qué cansados acabamos!

San Sebastián. Tranquila, acogedora, pequeñita…, ¡la más bonita!

Comunicación

K Mi anécdota favorita

Hablemos Entrevista a una persona procedente de un país de habla hispana y pídele que te cuente una anécdota ocurrida en su país de origen. Luego comparte la anécdota con tu compañero(a). Usa el imperfecto, el pretérito, el pasado continuo y el pluscuamperfecto según corresponda.

Contigo en la distancia

TELENOVELA   Episodios 3 y 4

Resumen del video Después de su visita a México, Sergio y Javier regresan a España. Javier se queda pensando en Alejandra, pero ella se queda pensando en Sergio. ¡Qué lío! Ahora, con la ayuda de Zoraida, los chicos se inventan la forma de comunicarse con Alejandra. Más tarde, ven las fotos de México mientras comen una deliciosa paella y Zoraida se queda pensando en...

EL MUNDO ES UN BALÓN DE FÚTBOL (Episodio 3)

Javier: ¿Tú crees que el Sr. Perales nos dejará usar el ordenador para buscar en la Red?

Sergio: Sí, hombre, que de cualquier modo, yo lo necesito.

Javier: Sí, sí, pero a lo mejor no le va a gustar nuestro tema de investigación. Ya sabes, eso de trabajar junto con los chicos de México le va a parecer muy complicado.

Sergio: Bueno, pues nuestro trabajo para la clase de sociología será una colaboración con nuestro grupo de amigos mexicanos. ¿Qué le parece?

Javier: Una descripción y análisis de los problemas de la Ciudad de México.

Sr. Perales: Me parece un proyecto interesante y a la vez ambicioso.

Zoraida: ¡Es genial! ¡El mundo es como un balón de fútbol!... pequeñito, pequeñito...

Javier: Como usted es el único aquí en la escuela que tiene acceso a Internet... pues pensamos...

Sergio: ...que usted podría ayudarnos. A través del correo electrónico... podríamos contactar el grupo de allí... una colaboración...

Sr. Perales: ¿Y vosotros sabéis de ordenadores? ¿No vais a destruir mis aparatos?

Javier: No, claro, digo, sí, no dañaremos nada.

Sergio: ¡Aquí está! Qué guay, macho... la he encontrado.
Javier: Pulsa allí... Alumnos...
Zoraida: Pulsa, pulsa...
Sergio: Alejandra García León, mírala, aquí está.

Sr. Perales: ¿Qué pasa? ¿Habéis encontrado algo?
Sergio: Eh, sí, una página Web en México.
Javier: Eh, y hay una descripción de los problemas del Distrito Federal, el tráfico, los basureros... ¡Qué bien! Nos toca mejorar el mundo, establecer zonas peatonales, proteger el porvenir...

Zoraida: ...usar más tecnología en las oficinas del gobierno... clases de realidad virtual en todos los colegios...
Sr. Perales: ¿Clases con realidad virtual?
Javier: Sí, sí. La clase de historia. El primer vuelo en avión.
Sergio: Basta, Wilbur Wright. Bájate del cielo.
Sr. Perales: ¿Y cómo aprendíais antes de la realidad virtual?
Javier: No sé, señor, no sé.

¡QUÉ SABROSO! (EPISODIO 4)

Javier: Ya tenía ganas de comer paella, almejas, mejillones, langostinos, chorizo...
Padre: A que en México no comías tan bien, hijo.
Javier: La verdad es que la comida mexicana ya comenzaba a cansarme un poco.
Zoraida: Sería porque no te la preparaba Alejandrita...
Padre: ¿Alejandrita?
Javier: Nada, padre. Zoraida que es una entrometida.

Javier: ¿Sabes lo que es el mole, papá? ¿Pollo en mole?
Padre: ¿Qué es eso? Hazme el favor de no comerte todas las aceitunas, que te las vas a acabar.
Javier: Es una salsa picante preparada con chocolate.
Zoraida: ¡Qué! ¿Chocolate picante?... no digas tonterías.

Sergio: ¡Hey, compitas! ¡Traigo las fotos de México!
Javier: ¡Pasa, colega! Estamos en la cocina.
Zoraida: ¡Sergio trae las fotos, papi, trae las fotos!
¡Por fin vas a conocer a la niña Alejandra!
Javier: Te estás pasando, Zoraida.

Sergio: Buenas tardes a todos. ¡Qué bien huele aquí!
Padre: Es el sofrito, que es el secreto de la paella, el sofrito, hijo mío.
Sergio: ¡Y qué buena pinta tiene la ensalada!

Sergio: Mira, Zoraida. Éste es Carlos.
Zoraida: A ver, a ver, el chico universitario... ¡Está perfecto!
Sergio: ¿El arroz?
Zoraida: ¿Eh?... ¿qué?... Carlos... el arroz. Sí, sí, papá, el arroz está perfecto.

Padre: ¿Desde cuándo puedes opinar de la comida sin probarla, hijita? ¿Has olvidado lo estupendo que es tu papi en la cocina?
Zoraida: ¡No, papi! ¡Me perdonas?
Javier: Creo que Zoraida se ha enamorado, papá... se ha enamorado de tu arroz.
Sergio: Sí, un plato de arroz a la mexicana.

COMPRENSIÓN

EL MUNDO ES UN BALÓN DE FÚTBOL (Episodio 3)

A Saltacharcos

Leamos Completa las oraciones con la opción correcta según lo sucedido en el Episodio 3.

1. Si Sergio lo quiere, es capaz de buscar a Alejandra hasta en ═══.
   a. la sopa   **b.** la paella   **c.** la Red

2. El señor Perales es el único ═══ Internet en la biblioteca.
   a. que tiene acceso a   **b.** propietario de la licencia de   **c.** usuario de

3. Los amigos quieren hacer su trabajo de ═══ con sus amigos mexicanos.
   a. página Web   **b.** sociología   **c.** descripción

4. El trabajo tratará sobre ═══ de la Ciudad de México en la actualidad.
   a. los avances tecnológicos   **b.** los problemas   **c.** el paisaje

¡QUÉ SABROSO! (Episodio 4)

B ¿Entiendo?

Leamos/Hablemos Contesta las oraciones según lo sucedido en el Episodio 4.

1. ¿Qué platos españoles extrañaba Javier en México?
2. ¿Qué es el mole? ¿Cuál es el ingrediente principal?
3. ¿Cuál es el secreto de la paella, según el padre?
4. ¿Qué impresión le causa a Zoraida la foto de Carlos?

Comunicación

C A cocinar

Hablemos Con varios compañeros, elabora un menú español o mexicano para darle una cena de bienvenida a una pareja de amigos. Disponen de cuarenta dólares. Consulten un libro de cocina en español y recuerden los platos mencionados en la telenovela para decidir qué platos van a cocinar. Luego hagan una lista de ingredientes y precios y pónganse de acuerdo sobre quién va a encargarse de comprar qué y en dónde.

Datos históricos del mundo hispano

Años antes de la llegada de los españoles, ya existían en América civilizaciones de cultura avanzada. Sin embargo, con la llegada de los europeos, cambió para siempre su historia y la historia de este continente. A medida que lees, establece comparaciones entre las historias de los países mencionados.

Cuaderno de práctica, pág. 35

El descubrimiento En busca de una nueva ruta de comercio con el Lejano Oriente, Cristobal Colón partió del Puerto de Palos de Moguer, España, el 3 de agosto de 1492. Con el apoyo económico de los Reyes Católicos, se hizo a la mar con tres carabelas. Él y sus hombres pisaron tierra por primera vez el 12 de octubre de 1492 en la isla de Guanahaní, bautizada entonces isla de San Salvador.

Isabel de Castilla y Fernando de Aragón despiden a Colón, ▶ *antes de que iniciara su viaje a través del Atlántico.*

The Granger Collection, New York

La Conquista del territorio americano por parte de los españoles comenzó a partir del siglo XVI. Vasco Núñez de Balboa partió en busca del Imperio inca al tiempo que Hernán Córtes se dirigía a México y otros conquistadores partían hacia Centro y Sudamérica (Bolivia y Chile). En la ilustración, el gran cacique azteca Moctezuma II recibe con muchas atenciones a Cortés, quien supo aprovechar la hospitalidad de los indígenas. Un año más tarde, y después de sangrientas batallas, el imperio azteca había sido completamente dominado.

◀ *En 1520, el cacique azteca Moctezuma II recibió a Cortés en Tenochtitlan.*

El periodo de la colonia duró hasta principios del siglo XIX. La población estuvo siempre bajo el mando español, el cual se dividió en virreinatos: el de México, el del Perú (más tarde Nueva Granada) y el del Río de la Plata. La economía de esta época se basó en la minería, la explotación de oro y piedras preciosas y la agricultura. Los misioneros impusieron el catolicismo, construyeron capillas y escuelas y fomentaron la agricultura, la ganadería y las técnicas de minería.

▼ *Misión San Diego de Alcalá. Fundada en 1769, fue la primera de las 21 misiones españolas construidas en California.*

El proceso de independencia De 1810 a 1824, la mayoría de los países hispanoamericanos se independizaron de España, gracias al debilitamiento del poder español y la influencia del nacionalismo traído por la independencia de Estados Unidos y la Revolución francesa. En México, la guerra empezó con el famoso grito de independencia del padre Miguel Hidalgo y Costilla en 1810. En Sudamérica, la liberación se logró bajo el mando de Simón Bolívar en el norte y José de San Martín en el sur. Fue el comienzo de una nueva era de cambios y de desarrollo para el continente americano.

◄ Simón Bolívar, héroe de la independencia sudamericana

🖉 internet

go.
hrw
.com

MARCAR: go.hrw.com
PALABRA CLAVE:
WN6 NINEZ

▼ La Moneda, en Santiago de Chile, es el palacio presidencial, restaurado después de su destrucción en el golpe de estado de 1973.

Inestabilidad política y económica Desde principios del siglo XX, muchas naciones hispanoamericanas han pasado por periodos de inestabilidad política y económica. Entre otras, ha habido dictaduras en la República Dominicana, Nicaragua, Paraguay y El Salvador. En Chile, el general Augusto Pinochet fue el último dictador de Sudamérica en ser reemplazado por un presidente elegido democráticamente. La inestabilidad política continuó a través de todo el siglo. Aun así, muchos países han continuado sus esfuerzos por mantener gobiernos democráticos.

Un futuro mejor En la actualidad, muchos países de Latinoamérica han logrado cierta estabilidad política y económica. Se han firmado acuerdos de paz y se han creado organizaciones para promover el bienestar político y económico. En 1991 se firmó el Tratado de Asunción, por el que se creó el Mercosur, un mercado común entre Argentina, Brasil, Uruguay y Paraguay. Por otro lado, Colombia, Venezuela, Bolivia, Ecuador y Perú, miembros del Pacto Andino, adoptaron una política de libre comercio desde 1992.

¡A investigar!

Traza una cronología que resuma en orden la historia latinoamericana. Luego, investiga en la biblioteca cinco sucesos adicionales importantes y escribe un informe. En grupo, reúnan toda la información y preparen una cartelera que puedan colocar como referencia en la clase de historia.

Ortografía

La *b* y la *v*

Al hablar, no distinguimos entre **b** y **v.** Las dos letras suenan igual. Solamente al escribir, debemos escoger entre **b** o **v.** No existe una regla ortográfica, pero a continuación se encuentran una serie de pistas útiles.

Se escribe la b...

- Delante de otra consonante: *abrazo, blindar, obtener, obvio, abdomen.*
- Detrás de **m**: *cambio, comba, también.*
- En adjetivos terminados en **-able, -ible**: *transportable, recargable, posible, asible.*
- En palabras terminadas en **-bundo, -bunda, -bilidad**: *vagabundo, meditabunda, amabilidad.* (Excepciones: *movilidad* y *civilidad*).

¡Ojo!

Recuerda que el imperfecto de los verbos terminados en *-ar* se escribe siempre con **b:** *estaba, jugábamos, cantabas.* También se escribe con **b** el imperfecto del verbo *ir*: *iba, íbamos.*

Se escribe la v...

- Detrás de **n**: *convenir, convulso, tranvía, invitación.*
- En palabras que terminan con **-ivo, -iva**: *activo, pasivo, nocivo, intuitiva, cautiva, abusivo.* (Excepciones: *arriba, derriba, cribo*)
- En todas las formas del presente del verbo **ir**: *voy, vayan, ve.*

La *m* y la *n*

Delante de una consonante, los sonidos de la **m** y la **n** son muy parecidos, y a veces se confunden. A la hora de escribirlos, recuerda que...

Se escribe la m...

- Delante de **b** y **p**: *simbiosis, ambiente, embarcar, embestir, embatar, compás, cómputo, trampa, simpático.*

Se escribe la n...

- Delante de todas las demás consonantes: *conveniente, convalecer, anfibio, enfadarse, conferir, envejecer, invertir, diente, mundo, construcción.*

ACTIVIDADES

Cuaderno de práctica, pág. 34

A ¿Con b o con v?

Escribamos Completa cada palabra con **b** o **v.**

1. ═══lusa
2. com═══atir
3. comprensi═══o

4. ama═══le
5. en═══ío
6. tam═══or

7. ═══amos
8. sensi═══ilidad
9. reversi═══le

B El cuerpo humano

Escribamos Completa las palabras con **b, v, m** o **n** que se refieren a partes del cuerpo en la ilustración de la derecha.

fre═══te

die═══tes

ar═══illa

═══razo

═══oca

garga═══ta

om═══ligo

a═══tebrazo

to═══illo

C ¿Cuál es?

Leamos/Escribamos Completa las palabras con **b** o **v.** Luego completa las oraciones.

═══anqueta   sal═══aron   in═══ariable

en═══olvió   am═══os

1. Armando leyó el periódico en una ═══ en la calle, bajo el sol.
2. Leyó que un par de niños ═══ a un perro de los escombros de una casa.
3. Hacía el crucigrama ═══ de todos los domingos cuando llegó su amigo Ariel.
4. ═══ se quedaron sentados disfrutando del sol, sin decir nada.
5. Cuando el calor comenzó a sentirse, Armando se ═══ la cabeza con el periódico.

D Me suenan

Escribamos Escribe una oración con cada una de las siguientes palabras. Si es preciso, consulta el diccionario.

basto   rebelar   ciempiés   sabia

vasto   revelar   cien pies   savia

DICTADO

Vas a escuchar lo que la mamá de Lilus tiene que decir sobre su hija. Escribe lo que oigas. Presta especial atención a la **b** y la **v,** y también a la **m** y la **n.**

Taller del escritor

Cuaderno
de práctica,
pág. 36

Un episodio autobiográfico es un escrito corto en el cual una persona describe un evento de su propia vida. Se narra desde el punto de vista de la primera persona, haciendo uso del pronombre «yo» e incluye una variedad de detalles. Si es posible, esos detalles deben relacionarse con los sentidos: la apariencia, el sabor, el sonido de las cosas. De esta forma, el lector puede hacerse una imagen de cómo es lo que se está describiendo.

ACTIVIDAD

¡Me divertía mucho!

Escribamos De pequeño(a), ¿tenías amigos imaginarios? ¿Inventabas juegos para divertirte? ¿Dónde preferías jugar? En un episodio autobiográfico, describe las diversiones favoritas de tu infancia y alguna anécdota que recuerdes en particular sobre tus amigos(as) o tus juegos y juguetes predilectos. Incluye detalles sobre su apariencia y descripciones vivas sobre los juegos y los lugares donde les gustaba jugar. No te olvides de poner algunos dibujos o fotografías.

Así se dice

Para hacer una descripción

Puedes usar estas expresiones y verbos de percepción al describir tus diversiones:

Cuando era pequeño(a), yo jugaba con...

En el (colegio/vecindario) jugábamos (al escondite/a la lleva/a las canicas/a las chapas), que consistía(n) en...

Preferíamos/Nos gustaba...

Siempre me acuerdo con alegría (tristeza) del día...

Solía tener un olor/un aspecto/el olor de/el aspecto de...

Acostumbraba/observaba/sentía/olía/percibía...

Mi muñeca favorita era/tenía/parecía...

Lectura
¿Entiendes la lectura «El nacimiento»?

Págs. 52–55

Comunicación oral
¿Entiendes el vocabulario de la lectura?

Págs. 58–59

¿Sabes distinguir el pretérito del imperfecto?

Págs. 78–83

Comunicación escrita
¿Sabes cuándo marcar la tilde?

Págs. 66–67

¿Sabes qué es una semblanza?

Pág. 68

A Comprensión de texto

¿Son ciertas o falsas las siguientes oraciones? Corrige las oraciones falsas.

1. Cuando Veva nació, su padre estaba jugando a la lotería.
2. Cuando Veva se dio la vuelta por primera vez, toda la clínica lo supo.
3. Cuando su madre la cogió en brazos, le dijo: «Vida mía».
4. A través del cristal, Natacha miraba a Veva con antipatía.
5. El hermano preferido de Veva es Quique.

B Tus definiciones

Escribe tu propia definición para las siguientes palabras extraídas de «El nacimiento». Luego úsalas en cinco oraciones.

▶ **Palabras:** empeño, torpe, ahogar, caramba, proponerse, salpicadura

C ¿Pretérito o imperfecto?

Describe lo que pasó en las ilustraciones que siguen usando el pretérito o el imperfecto de los verbos dados.

▶ **Verbos:** dormir tranquilamente, mirar con cariño, despertarse, ponerse a llorar, dar su biberón, dejar de llorar, tener hambre

D ¿Con tilde?

Clasifica las siguientes palabras en agudas o llanas y márcales la tilde si la necesitan. Explica por qué llevan o no llevan tilde.

▶ **Palabras:** senti, trozo, obligacion, dificil, latidos, cerre, despues, corazon

E Mi familia

Piensa en uno de tus familiares y en los acontecimientos y logros más importantes de su vida. Luego resume tu información en un párrafo. Incluye una cronología con las fechas más destacadas.

F ¿A qué juega?

A Lilus le gusta jugar a ser la doctora de los animales en el rancho de su tío. Cuenta lo que ella hace para curarlos de sus enfermedades.

G El diccionario invertido

Busca con tu compañero(a) las palabras de «Los juegos de Lilus» que correspondan a las siguientes definiciones.

1. *Nombre.* Bebida compuesta de sustancias medicinales: ═════
2. *Adjetivo.* Concentrado en una tarea, desatento a los demás: ═════
3. *Verbo.* Librar de un peligro: ═════
4. *Verbo.* Atascar, obstruir: ═════

H Mis quince años

Completa el párrafo con la forma correcta de los verbos entre paréntesis. Usa el pretérito, el imperfecto o el pluscuamperfecto, según corresponda.

Celebré mi quinceañera con mis padres, amigos y familiares que desde el día anterior ya __1__ (llegar) de otras ciudades. Ese día, todos __2__ (asistir) a misa y después nos reunimos en mi casa, la cual __3__ (estar) bellamente decorada. Todo __4__ (verse) espectacular. Toda la noche la gente bailó, comió y __5__ (divertirse) muchísimo. Un mariachi que __6__ (ser) contratado desde hacía tiempo, se presentó a la medianoche y me __7__ (dedicar) una linda serenata. __8__ (Ser) una fiesta inolvidable.

I Similitudes

Con un(a) compañero(a) hagan una tabla con dos columnas: similitudes y diferencias. Escojan tres países y comparen la historia de cada uno y sus gobiernos actuales.

J La ortografía de Lilus

Pon **b** o **v, m** o **n** en los espacios en blanco de las siguientes frases.

1. Todo esto lo mete en una ═olsita que le queda sobre el o═bligo.
2. Se pasa═a horas mira═do el nido, o═ser═ando los hue═itos y las ═riznas.
3. Don Plátano estaba amargado por las ═icisitudes de esta ═ida.
4. Miss Lemon era un limón ═erde que sufría espa═tosos dolores a═dominales.

K ¡Un día genial!

Relata en un párrafo un episodio importante de tu niñez. Incluye descripciones detalladas. No olvides contar lo que pasó, dónde estabas y cómo te sentías.

Vocabulario esencial

El nacimiento pág. 52

acabar de *v.*
ahogar *v.*
al fin y al cabo
apurarse *v.*
boca abajo *adv.*
caramba *interj.*
darle (a alguien) miedo *v.*
darse la vuelta *v.*
dársele por *v.*
de nuevo *adv.*
dejar caer *v.*
empeño *m.*

estallar *v.*
estar por *v.*
extrañado, -a *adj.*
hacerse ilusiones *v.*
incluso *adv.*
más bien *adv.*
mayores *m.*
murmurar *v.*
nacimiento *m.*
no cansarse de *v.*
no tener más remedio
　que *v.*

ocuparse de *v.*
pegado, -a *pp.*
pendiente *adj.*
ponerse a *v.*
por poco *adv.*
proponerse *v.*
recién *adv.*
salpicadura *f.*
sostener *v.*
torpe *adj.*
trajín *m.*

MEJORA TU VOCABULARIO Pistas del contexto, pág. 59

babero *m.*
biberón *m.*

cochecito *m.*

nene, -a *m. y f.*

Los juegos de Lilus pág. 71

absorto, -a *adj.*
acera *f.*
amargado, -a *adj.*
apurado, -a *adj.*
atender *v.*
atorarse *v.*
coser *v.*
dolor *m.*
echar a perder *v.*
el uno del otro
ensayo *m.*
envolver *v.*

enyesar *v.*
espantoso, -a *adj.*
fino, -a *adj.*
físico *m.*
flaco, -a *adj.*
fracturado, -a *pp.*
grito *m.*
hormiga *f.*
jarabe *m.*
juguete *m.*
meter *v.*
muerte *f.*

muñeca *f.*
orilla *f.*
paso a paso *adv.*
pedacito *m.*
poner una inyección *v.*
publicar *v.*
rareza *f.*
salvar *v.*
separado, -a (de) *pp.*
ver + *infinitivo v.*

MEJORA TU VOCABULARIO Registro léxico, pág. 77

bulto *m.*
enfermo, -a *m. y f.*
fallecer *v.*
fracturarse *v.*

intervenir *v.*
morir *v.*
operar *v.*
paciente *m. y f.*

quiste *m.*
romperse *v.*

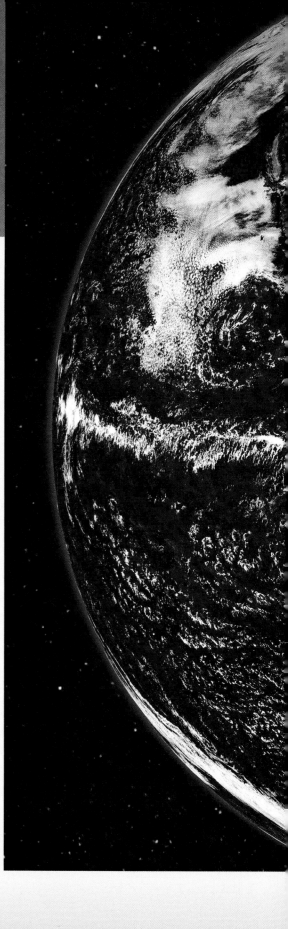

COLECCIÓN 3

El mundo en que vivimos

● ●

En esta colección, vas a tratar los siguientes temas:

Lectura

- «Tecnología: Rumbo al futuro»
- «Protejamos nuestra Tierra»

Comunicación oral

- **Vocabulario:** Los neologismos; los cognados y los cognados falsos
- **Gramática:** El futuro, el futuro perfecto, el condicional, los verbos reflexivos; el modo imperativo, el uso simultáneo de pronombres de complemento directo e indirecto, las oraciones simples y las oraciones compuestas

Cultura

- ***Contigo en la distancia:*** Telenovela
  El poder del amor (Episodio 5)
  La obra maestra (Episodio 6)
- **Cultura y comparaciones**: Diversidad geográfica del mundo hispano

Comunicación escrita

- **Ortografía:** El diptongo y el hiato; el sonido /s/
- **Taller del escritor:** El anuncio publicitario; la exposición
- **Así se dice:** Para escribir un anuncio publicitario; para hablar de causas y efectos

internet

MARCAR: go.hrw.com
PALABRA CLAVE:
  WN6 MUNDO

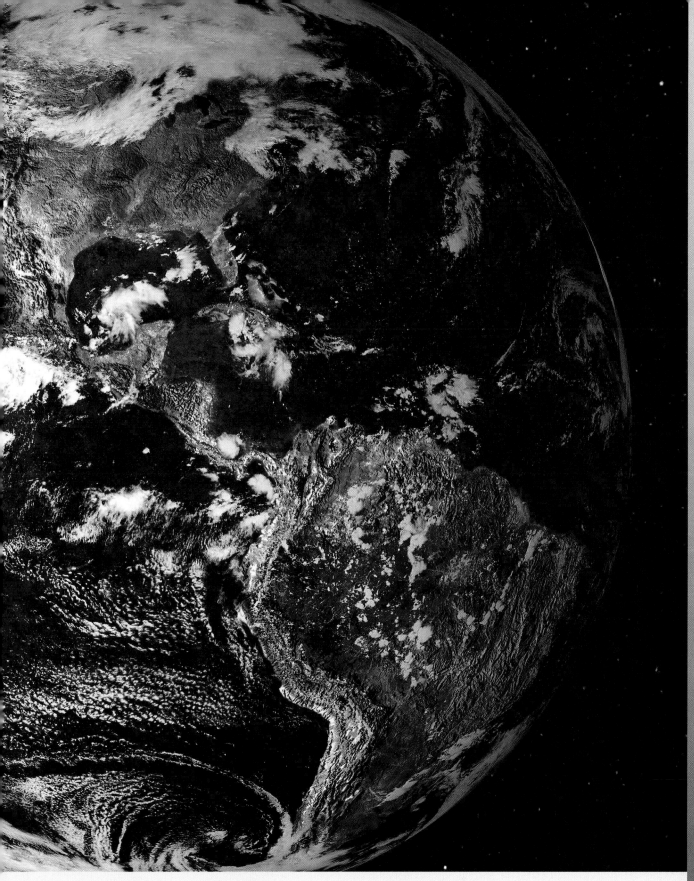

Vista de la Tierra desde el espacio a 35,000 km (22,000 millas) de distancia

Antes de leer

Tecnología: Rumbo al futuro

En esta sección vas a leer acerca de las invenciones humanas y verás cómo una serie de inventos impulsaron nuestra evolución, hasta el presente, donde muchos sueños parecen haberse hecho realidad. Antes de empezar, repasa las palabras de **Mi pequeño diccionario.**

Mi pequeño diccionario

a gran escala que se desarrolla en grandes proporciones

a partir de desde

a riesgo de ante la posibilidad de que se produzca algo negativo

androide *m. y f.* robot con forma de ser humano

asequible *adj.* que se puede conseguir fácilmente

astrónomo, -a *m. y f.* científico que estudia todo lo relativo a las estrellas y otros cuerpos celestes

autómata *m. y f.* objeto que funciona por sí solo

azafata *f.* mujer que atiende a los pasajeros de un avión

boceto *m.* esquema dibujado

caligrafiar *v.* escribir a mano con letra bien hecha

cíclico, -a *adj.* que se repite como en círculos

cohete *m.* aparato o vehículo que se lanza al espacio

con todo lujo de comodidades con gran cantidad de cosas que no son necesarias

disparo *m.* acción y efecto de lanzar algo con fuerza

entorpecer *v.* hacer difícil, poner barreras a algo

estar al servicio de *v.* trabajar para alguien o algo

excéntrico, -a *adj.* muy raro

impulsar *v.* estimular a hacer algo

incontable *adj.* que no se puede contar

inaugurar *v.* dar comienzo a algo, iniciar

indignarse *v.* enfadarse mucho por algo que no se considera justo

lanzamiento *m.* acción y efecto de soltar algo para que salga con fuerza en una dirección

mecanizarse *v.* hacerse mediante máquinas

metodología *f.* procedimiento ordenado para hacer algo

origen *m.* comienzo, principio

pionero, -a *m. y f.* persona que hace algo en un campo determinado antes que los demás (o por primera vez)

polémica *f.* debate, conversación en que se intercambian ideas

ratón *m.* instrumento que sirve para trabajar con una computadora

rebelarse *v.* levantarse contra la autoridad en lugar de obedecerla

rogar *v.* pedir

sentar las bases de *v.* establecer, fundamentar

truncado, -a *pp.* cortado, interrumpido y dejado incompleto

visionario, -a *adj.* capaz de imaginar el futuro

volver la vista atrás *v.* recordar

VOCABULARIO EN CONTEXTO

Leamos Completa el párrafo con las siguientes palabras. Haz los cambios que sean necesarios.

▶ **Palabras:** metodología, impulsar, pionero, boceto, sentar las bases de, a riesgo de

Entre los grandes científicos e inventores se podrían citar, __1__ olvidar a algún famoso investigador, a Ericsson, Fleming, Curie, Bell, Edison o Einstein, pero uno de los __2__ fue el gran Leonardo Da Vinci. Su importancia no está tanto en sus invenciones ni en un __3__ de submarino que quizá no se hubiera sumergido, sino en que inaugura y __4__ la __5__ de la ciencia moderna, y en este sentido __6__ las invenciones hechas después de él.

ESTRATEGIA

Pistas gráficas Las pistas gráficas son representaciones gráficas de ideas. Esta estrategia se basa en el uso de imágenes sencillas que representan o simbolizan ideas relacionadas con el texto que se va a leer. Al estudiar las imágenes el lector se familiariza con el tema y puede hacer predicciones sobre el mismo.

ACTIVIDAD

Inventores e inventos

Hablemos Identifica a los personajes y objetos de las siguientes imágenes. Si no estás seguro(a) de qué o quiénes son, intercambia información con un(a) compañero(a) y luego hagan varias predicciones sobre el tema de la lectura.

A.

B.

C.

D.

TECNOL●GÍA:
Rumbo al futuro

MIENTRAS LEES

A. ¿Cuál consideras que es el mejor invento de la humanidad?

B. ¿Qué te gustaría inventar si fueras inventor(a)?

C. ¿Quién fue uno de los pioneros de los inventos modernos? ¿Por qué se le considera así?

D. ¿Qué importancia le daba Da Vinci a la experimentación y la metodología?

Inventar es humano

Una de las características que diferencian al hombre como ser racional de los demás seres, es su capacidad de inventar. Desde sus orígenes, la humanidad se ha esforzado por inventar herramientas que hagan más fáciles algunas tareas, o instrumentos que resuelvan problemas de difícil solución.

Entre los grandes científicos e inventores se podrían citar, a riesgo de olvidar a algún famoso investigador, a Ericsson, Fleming, Curie, Bell,

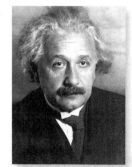

Albert Einstein

Edison, Selden, Franklin, Zeppelin, Colt, Thompson o Einstein, pero uno de los pioneros fue el gran Leonardo Da Vinci. Su importancia no está tanto en sus invenciones de un confuso[1] helicóptero o un boceto de submarino que quizá <u>no se hubiera sumergido</u>,[2] sino en que inauguró la metodología de la ciencia moderna, y en este sentido es el pionero de todas las invenciones hechas después de él. Da Vinci enseñó que a la naturaleza debe mirársela sistemáticamente[3] y

Leonardo Da Vinci

debe ser investigada con ojos curiosos, porque «la sabiduría[4] es hija de la experiencia» y que es posible modificar las cosas a través de la proyección[5] y creación de instrumentos mecánicos.

Pero no hay que olvidar a los anónimos creadores de tantos instrumentos, mecanismos y edificios, como el calendario azteca, las pirámides truncadas de Mesoamérica, y otros enigmas de la antigüedad.

---

1 poco definido, difícil de comprender 2 *would not have been able to go underwater* 3 según un sistema, una metodología 4 conocimiento profundo 5 diseño y planificación

Las computadoras

Parece que llevan toda la vida con nosotros. Se han hecho imprescindibles. Ni la ciencia ficción es capaz de imaginar un futuro sin las computadoras.

Cuando a la reina Victoria de Inglaterra, allá por 1880, le presentaron un documento escrito a máquina, se indignó muchísimo. Siempre caligrafiado y con buena letra era su lema.[1] La administración inglesa comenzó a mecanizarse, como lo hicieron todas las empresas americanas y europeas. Cien años después, la historia volvió a repetirse, <u>corregida y aumentada</u>,[2] con las computadoras personales, aunque esta vez nadie se opuso. Nadie ignoraba las incontables ventajas que estas máquinas <u>traían consigo</u>.[3]

El ratón apareció por primera vez en el ordenador «Lisa», una de las primeras creaciones de Apple Computer, en 1982–83.

La computadora es, posiblemente, el invento que mayor cambio social ha provocado en menor tiempo, asociada al microchip, que es el corazón de otras muchas máquinas, y a Internet.

MIENTRAS LEES

E. ¿Por qué se enojó la reina de Inglaterra al recibir un documento escrito a máquina?

F. ¿Quiénes se opusieron a las computadoras? ¿Por qué?

G. ¿En qué tipo de artefacto volaron personas por primera vez? ¿En qué fecha ocurrió?

El aeroplano y el avión: la cadena de inventos

1. 1500. Leonardo da Vinci dibuja bocetos sobre alas de animales y alas mecánicas, helicópteros y paracaídas.[4]

2. 1783. Joseph y Etienne Montgolfier lanzan un globo de aire caliente con un pollo, un cordero y un pato que consigue remontar[5] vuelo. Unas semanas más tarde un nuevo globo eleva a dos personas, en el primer vuelo tripulado[6] que se conoce.

3. George Cayley (considerado el padre de la aerodinámica)[7] inventa el aeroplano en 1804.

4. Ferdinand von Zeppelin vuela por primera vez en un dirigible,[8] a los que dará nombre por muchos años, en 1900.

5. Los hermanos Wright realizan un vuelo de 260 metros en un avión con motor. Estamos en 1903.

---

1 norma que alguien sigue en la vida **2** en mayor medida **3** implicaban **4** elementos de tela que moderan la velocidad de la caída desde un avión **5** elevar, subir en el aire **6** con personas dentro que lo manejan **7** estudio de las formas de los aparatos para disminuir la resistencia del aire **8** globo alargado con armadura y con hélices y timón para guiarlo

6. Raúl Pateras de Pescara, argentino, inventa el primer helicóptero eficiente[1] en la historia de la aviación mundial.

7. Años 1920. Se inicia la era de la aviación comercial, tanto en aviones como en dirigibles.

8. Juan de la Cierva realiza su primer vuelo en autogiro en Madrid, en 1923. El autogiro es una mezcla de helicóptero y avión.

9. Vicente Almandos Almonacid, argentino, inventa el sistema de navegación[2] nocturna para aviones, en 1925.

10. Recientemente, un grupo de inventores brasileños idearon un nuevo medio de transporte basado en el uso de dirigibles a baja altura sostenidos por pequeñas vías: el «Projeto Horizonte».

H. ¿Qué tipos de aparatos voladores se citan en el texto del recuadro? ¿Cómo son?

I. ¿Qué predicen los expertos acerca del turismo espacial?

J. ¿Cómo serán los viajes al espacio según el texto? ¿Cuánto durarán? ¿Qué ocurrirá durante tres minutos aproximadamente?

K. ¿Por qué es más interesante sacar fotos de la Tierra desde una nave espacial que desde un avión comercial?

L. ¿Se pueden encargar ya vacaciones en el espacio?

Viajes a las estrellas

Los expertos del sector predicen que los viajes al espacio serán muy pronto habituales a un precio asequible y a gran escala, con hoteles en órbita[3] y todo lujo de comodidades. Las naves que se utilizarán son una mezcla de avión y cohete.

Primera nave espacial rusa para turistas

«Rogamos ajustarse los cinturones, no fumar y colocar los asientos en posición vertical. Volaremos a cien kilómetros de altura, a una velocidad de Mach 8 y en 10 minutos más experimentaremos la falta de gravedad».[4]

Éste bien podría ser el mensaje de bienvenida de las azafatas. Los futuros turistas espaciales saben que el viaje será de apenas dos horas y media, de las cuales sólo unos tres minutos pasarán en estado de falta de gravedad. Algo que atrae enormemente es la idea de sacar fotos de la Tierra desde una altura jamás alcanzada por ningún avión comercial.

Ya son conocidas agencias de viajes espaciales. Ahora, a principios del siglo XXI, muchas personas realizan sus reservas y hasta piden créditos bancarios para pagar estas excéntricas vacaciones.

---

1 que consigue el efecto deseado **2** transporte por aire o agua **3** que recorre una trayectoria en el espacio alrededor de otro astro **4** fuerza de atracción universal, tendencia de los cuerpos a dirigirse al centro de la Tierra

Si, desde nuestro presente, volvemos la vista atrás, observamos que el desarrollo de la ciencia y de la tecnología ha avanzado sobre todo en los últimos siglos. Gran Bretaña a partir del siglo XVIII sentó las bases del nuevo modelo de desarrollo en el cual la industria logró consolidarse.[1] Y en el siglo XIX, la vida cotidiana se vio modificada por inventos como el teléfono y el automóvil, la energía eléctrica, nació el cine... Y en la literatura existen ejemplos más que interesantes, que nos llevan a volar con la imaginación. ¡Estén atentos!...

MIENTRAS LEES

M. ¿Cuándo se producen la mayoría de los descubrimientos importantes de la ciencia y la tecnología?

Ciencia y fantasía

El famoso escritor francés Julio Verne en sus obras anticipó muchos de los descubrimientos del futuro: el viaje a la Luna, los buzos[2] con escafandra,[3] el aprovechamiento de la energía del mar, la televisión, la fotografía a color, el submarino. Lo que no se puede creer son sus aproximaciones. En la novela *De la Tierra a la Luna*, Verne describe el viaje en el año 1865; un siglo después, en 1969, se produce el verdadero alunizaje.[4] En la ficción, la ubicación de su «cañón sideral»[5] en el momento del disparo debía estar en algún país que se extiende entre los 28° al norte y los 28° al sur del ecuador. ¡A menos de 140 millas del lugar donde se hizo el lanzamiento de Apolo XI!

Julio Verne

N. ¿Por qué son sorprendentes las creaciones de Julio Verne? ¿Qué similitudes hay entre el viaje a la Luna descrito por Verne y el que se realizó realmente?

Cara y cruz

Llegamos así al siglo XX... Aldous Huxley, escritor visionario, refleja en su obra *Un mundo feliz* (1931), un planeta altamente tecnificado,[6] donde la ciencia y la técnica están al servicio de los intereses del poder. La deshumanización[7] permitirá formas sociales de dominación[8] absoluta. Todo está mecanizado y en él viven criaturas engendradas[9] artificialmente y criadas en botellas debidamente clasificadas por estrato social. ¡Qué pesadilla!

Aldous Huxley

Con Aldous Huxley y sus antiutopías[10] entramos en otra polémica: ¿cuáles son los <u>pros y contras</u>[11] de la tecnología? También los modernos cineastas la plantean en sus filmes, donde los robots y androides, las computadoras y criaturas clónicas se rebelan contra los humanos (como en *2001, Odisea del espacio* o *The Matrix*).

Ñ. ¿Cómo es el mundo que imaginó Huxley? ¿Por qué lo considera una pesadilla el autor del texto?

O. ¿Cuáles son las ventajas y los inconvenientes del mundo que imaginó Huxley y del desarrollo tecnológico en general? ¿Quiénes abordan esta cuestión también?

---

1 asegurarse, afianzarse, establecerse **2** personas que trabajan debajo del agua **3** traje impermeable con casco de cristal que sirve para permanecer debajo del agua **4** aterrizaje en la luna **5** relativo a los astros y las estrellas **6** con las últimas tecnologías **7** privación de caracteres humanos **8** control, represión **9** creadas, concebidas **10** visiones pesimistas del futuro **11** ventajas y desventajas

P. ¿Sería mejor dejar de investigar en todos los campos? ¿Por qué?

Al parecer, se teme la deshumanización y excesiva mecanización de la vida, pero no se postula[1] erradicar[2] los avances que abarcan desde la medicina (las vacunas y los antibióticos[3] que permiten salvar millones de vidas) hasta la minería, la educación, etc.

Los robots R2D2 y C3PO de la película La guerra de las galaxias

Así opinan algunos jóvenes

Q. ¿Están los jóvenes fascinados con la tecnología?

Según informes de universidades, la generación de las computadoras, el teléfono móvil o celular, la videocámara e Internet, no está tan fascinada con la tecnología como puede parecer. Los jóvenes hacen un uso selectivo de los distintos medios, según sus intereses, y reconocen en ellos virtudes, pero también defectos y posibles perjuicios.[4]

R. En tu opinión, ¿cómo afecta la tecnología a las cuestiones relacionadas con el trabajo? ¿y con la familia?

Opinan que los avances tecnológicos influyen positivamente en su vida porque facilitan el trabajo, incrementan la comodidad, contribuyen a la creación de empleo e incluso sirven para solucionar los problemas de la sociedad. Pero también piensan que estas tecnologías entorpecen la convivencia familiar y fomentan[5] el individualismo.

Un porcentaje alto piensa que pueden impulsar las relaciones personales, pero otro teme que conduzcan al aislamiento.[6] También son muchos los que confían en que la tecnología los ayude a desarrollarse como personas, mientras otros piensan que dificultará su desarrollo personal.

S. ¿En qué aspectos no están todos los jóvenes de acuerdo y piensan de manera diferente?

Joven haciendo uso de un cajero automático

---

1 pide, pretende **2** eliminar **3** medicamentos contra las bacterias **4** daños, inconvenientes **5** impulsan, promueven **6** incomunicación, alejamiento

Después de leer

Cuaderno
de práctica,
págs. 37–38

ACTIVIDADES

A ¿Entendido?

Leamos ¿Son ciertas o falsas las siguientes oraciones? Corrige las falsas.

1. Los seres humanos se distinguen por su capacidad de imaginar y plasmar lo que imaginan e inventan.

2. Sólo hay que mencionar a los inventores conocidos; los anónimos no tienen importancia.

3. Entre los principales inventos modernos, están el avión, la computadora y los viajes al espacio.

4. Los inventos suelen formar parte de una cadena en la que participan muchos investigadores.

5. Los hermanos Wright volaron por primera vez en un dirigible en 1900.

6. La reina Victoria de Inglaterra impulsó el desarrollo de las máquinas de escribir.

B Paso a paso

Leamos/Hablemos Ordena las siguientes oraciones del texto en el orden cronológico en que realmente sucedieron.

1. Raúl Pateras de Pescara, argentino, inventa el primer helicóptero eficiente en la historia de la aviación mundial.

2. Un dirigible se lanza al aire por primera vez. A esta nave se la llama zepelín.

3. Un pollo, un cordero y un pato vuelan por primera vez en un globo de aire caliente.

4. Muchas personas realizan sus reservas en agencias de viajes espaciales e incluso piden créditos bancarios para pagar sus vacaciones en el espacio.

5. Leonardo da Vinci dibuja bocetos sobre alas de animales y alas mecánicas, helicópteros y paracaídas.

6. George Cayley, el padre de la aerodinámica, inventa el aeroplano.

C Comentemos

Hablemos/Escribamos Con un(a) compañero(a), contesta las siguientes preguntas. Escriban un pequeño informe para presentar oralmente en clase.

1. ¿Qué aprendiste de la tecnología en esta sección?

2. ¿Cómo ha cambiado el texto tus ideas sobre la tecnología?

3. ¿Por qué crees que escribió el(la) autor(a) este texto?

4. ¿Cómo crees que la tecnología puede ayudar a salvar el mundo?

D Sigue la cadena

Leamos/Escribamos Completa las leyendas de las ilustraciones según lo que hayas leído.

Ferdinand von Zeppelin…

Los hermanos Wright…

Hasta la invención de la máquina de escribir, …

Hoy en día…

Comunicación

E Responde a los curiosos

Hablemos Imagínate que tú y tu compañero(a) han viajado al año 1500 y han llevado consigo estos objetos entonces desconocidos. Todo el mundo tiene gran curiosidad y muchas preguntas. Escriban un diálogo entre las personas escépticas y crédulas de ese tiempo y ustedes mismos y represéntenlo en clase. Asegúrense de pedir y dar información sobre los inventos, sus usos, la época en que se inventaron y los factores que contribuyeron a su invención, al igual que la reacción que éstos causan entre la gente de esa época. Busquen datos de la vida en esos tiempos en Internet o en enciclopedias electrónicas.

▶ **Inventos:** teléfono celular, videocámara, reloj despertador, carro, televisión, androide

Vocabulario

Cuaderno de práctica, págs. 39–40

A Sinónimos

Leamos Elige el sinónimo correspondiente a cada una de las palabras subrayadas.

▸ **Sinónimos:** indignarse, caligrafiar, asequible, rebelarse, entorpecer, estar al servicio de

I. La reina de Inglaterra no fue la única persona que <u>se enojó</u> con las máquinas.

2. <u>Escribir a mano</u> es más lento que escribir en la computadora.

3. Los viajes en avión se han convertido en algo <u>posible</u> para muchas personas.

4. A comienzos del siglo, también los trabajadores <u>protestaban</u> contra las máquinas.

5. ¿Es verdad que las nuevas tecnologías <u>dificultan</u> la convivencia familiar?

6. Muchos dirían que las nuevas tecnologías <u>facilitan</u> una mejor calidad de vida.

B Los avances

Leamos Completa el siguiente texto relacionado con la lectura con las palabras que faltan. Haz los cambios que sean necesarios.

▸ **Palabras:** a riesgo de, orígenes, con todo lujo de comodidades, mecanizarse, sentar las bases, volver la vista atrás, incontable

Si __1__, nos daremos cuenta de que desde los __2__ de la humanidad el hombre ha logrado __3__ descubrimientos y ha inventado aparatos que, aun __4__ equivocarse, han servido para mejorar las condiciones de vida. En ocasiones estos aparatos han cambiado nuestras formas de convivencia, por ejemplo, el trabajo __5__. Aunque algunos piensan que se fomenta el individualismo, es un hecho que estos descubrimientos tecnológicos han __6__ de lo que será nuestra vida en el futuro. ¿De verdad podremos viajar __7__ a la Luna?

C ¿Qué es?

Escuchemos Escucha las siguientes oraciones e identifica a qué palabra se refieren.

▸ **Palabras:** autómata, ratón, cohete, boceto, metodología

D Adivina adivinador

Hablemos Divide las palabras de la lista con un(a) compañero(a). Define cada término con tus propias palabras para que tu compañero(a) lo adivine y viceversa.

▸ **Palabras:** azafata, pionero, astrónomo, visionario, excéntrico, autómata

MODELO   *Tú*   Mujer que en los aviones atiende a los pasajeros

      Tu compañero(a)   azafata

E ¿Qué opinas?

Hablemos/Escribamos Contesta las siguientes preguntas con oraciones completas. Presta atención a las palabras subrayadas y consulta el diccionario si es necesario.

1. ¿Un <u>androide</u> es un autómata? Di cómo es la figura de un androide.
2. ¿Has visto alguna pirámide <u>truncada</u> de Mesoamérica? ¿Por qué crees que se construían así estas pirámides?
3. ¿Qué actividades <u>cíclicas</u> realizas?
4. ¿Crees que la ciencia y la tecnología <u>están al servicio</u> de todas las personas del planeta?
5. ¿Qué inventos de los que conoces se deberían producir <u>a gran escala</u>, para poder favorecer la vida de más gente?
6. ¿Qué adelantos científicos crees que se han hecho <u>a partir del</u> último siglo, para combatir enfermedades como el cáncer?

F Una descripción

Escribamos Describe la imagen de la derecha en un breve párrafo. Usa las palabras a continuación y haz los cambios que sean necesarios.

▸ **Palabras:** inaugurar, a partir de, impulsar, disparo, polémica, lanzamiento

G Una polémica

Hablemos La televisión es un invento maravilloso para algunos, pero para otros es razón de gran polémica. En grupos de cuatro, comenten los pros y los contras de la televisión y hagan una encuesta sobre la cantidad de horas que pasan los estudiantes de la clase mirando televisión. Organicen los resultados en una gráfica circular y presenten sus conclusiones en clase.

Lanzamiento del transbordador espacial Discovery

MEJORA TU VOCABULARIO

Los neologismos Los neologismos son las palabras nuevas que se incorporan a un idioma. Generalmente son palabras que ya existen en otra lengua y que son aceptadas para definir nuevos conceptos de la ciencia, el deporte, la tecnología, etc.

- En español se han ido formando nuevas palabras empleando elementos del latín y del griego. Del griego están *auto* (por sí mismo) y *êlektron* (eléctrico) y del latín, *motor* (que mueve) y *oleo* (aceite).

    autómata, electrodoméstico, automotor, oleoducto

- Actualmente se usan muchos neologismos ingleses: *show, e-mail, best-seller, short, stop, ticket, test.* La palabra inglesa puede estar adaptada a la pronunciación española: *chequear* (to check), *mitin* (meeting), *estrés* (stress); o puede tener la apariencia del español: *supermercado* (supermarket), *budín* (pudding), *buldog* (bulldog).

H Del latín y el griego

Hablemos En cada grupo, señala la palabra infiltrada y explica por qué no tiene relación con las demás. El diccionario te podrá ayudar.

1. electricidad, eléctrico, electrodoméstico, elector, electrónica
2. automóvil, autómata, autorizar, autogiro, automático
3. locomotor, motín, electromotor, automotor, trimotor
4. oler, oleoso, oleoducto, óleo, oleaginoso

I Del inglés

Leamos Cambia o corrige en las siguientes frases los neologismos tomados del inglés por sus palabras correspondientes en español.

1. Tengo tantos tests esta semana que no sé cómo voy a resistir el stress.
2. Envíame toda la información por e-mail y luego hablamos.
3. Voy a checkiar cuánto cuestan los shorts en esa tienda.
4. Esta novela no fue un best-seller, pero a mí me encantó.
5. No te van a dejar devolver el CD si no tienes el ticket de la compra.
6. Me detuve en el stop delante del supermarket.
7. Sirvieron bizcocho y pudding de chocolate al final del meeting.

J Definir y adivinar

Hablemos En grupos de tres, escriban la definición de cinco neologismos que conozcan, y la palabra de la cual provienen. Cada grupo leerá las definiciones para que los otros adivinen las palabras. Gana el grupo que más definiciones haya adivinado.

MODELO   estándar (= *standard*)

                 que sirve como modelo

Gramática

El futuro

- El tiempo **futuro** se usa para expresar hechos que pueden ocurrir en el **futuro**:

  *Los viajes espaciales **serán** habituales en el futuro.*

- También se puede usar para expresar **probabilidad** o **conjetura** sobre un hecho futuro, en el presente.

  *¿Viajes espaciales? ¡Interesante! ¿Cuánto **costarán**?*

- El **futuro de indicativo** se forma añadiendo las terminaciones al infinitivo, y no a la raíz del verbo como en otros tiempos que has aprendido. Las tres conjugaciones tienen la misma terminación y todas las personas llevan tilde, excepto **nosotros(as).**

Lo esencial del futuro Cuaderno de práctica, pág. 132

¡Ojo!

Para hablar de un futuro más cercano o inmediato o de una manera más informal, se suele usar el **presente** o **ir a** en presente + infinitivo.

*Ahora no puedo hacerlo, lo **hago** más tarde.*
*Dijo que **va a hacerlo** más tarde.*

Éstas son las conjugaciones del **futuro de indicativo:**

amar	temer	partir
amar**é**	temer**é**	partir**é**
amar**ás**	temer**ás**	partir**ás**
amar**á**	temer**á**	partir**á**
amar**emos**	temer**emos**	partir**emos**
amar**éis**	temer**éis**	partir**éis**
amar**án**	temer**án**	partir**án**

- La irregularidad del **futuro** se agrupa en tres categorías.

  1. Cambian la raíz del verbo en infinitivo:

     decir → **dir**é, **dir**ás, **dir**á...
     hacer → **har**é, **har**ás, **har**á...

  2. Pierden la **e** del infinitivo para formar la raíz del **futuro**:

     haber → ha**br**é, ha**br**ás, ha**br**á...
     poder → po**dr**é, po**dr**ás, po**dr**á...
     querer → que**rr**é, que**rr**ás, que**rr**á...

  3. La **e** o la **i** del infinitivo cambia a **d** para formar el **futuro**:

     poner → pon**d**ré, pon**d**rás, pon**d**rá...
     tener → ten**d**ré, ten**d**rás, ten**d**rá...
     salir → sal**d**ré, sal**d**rás, sal**d**rá...

¿Se te ha olvidado?
el futuro
Ver la página R16

ACTIVIDADES

A Ayer, hoy y mañana

Escuchemos Vas a escuchar una serie de oraciones basadas en la lectura. Di si se refieren a acontecimientos pasados, presentes o futuros. Indica el tiempo verbal.

Cuaderno de práctica, págs. 41–43

B Vuelo espacial

Leamos Completa el párrafo con la forma correcta de futuro de los siguientes verbos.

▶ **Verbos:** estar, hacer, ser, volar, pasar, experimentar, poder, querer

¡Bienvenidos a bordo! Se __1__ el despegue en breves momentos. __2__ (nosotros) a cien kilómetros de altura y en 10 minutos más, __3__ (nosotros) la falta de gravedad. El viaje __4__ de apenas una hora y media, y __5__ (nosotros) tres minutos en estado de falta de gravedad. Me imagino que __6__ (ustedes) sacar fotos de la Tierra. Pues __7__ (ustedes) hacerlo desde una altura jamás alcanzada por ningún avión comercial. __8__ (yo) al servicio de ustedes durante todo el viaje.

C Buenos propósitos

Escribamos/Hablemos Basándote en estas imágenes, usa el futuro para escribir cuatro propósitos que tienes para el año próximo. Luego comenta tus promesas con tu compañero(a).

MODELO Ayudaré más en mi casa con las labores domésticas.

D Predicciones

Hablemos Con un(a) compañero(a), túrnense para hacer diez predicciones para el año 2025 y luego preséntenlas a la clase.

MODELO Los profesores impartirán sus clases a través de videoconferencia y los estudiantes no tendremos que venir a la escuela.

Lo esencial del futuro perfecto **Cuaderno de práctica,** pág. 132

El futuro perfecto

El **futuro perfecto** se usa para referirse a una acción terminada antes de otra acción en el futuro.

*El hombre **habrá llegado** a Marte antes de acabar este siglo.*

primera acción = llegar   **segunda acción = acabar**

La acción de **llegar** se ha terminado antes de la acción futura de **acabar.**

El **futuro perfecto** se forma con el **futuro** del verbo **haber** + el **participio pasado** del verbo que desees conjugar.

Éstas son las conjugaciones del **futuro perfecto**.

futuro de haber	participio pasado
habré	
habrás	cant **ado**
habrá	com **ido**
habremos	viv **ido**
habréis	
habrán	

¡Ojo!

El **futuro perfecto** se usa también para expresar probabilidad o conjetura sobre una acción o estado sucedido en el pasado y relacionado con el presente.

*No ha llegado. **¿Habrá tenido** algún problema?*

E Las conjeturas

Leamos Completa el párrafo con el futuro o el futuro perfecto de los verbos.

¿Cómo __1__ (ser) la vida en el 2014? Supongo que para ese año, yo ya __2__ (graduarse) y __3__ (encontrar) un buen trabajo. Pero, ¿qué __4__ (suceder) con los demás aspectos de nuestra vida: ¿__5__ (descubrir) nosotros los remedios para todas las enfermedades para ese entonces? ¿__6__ (Desaparecer) los teléfonos celulares? ¿__7__ (Resolverse) los enigmas de la biología genética? Y finalmente, ¿__8__ (lograr) nosotros avances tecnológicos en favor de la convivencia y la humanidad?

F En la NASA

Escribamos Con un(a) compañero(a), túrnense para describir las tareas previas que los científicos de la NASA deben hacer antes de lanzar el próximo cohete al espacio. Escribe las cinco tareas que consideres más importantes y comienza con la siguiente oración.

Modelo   Antes de lanzar el próximo cohete al espacio, los científicos de la NASA habrán reunido a un grupo de astronautas para entrenarlos en equipo.

Lo esencial del condicional **Cuaderno de práctica,** págs. 133

El condicional

El **condicional** se usa para referirse a acciones o estados probables, pero que dependen de ciertas circunstancias para que ocurran.

> *Viajaría a la Luna, pero no puedo.*

- Se usa en oraciones que tienen sentido condicional para dar consejos o sugerir, y como forma de cortesía para pedir favores, con valor de presente.

> *Creo que **deberíamos** visitar el Museo del Aire y del Espacio.*
>
> *¿**Podrías** dejarme tu celular?*

- El **condicional** se usa también para expresar probabilidad o conjetura sobre una acción o estado sucedido en el pasado.

> *¿Cuántas personas había en la conferencia? **Serían** unas 175.*

- El **condicional** se forma añadiendo al infinitivo las siguientes terminaciones:

El **condicional** tiene las mismas irregularidades que el futuro.

decir → **dir**ía, **dir**ías, **dir**ía...
hacer → **har**ía, **har**ías, **har**ía...
poder → **pod**ría, **pod**rías, **pod**ría...
tener → **tend**ría, **tend**rías, **tend**ría...

amar	temer	partir
amar**ía**	temer**ía**	partir**ía**
amar**ías**	temer**ías**	partir**ías**
amar**ía**	temer**ía**	partir**ía**
amar**íamos**	temer**íamos**	partir**íamos**
amar**íais**	temer**íais**	partir**íais**
amar**ían**	temer**ían**	partir**ían**

G Y tú, ¿qué dirías?

Leamos Completa las oraciones con la forma condicional de los siguientes verbos.

▶ **Verbos:** poder, tener, deber, llover, importar

1. Creo que (nosotros) ===== confiar en las nuevas tecnologías.
2. ¿Te ===== explicarme qué significa «android»?
3. Cuando estrenaron la película *The Matrix,* creo que yo ===== cinco años.
4. El pronóstico indicó que ===== hoy.
5. No (yo) ===== imaginar la vida sin electricidad ni computadoras. ¿Y tú?

Lo esencial
de los verbos
reflexivos
**Cuaderno
de práctica,**
pág. 141

Los verbos reflexivos

En las oraciones con **verbos reflexivos,** el pronombre de complemento corresponde a la misma persona gramatical que el sujeto. El infinitivo termina en **-se** y las formas conjugadas van siempre acompañadas de un pronombre reflexivo en singular: **me, te, se,** o en plural: **nos, os, se.**

> Yo **me** peino.

● Con frecuencia los **verbos reflexivos** describen cuidados personales, rutinas o hábitos diarios: *peinarse, ponerse, levantarse, quitarse, secarse,* etc.

> Tú **te has peinado** muy bien.

● En español los verbos que expresan sentimientos y estados de ánimo suelen ser reflexivos: *olvidarse, sentirse, alegrarse, preocuparse, esforzarse, atreverse, quejarse, asombrarse,* etc.

> La humanidad **se ha esforzado** por inventar instrumentos.
>
> Nuestros antecesores **se atrevieron** a experimentar con todo.

● Hay verbos que pueden usarse con valor reflexivo (al tratarse de la misma persona), o sin valor reflexivo (al tratarse de otra persona o un objeto diferente).

> Juan **se lava.** ≠ Juan **lava** la ropa.
>
> Yo **me miro** en el espejo. ≠ Yo **miro** el espejo.

● Hay verbos que cambian de significado según se usen con o sin pronombre reflexivo: **acordar** (decidir) ≠ **acordarse** (recordar); **ocupar** (instalarse) ≠ **ocuparse** (tratarse de, tener una profesión), **parecer** (opinión, juicio) ≠ **parecerse** (ser similar).

> **Acordaron** resolver los problemas.
> No **me acuerdo** del primer astronauta
>   en pisar la Luna.
>
> Los pasajeros **ocuparon** sus asientos
>   enseguida.
> La ciencia **se ocupa** de investigarlo todo.
>
> **Parece** que la tecnología ayuda al hombre.
> El futuro **se parece** cada vez más
>   al presente.

¡Ojo!

Cuando dos o más personas realizan una misma acción al mismo tiempo, el pronombre tiene un valor recíproco:

Los inventores **se** saludaron.

Muchas veces la idea recíproca se enfatiza con las expresiones: *el uno al otro* y *a sí mismos.*

Se ayudan **el uno al otro.**

Se exigen demasiado **a sí mismos.**

H Los buzos

Escribamos/Hablemos Completa las oraciones con el presente de los verbos reflexivos dados.

▸ **Verbos:** sentirse, vestirse, ponerse, olvidarse, ayudarse

1. Los buzos siempre ═════ la escafandra cuando bucean.
2. ═════ con ropas especiales para bajar al fondo del mar.
3. No ═════ de los peligros de su profesión.
4. ═════ seguros bajo el agua porque están bien equipados.
5. Son muy solidarios y si tienen problemas entre ellos ═════.

I ¿Reflexivos o no?

Leamos Completa el siguiente párrafo con la forma reflexiva o no reflexiva del verbo en paréntesis y explica el porqué de tu decisión.

Hay quien afirma que en otro planeta __1__ (existe/se existe) vida. Dicen que estos seres no __2__ (alimentan/se alimentan) de seres vivos, que no __3__ (parecen/se parecen) en nada al hombre, porque no __4__ (necesitan/se necesitan) los electrodomésticos en su vida diaria, ni los adelantos tecnológicos que el hombre __5__ (se ha inventado a sí mismo/ha inventado). Ellos solos __6__ (abastecen/se abastecen). Y cuentan que estos seres __7__ (asombran/se asombran) por la existencia particular de nuestros sentimientos.

J Un día normal

Hablemos Con un(a) compañero(a), túrnense para contar lo que hacen habitualmente usando verbos reflexivos.

▸ **Verbos:** despertarse, levantarse, acostarse, ponerse, quitarse, sentarse, dormirse, lavarse, ducharse, bañarse, peinarse, pintarse, etc.

MODELO   Me levanto a las seis todas las mañana para ir a la escuela, menos el fin de semana, que me despierto muy tarde.

K Encuesta

Hablemos/Escribamos Imagina que tienes a *Roby,* un robot doméstico programable que puede hacer múltiples tareas. Cuéntale a tu compañero(a) todo lo que *Roby* puede hacer por sí mismo. Usa los verbos reflexivos aprendidos y la ilustración como guía.

MODELO   Roby puede pararse y sentarse por sí mismo.

Ortografía

Acentuación

El diptongo

Todas las sílabas tienen por lo menos una vocal, pero hay muchas que tienen dos y forman un diptongo, o sea, dos vocales que se pronuncian en una misma sílaba. Las vocales pueden ser abiertas **(fuertes: a, e, o)** o cerradas **(débiles: i, u)** según se abra la boca al pronunciarlas.

- El diptongo puede estar formado por dos vocales cerradas, juntas en la misma sílaba: *rui-do, ciu-dad.*
- También se puede formar de una vocal cerrada antes o después de una vocal abierta, siempre y cuando el golpe de voz se oiga en la vocal abierta.

  dia-rio   pai-sa-no   in-si-nuan-do

No se pone tilde en los diptongos de verbos monosilábicos:

dio   fue   vio   fui

Hay catorce diptongos: **ai, au, ei, eu, oi, ou, ia, ie, io, iu, ua, ue, ui, uo.**

- En los diptongos formados por una vocal abierta y una cerrada, la tilde se coloca sobre la abierta **(a, e, o)** según las reglas de acentuación estudiadas.

dolió, canción, cantáis	Agudas con tilde por acabar en vocal, **n** o **s.**
licuar, espacial, mecanografiar	Agudas sin tilde por no acabar en vocal, **n** ni **s.**
huésped, poliéster	Llanas con tilde por no acabar en vocal, **n** ni **s.**
androide, vuelan, invenciones	Llanas sin tilde por acabar en vocal, **n** o **s.**

El hiato

Los hiatos son dos vocales que aparecen seguidas dentro de una misma palabra, pero se pronuncian en sílabas distintas.

po-e-ta   o-di-se-a   te-a-tro

- Cuando el hiato se forma de dos vocales abiertas se marca la tilde siguiendo las reglas de acentuación:

  le-ón, pe-ón, ca-ma-le-ón   to-a-lla, a-or-ta, se-a-mos

- Cuando el hiato se forma de una vocal abierta y una cerrada, se marca la tilde en la vocal cerrada independientemente de las reglas de acentuación:
  pa-ís, o-í-do, dí-a, a-ta-úd, dú-o.

ACTIVIDADES

A Distingue

Leamos/Escribamos Separa las siguientes palabras en sílabas en una hoja aparte y subraya los diptongos que encuentres. Luego marca la tilde según corresponda e indica el porqué.

▶ **Palabras:** individual, huida, miercoles, hiato, cuidado, huesped, espacio

B ¿Cuántas sílabas?

Escribamos Separa las siguientes palabras en sílabas en una hoja aparte y subraya los hiatos que encuentres. Luego marca la tilde según corresponda y explica el porqué.

▶ **Palabras:** tecnologia, aeropuerto, ataud, comprendia, veniamos, zanahoria, baul, maiz, peaton, veamos

C Divide

Leamos/Escribamos Busca en la lectura «Rumbo al futuro» cinco palabras con diptongo y otras cinco con hiato y explica por qué llevan o no llevan tilde. Luego usa las palabras en oraciones relacionadas con la imagen de la derecha.

DICTADO

Escribe lo que oigas sobre «Rumbo al futuro». Presta especial atención al uso de los diptongos y hiatos, a las palabras agudas y llanas, y marca la tilde donde corresponda.

Taller del escritor

ESTRATEGIA

El anuncio publicitario adopta diferentes formas según cómo se difunde (prensa, radio o televisión). El anuncio de prensa se llama también anuncio gráfico y utiliza la imagen fija y la palabra. Ocupa distintos espacios en periódicos y revistas.

ACTIVIDAD

Al hacer la siguiente actividad ten presentes los elementos de un anuncio publicitario: *El titular,* un texto breve que aparece en lugar destacado. *La ilustración* ha de ser original y llamar la atención del lector. *El texto* da información sobre las cualidades del producto. *El pie de foto* suele ir en la zona inferior de la ilustración. Recuerda que no siempre aparecen todos estos elementos, y a veces están dispuestos en la página de forma diferente.

Hagamos publicidad

Escribamos Diseña un anuncio impreso para darle publicidad al auto de la ilustración. Es un automóvil eléctrico y se alimenta por baterías recargables. Inventa el nombre del modelo y la marca del auto. ¿Qué cualidad del auto quieres destacar? ¿A qué tipo de público vas a dirigir el anuncio? Decide si vas a basar tu anuncio en una comparación. Luego, escribe el titular, el texto y el pie de foto.

Así se dice

Para escribir un anuncio publicitario

Puedes usar estas expresiones para escribir el titular y el texto del anuncio:
¡Gran venta de...! ¡Gran rebaja de..! ¡... a precios increíbles!
¡No se lo pierda! ¡Aproveche la oportunidad de...!
¡No siga buscando!
Más... que... Lo mejor de... lo encontrará en...
¡Incomparable! Este...

Antes de leer

Protejamos nuestra Tierra

En esta sección vas a leer acerca de los problemas que afectan a nuestro medio ambiente, sus causas, las posibles soluciones y las maneras diversas en que todos podemos colaborar para conservarlo. Antes de empezar, repasa las palabras de **Mi pequeño diccionario.**

Mi pequeño diccionario

alimentar *v.* mantener en marcha

amparar *v.* proteger, dar protección

apagar *v.* desaparecer o hacer que se acabe un fuego

atrapar *v.* conseguir alcanzar o agarrar algo

contenedor *m.* recipiente grande para depositar residuos

cordillera *f.* cadena de altas montañas

degradación *f.* empeoramiento

derretimiento *m.* fusión

desertización *f.* acción de secarse los suelos y convertirse en desierto

embalaje *m.* caja o bolsa en que se guardan artículos para protegerlos al transportarlos

enchufar *v.* unir un aparato eléctrico a la red eléctrica, conectar

envase *m.* recipiente generalmente pequeño o mediano que se usa para guardar y conservar un producto

fértil *adj.* que da frutos, lo contrario de árido

forestal *adj.* relativo a los bosques

fuente *f.* recurso que produce algo

hábitat *m.* zona en la que vive un animal o vegetal

hoguera *f.* fogata, fuego

impulsado, -a *pp.* empujado para que tenga movimiento

indiscriminadamente *adv.* sin hacer distinciones ni diferencias

invernadero *m.* lugar cubierto y preparado para cultivar plantas

labranza *f.* acción de mover la tierra haciendo surcos para sembrarla

litoral *m.* región costera

malgastar *v.* desaprovechar, desperdiciar

nutriente *m.* sustancia presente en los alimentos necesaria para vivir

otorgar *v.* dar, conceder

poner en marcha *v.* hacer funcionar, poner en funcionamiento

potencial *m.* capacidad

privilegiado, -a *adj.* favorecido, que recibe favores

recargable *adj.* que puede volver a cargarse

represa *f.* muro o pared que se construye para acumular o regular corrientes de agua

repuesto, -a *pp.* recuperado, reemplazado

rotar *v.* alternar los cultivos

silvestre *adj.* dicho de una planta, que nace sin que nadie la haya cultivado

superar *v.* sobrepasar, ser más que

vigilar *v.* mantener observado, supervisar

VOCABULARIO EN CONTEXTO

Leamos Completa el párrafo con las siguientes palabras. Haz los cambios que sean necesarios.

▶ **Palabras:** poner en marcha, potencial, alimentar, represa, fuente, impulsado

Investigadores de todo el mundo desarrollan las __1__ de energía renovables y no contaminantes, como por ejemplo: la energía eólica —producida por las grandes aspas de los molinos eólicos, que giran __2__ por el viento—; la energía luminosa del sol, que puede ser usada para __3__ cualquier clase de máquina o artefacto doméstico; la energía de las mareas y la de las corrientes de los ríos, aprovechada por las __4__ hidroeléctricas. Varios proyectos __5__ ya en Latinoamérica y otros continentes utilizan las energías renovables. Hay importantes instalaciones de energía eólica en Latinoamérica, como las de Oaxaca, México (uno de los lugares con mayor __6__ eólico del mundo).

ESTRATEGIA

Reacciones en cadena Para esta estrategia, que se hace en grupo, se lee un texto y se dibuja después un diagrama de las causas y efectos, para ver cómo forman una reacción en cadena: el efecto de un acontecimiento se convierte a su vez en la causa de otro efecto, y así sucesivamente. Cuando sepas reconocer estas reacciones de causa y efecto, las podrás identificar en la lectura «Protejamos nuestra Tierra».

ACTIVIDADES

A Un diagrama

Leamos/Hablemos Busca la relación de causa y efecto entre las siguientes ideas y muéstraselas a la clase en un diagrama. Explica el diagrama en voz alta y responde a las preguntas de tus compañeros.

MODELO   **Causa:** Si bajamos el consumo de electricidad en casa,
Efecto: las usinas echarán menos humo.

consumo de electricidad

las usinas[1] echan menos humo

los adultos usan menos el auto

menos emisión de gases

el automóvil alimentado por baterías solares recargables

reducir la emisión de gases

ir a la escuela caminando o en bicicleta, o en los medios de transporte público

efecto invernadero

no gastar las energías no renovables

reducir gases tóxicos

la contaminación del aire y de la atmósfera

B Más vale prevenir

Leamos Busca y señala en el mapa las regiones de Costa Rica que, en tu opinión, son especialmente interesantes desde el punto de vista ecológico o medioambiental. Piensa por qué estas zonas tienen características especiales y cómo contribuyen al medio ambiente.

---

1 edificios industriales donde se producen o transforman fuentes de energía

Protejamos nuestra Tierra

A continuación vas a leer sobre dos problemas que afectan a nuestro medio ambiente en la actualidad, las diversas maneras en que todos podemos colaborar para conservar el equilibrio ambiental, y los esfuerzos que se han hecho y se están haciendo en esta dirección.

Contaminación del aire

El aire de las ciudades tiene una mezcla de elementos tóxicos,[1] como dióxido de azufre y nitrógeno, liberados en la combustión[2] de motores a explosión o por las centrales energéticas. El dióxido de carbono y otros gases producidos por las industrias y la actividad humana destruyen la capa de ozono[3] de la atmósfera. Pero además, atrapan los rayos solares y retienen su calor, como lo hacen los cristales de un invernadero, provocando el aumento de la temperatura ambiente. A esto se lo denomina efecto invernadero. La temperatura ambiente sube cada vez más, y una de sus consecuencias es el derretimiento de los casquetes polares.[4] Al fundirse los grandes hielos, muchas regiones costeras se verán amenazadas en el futuro por el aumento del nivel de los océanos.

Energía limpia

Una de las soluciones consiste en encontrar fuentes de energía renovables y que no contaminen. Alrededor del mundo ya se han puesto en efecto fuentes de

Molinos eólicos en Tarifa, España

MIENTRAS LEES

A. ¿Te preocupa la protección del medio ambiente?

B. ¿De qué manera colaboras para protegerlo?

C. ¿Por qué se produce la destrucción de la capa de ozono?

D. ¿En qué consiste el efecto invernadero?

---

1 malos para la salud, perjudiciales, dañinos **2** acción de arder o quemarse algo **3** capa de gas que se halla en la atmósfera terrestre, que impide que los rayos ultravioletas lleguen al suelo, lo que imposibilitaría la vida sobre la superficie terrestre **4** superficies de hielo en los polos de la Tierra

¿Qué podemos hacer?

Bajemos el consumo de electricidad en casa para que las usinas echen menos humo. Que los adultos usen menos el auto y haya menos emisión[1] de gases. O que usen el automóvil alimentado por baterías solares recargables. Vayamos a la escuela caminando o en bicicleta, o en los medios de transporte público: autobús, subterráneo, tranvía…

E. ¿Qué fuentes de energía renovables conoces?

F. ¿Qué es una represa hidroeléctrica?

G. ¿Podemos colaborar para reducir el consumo de energía?

H. ¿Cómo funciona un automóvil eléctrico?

I. ¿Cómo se cargan las baterías? ¿En cuánto tiempo?

energía alternativas como por ejemplo: la energía eólica –producida por las grandes aspas[2] de los molinos, que giran impulsadas por el viento–; la energía de las mareas y la de las corrientes de los ríos, aprovechada por las represas hidroeléctricas, y la energía solar que puede ser usada para alimentar cualquier clase de máquina o artefacto doméstico.

Represa hidroeléctrica

El automóvil eléctrico

Hace ya años que se utiliza, en países como India, un modelo de automóvil que no se alimenta de combustible[3] sino por baterías eléctricas. También han llegado al mundo hispano, como indica este anuncio argentino:

Olvídese del combustible

No más paradas en las <u>estaciones de servicio.</u>[4] Tan sólo enchúfelo, déjelo que se cargue sólo y disfrútelo. Dependiendo de su conveniencia, puede hacerlo en su casa, en su oficina o donde usted elija. Sólo necesita un enchufe del tipo hogareño de 220 voltios y 15 amperios. Las baterías recuperan el 80% de su carga en menos de dos horas y media y el 100% en menos de 6 horas (similar a su teléfono portátil).

---

1 salida, expulsión 2 brazos de los molinos que los impulsan al girar 3 sustancia o material que arde y se usa para hacer funcionar máquinas y vehículos 4 instalaciones con surtidores de combustible y otros servicios para vehículos

¿Qué puedes hacer?

Ten mucho cuidado para no provocar incendios forestales: prevén[1] todos los riesgos, no enciendas hogueras inútiles o sin supervisión, no quemes malas hierbas, vigila y apaga los restos de barbacoas, etc. Y da la voz de alarma si ves a otras personas haciéndolo. Por otra parte, si tu papá es agricultor, recuérdale –aunque él ya lo sabe– que es bueno rotar los cultivos, para que la tierra no se agote y reciba los nutrientes naturales que la mantienen fértil.

J. ¿Podemos hacer algo para prevenir los incendios forestales?

Desertización y mal uso del suelo

Nada podemos hacer contra las variaciones climáticas naturales. Pero los suelos se vuelven más resistentes[2] contra la desertización si, por ejemplo, no cortamos árboles. Un árbol es un ecosistema[3] en el que viven y del que se alimentan aves, insectos y otros animales. El árbol evita la degradación del suelo y purifica[4] el aire. No le hagas daño, él hace mucho por ti.

La desertización es el resultado de cambios climáticos y otros factores como la destrucción de selvas y bosques y el mal uso del suelo. Al talar[5] indiscriminadamente los árboles, el suelo pierde la cubierta[6] vegetal que lo protege del sol y de las fuertes lluvias que arrastran sus nutrientes, transformando zonas fértiles en desiertos. Grandes extensiones de selvas y bosques desaparecen año tras año, y con ellas, especies vegetales y animales que viven en esos hábitats naturales. Por otro lado, la excesiva labranza de las tierras para cultivo produce agotamiento y degradación del suelo. Las cosechas[7] van perdiendo los nutrientes, como fósforo, nitrógeno, potasio, que deben ser repuestos con fertilizantes.[8]

K. ¿Por qué son tan importantes los árboles?

L. ¿Qué es la desertización?

M. ¿Qué le ocurre al suelo cuando se talan los árboles?

N. ¿Y al resto de las plantas y los animales?

Ñ. ¿Los cultivos son buenos para el suelo? ¿Por qué?

Brasil

---

1 evita lo que puede suceder 2 fuertes, que aguantan, soportan 3 conjunto de seres vivos (animales y plantas) que pertenecen a un mismo ambiente y se relacionan entre sí 4 limpia 5 cortar 6 capa o parte exterior 7 productos vegetales que se cultivan y recogen de la tierra cuando están maduros 8 productos utilizados para enriquecer tierra y que dé más frutos

Costa Rica

¡Buenas noticias!

O. ¿Por qué se dice que Sudamérica posee uno de los ecosistemas más variados de la Tierra?

P. ¿Qué animales viven en el continente?

Q. ¿Para qué se crean los parques nacionales y las reservas naturales?

R. ¿En qué consiste el programa de conservación de Costa Rica?

Sudamérica es un continente realmente privilegiado por su naturaleza, con uno de los mosaicos de ecosistemas más variados del planeta: selvas amazónicas, la cordillera de los Andes, bosques templados, extensas sabanas,[1] interminables litorales sobre los océanos Pacífico y Atlántico, la vasta[2] estepa patagónica, las islas Malvinas y pantanales[3] y esteros[4] subtropicales.

La variedad de ecosistemas naturales son el hábitat de una increíble variedad de especies animales, que incluyen nada menos que la tercera parte del total de las especies de aves, además de varios centenares de mamíferos[5] y reptiles y varios millares de formas de invertebrados.

Para amparar el rico patrimonio[6] natural del continente, los diversos países que lo integran han creado una gran cantidad de parques nacionales y reservas naturales que actualmente superan los 280. Mencionaremos, por ejemplo: Chirripó y La Amistad en Costa Rica, Perito Moreno y los Esteros del Iberá en Argentina, Iguazú en el límite entre Argentina, Paraguay y Brasil, Amazonia y el Pantanal en Brasil, el Manu, Pampa Galeras y Paracas en Perú y Lauca, Pérez Rosales y Torres del Paine en Chile, como algunas áreas protegidas de las que los sudamericanos se sienten orgullosos.

Costa Rica, por ejemplo, cuenta con un ambicioso programa de conservación, quizá uno de los más desarrollados del mundo. Restringe[7] la deforestación, otorga incentivos[8] financieros y de derechos de propiedad para la preservación[9] privada y la forestación ambiental racional,[10] y tiene un sistema de parques nacionales que cubre más del 15% del territorio del país.

---

1 extensos terrenos planos, sin vegetación, de clima tropical **2** grande, extensa **3** extensiones poco profundas de agua mezclada con tierra o lodo **4** terrenos inundados por la lluvia o por agua subterránea **5** vertebrados que se desarrollan dentro del cuerpo de la madre y al nacer se alimentan de su leche **6** conjunto de cosas valiosas que una región o persona posee **7** reduce **8** motivaciones, algo que se ofrece a las personas, instituciones y empresas para que estén más dispuestas a colaborar **9** protección, conservación, cuidado **10** pensado con atención, lógico

Éstas y otras reservas naturales se basan en los siguientes conceptos:

a) La regeneración y preservación del bosque autóctono[1] aumentan la biodiversidad[2] por la que los bosques neotropicales, y los de Costa Rica en particular, son tan famosos. También ayudan a compensar la contaminación del aire.

b) La reforestación puede mejorar las condiciones de vida y crear rendimientos sostenibles. Una pequeña parte de la reserva está dedicada a la «reforestación sostenida», lo que significa la creación de un bosque que tendrá un valor permanente. Esto creará empleo para la comunidad local de forma que promueva[3] la ecología natural.

c) Crear un lugar que la gente pueda visitar para caminar y respirar aire fresco, beber agua pura y disfrutar de las montañas, los árboles y los ríos.

En los dos últimos decenios, muchos gobiernos y organizaciones internacionales han tomado medidas para conservar la diversidad biológica. Una de ellas es establecer más zonas protegidas, como las que acabas de ver (que actualmente abarcan casi el 5% de la superficie de la Tierra) para salvaguardar hábitats y especies vulnerables. También se están estableciendo bancos de genes para especies vegetales silvestres y cultivadas, y se está introduciendo legislación para reducir la contaminación medioambiental.

Guanaco (Lama guanicoe), Patagonia

MIENTRAS LEES

S. ¿Por qué debemos preservar los bosques?

T. ¿Por qué es importante la reforestación?

U. A partir de la definición de «reforestación sostenida» que aparece en el apartado b), ¿qué significa «sostenido, -a» o «sostenible» en relación al medio ambiente?

V. ¿Qué medidas toman los gobiernos y las organizaciones internacionales para conservar la diversidad biológica?

Uno para todos... ¡y todos para uno!

Tú *puedes hacer mucho por salvar la Tierra: no consumas productos que tengan muchos embalajes; no malgastes el agua ni la energía; tira las baterías en los contenedores Fdestinados a ello, y los vidrios, el papel y los envases en los suyos; trata bien a los animales y las plantas... Con muchos defensores del planeta como tú, seguro que logramos que la Tierra sea un buen lugar para todos.*

---

1 que ha nacido y crecido en el lugar **2** variedad de animales y plantas en su medio ambiente **3** tenga un efecto favorable en

Cuaderno de práctica, págs. 45–46

ACTIVIDADES

A ¿Acertaste?

Leamos/Hablemos Contesta las siguientes preguntas con base en el mapa y las notas que escribiste en la Actividad B de **Antes de leer.** Después, comenta tus respuestas con un(a) compañero(a) y aclaren sus dudas.

¿Localizaste correctamente las zonas importantes para la protección medioambiental? ¿Confirmó la lectura lo que ya sabías o aprendiste algo nuevo? Explica.

B Completa el esquema

Leamos/Escribamos Completa los párrafos a continuación con las expresiones según el contexto. Haz los cambios que sean necesarios.

▶ **Expresiones:** la preservación del bosque y la plantación de árboles, tomar medidas para conservar, más zonas protegidas, la creación de un bosque que tendrá un valor permanente, aumentar la biodiversidad

1. En Costa Rica y otros países, las reservas naturales se basan en la regeneración y preservación del bosque autóctono ═══. ═══ también ayudan a compensar la contaminación del aire.

2. La reforestación puede mejorar las condiciones de vida y crear rendimientos sostenibles. La «reforestación sostenida» significa ═══.

3. En los dos últimos decenios, muchos gobiernos y organizaciones internacionales ═══ la diversidad biológica. Una de dichas medidas es establecer ═══.

C En mis propias palabras

Leamos/Hablemos Escoge la respuesta a estas preguntas, teniendo en cuenta que puede haber más de una opción correcta. Luego, en grupos de tres, léanse las respuestas y coméntenlas.

1. ¿Qué le pasará a la Tierra si continuamos así?
   a. Nos quedaremos sin agua corriente ni electricidad.
   b. Desaparecerán muchas especies de plantas y de animales.
   c. Habrá muchas más personas viviendo sobre la Tierra.

2. ¿Qué harías para luchar contra el efecto invernadero?
   a. Haría leyes para reducir las emisiones de gases contaminantes.
   b. Protegería a las especies animales en peligro de extinción.
   c. Plantaría miles de árboles por los campos.

D Comentemos

Hablemos/Escribamos Con un(a) compañero(a) contesta las siguientes preguntas. Pónganse de acuerdo en sus respuestas y escriban un pequeño informe para presentar oralmente en clase.

1. ¿Siempre han existido los mismos animales, aves y plantas en el mundo?

2. ¿Por qué crees que ha sido o no ha sido así?

3. ¿Qué debemos hacer para impedir que sigan desapareciendo especies en el mundo?

4. ¿Qué aprendiste de la ecología en esta sección?

5. ¿Cómo ha cambiado el texto tus ideas sobre la ecología?

6. ¿Por qué crees que escribió el(la) autor(a) estos textos?

Comunicación

E De acuerdo o en desacuerdo

Escribamos/Hablemos Basándote en una cita de la lectura, escribe en una tarjeta una pregunta de la forma «¿Qué sucederá si...?» Intercambia tu tarjeta con un(a) compañero(a) para que él (ella) escriba la respuesta. Luego, vuelvan a intercambiar tarjetas y comenten sus respuestas. ¿Están de acuerdo?

MODELO   ¿Qué sucederá si muchos gobiernos y organizaciones internacionales no toman medidas para conservar la diversidad biológica?

Nota cultural

En muchas leyendas hispanoamericanas se relata el diluvio universal: «La destrucción se produjo en forma de lluvias torrenciales e inundaciones. Las montañas desaparecieron y los hombres se transformaron en peces», narran documentos aztecas. En Colombia, los indios chibchas mantienen viva la leyenda de Chía, que provocó un diluvio en el que pereció la mayoría de la población. En Ecuador los indios cañaríes relatan una vieja leyenda sobre un diluvio del que escaparon sólo dos hermanos que se habían refugiado en una alta montaña. Y en Perú, son muchos los mitos referentes a un indio a quien una llama advirtió de que iba a producirse un diluvio, salvándose el indio gracias a aquella advertencia.

Vocabulario

Cuaderno de práctica, págs. 47–48

A Nuevas energías

Leamos Completa las oraciones con la palabra correcta entre paréntesis.

1. Una energía alternativa es la eólica, (impulsada/construida) por el viento.
2. La energía de las corrientes de agua se acumula en las (lagunas/represas) hidroeléctricas.
3. La energía del sol puede (enriquecer/alimentar) cualquier clase de aparato.
4. Existen (hogueras/fuentes) de energía alternativa que no contaminan.
5. Tehuantepec es uno de los lugares del mundo con mayor (protección/potencial) eólico(a).

B Nuestros parques

Leamos Completa el siguiente texto con las palabras que faltan.

▶ **Palabras:** privilegiado, forestal, cordillera, litoral, repuesto, amparar, superar, vigilar, otorgar, hábitat

Para proteger las superficies __1__ y las especies que viven en su __2__ natural no se deben talar los árboles. Si los suelos de los bosques y selvas pierden sus nutrientes, éstos tienen que ser __3__ con fertilizantes artificiales. Una manera de evitar la deforestación es __4__ y prevenir los incendios. Sudamérica posee un ecosistema __5__, con selvas, __6__ y extensos __7__ con parques protegidos que __8__ las 280 reservas naturales. Para preservar y __9__ este rico patrimonio, los gobiernos __10__ ayudas económicas.

C Un planeta enfermo

Escuchemos Escucha las oraciones e indica a qué palabra se refiere cada una.

▶ **Palabras:** derretimiento, degradación, atrapar, invernadero, desertización

D ¡Cuidemos nuestro suelo!

Hablemos Forma oraciones usando las palabras dadas.

▶ **Palabras:** desertización, nutriente, labranza, fértil, rotar

1. Los cambios climáticos y el mal uso que hacemos del suelo...
2. Las tierras son productivas cuando...
3. La degradación del suelo se produce cuando en las tierras...
4. Se trata no sólo de proteger las zonas de bosques y selvas, sino también...
5. Cuando la tierra cambia de cultivo, recibe...

E ¿Qué opinas?

Hablemos Contesta las siguientes preguntas con oraciones completas. Presta atención a las palabras subrayadas y úsalas en tus respuestas.

1. ¿Qué proyecto te gustaría poner en marcha para mejorar las condiciones del medio ambiente?
2. ¿Qué crees que se puede hacer con los envases usados?
3. ¿En qué contenedores depositas los materiales reciclables?
4. ¿Qué puede pasar si se talan los árboles indiscriminadamente?
5. ¿Qué se puede usar como embalaje para proteger los productos?

F La electricidad

Escribamos Imagina cómo sería nuestra vida sin electricidad y descríbelo en un párrafo. Sírvete de las imágenes e incluye las siguientes palabras.

▶ **Palabras:** recargable, enchufar, apagar, malgastar, efecto invernadero, derretimiento

MEJORA TU VOCABULARIO

Cognados y cognados falsos Los **cognados** son palabras que tienen el mismo origen, significan lo mismo y se escriben igual o casi igual. En español y en inglés hay muchas palabras de origen latino y griego que se reconocen en las dos lenguas: *televisión, teléfono, gas, penicilina, cero, vocabulario, gramática.*

Los **cognados falsos** son palabras que se escriben igual o de modo parecido, pero significan cosas distintas: *actual* (current, *not* actual), *consistente* (thick, solid, *not* consistent), *conductor* (driver, *not* conductor) *diversión* (entertainment, *not* diversion), *embarazada* (pregnant, *not* embarrassed), *sensible* (sensitive, *not* sensible), *simpático* (friendly, *not* sympathetic), *varios* (several, *not* various).

G Traduce

Leamos/Escribamos Traduce las siguientes palabras al español. Luego clasifícalas como cognados o cognados falsos y explica con qué palabra se confunden los cognados falsos.

▶ **Palabras:** sensible, election, producer, center, computer, electricity, tennis, embarrassed, colonization, actually, banana, vital, geography, history, casino, motorcycle, bicycle, consistent, conductor, national, favor, practical, attend

Lo esencial del modo imperativo **Cuaderno de práctica,** págs. 139–140

El modo imperativo

El **modo imperativo** se usa para expresar mandatos o dar instrucciones y consejos. No tiene primera persona del singular **(yo)** y posee formas distintas en afirmativo y en negativo.

> **Cuida** tu planeta. No **malgastes** el agua.

Éstas son las conjugaciones del **imperativo:**

hablar		comer		escribir	
afirmativo	negativo	afirmativo	negativo	afirmativo	negativo
habl**a**	no habl**es**	com**e**	no com**as**	escrib**e**	no escrib**as**
habl**e**	no habl**e**	com**a**	no com**a**	escrib**a**	no escrib**a**
habl**emos**	no habl**emos**	com**amos**	no com**amos**	escrib**amos**	no escrib**amos**
habl**ad**	no habl**éis**	com**ed**	no com**áis**	escrib**id**	no escrib**áis**
habl**en**	no habl**en**	com**an**	no com**an**	escrib**an**	no escrib**an**

- Algunos verbos de cambio **ortográfico** y **cambio radical** cambian de la misma forma en el **indicativo** y el **imperativo:**

  tocar → toca, to**que**, to**que**mos, tocad, to**que**n

  escoger → escoge, esco**j**a, esco**j**amos, escoged, esco**j**an

  pensar (ie) → p**ie**nsa, p**ie**nse, pensemos, pensad, p**ie**nsen

- Los verbos de cambio radical acabados en **-ir** cambian también en la persona **nosotros:**

  dormir (ue) (u) → d**ue**rme, d**ue**rma, d**u**rmamos, dormid, d**ue**rman

- Otros verbos no siguen un patrón de irregularidad **definido:**

  decir → **di** , **dig**a, digamos, decid, **dig**an

  hacer → **haz**, **hag**a, **hag**amos, haced, **hag**an

  ir → ve, vaya, vayamos, id, vayan

  ser → sé, sea, seamos, sed, sean

¿Te acuerdas?

El **modo indicativo** se usa para expresar hechos, acciones o estados que el hablante siente o percibe como reales.

*Ya se **han instalado** fuentes de energías alternativas.*
*La reforestación **mejorará** las condiciones de vida.*

ACTIVIDADES

A Los mandatos

Escuchemos Escucha las siguientes oraciones y decide si en cada una se está haciendo una declaración (modo indicativo) o un mandato (modo imperativo).

Cuaderno de práctica, pág. 49–51

B Los consejos

Hablemos Comenta con un(a) compañero(a) las formas en que ustedes pueden ayudar a proteger el medio ambiente. Usen las opciones de la lista y den sus propios ejemplos. Túrnense para expresar estas ideas en forma de mandatos afirmativos o negativos.

MODELO   Conservar el agua
                Conserva el agua. Cierra el grifo mientras te cepillas los dientes.

1. Usar formas alternativas de transporte
2. Reciclar en casa y en el colegio
3. Malgastar la energía eléctrica
4. Proteger los árboles
5. Cuidar los parques naturales
6. Contaminar los ríos

C Campaña por el medio ambiente

Hablemos/Escribamos Imagina que tú y tus compañeros(as) van a usar estas imágenes en una campaña para proteger el medio ambiente y tienen que escoger el mensaje que quieren transmitir. Pónganse de acuerdo y escriban un titular para cada imagen usando la forma de nosotros de los mandatos positivos o negativos.

MODELO   Cuidemos nuestros bosques. No hagamos hogueras innecesarias.

A.

B.

C.

Lo esencial de los pronombres de complemento directo e indirecto **Cuaderno de práctica,** págs. 137–138

El uso simultáneo de pronombres de complemento directo e indirecto

- El **pronombre de complemento directo** es el que se refiere a la persona o cosa que recibe la acción del verbo: **me, te, lo, la; nos, os, los, las**.

  *No enciendas **hogueras inútiles**.   No **las** enciendas.*

- El **pronombre de complemento indirecto** es el que se refiere a la persona o cosa que recibe el complemento directo: **me, te, le (se); nos, os, les (se)**.

  *Damos la información **al agricultor**.   **Le** damos la información.*

- Cuando se usa el **pronombre de complemento directo** junto con el de **complemento indirecto** en la misma oración, éste último va en primer lugar:

  —¿**Te** compraste **el coche eléctrico?**

  —Sí,   **me**   **lo**   compré.

          objeto de   **objeto de**
       complemento   **complemento**
         indirecto   **directo**

- Cuando al **pronombre de complemento indirecto le** le sigue uno de **complemento directo** de tercera persona **(lo, la; los, las),** aquél se transforma en **se.**

  *Le he recomendado **a Juan el coche eléctrico. Se** lo he recomendado.*

- Cuando el verbo va en gerundio o infinitivo, ambos pronombres pueden ir después o antes del verbo.

  *¿**Le** puedes apagar la luz? Sí, puedo apagár**sela**. (Sí, **se la** puedo apagar.)*

- En el **modo imperativo,** los pronombres van después del mandato positivo.

  ***Evítale** esos riesgos. ⟶ **Evítaselos**.*
  ***Da** comida a los animales. ⟶ **Dales** comida.*

- Si el verbo en **imperativo** está en negativo, los pronombres van delante del verbo.

  *No **se lo permitas**. No **se la presten**.*

Los verbos en **imperativo** con pronombres llevan acento ortográfico al convertirse en palabras esdrújulas o sobreesdrújulas.

¡Compra! ⟶ **¡Cómpraselo!**
¡Di! ⟶ **¡Díselo!**

D Miles de preguntas

Leamos Imagínate que estás con tu hermano en un campamento de verano y tu madre te hace miles de preguntas por teléfono. Completa tus respuestas con los pronombres de complemento directo e indirecto.

1. ¿Te dieron el dinero que te enviamos? Sí, ══ ══ dieron.
2. ¿Le compraste al niño las gafas que quería? No, no ══ ══ he comprado.
3. ¿Le has puesto el bloqueador de sol todos los días? Sí, ══ ══ he puesto.
4. ¿Te has tomado las pastillas para las alergias? Sí, ══ ══ he tomado.
5. ¿Ya le escribiste una carta a tu abuelita? No, no ══ ══ he escrito.
6. ¿Cuándo vas a enviarnos fotos? Mañana voy a enviar ══ ══.

E De padres a hijos

Leamos Luego, tus padres te enviaron la siguiente carta. Complétala con la forma correcta de los verbos y los pronombres de complemento directo e indirecto que faltan.

Querida hija:

Recibimos tu tarjeta y nos gustó saber que se están divirtiendo . Acuérdate de los consejos que te dimos antes de marcharte:

El protector solar de Martín tienes que __1__ (poner) para protegerlo del sol. Martín debe tomar mucha agua durante el día. __2__ (Recordar) porque se olvida siempre. La tarjeta para la abuela: debes __3__ (enviar) antes de su cumpleaños. La mochila tienes que __4__ (devolver) a tu amigo Fede en las mismas condiciones en que __5__ (entregar). Cuídate mucho y los dos __6__ (pasarlo) bien. __7__ (Escribir/a nosotros) pronto o __8__ (llamar/a nosotros) por teléfono.

F Por nuestro vecindario

Hablemos Con un(a) compañero(a) hagan un plan para cuidar y embellecer su vecindario. Usen los mandatos, los pronombres de complemento directo o indirecto y las siguientes ideas.

▶ **Ideas:** plantar árboles, instalar un sistema de riego automático, colocar contenedores de reciclaje, instalar paneles solares, pedir ayuda del gobierno

MODELO   ¿Podríamos subirle la cuota a los vecinos?
             No, no se la subamos.

Las oraciones simples y las oraciones compuestas

La **oración simple** consta de un solo **sujeto** y de un solo **verbo:**

El aire tiene elementos tóxicos.

La **oración compuesta** consta de dos o más cláusulas. Una **cláusula** es una frase que tiene sujeto y verbo al igual que la oración simple, pero que no siempre tiene sentido completo.

Oración compuesta

cláusula 1   cláusula 2

Los ecologistas creen que todavía no se recicla lo suficiente.

En las oraciones compuestas, las cláusulas se pueden enlazar por **coordinación** o por subordinación.

- En la **coordinación** generalmente las cláusulas se unen sin depender una de otra y cada cláusula tiene sentido por sí misma. Los elementos que coordinan estas cláusulas son las conjunciones **pero, y, o** y **ni.**

    *Los hombres instalaron los molinos eólicos **pero** el viento no los movía.*
    *Usa menos el coche **y** no enciendas luces innecesarias.*
    *¿Tiramos los envases **o** los depositamos en los contenedores?*
    *No malgastes el agua **ni** derroches la energía.*

- En la **subordinación,** una cláusula depende de la otra para tener sentido completo. La que depende es la **subordinada** y la independiente es la **principal.** La **subordinada** puede funcionar como el sujeto, objeto, etc. de la oración compuesta. A diferencia de las **coordinadas,** estas cláusulas sólo tienen sentido propio en combinación con la cláusula principal.

    Los gobiernos piensan que debemos cuidar el medio ambiente.

Las cláusulas subordinadas van unidas por **que, cuando, donde, como,** etc. Según la función que desempeñen pueden ser de tres clases.

- **Nominales:** tienen la función de un nombre.
    *Creo **que Costa Rica tiene muchos parques nacionales.***

- **Adjetivas:** tienen la función de un adjetivo.
    *Es un coche **que funciona con electricidad.***

- **Adverbiales:** tienen la función del adverbio.
    *El nivel del agua sube **cuando se derrite el hielo de los polos.***

G ¿Simple o compuesta?

Leamos/Escribamos Divide las siguientes oraciones en simples y compuestas. Para cada oración compuesta, haz un diagrama como el del modelo y completa la información.

cláusula 1	palabra de enlace	cláusula 2
La tierra pierde los nutrientes	*que*	*deben ser repuestos con fertilizantes.*

- La oración es simple ☐ o compuesta ☑
- La oración es compuesta coordinada ☐ o subordinada ☑
- La palabra de enlace es [que]
- La cláusula subordinada hace el papel de un sustantivo ☐ adjetivo ☑ adverbio ☐

1. Hay muchas formas de conservar energía.
2. El árbol evita la degradación del suelo y purifica el aire.
3. Los científicos dicen que el automóvil es uno de los grandes contaminantes.
4. La desertización es el resultado de cambios climáticos.
5. La reforestación mejora las condiciones de vida como se ha hecho en muchos países.
6. Las baterías ahorran energía eléctrica pero hay que recargarlas con frecuencia.

H ¿Coordina o subordina?

Hablemos Forma oraciones compuestas. Presta atención a las conjunciones y explica si la oración es coordinada o subordinada y de qué tipo es.

MODELO Enchufe la batería en su casa y... olvídese de la gasolina. (oración coordinada)

1. Para proteger el medio ambiente bajemos el consumo de electricidad **y...**
2. El combustible hace funcionar las máquinas, **pero...**
3. No encendamos fuegos **donde...**
4. Desaparecen grandes extensiones de selva **cuando...**
5. Se ha fomentado la fabricación de coches **que...**

omunicación

I Peticiones

Hablemos/Escribamos Pónganse de acuerdo entre todos para decidir qué mejoras medioambientales necesita su localidad. Escriban con un(a) compañero(a) una carta a las autoridades pidiendo su colaboración. Identifiquen las oraciones compuestas que usen y clasifíquenlas.

Contigo en la distancia

TELENOVELA Episodios 5 y 6

Resumen del video En el Episodio 5, Alejandra e Irene escuchan una leyenda mexicana tradicional que les cuenta doña Amparo. En el Episodio 6, Irene, Alejandra y Carlos visitan el Museo Nacional de Arte. Allí ven y hablan de varias obras, y Alejandra se entera de que Carlos ha recibido noticias de Javier.

EL PODER DEL AMOR (Episodio 5)

Alejandra: Doña Amparito, a ver, cuéntenos una historia romántica.

Abuela: Pero una vieja como yo, ¿qué historias puede contar? Pero si quieren oír la leyenda de Ixtaccíhuatl y Popocatépetl...

Irene: Ay, sí, abuela.

Abuela: Bueno... En aquellos tiempos, existieron dos jóvenes que se amaron locamente. Ixtaccíhuatl, nuestra heroína, era una doncella azteca, una princesa... y se enamoró de Popocatépetl, el guerrero más fuerte y valiente del ejército de su padre.

Abuela: Cuando el padre de Ixtaccíhuatl se enteró de todo lo que estaba pasando, envió a Popocatépetl a la guerra. Él quería que Popocatépetl muriera, y que no regresara nunca. Y mientras Popocatépetl luchaba en la guerra, llegó al pueblo un mensajero avisando que Popocatépetl había caído muerto.

Abuela: Ixtaccíhuatl no pudo soportar el dolor, y cayó enferma. Fue debilitándose poco a poco, hasta que una noche, murió. Entonces, su padre se dio cuenta del gran daño que había causado a su hija, y mandó llamar a Popocatépetl.
Alejandra: ¿No estaba muerto?
Abuela: No. Todo era mentira del padre.

Abuela: Dicen que Popocatépetl tomó el cuerpo de Ixtaccíhuatl entre sus brazos y se fue con ella a un valle muy lejano. Pasaron muchos meses. Popocatépetl no se separó ni un instante de su amada. Por fin, los dioses tuvieron compasión y enviaron una nevada tan fuerte que Popocatépetl murió congelado, con Ixtaccíhuatl en sus brazos.

Abuela: Se dice que con el tiempo, Popocatépetl se convirtió en un volcán enorme. Ixtaccíhuatl también quedó allí para siempre, la mujer dormida, un volcán.

LA OBRA MAESTRA (Episodio 6)

Alejandra: Irene, mira este cuadro... ¿No te hace pensar en el paseo que hicimos a Xochimilco?
Irene: Sí, tienes razón.
Carlos: Cambiando de tema, ¿qué opinan ustedes de esta obra maestra? Personalmente, me parece formidable.
Alejandra: Muy hermoso.

Irene: ¿Qué nos cuentas del artista, Carlos?
Carlos: La pintura se llama «La ofrenda». Es de Saturnino Herrán. Fue un pintor mexicano que se inspiró en temas precolombinos y en la vida y costumbres populares.

Carlos: ¿Por qué no vamos a la exhibición de Velázquez?
Irene: ¿Por qué no lo dejamos para otro día? Tengo clase de natación.
Carlos: De acuerdo.
Alejandra: ¿Y qué me cuentas de Sergio y Javier?

Carlos: Bueno, Javier se comunica muy seguido por e-mail.
Alejandra: ¿Contigo? ¿Por e-mail? ¿Y por qué no me lo habías dicho? ¿No has pensado en mí?

Carlos: ¿Que no tienen e-mail en el centro de computación de la prepa?
Alejandra: Sí, pero...
Carlos: A que no sabes cómo funciona.
Alejandra: No.
Irene: Sería una buena idea que le enseñes computación.

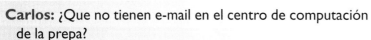

Carlos: Hagámoslo mañana, en la universidad.
Alejandra: ¿Dónde nos vemos?
Carlos: Nos vemos mañana en el centro de computación.
Alejandra: Hasta mañana, Carlos.
Irene: Hasta luego.

EL PODER DEL AMOR (Episodio 5)

A Cierto o falso

Leamos/Hablemos ¿Son ciertas o falsas las oraciones? Corrige las oraciones falsas, según lo sucedido en la telenovela.

1. Ixtaccíhuatl es una princesa azteca.
2. El padre de Ixctaccíhuatl quiere que su hija se case con Popocatépetl.
3. Popocatépetl muere en la guerra.
4. Ixtaccíhuatl llora hasta enfermarse.
5. El padre de Ixtaccíhuatl lleva el cuerpo de su hija a la cima de un volcán.
6. Popocatépetl muere congelado con Ixtaccíhuatl en sus brazos.

LA OBRA MAESTRA (Episodio 6)

B ¿Qué pasó?

Leamos/Escribamos Contesta las oraciones según lo sucedido en la telenovela.

1. ¿Dónde están Irene, Alejandra y Carlos?
2. ¿De qué pintura en particular hablan los tres jóvenes? ¿Qué piensa Carlos de la obra?
3. ¿Qué noticias tiene Carlos de Sergio y Javier? ¿Cómo se comunica con Javier?
4. ¿Por qué no puede Alejandra comunicarse directamente con Javier?
5. ¿Qué van a hacer Alejandra y Carlos mañana?

Comunicación

C Imagínate

Hablemos Con un compañero, dramatiza una escena entre Ixtaccíhuatl y su padre en la que el padre le dice que Popocatépetl murió. Investiga en Internet o en la bilbioteca la forma de vestir y el estilo de vida de los aztecas. Usen objetos reales para representar la escena ante la clase.

Diversidad geográfica del mundo hispano

Por sus montañas, valles, costas y océanos, la geografía de España y del continente americano presenta una gran diversidad de climas y paisajes. En Sudamérica, los cambios geográficos son aun más dramáticos por la presencia del valle amazónico, costas en dos océanos y la cordillera de los Andes, la cual atraviesa el continente de sur a norte. A medida que lees, establece comparaciones entre la geografía de los países mencionados.

Cuaderno
de práctica,
pág. 53

El cañón de Casares, en Andalucía, España, es una depresión abrupta entre montañas formada por el cruce del río Manilva. En la cima de la sierra, a 1.400 pies sobre el nivel del mar, y a sólo nueve millas de la costa del Mediterráneo, se alza la villa de Casares, la cual ofrece una vista espectacular.

Vista de Casares. Andalucía, España ▶

El Valle Sagrado de los Incas, formado por el río Vilcanota/Urubamba y enmarcado por las montañas de la cordillera de los Andes, se halla localizado a unas 10 millas al norte del Cusco en Perú. Esta región, centro de la civilización inca en los siglos XIV y XV, es típicamente agrícola debido a la riqueza de la tierra y sus cursos de agua. Sus habitantes llevan una vida muy similar a la que llevaron sus antepasados antes de la conquista española en 1532.

◀ *Valle Sagrado. Cusco, Perú*

La región del Caribe, bañada por el mar Caribe o mar de las Antillas, abarca la zona costera de Centroamérica y parte de Colombia y Venezuela, al igual que un centenar de islas e islotes de diversos tamaños. Cuenta con una gran diversidad de arrecifes de coral, bosques tropicales, tierras húmedas y playas, y con una enorme biodiversidad en sus muchos ecosistemas. Es un destino turístico ideal para los deportes acuáticos y la visita de reservas ecológicas.

Playa del Caribe en la República Dominicana ▶

⌧ internet ▤▤▤▤

go.
hrw
.com

MARCAR: go.hrw.com
PALABRA CLAVE:
WN6 MUNDO

La selva tropical del Parque Nacional Soberanía en Panamá define sus paisajes con imponentes especies de árboles, que alcanzan alturas de hasta 30 metros, como el ceibo, roble y guayacán. Numerosos afluentes del río Changes nacen en el área, lo cual trae como consecuencia magníficas formaciones de rocas y cascadas. El parque se ha convertido en un importante atractivo para el ecoturismo tanto por su riqueza en flora y fauna, como por su diversidad de aves.

Parque Soberanía Nacional en Panamá ▶

▲ *Cordillera de Mérida, Venezuela*

La cordillera de los Andes cubre una distancia de 5.500 millas desde la punta sur del continente hasta la costa del norte del Caribe. El pico más alto es el Aconcagua, con 22.831 pies de altura, entre Argentina y Chile. Hacia el norte, la cordillera Oriental termina en Colombia, mientras que varias ramificaciones se divergen al norte y noreste formando la Cordillera de Mérida en Venezuela, con una máxima elevación de 16.427 pies en el Pico Bolívar.

El Monte Osorno se levanta en la provincia de Osorno, en la región de los Lagos en el sur de Chile. Este volcán tiene nieves perpetuas. A sus pies se extiende el lago Llanquihue, el más conocido de los lagos chilenos, con un área de 330 millas cuadradas, 22 millas de largo y 25 millas de ancho. Sus orillas están bordeadas por tierras agrícolas.

Monte Osorno, Chile ▶

¡A investigar!

Elige un país de habla hispana e investiga en un atlas en español su rasgo geográfico más notable. Escribe un párrafo informativo e ilústralo. Reunan toda la información en una cartelera y hagan una presentación en una clase bilingüe de escuela primaria.

Ortografía

El sonido /s/

Este sonido está representado por las letras **s, c** y **z** en español.

Se escribe **s...**

- En las palabras terminadas en **-sión**: *explosión, inmersión.*
- Al conjugar los verbos en la segunda persona del singular de todos los tiempos menos el pretérito: *usas, usarás, usabas, usaste.*
- En las palabras que terminan en **-ismo, -ísimo, -ista**: *periodismo, buenísimo, individualista.*

Se escribe **c...**

- En el plural de las palabras terminadas en **z**:
  tapiz —→ *tapices   pez* —→ *peces   luz* —→ *luces*
- En los sustantivos que terminan en **-ción** y **-cción**: *desertización, dirección.* Se escribe **cc** cuando en alguna palabra de su mismo grupo aparece **ct**: *producción (productor), dirección (director), destrucción (destructor).* Hay también palabras que se escriben con **cc** a pesar de no tener ninguna palabra de su familia léxica con **ct**: *cocción, confección.*
- En la conjugación de los verbos terminados en **-zar,** la **z** se convierte en **c** cuando antecede a una **-e.**
  almorzar —→ *almorcé, almuerce Ud., que yo almuerce*
- En el diminutivo de las palabras que se escriben con **z**: *taza* —→ *tacita, trozo* —→ *trocito.* Pero: *risa* —→ *risita, casa* —→ *casita*

Se escribe **z...**

- Generalmente delante de **a, o** y **u** y al final de sílaba o de palabra: *brazo, azufre, zona, trozo, Iguazú, Amazonas, voz, vez, pez;* pero no siempre: *sondear, vaso, tos.* Hay muy pocas palabras con **z** delante de **e, i**: *zenit, zinc, razia, zigzag.*

- En las palabras que terminan en **-azo** y **-zuelo(a)**: *ojazo, cazuela, escobazo;* en **-ez, -eza** y **-az**: *gigantez, belleza, locuaz.*

  Se escribe con **zc** la primera persona del singular del presente de indicativo y de subjuntivo de los verbos irregulares que acaban en: **-acer** (menos **hacer** y sus derivados): *nazco (nacer), agradezca (agradecer);* **-ecer, -ocer** (menos **cocer** y sus derivados): *padezco (padecer), reconozco (reconocer);* **-ucir:** *traduzco (traducir), conduzcamos (conducir).*

Cuaderno
de práctica,
pág. 52

ACTIVIDADES

A ¿Qué letra?

Escribamos Completa cada palabra con **s, c,** o **z.**

1. o═ono
2. construc═ión
3. profe═ión

4. ga═olina
5. certe═a
6. me═

7. fun═ionar
8. ven═er
9. ve═es

B ¿S, c o z?

Escribamos Completa las oraciones con las letras **s, c,** o **z.**

1. U═emos meno═ el coche para redu═ir el con═umo de ga═olina.
2. Apliquemos las tecnología═ avan═ada═ para di═minuir la contamina═ión ambiental.
3. Utili═emos aparato═ recargable═ todas las ve═e═ que podamos con energía ═olar.
4. Redu═camos el u═o del automóvil propio.
5. ═eamos consciente═ de la escase═ del agua potable.

C Diferencias

Leamos/Escribamos Indica la diferencia en cada par de palabras. Consulta el diccionario si es necesario.

1. casa/caza
2. casar/cazar

3. mesa/meca
4. caso/cazo

5. masa/maza
6. cocer/coser

7. cerrar/serrar
8. vez/ves

D Reciclemos

Leamos/Escribamos Vuelve a las páginas de «Protejamos nuestra Tierra» y busca seis palabras escritas con **s, c** o **z.** Escribe una oración con cada palabra y relaciónala con la fotografía.

DICTADO

Escribe lo que oigas sobre «Protejamos nuestra Tierra». Presta atención especial a los usos de la **s, c** o **z,** y a los usos de la **h, y/ll, b/v** y **m/n.**

Taller del escritor

La exposición, es una presentación ordenada sobre las causas y los efectos o consecuencias de un evento o situación. Una exposición consta de: *introducción,* donde se procura captar la atención del lector; el *cuerpo* o parte principal, donde se presentan las pruebas sobre las causas o los efectos, y la *conclusión,* donde resumes los puntos más importantes y ofreces tus comentarios o suposiciones. Para que tu exposición sea efectiva, aségurate de incluir ejemplos, hechos, citas, estadísticas y opiniones de expertos.

Arreglemos el mundo

Escribamos Vas a escribir una breve exposición sobre el presente y el futuro del mundo desde un punto de vista ecológico. Recuerda que la causa contesta la pregunta «¿por qué?» y el efecto contesta la pregunta «¿qué pasará si...?».
Haz tu borrador y contesta entre otras, las preguntas que siguen. Luego, en pequeños grupos, túrnense para leer sus borradores y ofrecer comentarios y sugerencias para mejorarlos.

1. ¿Qué le pasará a la Tierra si continuamos así?
2. ¿Qué pasará si cada estudiante va a la escuela en transporte público y no en auto?
3. ¿Qué pasará si todas las naciones firman tratados para proteger el medio ambiente?
4. ¿Qué pasará si cada estudiante dedica una hora a la semana en una campaña para la limpieza de los parques?

Así se dice

Para hablar de causas y efectos

Puedes usar estas expresiones al escribir tu exposición:

porque	como resultado (de)
debido a	para que
en vista de que	por consiguiente
por lo tanto	a causa de

Repaso

TECNOL☉GÍA: Rumbo al futuro

A ¿Un mundo feliz?

Contesta las siguientes preguntas sobre la lectura.

1. ¿Qué inventos importantes han marcado la vida moderna?
2. ¿Por qué decimos que Julio Verne mezclaba ciencia y fantasía?
3. ¿Qué opinan los jóvenes sobre la tecnología?

B Tiempos modernos

Une cada palabra con su definición.

▸ **Palabras:** pionero, asequible, impulsar, lanzamiento
▸ **Definiciones:** que puede conseguirse, da los primeros pasos en algo, despegue de un vehículo espacial, empujar con movimiento

C Inventos

Escribe un breve párrafo sobre los vuelos espaciales. Usa los siguientes verbos en futuro, futuro perfecto y condicional.

▸ **Verbos:** inaugurar, volver la vista atrás, sentar las bases de, rebelarse, estar al servicio de

D Yo me ducho

Contesta las preguntas usando los verbos reflexivos y explica su uso.

1. ¿Te levantas normalmente cuando se levantan tus padres?
2. ¿Te arreglas mucho antes de salir?
3. ¿Te acuerdas de ducharte siempre?
4. ¿Quién se ocupa de limpiar la cocina en tu casa?
5. ¿A quién te pareces, a tu mamá o a tu papá? Y ellos, ¿se parecen a tus abuelos? ¿A quién se parecen?

E ¿Diptongo o hiato?

Divide las siguientes palabras en sílabas y ordénalas en dos grupos, según tengan diptongo o hiato.

▸ **Palabras:** importancia, aéreo, inauguró, invenciones, poético, hubiera, metodología, freír, ciencia, pionero, veníamos

F Otro descubrimiento

Escribe un anuncio publicitario sobre un nuevo invento de grandes ventajas para la humanidad: por ejemplo, un aparato para evitar las guerras, el hambre, las enfermedades... Recuerda que lo principal es captar la atención del lector.

Protejamos nuestra Tierra

Lectura
¿Entiendes la lectura «Protejamos nuestra Tierra»?

Comunicación oral
¿Entiendes el vocabulario de la lectura?

¿Sabes usar el modo imperativo, los pronombres de complemento directo e indirecto y las oraciones compuestas?

Cultura
¿Puedes establecer comparaciones entre los diversos paisajes y climas que se encuentran en Latinoamérica y en España?

Comunicación escrita
¿Sabes cuándo se escriben las palabras con s, c o z?

¿Sabes escribir una exposición?

G Nuestro planeta

Cuéntale a tu compañero(a) lo que más te interesó de la lectura «Protejamos nuestra Tierra».

H Equilibrio

Usa las siguientes palabras para escribir un breve resumen basado en los recursos naturales y el medio ambiente.

▸ **Palabras:** desertización, malgastar, silvestre, amparar, rotar, hábitat, poner en marcha

I Tus consejos

Escribe cinco recomendaciones que le harías a tu familia para reducir el consumo de energía (agua, luz, gas, petróleo). Usa el modo imperativo.

MODELO   No mantengan el grifo abierto mientras se cepillan los dientes.

J Siempre sí

Contesta afirmativamente las siguientes preguntas reemplazando las palabras subrayadas por los pronombres de complemento directo e indirecto y usando la palabra entre paréntesis para formar una oración compuesta. Luego explica si es coordinada o subordinada.

MODELO   ¿Le dieron la información a los agricultores? (pero).

Sí, se la dieron, pero no les interesó... (coordinada)

1. ¿Echaron el fertilizante a las plantas? (cuando)
2. ¿Has comprado bombones para mi abuela? (como)
3. ¿Le entregaron los ejercicios a la profesora? (donde)

K Paisajes y climas

¿Qué regiones de los países sobre los cuales leíste te parece que tienen problemas ecológicos y cuáles te parecen bien protegidas?

L El sonido tramposo

Completa el siguiente texto con **s**, **c**, o **z**.

¿Has vi═to alguna ve═ un in═endio forestal? Es tristí═imo y horroro═o. Cuando su═ede esa de═gra═ia, de═aparecen las ═onas fértile═ y los bo═ques y selva═ se convierten en de═ierto. A cau═a de los in═endios pueden de═apare═er exten═as ═onas de vegeta═ión que dejan sin e═pa═ios habitables a muchas e═pecies de aves.

M La conservación

Escribe una exposición sobre cómo conservar el suelo. Recuerda que para ser convincente debes incluir medidas creíbles y datos que puedan ser verificados.

Vocabulario esencial

Tecnología: Rumbo al futuro pág. 100

a gran escala
a partir de
a riesgo de
androide *m. y f.*
asequible *adj.*
astrónomo, -a *m. y f.*
autómata *m. y f.*
azafata *f.*
boceto *m.*
caligrafiar *v.*
cíclico, -a *adj.*
cohete *m.*

con todo lujo de
   comodidades
disparo *m.*
entorpecer *v.*
estar al servicio de *v.*
excéntrico, -a *adj.*
impulsar *v.*
incontable *adj.*
inaugurar *v.*
indignarse *v.*
lanzamiento *m.*
mecanizarse *v.*

metodología *f.*
origen *m.*
pionero, -a *m. y f.*
polémica *f.*
ratón *m.*
rebelarse *v.*
rogar *v.*
sentar las bases de *v.*
truncado, -a *pp.*
visionario, -a *adj.*
volver la vista atrás *v.*

MEJORA TU VOCABULARIO Los neologismos, pág. 109

automotor *m.*
best-seller *m.*
budín *m.*
buldog *m.*
chequear *v.*

electrodoméstico *m.*
estrés *m.*
mitin *m.*
oleoducto *m.*
show *m.*

stop *m.*
supermercado *m.*
test *m.*
ticket *m.*

Protejamos nuestra Tierra pág. 121

alimentar *v.*
amparar *v.*
apagar *v.*
atrapar *v.*
contenedor *m.*
cordillera *f.*
degradación *f.*
derretimiento *m.*
desertización *f.*
embalaje *m.*
enchufar *v.*
envase *m.*

fértil *adj.*
forestal *adj.*
fuente *f.*
hábitat *m.*
hoguera *f.*
impulsado, -a *pp.*
indiscriminadamente *adv.*
invernadero *m.*
labranza *f.*
litoral *m.*
malgastar *v.*
nutriente *m.*

otorgar *v.*
poner en marcha *v.*
potencial *m.*
privilegiado, -a *adj.*
recargable *adj.*
represa *f.*
repuesto, -a *pp.*
rotar *v.*
silvestre *adj.*
superar *v.*
vigilar *v.*

MEJORA TU VOCABULARIO Cognados y cognados falsos, pág. 129

actual *adj.*
consistente *adj.*
conductor, -a *m. y f.*

diversión *f.*
embarazada *adj.*
sensible *adj.*

simpático, -a *adj.*
varios *adj. pl.*

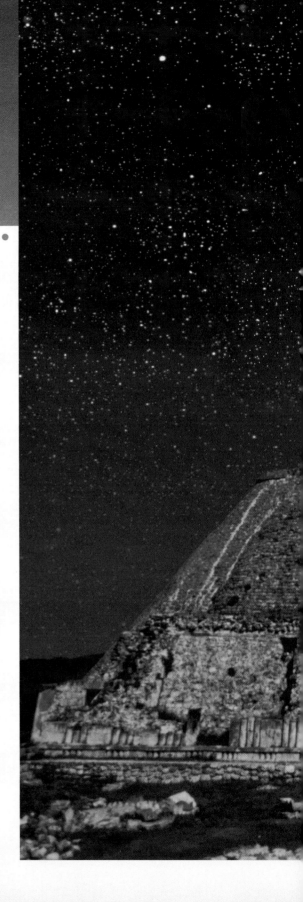

COLECCIÓN 4

El misterio y la fantasía

● ● ● ● ● ● ● ● ● ● ● ● ● ● ● ● ● ● ● ●

En esta colección, vas a tratar los siguientes temas:

Lectura
■ «Tiempo libre» por Guillermo Samperio
■ «Chac Mool» por Carlos Fuentes

Comunicación oral
■ **Vocabulario:** Las familias de palabras; la formación de palabras (prefijos y sufijos)
■ **Gramática:** El modo subjuntivo: usos y conjugación del presente de subjuntivo; el subjuntivo en cláusulas nominales: expresiones de influencia y emoción, duda y juicios impersonales; el presente perfecto de subjuntivo; el subjuntivo en cláusulas adjetivas; las preposiciones y los adverbios

Cultura
■ *Contigo en la distancia:* Telenovela ¡Mira, tienes una carta! (Episodio 7) Al mundo le hace falta más romance (Episodio 8)
■ **Cultura y comparaciones:** Arquitectura del mundo hispano

Comunicación escrita
■ **Ortografía:** El acento ortográfico: palabras esdrújulas y sobreesdrújulas; el sonido /k/ **(c, qu, k)**
■ **Taller del escritor:** La fantasía; un artículo informativo
■ **Así se dice:** Para expresar asombro; para presentar información

🔲 internet

go.hrw.com

MARCAR: go.hrw.com
PALABRA CLAVE:
WN6 MISTERIO

Pirámide del Mago, Uxmal, México

Antes de leer

Tiempo libre

En esta sección vas a leer un relato en el que una actividad habitual e inofensiva como la lectura da un giro inesperado e inquietante. Antes de empezar, repasa las palabras de **Mi pequeño diccionario.**

Mi pequeño *diccionario*

acomodarse *v.* ponerse cómodo
acostumbrado, -a *adj.* habitual, que se repite
avanzar *v.* ir hacia adelante
calma *f.* tranquilidad, serenidad
cargar *v.* llevar, transportar
cintura *f.* parte central del cuerpo, más arriba de las caderas
colgar *v.* dejar de hablar por teléfono y poner el aparato en su sitio
con tal de *adv.* con la condición de
costarle trabajo (a alguien) *v.* poder hacer algo sólo con mucho esfuerzo
desempeñar (un cargo) *v.* ocupar un puesto en una institución, empresa, gobierno
desplomarse *v.* caerse
despreocupadamente *adv.* sin mucha atención, relajadamente

ensuciarse *v.* ponerse sucio, mancharse
enterarse de *v.* informarse, saber que ha pasado algo
entrada *f.* lugar por el que se entra o accede a un lugar
estar al día *v.* estar informado, enterado
estrepitosamente *adv.* con mucho ruido y movimiento
flaquear *v.* temblar y quedarse sin fuerza
hojear *v.* pasar las hojas de un libro o publicación
inquieto, -a *adj.* que no deja de moverse
inútil *adj.* que no sirve, no da resultado
invadir *v.* extenderse, ocupar
malestar *m.* sensación de

encontrarse mal, enfermo
mancharse *v.* ponerse sucio, ensuciarse
mareo *m.* náusea, sensación de que la cabeza da vueltas.
molesto, -a *adj.* enfadado, enojado
no..., sino... *conj.* en vez de/en lugar de... es...
rotundo, -a *adj.* claro, firme
tallar *v.* frotar, rozar con fuerza
tinta *f.* líquido de color que se usa para escribir o dibujar
tirado, -a *pp.* caído en el piso, tumbado
tratar (a alguien) de *v.* hablar a alguien como si fuera...
tratarse de *v.* ser
voz *f.* sonido que hacemos al hablar

VOCABULARIO EN CONTEXTO

Leamos/Hablemos ¿Son ciertas o falsas las siguientes oraciones? Corrige las oraciones falsas.

1. Las letras de los periódicos se imprimen con tinta.
2. Algunas personas sienten mareos cuando montan en avión.
3. Nos ponemos un cinturón en la cintura para ajustarnos la ropa que nos queda pequeña.
4. Si no tienes tiempo para leer completamente un texto, puedes hojearlo para enterarte de la idea principal.
5. Hay que tomarse despreocupadamente las cosas serias.
6. Todas las casas tienen una puerta de entrada y una de salida.
7. Muchos insectos invaden los campos y devoran las plantas.

ESTRATEGIA

La palabra principal Esta estrategia es útil porque ayuda al lector a identificar el tema de una lectura. El lector divide el texto en fragmentos o párrafos, y escoge palabras clave, o sea, las palabras que parecen contener el mensaje que el autor quiere comunicar. Al usar esta estrategia el lector aprende a identificar la idea principal del texto, sacar conclusiones y hacer generalizaciones.

ACTIVIDADES

A Las primeras oraciones

Leamos/Hablemos Lee el título y las primeras oraciones del cuento «Tiempo libre» y escoge las palabras que consideres más importantes. Luego, en grupos de tres o cuatro, contesten las preguntas que siguen.

> **Tiempo libre**
> Todas las mañanas compro el periódico y todas las mañanas, al leerlo, me mancho los dedos con tinta. Nunca me ha importado ensuciármelos con tal de estar al día de las noticias. Pero esta mañana sentí un gran malestar apenas toqué el periódico. Creí que solamente se trataba de uno de mis acostumbrados mareos. Pagué el importe del diario y regresé a mi casa. Mi esposa había salido de compras. Me acomodé en mi sillón favorito, encendí un cigarro y me puse a leer la primera página.

1. ¿Qué ideas comunican las palabras que escogiste?

2. ¿Cómo se relacionan esas ideas con el título de la lectura?

3. Basándote en las palabras que escogiste, ¿qué crees que va a pasar en el cuento? ¿Por qué?

4. ¿Qué importancia tienen las palabras que escogiste en comparación con las palabras de tus compañeros?

B Predicciones

Hablemos Basándote en tus palabras y las de tus compañeros, ¿cuál crees que es el tema general del cuento? Resume la idea principal del primer párrafo y predice lo que va a pasar en los párrafos siguientes.

Tiempo libre

Guillermo Samperio nació en 1948 en la Ciudad de México, donde reside en la actualidad. Samperio ha sido escritor y ha desempeñado cargos en prestigiosas instituciones educativas de México y del extranjero. Entre los premios que ha recibido se destacan el Premio Casa de las Américas (1977) por su cuento *Miedo ambiente* y el Premio Nacional de Periodismo Literario al Mejor Libro de Cuentos (1988) por *Cuaderno imaginario*. Su cuento «Tiempo libre» se publicó en la colección de cuentos *Textos extraños* (1981) y ha sido traducido al inglés y al francés.

MIENTRAS LEES

A. ¿Lees el periódico todos los días, de costumbre?

B. ¿Crees que es una actividad inofensiva o peligrosa?

C. ¿Qué hace todos los días el narrador?

D. ¿Le importa ensuciarse los dedos? ¿Qué es más importante para él?

E. ¿Cómo se sintió esta mañana al tocar el periódico? ¿Qué pensó que era?

F. ¿Encontró a alguien en casa? ¿Qué hizo?

G. ¿Qué cosas extrañas empezaron a sucederle? ¿Qué hizo?

Todas las mañanas compro el periódico y todas las mañanas, al leerlo, me mancho los dedos con tinta. Nunca me ha importado ensuciármelos con tal de estar al día en las noticias. Pero esta mañana sentí un gran malestar apenas toqué el periódico. Creí que solamente se trataba de uno de mis acostumbrados mareos. Pagué el importe[1] del diario y regresé a mi casa. Mi esposa había salido de compras. Me acomodé en mi sillón[2] favorito, encendí un cigarro y me puse a leer la primera página. Luego de enterarme de que un jet se había desplomado, volví a sentirme mal; vi mis dedos y los encontré más tiznados que de costumbre.[3] Con un dolor de cabeza terrible, fui al baño, me lavé las manos con toda calma y, ya tranquilo, regresé

al sillón. Cuando iba a tomar mi cigarro, descubrí que una mancha negra cubría mis dedos. De inmediato retorné al baño, me tallé con zacate, piedra pómez y, finalmente, me

---

1 el dinero que cuesta **2** silla grande y cómoda **3** más manchados de lo normal

lavé con blanqueador;[1] pero el intento fue inútil, porque la mancha creció y me invadió hasta los codos. Ahora, más preocupado que molesto, llamé al doctor y me recomendó que lo mejor era que tomara[2] unas vacaciones, o que durmiera.[3] En el momento en que hablaba por teléfono, me di cuenta de que, en realidad, no se

trataba de una mancha, sino de un número infinito de letras pequeñísimas, apeñuscadas,[4] como una inquieta multitud de hormigas negras. Después, llamé a las oficinas del periódico para elevar mi más rotunda protesta; me contestó una voz de mujer, que solamente me insultó y me trató de loco. Cuando colgué, las letritas habían avanzado ya hasta mi cintura. Asustado, corrí hacia la puerta de entrada; pero, antes de poder abrirla, me flaquearon las piernas y caí estrepitosamente. Tirado bocarriba[5] descubrí que, además de la gran cantidad de letras hormiga que ahora ocupaban todo mi cuerpo, había una que otra fotografía. Así estuve durante varias horas hasta que escuché que abrían la puerta. Me costó trabajo hilar la idea,[6] pero al fin pensé que había llegado mi salvación. Entró mi esposa, me levantó del suelo, me cargó bajo el brazo, se acomodó en mi sillón favorito, me hojeó despreocupadamente y se puso a leer.

MIENTRAS LEES

H. ¿Qué hizo para quitarse la mancha? ¿Le dio resultado?

I. ¿Qué pasó con la mancha?

J. ¿A quién llamó primero? ¿Cuál fue su recomendación?

K. ¿A qué se parecían las letras que le invadían los brazos?

L. ¿Adónde llamó después? ¿Cómo lo trató la persona que contestó?

M. ¿Qué descubrió cuando colgó? ¿Qué hizo?

N. ¿Qué le pasó antes de llegar a la entrada? ¿Qué más descubrió en su cuerpo cuando estaba tirado en el piso?

Ñ. ¿Quién lo encontró?

O. ¿En qué se convirtió el narrador?

---

1 producto de limpieza **2** *for me to take* **3** *for me to sleep* **4** muy juntas **5** mirando hacia el techo **6** darme cuenta

ACTIVIDADES

Cuaderno
de práctica,
págs. 55–56

A Tres palabras

Hablemos/Escribamos En tu opinión, ¿cuáles son las tres palabras más importantes del cuento que acabas de leer? Apunta las palabras en una hoja aparte y explica la importancia de cada una con ejemplos de la lectura.

B Tres títulos

Hablemos Usando las palabras que acabaste de escoger, invéntate tres títulos diferentes para el cuento «Tiempo libre». Luego, compara tus apuntes con dos compañeros(as) y escojan los tres títulos que más les gusten y que mejor reflejen el tema del cuento.

C ¿Qué dice la cubierta?

Escribamos La portada o cubierta interior de los libros muchas veces incluye un párrafo muy breve en el que se resume el tema y los acontecimientos principales del libro. Usando las tres palabras que escogiste en la Actividad A y pensando en el título que escogiste en la Actividad B, escribe un resumen breve e interesante para la cubierta interior de este cuento. Menciona las cosas inesperadas que le pasaron al narrador y sus reacciones. Si quieres, agrega detalles de tu invención, pero no dejes saber el final.

D ¿Y cómo termina?

Hablemos Según el resumen que acabas de escribir, imagina un final diferente al de la lectura. Luego, compáralo con el de tu compañero(a).

E Ilustra la cubierta

Escribamos Ya tienes el nuevo título del cuento y un resumen para la cubierta interior. Ahora te falta ilustrar la cubierta exterior. Piensa en una escena del cuento que no haya sido ilustrada y que vaya con tu nuevo título, y dibújala. Puedes añadir detalles de tu invención y si no quieres dibujar, escribe instrucciones detalladas para que un artista lo haga. En tu dibujo o descripción, incluye lo siguiente:

- la escenografía: el lugar donde ocurre
- los elementos fantásticos
- lo que piensa o siente el personaje
- los elementos reales

F Titulares sensacionales

Leamos/Hablemos Los titulares en periódicos o revistas a veces son tan increíbles, que parecen salidos de un cuento. Con un(a) compañero(a) busca en un periódico, revista o libro famoso de récords en español, seis titulares sobre acontecimientos tan extraños que parezcan de otro mundo. Luego compartan y comenten sus titulares en clase.

Comunicación

G ¿Qué piensas?

Hablemos Con un(a) compañero(a), túrnense para contestar y comentar las siguientes preguntas.

1. ¿Te gusta saber lo que ha pasado en las noticias todos los días? ¿Cómo te enteras de las noticias: a través del periódico, la televisión, la radio o Internet?

2. ¿Cuánto tiempo por semana le dedicas? ¿Lo consideras «tiempo libre»?

3. ¿Qué otras cosas haces en tu tiempo libre? ¿Cuánto tiempo les dedicas? ¿Crees que es saludable dedicarle mucho tiempo a una actividad de esparcimiento? Explica.

4. ¿Cuál crees que es la actitud del autor sobre el periódico y las noticias? ¿Por qué crees que le puso a este cuento el título «Tiempo libre»?

5. ¿Cuál es el mensaje que el autor quiere comunicar?

En muchos países de habla hispana, el fútbol es el pasatiempo preferido de jugadores y espectadores. Es el deporte más importante, el que tiene más seguidores y el que mueve más dinero. Las ciudades se paralizan cuando hay un campeonato importante y los aficionados se reúnen en casas y establecimientos públicos para ver los partidos. ¿Sucede algo similar con algún deporte en el lugar en qué vives? Explica.

Vocabulario

Cuaderno de práctica, págs. 57–58

VOCABULARIO EN CONTEXTO

A La palabra intrusa

Leamos Escoge la palabra de cada grupo que no tiene ninguna relación con las demás. Usa el diccionario si es necesario.

MODELO   ensuciarse, arreglarse, mancharse, tiznarse

Escribes: arreglarse (palabra intrusa)

1. mareo, enfermedad, malestar, calma
2. enterarse de, tratarse de, estar al día, saber
3. despreocupadamente, fácilmente, arduamente, sencillamente
4. rotundo, tirado, acostado, tendido
5. avanzar, tallar, labrar, cortar
6. tinta, hormiga, araña, abeja

B Una leyenda

Leamos/Escribamos Mira esta ilustración de la leyenda del origen del maíz, y completa las oraciones con la palabra que corresponda de la lista.

▶ **Palabras:** cintura, inútil, voz, malestar, mareos, desplomarse, inquieto, con tal de

En la tierra de los guaraníes se sufría una gran sequía y no había qué comer. Los habitantes sufrían grandes __1__, unos sentían __2__ y vértigos, los más viejos __3__ sin fuerza y muchos otros morían de hambre. __4__ ante la situación y viendo que todos los esfuerzos parecían __5__, dos jóvenes guerreros, Avatí y Ñegrave, pidieron la ayuda de los dioses, dispuestos si era necesario a dar su vida __6__ salvar su pueblo. Fue entonces cuando apareció un desconocido quien con __7__ potente les aseguró que Tupá los ayudaría. Y así fue: Avatí se fue convirtiendo en maíz; primero sus pies echaron raíces y se transformó en tallo hasta la __8__. Ñegrave lo cuidó, lo regó y enseñó al pueblo de los guaraníes a cultivarlo.

C Pasito a paso

Escuchemos Determina si las siguientes oraciones basadas en el cuento «Tiempo libre» son ciertas o falsas. Corrige las oraciones falsas.

D Adivina adivinador

Hablemos Divide las palabras de la lista con un(a) compañero(a). Define cada palabra en una oración clara y relacionada con el cuento, para que tu compañero(a) la adivine y viceversa.

▸ **Palabras:** acomodarse, hojear, inútil, molesto, inquieto, cargar

MODELO   inútil

                  Tú   Se esforzó por quitarse las manchas pero no le dio resultado.

    Tu compañero(a)   ¿Fue inútil?

E ¡A pensar!

Escribamos Usa las palabras a continuación y escribe en diez oraciones el argumento de una película o de una novela fantástica que hayas visto o leído últimamente.

▸ **Palabras:** desempeñar (un cargo), acostumbrado, desplomarse, flaquear, invadir, avanzar, cargar, rotundos

MEJORA TU VOCABULARIO

Las familias de palabras Todas las palabras tienen una raíz (el elemento mínimo que contiene el significado de la palabra). Al combinar esa raíz con otros elementos resultan otras palabras, relacionadas en cuanto a su significado pero diferentes en forma y función gramatical. Se denominan familias de palabras. La siguiente **familia de palabras,** por ejemplo, tiene en común la raíz **comod,** que significa agradable o confortable.

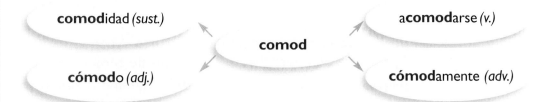

F Más palabras

Escribamos Agrupa cada una de las siguientes palabras en familias, como en el diagrama anterior. Incluye por lo menos tres palabras nuevas en cada familia, especifica su función gramatical y luego haz una oración con cada una de ellas.

▸ **Palabras:** acostumbrar, sucio, carga, mancha, empeñarse, molesto, calmante

Gramática

El modo subjuntivo

Usos y conjugación del presente de subjuntivo

El **modo subjuntivo** se usa para referirse a acciones futuras, supuestas, posibles, probables o no reales. El **modo indicativo,** al contrario, se refiere a acciones pasadas o por pasar y que el hablante siente como reales.

Indicativo: Leí un cuento sobre un hombre que **se convierte** en periódico.
Subjuntivo: Es imposible que un hombre **se convierta** en periódico.

- El **presente de subjuntivo** se da en combinación con el **presente de indicativo** en las oraciones compuestas. Aparece en la cláusula subordinada, cuando en la cláusula principal se expresa deseo, emoción, duda o juicios de orden impersonal y cuando los sujetos de las dos cláusulas son diferentes.

Oración compuesta

cláusula principal		cláusula subordinada
(yo) **Quiero** *(un deseo)*	*que*	*(tú)* me **des** *el periódico ahora mismo.*
(él) **Duda** *(una duda)*	*que*	*(ellos)* **consigan** *ayuda a tiempo.*

Éstas son las conjugaciones del **presente de subjuntivo:**

hablar	comer	escribir
hable	coma	escriba
hables	comas	escribas
hable	coma	escriba
hablemos	comamos	escribamos
habléis	comáis	escribáis
hablen	coman	escriban

¡Ojo!

Los verbos de cambio radical acabados en **-ir** cambian también en las formas de **nosotros** y **vosotros.**

dormir (**ue**) (**u**): d**ue**rma, d**ue**rmas, d**ue**rma, d**u**rmamos, d**u**rmáis, d**ue**rman

- Los **verbos de cambio radical y ortográfico** siguen las mismas reglas en el **presente de indicativo** y el **presente de subjuntivo:**

pag**ar** ⟶ pa**gue**, pa**gue**s, pa**gue**, pa**gue**mos, pa**guéis**, pa**gue**n

p**e**nsar (ie) ⟶ p**ie**nse, p**ie**nses, p**ie**nse, pensemos, penséis, p**ie**nsen

- Los **verbos irregulares** en el **presente de subjuntivo** tienen los mismos cambios que en el **imperativo.** La forma de **yo** del **presente de subjuntivo** de todos los verbos es igual a la forma del mandato de **usted.**

dar ⟶ dé   estar ⟶ esté   ser ⟶ sea

ACTIVIDADES

A Hogar, dulce hogar

Leamos/Escribamos Completa el diálogo con el subjuntivo de los verbos dados.

▶ **Verbos:** hacer, dar, acordarse, sacar, estar, ayudar

1. —Rigoberto, quiero que me ▭▭▭ una mano con algunos quehaceres.
2. —¿Quieres que te ▭▭▭ ahora? Estoy leyendo el periódico.
3. —Sí, quiero que ▭▭▭ la basura.
4. —No es necesario que lo ▭▭▭ ahora. Puedo hacerlo por la noche.
5. —Dudo que por la noche ▭▭▭ ¡Sácala de una vez!
6. —¿Es necesario que siempre me ▭▭▭ dando órdenes?

B Siempre que yo...

Leamos/Hablemos Completa las siguientes oraciones con el modo correcto del verbo entre paréntesis. Presta atención al verbo de la cláusula principal y luego explica por qué escogiste el indicativo o el subjuntivo para la cláusula subordinada.

1. Mi esposa quiere que yo (leo/lea) el periódico en la cocina.
2. Ella cree que la tinta del periódico (mancha/manche) los muebles.
3. Ella dice que la mancha de tinta no (es/sea) fácil de quitar.
4. Es necesario que siempre (me lava/me lave) las manos antes de sentarme.
5. Yo dudo que la tinta no (se puede/se pueda) limpiar.
6. Yo quiero que ella me (deje/deja) leer el periódico en paz.

C ¡Ojalá!

Hablemos/Escribamos Completa la siguiente historieta con algunas de las siguientes frases en subjuntivo.

▶ **Verbos:** ser una pesadilla, hacerse realidad, poner la mesa, dejar tranquilo, desaparecerse, regar las plantas, sacar al perro, irse de compras, convertirse

RIGOBERTO
...TINTA,
MANCHAS,
TINTA...

Rigoberto, es necesario que…   ¡Ay caramba! Deseo que…   Ten cuidado con tus deseos. Es posible que…

El subjuntivo en cláusulas nominales

Expresiones de influencia y emoción

La cláusula subordinada es una cláusula nominal cuando hace el papel de un nombre. Puede hacer las veces del objeto directo o el sujeto de la oración. El presente de subjuntivo se usa en la cláusula nominal si en la cláusula principal se expresa **influencia** (deseos o recomendaciones) o **emoción**. Lo recomendado o sentido, al hacer las veces del nombre, desempeña el papel de objeto directo de la oración.

Oración compuesta

Espero (deseo)   que mi esposa *llegue* pronto.
El hombre **teme** (emoción)   que su esposa no *pueda* ayudarlo.

cláusula nominal – objeto directo

● Usa los siguientes verbos o expresiones para expresar **influencia: prohibir, sugerir, recomendar, insistir, exigir, querer, desear, pedir, ojalá.**

● Usa los siguientes verbos para expresar **emoción: temer, alegrar, sorprender, entristecer, odiar, preocupar, sentir, doler.**

D Realidad o posibilidad

Escuchemos Vas a escuchar una serie de oraciones basadas en el cuento. Para cada una indica si expresan acciones basadas en hechos reales (indicativo) o si expresan acciones supuestas, futuras o posibles (subjuntivo).

E ¡Al doctor!

Escribamos Completa las oraciones con el indicativo o el subjuntivo del verbo entre paréntesis y sabrás lo que podría haber sentido el protagonista de «Tiempo libre».

¿Te acuerdas?

Los verbos **sorprender, preocupar, enojar, alegrar, entristecer** y **doler** se usan de la misma manera que el verbo **gustar:**

*Al hombre le **enoja** que la recepcionista lo **trate** mal.*

1. Espero que usted ===== (comprender) mis sentimientos.
2. Temo que se ===== (hacer) realidad mis más profundos sueños, doctor.
3. Usted sabe que yo ===== (amar) mucho a mi esposa.
4. Pero odio que ella me ===== (dar) órdenes todo el tiempo.
5. A veces pienso que no =====(querer) volver a ser de carne y hueso.

F ¿Calabaza o carruaje?

Leamos/Escribamos Completa el siguiente párrafo con el indicativo o el subjuntivo del verbo entre paréntesis, según corresponda. ¿Sabes a qué cuento de hadas se refiere?

1. Esta es la historia de una joven que __1__ (vivir) con su madrastra quien siempre la trata mal y le ordena que __2__ (hacer) todos los quehaceres de la casa.

2. La joven quiere asistir a un gran baile pero su madrastra le ha prohibido que __3__ (ir). Pero la joven tiene un hada madrina que __4__ (aparecerse) para ayudarla.

3. Ordena que una calabaza __5__ (convertirse) en carruaje y que los ratones __6__ (volverse) caballos y le advierte que __7__ (volver) antes de la medianoche.

4. Ella se enamora del príncipe pero sabe que el encanto __8__ (romperse) a las 12:00.

5. A la medianoche, como exigió su madrina, la joven sale huyendo y __9__ (dejar) tras de sí una de sus zapatillas.

6. El príncipe hace que todas las jóvenes del reino __10__ (probarse) la zapatilla y cuando finalmente encuentra a su amada, le pide que __11__ (casarse) con él.

G Y tú, ¿qué esperas?

Hablemos ¿Qué esperan tus familiares y amigos de ti? Y tú, ¿qué esperas de ellos? Completa las siguientes declaraciones con una cláusula nominal en subjuntivo.

1. Mis padres esperan que yo…

2. Mis amigos quieren que yo…

3. Mis maestros sugieren que yo…

4. Yo quiero que mis padres…

5. Yo deseo que mis amigos…

6. Yo espero que mis maestros…

H ¡Más vale prevenir que curar!

Hablemos /Escribamos Describe en un párrafo lo que pasa en las siguientes ilustraciones. Luego comenta tu historia con tus compañeros(as).

Lo esencial del subjuntivo **Cuaderno de práctica,** pág. 142

Otras cláusulas nominales

Expresiones de duda y juicios impersonales

También se usa el subjuntivo en la cláusula nominal si en la cláusula principal se expresa **duda o negación.** Lo dudado o negado es el complemento directo de la oración.

Dudo que   *alguien pueda ayudarlo.*

<u>   </u>

cláusula nominal – objeto directo

- Usa las siguientes expresiones para expresar **duda** o **negación: dudar, no creer, no estar seguro, no parecer, no pensar.**

- Se usa el subjuntivo si en la cláusula principal se expresan **juicios u opiniones** desde un punto de vista impersonal. El tema del juicio o la opinión en la cláusula nominal es el sujeto de la oración.

Es importante que   *el lector sepa la verdad.*

<u>   </u>

cláusula nominal – sujeto

- Usa las siguientes expresiones para expresar **juicios** u **opiniones: es mejor, es necesario, es importante, es posible, es imposible, es probable, es increíble, es extraño, es maravilloso, parece mentira, parece raro.**

¡Ojo!

Recuerda que para expresar certeza, siempre se usa el indicativo.

*Estoy segura de que alguien **va** a ayudarlo.*

1 Rompecabezas

Escribamos/Hablemos Combina las partes del rompecabezas y forma cuatro oraciones completas.

dudo que	la gente	hacer viajes al espacio antes del 2050
creo que	los robots	descubrir una cura para el cáncer en esta década
no estoy seguro	los animales	reemplazar a los seres humanos
me parece que	los científicos	ser parte esencial de la familia

J ¿Será cierto?

Leamos/Hablemos Reacciona a cada uno de los siguientes titulares con una de las expresiones dadas y una frase nominal. Luego comenta tus reacciones con un(a) compañero(a).

▶ **Expresiones:** no creo, es probable, parece raro, dudo, es interesante, es increíble

MODELO Hombre salta de un edificio en llamas
Escribes: Es increíble que un hombre salte de un edificio.

1. Un avión se estrella contra una torre de control de un aeropuerto. Dos pasajeros sobreviven.
2. Hay lagos en distintas partes del mundo que se desplazan año tras año.
3. Un científico intenta enviar un sensor al centro de la Tierra, haciendo realidad un sueño científico de muchos siglos.
4. Muy pronto la Luna se convertirá en un lugar común de turismo y recibirá la visita de miles de seres humanos.
5. En pocos años se gestarán clones humanos para distintos usos científicos.
6. El planeta Tierra se quedará sin agua y sin alimentos para abastecer una población humana en constante crecimiento.

Comunicación

K Incredulidad

Hablemos/Escribamos
En seis oraciones y usando el subjuntivo en cláusulas nominales, descríbele a un(a) compañero(a) lo que ves en la imagen.

MODELO No puedo creer que algunas vacas vuelen por el cielo.

Ortografía

Acentuación

El acento ortográfico: palabras esdrújulas y sobreesdrújulas

Todas las palabras **esdrújulas,** aquellas que llevan el acento tónico en la **antepenúltima** sílaba, se escriben con acento ortográfico.

sín-te-sis   Mó-ni-ca   se-má-fo-ro

También se escriben con acento ortográfico todas las palabras **sobreesdrújulas**, las palabras que llevan el acento tónico en la **trasantepenúltima** sílaba (anterior a la antepenúltima sílaba).

in-va-dién-do-me-lo   lé-a-se-lo   re-co-men-dán-do-me-lo

CASOS PARA RECORDAR

- Algunas palabras llanas se convierten en esdrújulas en plural:

  resumen ⟶ resúmenes
  volumen ⟶ volúmenes
  árbol ⟶ árboles
  álbum ⟶ álbumes
  estándar ⟶ estándares

- Algunas palabras esdrújulas cambian la sílaba acentuada en plural:

  espécimen ⟶ especímenes
  régimen ⟶ regímenes

- Algunas formas verbales cambian la sílaba acentuada si van acompañadas por pronombres de complemento directo e indirecto. Se convierten en palabras esdrújulas o sobreesdrújulas:

  explica ⟶ explícalo ⟶ explícaselo

- Los adjetivos terminados en **-ísimo** se vuelven palabras esdrújulas:

  asustado ⟶ asustadísimo
  pequeñas ⟶ pequeñísimas

- Los adverbios terminados en **-mente** conservan la acentuación del adjetivo de donde provienen:

  fácil ⟶ fácilmente
  teórico ⟶ teóricamente
  sintético ⟶ sintéticamente
  tímido ⟶ tímidamente

¡Ojo!

Las palabras compuestas se consideran como una sola palabra y se acentúan como tal.

balón + cesto ⟶ balon**cesto**
(palabra grave sin tilde porque termina en vocal)

décimo + séptimo ⟶
decimo**sép**timo
(palabra esdrújula con tilde)

ACTIVIDADES

A Palabras

Escribamos Clasifica las siguientes palabras en esdrújulas o sobreesdrújulas y márcales la tilde donde corresponda.

▸ **Palabras:** pequeñisimo, invadiendomelo, digaselo, articulo, idolo, periodico

B De una leyenda

Leamos Lee el siguiente párrafo basado en una leyenda indígena y marca la tilde en todas las palabras esdrújulas que encuentres.

Hace mucho tiempo vivió en la selva amazonica una hermosisima joven, timida y muy generosa. Se llamaba Sisa, que significa amarillo, y era querida por todos pues pasabase el tiempo visitando a los enfermos y curandolos de sus males. Cuidaba también de los arboles y plantas en epoca de sequía y mantenía sus poderes medicinales. Repentinamente la joven murió y tristisimos todos vieron como día a día el bosque iba secandose y la enfermedad iba apoderandose de su gente. Un día, en el lugar donde habían enterrado a Sisa, creció un árbol de lindas flores amarillas y con gran recocijo descubrieron todos que el espiritu de Sisa seguía con ellos trayendoles lluvia y salud cada vez que su árbol florecía.

C Palabras con tilde

Escribamos/Hablemos Escribe la introducción a una historia fantástica y misteriosa, en base a estas imágenes usando palabras agudas, graves, esdrújulas y sobreesdrújulas. Verifica que las palabras estén bien acentuadas. Luego cuenta tu historia en clase.

DICTADO

Vas a escuchar una serie de oraciones de una historia fantástica. Escribe lo que oigas. Luego clasifica las palabras de más de una sílaba en llanas, agudas, esdrújulas o sobreesdrújulas.

Taller del escritor

ESTRATEGIA

La fantasía Para escribir un relato fantástico, debes pensar en personajes, acontecimientos y lugares que no pertenezcan al mundo de la realidad. Dale rienda suelta a tu imaginación, escoge un tema y escribe todas las ideas que te vengan a la mente. Luego, concéntrate en las ideas principales y escribe un borrador. Revísalo para agregar ideas o aclarar detalles, pero haz una pausa entre borrador y borrador para leer el texto con nuevos ojos y poder mejorarlo.

ACTIVIDAD

Me convertiría en...

Escribamos Para el narrador del cuento «Tiempo libre», estar al tanto de las noticias del periódico era tan importante que finalmente él mismo se convirtió en un periódico. Si tú pudieras convertirte en algo, ¿en qué te convertirías? En un relato fantástico, explica cómo y en qué te transformaste, tus reacciones y las de los demás y cómo cambió tu vida. Desarrolla la situación de una manera misteriosa y con mucho suspenso.

Así se dice

Para expresar asombro

Puedes usar estas estructuras al escribir tu relato fantástico:

Cuando..., descubrí que...

Más preocupado/sorprendido, etc. que molesto, llamé/conseguí...

Asustado/espantado/atemorizado, corrí...

No se trataba de..., sino de...

Antes de leer

Chac Mool

En esta sección vas a leer la historia de un hombre común y corriente que compra la estatua de un dios maya, sin sospechar que al hacerlo se está embarcando en la peor pesadilla de su vida. Antes de empezar, repasa las palabras de **Mi pequeño diccionario.**

Mi pequeño *diccionario*

aliento *m.* aire que sale al respirar

aprovechar para *v.* tener la oportunidad de hacer o decir algo

arreglar *v.* reparar algo que está roto o estropeado

ataúd *m.* caja en la que se encierra a los muertos para enterrarlos

atribuir a *v.* otorgar hechos, palabras o cualidades a una persona o una cosa

bizco, -a *adj.* con los ojos y la mirada torcidos

bofetada *f.* golpe dado en la cara con la mano abierta

corriente *adj.* normal, ordinario

desbordarse *v.* salirse de los bordes

descabellado, -a *adj.* sin sentido, irracional, absurdo

descompuesto, -a *pp.* roto, fuera de servicio, estropeado

deshacerse *v.* prescindir de algo,

dejar de lado, descartar

despedido, -a *pp.* que ha perdido el trabajo

desprendido, -a *pp.* separado de algo a lo que estaba unido

endurecerse *v.* ponerse duro

entierro *m.* ceremonia en que se mete a los muertos debajo de la tierra

girar (un cheque) *v.* expedir, hacer por escrito

inundar *v.* llenar de agua

macizo, -a *adj.* duro, sólido

olor *m.* lo que percibe la nariz

para colmo de males expresión de enojo y resignación que se usa para indicar que otro mal ha sucedido

pensión *f.* hotel pequeño y poco costoso

percatarse *v.* enterarse, darse cuenta

pesadilla *f.* mal sueño

raspar *v.* frotar ligeramente una cosa quitándole alguna parte superficial

recostado, -a *pp.* con la parte superior del cuerpo apoyada o reclinada en algo; estar una cosa inclinada sobre otra

reprochar *v.* mostrar enojo por lo que se ha dicho o hecho

sobresaltado, -a *pp.* asustado repentinamente

socio, -a *m y f.* alguien con quien compartes un negocio

sótano *m.* habitación debajo de las casas, normalmente con poca luz

tergiversar *v.* confundir

timar *v.* engañar, mentir sobre las cualidades de algo o alguien para obtener algún beneficio

torcido, -a *adj.* que no está derecho

vello *m.* pelo que cubre el cuerpo, excepto la cabeza

VOCABULARIO EN CONTEXTO

Leamos Escoge la mejor respuesta.

1. Cuando caen lluvias torrenciales, los ríos pueden (inundarse/desbordarse).

2. La piel de los seres humanos está cubierta de (vello/manchas).

3. En muchos casinos hay jugadores profesionales que se dedican a (percatar/timar) a la gente ingenua.

4. Lo más difícil de algunos crímenes es cómo (deshacerse/envolverse) del arma.

5. Si alguien tiene una (novedad/pesadilla) se le debe despertar y tranquilizar con susurros.

6. Asistir al (entierro/nacimiento) de un ser querido es una experiencia muy dolorosa.

ESTRATEGIA

Guía de anticipación En esta estrategia, el lector da su opinión sobre una serie de generalizaciones basadas en los temas de una lectura. Estas generalizaciones sirven de guía de anticipación en tanto que el lector se familiariza y hace conexiones con temas de la lectura antes de leer. Mientras lee, el lector adquiere más información y al final, examina sus opiniones de nuevo para ver si éstas han cambiado.

ACTIVIDADES

A ¿Estás de acuerdo?

Leamos/Hablemos Con un compañero(a), lean las siguientes generalizaciones basadas en el cuento «Chac Mool» y túrnense para expresar su opinión. Decidan si están o no de acuerdo con cada generalización, basándose en su conocimiento previo. Defiendan su punto de vista.

Antes de leer	Generalizaciones	Después de leer
De acuerdo Sí/No		**De acuerdo Sí/No**
____ / ____	**1.** Un objeto puede tener poderes mágicos o sobrenaturales.	____ / ____
____ / ____	**2.** Una escultura puede transformarse en ser humano.	____ / ____
____ / ____	**3.** La lluvia es un fenómeno atmosférico, espiritual y religioso.	____ / ____
____ / ____	**4.** A veces no hay explicación lógica para los acontecimientos.	____ / ____
____ / ____	**5.** Una persona se puede obsesionar tanto con un tema, que puede perder la razón.	____ / ____
____ / ____	**6.** Lo que para una persona es realidad a otra persona puede parecerle fantasía.	____ / ____

B Predicciones

Hablemos/Escribamos ¿De qué crees que va a tratar el cuento «Chac Mool»? Haz por lo menos tres predicciones de lo que va a pasar en el cuento, basándote en las generalizaciones que acabas de leer y comentar.

Chac Mool

Carlos Fuentes nació en 1928 en la Ciudad de Panamá, pero se considera mexicano como su padre. Por ser hijo de diplomático, pasó la mayoría de su infancia y adolescencia en distintos países. Fuentes ha sido catedrático y embajador y es hoy en día un escritor de gran renombre. En su obra, Fuentes trata la identidad y cultura mexicanas e incorpora los mitos de los indígenas. Entre sus novelas se cuentan *La muerte de Artemio Cruz* (1962) y *Gringo viejo* (1985). «Chac Mool», pertenece a su colección *Días enmascarados*, publicada en 1954.

El cuento «Chac Mool» comienza en Acapulco, México, donde un hombre, Filiberto, <u>murió ahogado</u>[1] hace unos días. Filiberto iba todos los años de vacaciones a Acapulco, donde se quedaba en una pensión alemana. Este año, en su última visita y en circunstancias algo extrañas, salió a nadar a la medianoche y se ahogó. Un señor que era socio y amigo de Filiberto viaja a Acapulco para llevar el ataúd con el cuerpo del difunto a México, la capital. En el camión rumbo a México, el señor encuentra un diario en el cartapacio[2] de Filiberto y se pone a leerlo. Al leer el siguiente fragmento de «Chac Mool», podrás observar claramente las entradas en el diario de Filiberto y las reflexiones de su amigo.

MIENTRAS LEES

A. ¿Conoces algún cuento que trate de fenómenos sobrenaturales?

B. ¿Alguna vez has tenido una experiencia que no se puede explicar lógicamente?

---

1 murió bajo el agua al quedarse sin respiración 2 cartera, portafolio

C. ¿Sobre qué temas hablan Filiberto y su amigo Pepe?

D. ¿Qué busca Filiberto? ¿Dónde va a comprarlo?

E. ¿Qué broma hicieron en la oficina de Filiberto? ¿Qué hizo Filiberto? ¿Qué hizo el director? ¿Y el bromista?

F. ¿Cómo es la estatua del Chac Mool? ¿Cree Filiberto que es una pieza original? ¿Por qué le puso el vendedor salsa de tomate?

«Pepe conocía mi afición, desde joven, por ciertas formas del arte indígena mexicano. Yo colecciono estatuillas, ídolos, cacharros.[1] Mis fines de semana los paso en Tlaxcala, o en Teotihuacán. Acaso por esto le guste relacionar todas las teorías que elabora para mi consumo con estos temas. Por cierto que busco una réplica[2] razonable del Chac Mool desde hace tiempo, y hoy Pepe me informa de un lugar en la Lagunilla donde venden uno de piedra, y parece que barato. Voy a ir el domingo.

«Un guasón[3] pintó de rojo el agua del garrafón[4] en la oficina, con la consiguiente perturbación de las labores. He debido consignarlo[5] al director, a quién sólo le dio mucha risa.[6] El culpable se ha valido de esta circunstancia para hacer sarcasmos a mis costillas[7] el día entero, todo en torno al agua. ¡Ch…!»

«Hoy, domingo, aproveché para ir a la Lagunilla. Encontré el Chac Mool en la tienducha[8] que me señaló Pepe. Es una pieza preciosa, de tamaño natural, y aunque el marchante[9] asegura su originalidad, lo dudo. La piedra es corriente, pero ello no aminora[10] la elegancia de la postura o lo macizo del bloque. El desleal vendedor le ha embarrado[11] salsa de tomate en la barriga para convencer a los turistas de la autenticidad sangrienta[12] de la escultura.

---

1 objetos y de poco valor **2** copia, obra igual a la original, pero no auténtica **3** alguien que se burla **4** botella o depósito grande
5 informar por escrito **6** le resultó muy divertido **7** tomándome como objeto **8** tienda pequeña y pobre **9** vendedor de arte **10** reduce
11 ha untado, ha puesto **12** relacionada con la sangre, la lucha

«El traslado a la casa me costó más que la adquisición. Pero ya está aquí, por el momento en el sótano mientras reorganizo mi cuarto de trofeos a fin de <u>darle cabida.</u>[1] Estas figuras necesitan sol, vertical y fogoso;[2] ése fue su elemento y condición. Pierde mucho en la obscuridad del sótano, como simple bulto agónico,[3] y su mueca[4] parece reprocharme que le niegue la luz. El comerciante tenía un foco exactamente vertical a la escultura, que <u>recortaba todas las aristas,</u>[5] y le daba una expresión más amable a mi Chac Mool. Habrá que seguir su ejemplo.»

«Amanecí con la tubería[6] descompuesta. Incauto,[7] dejé correr el agua de la cocina, y se desbordó, corrió por el suelo y llegó hasta el sótano, sin que me percatara. El Chac Mool resiste la humedad, pero mis maletas sufrieron; y todo esto, en día de labores, me ha obligado a llegar tarde a la oficina.»

«Vinieron, por fin, a arreglar la tubería. Las maletas, torcidas. Y el Chac Mool, con lama[8] en la base.»

«Desperté a la una; había escuchado un quejido[9] terrible. Pensé en ladrones. Pura imaginación.»

«Los lamentos nocturnos han seguido. No sé a qué atribuirlo, pero estoy nervioso. Para colmo de males, la tubería volvió a descomponerse, y las lluvias se han colado,[10] inundando el sótano.»

G. ¿Por qué crees que cuesta tanto dinero llevar el Chac Mool a casa?

H. ¿Dónde pone Filiberto el Chac Mool? ¿Dónde lo va a poner después? ¿Por qué?

I. ¿Qué pasa con la tubería de la casa? ¿Por qué hay agua en el sótano?

J. ¿Cómo están las maletas y el Chac Mool ahora, después de que arreglaron la tubería?

K. ¿Qué oye Filiberto durante la noche? ¿Qué cree que es?

L. ¿Cómo está Filiberto? ¿Por qué crees que está así?

---

1 buscarle espacio, hacerle un hueco **2** muy caliente, ardiente **3** que parece morir **4** expresión desagradable de la cara **5** hacía que los rasgos rectos y angulosos parecieran más redondeados **6** tubo por el que circula el agua de las casas **7** que no tiene cuidado, precaución **8** capa de suciedad natural, de tipo vegetal **9** lamento **10** han entrado

M. ¿Cómo se refiere Filiberto al lugar donde trabaja?

N. ¿Cómo se ve el Chac Mool a causa del agua? ¿De qué color es?

Ñ. ¿Qué hace Filiberto para salvar al Chac Mool de la humedad?

O. ¿Qué textura tiene ahora el Chac Mool? ¿De qué substancia cree Filiberto que está hecho?

P. ¿Cuándo va a sacar al Chac Mool del sótano? ¿Por qué?

Q. ¿Dónde estaban los trapos antes? ¿Qué cambios nota Filiberto en la escultura?

R. ¿Por qué crees que Filiberto volvió a bajar al sótano esa noche? ¿Cómo crees que reaccionó al sentir el vello en los brazos del Chac Mool?

«El plomero[1] no viene, estoy desesperado. Del Departamento del Distrito Federal, más vale no hablar. Es la primera vez que el agua de las lluvias no obedece a las coladeras[2] y viene a dar a mi sótano. Los quejidos han cesado: vaya una cosa por otra.»

«Secaron el sótano, y el Chac Mool está cubierto de lama. Le da un aspecto grotesco,[3] porque toda la masa de la escultura parece padecer de una erisipela[4] verde, salvo los ojos, que han permanecido de piedra. Voy a aprovechar el domingo para raspar el musgo. […]»

«Fui a raspar la lama del Chac Mool con una espátula. El musgo parecía ya parte de la piedra; fue labor de más de una hora, y sólo a las seis de la tarde pude terminar. No era posible distinguir en la penumbra,[5] y al dar fin al trabajo, con la mano seguí los contornos de la piedra. Cada vez que raspaba el bloque parecía reblandecerse.[6] No quise creerlo: era ya casi una pasta. Este mercader de la Lagunilla me ha timado. Su escultura precolombina es puro yeso, y la humedad acabará por arruinarla. Le he puesto encima unos trapos,[7] y mañana la pasaré a la pieza de arriba, antes de que sufra un deterioro total.»

«Los trapos están en el suelo. Increíble. Volví a palpar[8] a Chac Mool. Se ha endurecido, pero no vuelve a la piedra. No quiero escribirlo: hay en el torso[9] algo de la textura de la carne, lo aprieto como goma,[10] siento que algo corre por esa figura recostada… Volví a bajar en la noche. No cabe duda: el Chac Mool tiene vello en los brazos.»

---

1 trabajador que arregla o repara las tuberías 2 lugar destinado para que escape el agua sobrante 3 ridículo y extravagante 4 enfermedad de la piel, inflamación 5 poca luz 6 ponerse menos firme, menos duro 7 trozos de tela 8 tocar 9 tronco del cuerpo, parte central desde el cuello hasta la cintura, excepto los brazos 10 sustancia relativamente blanda y elástica

«Esto nunca me había sucedido. Tergiversé los asuntos en la oficina: giré una orden de pago que no estaba autorizada, y el director tuvo que llamarme la atención. Quizá me mostré hasta descortés con los compañeros. Tendré que ver a un médico, saber si es imaginación, o delirio, o qué, y deshacerme de ese maldito Chac Mool.»

Hasta aquí, la escritura de Filiberto era la vieja,[1] la que tantas veces vi en memoranda y formas, ancha y ovalada. La entrada del 25 de agosto, parecía escrita por otra persona. A veces como niño, separando trabajosamente cada letra; otras, nerviosa, hasta diluirse en lo ininteligible. Hay tres días vacíos, y el relato continúa:

«[…] Realidad: cierto día la quebraron en mil pedazos,[2] la cabeza fue a dar allá, la cola aquí, y nosotros no conocemos más que uno de los trozos desprendidos de su gran cuerpo. Océano libre y ficticio, sólo real cuando se le aprisiona[3] en un caracol. Hasta hace tres días, mi realidad lo era al grado de haberse borrado[4] hoy: era movimiento reflejo, rutina, memoria, cartapacio. Y luego, como la tierra que un día tiembla para que recordemos su poder, o la muerte que llegará, recriminando mi olvido de toda la vida, se presenta otra realidad que sabíamos estaba allí, mostrenca,[5] y que debe sacudirnos[6] para hacerse viva y presente. Creía, nuevamente, que era imaginación: el Chac Mool, blando y elegante, había cambiado de color en una noche; amarillo, casi dorado, parecía indicarme que era un Dios, por ahora laxo,[7] con las rodillas menos tensas que antes, con la sonrisa más benévola.

MIENTRAS LEES

S. ¿Cómo le va a Filiberto en el trabajo? ¿Qué cree él que debe hacer?

T. Según el narrador, ¿qué le pasa a la letra de Filiberto en esta parte del diario?

U. ¿Qué empieza a cuestionar Filiberto? ¿Qué metáforas usa?

V. ¿Qué símiles usa para la «otra realidad»?

W. ¿Ahora cómo se ve el Chac Mool?

---

1 antigua, anterior **2** trozos, partes **3** encierra, mete **4** haber desaparecido **5** olvidada, sin dueño **6** movernos de forma muy fuerte
7 flojo, relajado

MIENTRAS LEES

X. ¿Crees que el Chac Mool aún está en el sótano?

Y. ¿Sabe Filiberto si está soñando o si está despierto? ¿Está durmiendo a gusto?

Z. ¿Cómo son los ojos del Chac Mool?

AA. ¿Qué sugiere que Chac Mool esté vivo?

BB. ¿Qué pasa cuando Chac Mool avanza hacia la cama?

CC. Según los recuerdos del narrador, ¿por qué fue despedido Filiberto del trabajo?

Y ayer, por fin, un despertar sobresaltado, con esa seguridad espantosa[1] de que hay dos respiraciones en la noche, de que en la obscuridad laten más pulsos[2] que el propio. Sí, se escuchaban pasos en la escalera.[3] Pesadilla. Vuelta a dormir… No sé cuánto tiempo pretendí dormir. Cuando volví a abrir los ojos, aún no amanecía.[4] El cuarto olía a horror, a incienso y sangre. Con la mirada negra, recorrí la recámara,[5] hasta detenerme en dos orificios de luz parpadeante, en dos flámulas[6] crueles y amarillas.

«Casi sin aliento encendí la luz.»

«Allí estaba Chac Mool, erguido,[7] sonriente, ocre, con su barriga encarnada.[8] Me paralizaban los dos ojillos, casi bizcos, muy pegados a la nariz triangular. Los dientes inferiores, mordiendo el labio superior, inmóviles; sólo el brillo del casquetón[9] cuadrado sobre la cabeza anormalmente voluminosa, delataba vida. Chac Mool avanzó hacia la cama; entonces empezó a llover.»

Recuerdo que a fines de agosto, Filiberto fue despedido de la Secretaría, con una recriminación pública del director, y rumores de locura y aun robo. Esto no lo creía. Sí vi unos oficios descabellados, preguntando al Oficial Mayor si el agua podía olerse,[10] ofreciendo sus servicios al Secretario de Recursos Hidráulicos para hacer llover[11] en el desierto.

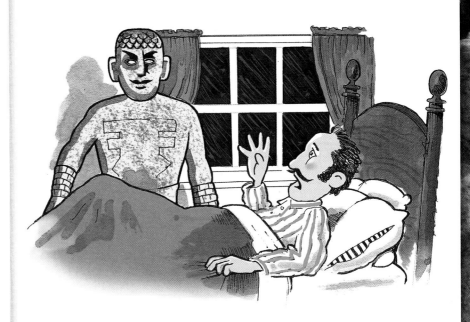

---

1 que da miedo **2** latidos de la sangre **3** parte de la casa que sirve para subir y bajar de un piso a otro **4** empezaba el día **5** habitación de la casa **6** llamas, con aspecto de fuego **7** levantado **8** de color rojo **9** protección dura que se coloca sobre la cabeza **10** lo que hacemos con la nariz para ver cómo huelen las cosas **11** provocar, causar la lluvia

No supe qué explicación darme; pensé que las lluvias excepcionalmente fuertes, de ese verano, lo habían enervado.[1] O que alguna depresión moral debía producir la vida en aquel caserón antiguo, con la mitad de los cuartos bajo llave y empolvados,[2] sin criados ni vida de familia. Los apuntes siguientes son de fines de septiembre:

«Chac Mool puede ser simpático cuando quiere…, un glu-glu[3] de agua embelesada… Sabe historias fantásticas sobre los monzones, las lluvias ecuatoriales, el castigo de los desiertos; cada planta arranca de su paternidad mítica: el sauce,[4] su hija descarriada; los lotos,[5] sus mimados; su suegra: el cacto. Lo que no puedo tolerar es el olor, extrahumano, que emana de esa carne que no lo es, de las chanclas flamantes de ancianidad. Con risa estridente,[6] el Chac Mool revela cómo fue descubierto por Le Plongeon,[7] y puesto, físicamente, en contacto con hombres de otros símbolos. Su espíritu ha vivido en el cántaro y la tempestad,[8] natural; otra cosa es su piedra, y haberla arrancado al escondite es artificial y cruel. Creo que nunca lo perdonará el Chac Mool. Él sabe de la inminencia del hecho estético.

«He debido proporcionarle sapolio para que se lave el estómago que el mercader le untó de ketchup al creerlo azteca. No pareció gustarle mi pregunta sobre su parentesco[9] con Tláloc, y, cuando se enoja, sus dientes, de por sí repulsivos, se afilan[10] y brillan. Los primeros días, bajó a dormir al sótano; desde ayer, en mi cama.»

[…]

«El Chac Mool inundó hoy la sala. Exasperado, dije que lo iba a devolver a la Lagunilla. Tan terrible como su risilla —horrorosamente distinta a cualquier risa de hombre o animal— fue la bofetada que me dio, con ese brazo cargado de brazaletes pesados. Debo reconocerlo: soy su prisionero.[11]

Mi idea original era distinta: yo dominaría al Chac Mool, como se domina a un juguete; era, acaso, una prolongación de mi seguridad infantil; pero la niñez —¿quién lo dijo?— es fruto comido por los años, y yo no me he dado cuenta… Ha tomado mi ropa, y se pone las batas cuando empieza a brotarle musgo verde. El Chac Mool está acostumbrado a que se le obedezca,[12] por siempre; yo que nunca he debido mandar, sólo puedo doblegarme.[13] Mientras no llueva —¿y su poder mágico?— vivirá colérico o irritable.»

MIENTRAS LEES

DD. ¿Creía el narrador que Filiberto se volvió loco? ¿Cuál fue su explicación?

EE. ¿Es Chac Mool simpático siempre? ¿Qué clase de historias le cuenta a Filiberto?

FF. ¿Por qué fue cruel guardar el Chac Mool en el sótano?

GG. ¿Dónde dormía Chac Mool antes? ¿Y ahora?

HH. ¿Por qué crees que Chac Mool inunda la sala? ¿Qué le dice Filiberto?

II. ¿Es simpático Chac Mool ahora? ¿Qué hace?

JJ. ¿Por qué crees que Chac Mool se pone la ropa de Filiberto?

---

1 puesto nervioso **2** llenos de polvo, suciedad **3** sonido del agua (onomatopeya) **4** tipo de árbol **5** plantas que viven en el agua **6** agudo, molesto, desagradable **7** el hombre que encontró la estatua de Chac Mool **8** lluvias muy fuertes **9** relación familiar **10** se hacen más puntiagudos **11** persona que está bajo el control o el poder de alguien **12** se sigan sus órdenes, se le ponga cuidado **13** obedecer

MIENTRAS LEES

KK. ¿Qué decide hacer Filiberto para escaparse de Chac Mool?

LL. ¿Por qué crees que Filiberto no volvió a escribir en su diario?

MM. ¿Cree el narrador lo que leyó en el diario? ¿Cómo lo explica?

NN. ¿Por qué va el narrador a la casa de Filiberto?

ÑÑ. ¿Quién abre la puerta? Describe su aspecto físico.

OO. ¿Adónde van a llevar el cadáver de Filiberto? ¿Te parece irónico?

«Hoy aprovecharé la excursión nocturna de Chac para huir.[1] Me iré a Acapulco; veremos qué puede hacerse para adquirir trabajo, y esperar la muerte del Chac Mool: sí, se avecina;[2] está canoso, abotagado.[3] Necesito asolearme,[4] nadar, recuperar fuerza. Me quedan cuatrocientos pesos. Iré a la Pensión Müller, que es barata y cómoda. Que se adueñe de[5] todo el Chac Mool: a ver cuánto dura[6] sin mis baldes de agua.»

Aquí termina el diario de Filiberto. No quise volver a pensar en su relato; dormí hasta Cuernavaca. De ahí a México pretendí dar coherencia al escrito, relacionarlo con exceso de trabajo, con algún motivo sicológico. Cuando a las nueve de la noche llegamos a la terminal, aún no podía concebir la locura de mi amigo. Contraté una camioneta[7] para llevar el féretro[8] a casa de Filiberto y desde allí ordenar su entierro.

Antes de que pudiera introducir la llave en la cerradura, la puerta se abrió. Apareció un indio amarillo, en bata de casa,[9] con bufanda. Su aspecto no podía ser más repulsivo; despedía un olor a loción barata; su cara, polveada, quería cubrir las arrugas;[10] tenía la boca embarrada de lápiz labial mal aplicado y el pelo daba la impresión de estar teñido.[11]

—Perdone…, no sabía que Filiberto hubiera…

—No importa, lo sé todo. Dígales a los hombres que lleven el cadáver al sótano.

---

1 escapar **2** va a pasar pronto **3** hinchado, inflado, que aumenta de volumen **4** que me dé el sol **5** que se quede con, que todo sea suyo
6 sigue viviendo, sobrevive **7** auto grande y largo **8** caja para los muertos **9** prenda de ropa larga para estar cómodo en casa
10 líneas de la cara que salen cuando eres mayor **11** coloreado, de un color que no es el suyo

ACTIVIDADES

Cuaderno de práctica, págs. 63–64

A Guía de anticipación

Leamos/Hablemos Busca en la lectura ejemplos que apoyen las generalizaciones que leíste y las predicciones que hiciste en Antes de leer. ¿Fueron acertadas? ¿Han cambiado las opiniones que tenías antes con respecto a las que tienes ahora? Explica.

B Sugerencias

Escribamos Imagina que eres amigo de Filiberto y sabes lo que le está pasando. Lee el siguiente texto y usa las frases para darle consejos.

«Esto nunca me había sucedido. Tergiversé los asuntos en la oficina: giré una orden de pago que no estaba autorizada, y el director tuvo que llamarme la atención. Quizá me mostré hasta descortés con los compañeros. Tendré que ver a un médico, saber si es imaginación, o delirio, o qué, y deshacerme de ese maldito Chac Mool».

MODELO   Es mejor que devuelvas el Chac Mool a la tienda de la Lagunilla.

1. Te aconsejo que…
2. No es buena idea que…
3. Es necesario que…
4. Espero que…

Chac Mool sobre la plataforma del Templo de las Columnas en Chichén Itzá. ▲

Nota cultural

Chac Mool es una escultura descubierta en el siglo XIX por el francés Augustus Le Plongeon en la ciudad maya Chichén Itzá. Esta representación se puede encontrar en muchas ciudades mayas. La figura está recostada con las piernas dobladas y la cabeza volteada hacia el lado y sostiene un recipiente sobre el vientre. Algunos creen que es el dios maya de la lluvia, muy importante en la región árida del Yucatán. El más famoso está en el Templo de los Guerreros en Chichén Itzá.

C Las etapas de Chac Mool

Hablemos Describe los cambios que Chac Mool tiene al pasar por las siguientes tres etapas. Después explica el efecto que esos cambios tienen en Filiberto a medida que van sucediendo.

- escultura de piedra
- escultura con rasgos humanos
- ser humano

D Yo pienso que...

Leamos/Hablemos Contesta las siguientes preguntas.

1. ¿Cuál es tu reacción a la transformación de Chac Mool? ¿Crees que Filiberto se volvió loco o que su historia fue verdadera?

2. ¿Qué piensas de la técnica de usar apuntes en un diario para desarrollar la trama del cuento? ¿Puedes pensar en otras maneras de contar un cuento desde la perspectiva de un muerto?

3. ¿Te parece aceptable el desenlace del cuento? ¿Cuál crees que fue la intención del autor al terminar el cuento de esa manera?

Comunicación

E Otras lecturas

Hablemos/Escribamos Investiga una historia en que un ser inanimado cobre vida, ya sea un cuento infantil o de una película. Haz un resumen del argumento y túrnate con un(a) compañero(a) para contarse los detalles. Cuando terminen, preparen una tabla de diferencias y similitudes con la historia de «Chal Mool».

Vocabulario

Cuaderno de práctica, págs. 65-66

A La palabra intrusa

Leamos Escoge la palabra de cada grupo que no se relaciona con la palabra en negrilla. Usa el diccionario si es necesario.

MODELO **descabellado**, absurdo, lógico, irracional

Escribes: lógico (palabra intrusa)

1. **deshacerse de,** botar, tirar, desgastarse
2. **descompuesto,** averiado, dañado, lluvioso
3. **recostado,** pegado, tirado, tumbado
4. **tergiversar,** malinterpretar, empeñar, confundir
5. **desprendido,** soltado, caído, conectado
6. **arreglar,** acomodar, organizar, flaquear

B Chac Mool

Leamos Completa las oraciones con la palabra adecuada según el contexto de la lectura.

1. Chac Mool parece ═══ que le niegue la luz en aquel sótano.
   a. agradecerme
   b. reprocharme
2. Como dejé correr el agua de la cocina, ésta ═══ e inundó el sótano.
   a. se desbordó
   b. se secó
3. El Chac Mool se llenó de lama e intenté ═══ con una espátula.
   a. pegarla
   b. rasparla
4. Al raspar la estatua, ésta se ponía ═══.
   a. blanda
   b. maciza
5. La compra del Chac Mool fue verdaderamente ═══.
   a. un placer
   b. una pesadilla

C ¿Quién es?

Escuchemos Decide a qué personajes de Chac Mool se refieren las siguientes declaraciones.

▶ **Personajes:** Filiberto, Chac Mool, el socio, el mercader

D Adivina adivinador

Hablemos Divide las palabras de la lista con un(a) compañero(a). Usa cada palabra en una oración clara y relacionada con el cuento, para que tu compañero(a) adivine su significado. Luego deja que tu compañero(a) haga lo mismo.

▶ **Palabras:** despedido, para colmo de males, girar (una orden de pago), vello, bofetada, bizco, percatarse, timado

MODELO   *Tú*   Filiberto perdió su trabajo por órdenes del director.
               Tu compañero(a)   ¿Fue despedido?

E ¡Qué fotos!

Escribamos Usa las palabras y describe las fotografías con dos o tres frases.

torcido
descompuesto
olor
atribuir

1.

2.

pensión
corriente
aprovechar
reprochar

3.

ataúd
socio
entierro
arreglar

F A investigar

Hablemos/Escribamos Piensa en alguna excavación arqueológica famosa de un país hispanohablante y, con un(a) compañero(a), investiga en la biblioteca o por Internet detalles relacionados con los artefactos encontrados. ¿Dónde ocurrió la excavación? ¿A qué cultura pertenecen los artefactos? ¿Hay alguna leyenda relacionada con los mismos? Hagan un resumen de la información incluyendo las siguientes palabras y presenten su informe a la clase.

▶ **Palabras:** aprovechar para, atribuir, corriente, descompuesto, macizo, olor, para colmo de males, percatarse, raspar, recostado, torcido

Mejora tu Vocabulario

La formación de palabras Para formar nuevas palabras, se añade a veces delante de una palabra o su raíz un elemento que se llama **prefijo**. El prefijo modifica el significado de la palabra. Los prefijos **des-** e **in-**, por ejemplo, al añadirse a una palabra, la vuelven negativa.

acostumbrar: tener la costumbre   **des**acostumbrar: no tener la costumbre
voluntario: con voluntad   **in**voluntario: sin voluntad

El prefijo **in-**, cambia su forma según la consonante con que empiece la palabra a la cual se le esté añadiendo. Se convierte en **im-** en palabras que empiezan con **p:** *impenetrable, impasible.* Se convierte en **i-** en palabras que empiezan con **l:** *ilegal, ilegítimo.* Se convierte en **ir-** en palabras que empiezan con **r:** *irreal, irracional.*

También se puede añadir al final de la palabra o a su raíz un elemento que se llama **sufijo.** El sufijo modifica el significado de la palabra y cambia su función gramatical. Por ejemplo, los sufijos **-ar, -er** e **-ir** se usan para formar verbos, y el sufijo **-mente** se usa para formar adverbios. Entre muchos otros, los sufijos **-al , -ado** y **-oso** se usan para formar adjetivos y los sufijos **-ión, -ante** y **-or** se usan en la formación de sustantivos.

comerci**ar** *(verbo)*   comerci**ante** *(sustantivo)*   comerci**al** *(adjetivo)*
profes**ión** *(sustantivo)*   profesion**al** *(adjetivo)*   profesional**mente** *(adverbio)*

Observa que los adverbios terminados en **-mente** cambian la **o** final del masculino por la **a:**

perfecto → perfect**amente**   entusiasmado → entusiasmad**amente**

G Palabras nuevas

Leamos/Escribamos Para cada una de las siguientes palabras, haz una constelación como la del modelo y complétala con palabras nuevas que puedas formar con prefijos y sufijos. Indica la categoría gramatical y el significado y luego escribe cinco oraciones con las palabras nuevas.

▸ **Palabras:** canto, esperanza, personal, horror, unir, ley
▸ **Prefijos:** des-, in- (im-, i-)
▸ **Sufijos:** -ar, -mente, -al, -ado, -oso, -ión, -ante, -or

Modelo

ánimo *sust.*
energía, entusiasmo

desanim**ar** *v.*
quitar el ánimo

anim**ado** *adj.*
tener ánimo

animad**amente** *adv.*
hacer con ánimo

anim**ación** *sust.*
haber ánimo

El presente perfecto de subjuntivo

Lo esencial
del presente
perfecto de
subjuntivo
**Cuaderno
de práctica,**
pág. 144

El **presente perfecto de subjuntivo,** al igual que el **presente perfecto de indicativo,** se usa para referirse a acciones ya terminadas en el momento presente y cuyos efectos todavía son evidentes.

> *Este mes el sótano se **ha inundado** varias veces.* (hasta el momento)
> ***Es increíble** que no **haya parado** de llover en tantos días.*

- El **presente perfecto de subjuntivo** se usa en la cláusula nominal cuando en la cláusula principal se expresa voluntad, sentimiento, deseo, duda, juicio u opinión.

> *Filiberto **espera** que el Chac Mool no se **haya deteriorado** con la humedad.*
> ***Siento** que Filiberto **haya tenido** un final tan triste.*
> ***Dudamos** que ya **hayan bajado** el cadáver al sótano.*
> ***Es increíble** que le **haya pasado** eso a Filiberto.*
> ***¡Qué raro** que **haya querido** poner la estatua en el sótano!*

- El **presente perfecto de subjuntivo** se forma con el **presente de subjuntivo** del verbo **haber** y el **participio pasado** del verbo que se conjuga.

Así se conjuga el **presente perfecto de subjuntivo:**

presente de subjuntivo de haber	participio pasado
haya	
hayas	cantado
haya	comido
hayamos	vivido
hayáis	
hayan	

¡Ojo!

Toma nota del contraste que existe entre el presente de subjuntivo y el presente perfecto de subjuntivo:

*Dudo que **traigan** el féretro desde Acapulco.* (acción no terminada)

*Dudo que ya **hayan traído** el féretro desde Acapulco.* (acción terminada)

- Algunos verbos y sus compuestos tienen participios irregulares:

¿Se te ha olvidado?
**participios
irregulares**
Ver la página R18

cubrir →	cubierto	**decir** →	dicho	**poner** →	puesto
imprimir →	impreso	**resolver** →	resuelto	**romper** →	roto
ver →	visto	**volver** →	vuelto	**devolver** →	devuelto

ACTIVIDADES

A ¡A completar!

Leamos Completa las oraciones con el presente perfecto de subjuntivo de los verbos dados.

▶ **Verbos:** hacer, morir, decir, poner, escribir

1. Es un horror que Filiberto __1__ de esa forma tan terrible.
2. Al socio de Filiberto le sorprende que Filiberto no le __2__ a nadie de su pesadilla.
3. Me alegra que Filiberto __3__ sobre sus sentimientos en el diario.
4. Es increíble que su pasión por el arte indígena le __4__ enloquecer.
5. ¡También es irónico que Chac Mool __5__ el cadáver de Filiberto en el sótano!

B Un Chac Mool que da qué hablar

Leamos Une las frases de la Columna A con las correspondientes de la Columna B. Indica en qué oraciones se usa el presente perfecto de subjuntivo y explica por qué.

Columna A

1. Pepe sabe…
2. Filiberto está seguro…
3. Es lógico…
4. ¡Qué lástima…
5. Temo que todavía…

Columna B

a. …que este hombre se haya vuelto loco!
b. …no haya terminado la horrorosa pesadilla de Chac Mool.
c. …que Filiberto ha tenido problemas en la oficina.
d. …que Filiberto haya querido huir de su casa.
e. …de que el Chac Mool ha cambiado de color en una noche.

C Cuentos fantásticos

Hablemos Con un(a) compañero(a) compara el cuento de Carlos Fuentes con el de Guillermo Samperio. Opinen sobre los elementos fantásticos y misteriosos de ambos cuentos, usando el presente perfecto de subjuntivo y expresiones como las siguientes.

▶ **Expresiones:** qué pena, qué curioso, qué horroroso, qué incómodo, qué insólito, es increíble que

Lo esencial
del subjuntivo
en cláusulas
adjetivas
**Cuaderno
de práctica,**
págs. 142

El subjuntivo en cláusulas adjetivas

La cláusula subordinada es una cláusula adjetiva, cuando hace el papel del adjetivo. El **modo subjuntivo** se usa en la cláusula adjetiva, cuando el sustantivo que antecede en la principal (el **antecedente**), es indefinido, hipotético, imaginario o no existe.

cláusula principal	cláusula subordinada
Está buscando un plomero	*que trabaje los domingos.*
antecedente desconocido	cláusula adjetiva en subjuntivo

Al contrario, la cláusula adjetiva va en **modo indicativo** cuando el antecedente es conocido.

Conozco a un plomero	*que trabaja los domingos.*
antecedente conocido	cláusula adjetiva en indicativo

- Las siguientes palabras equivalen a un nombre cuya identidad o características son indefinidas, y son útiles al referirse a antecedentes desconocidos. **Alguien, alguno(a)** y **algo** se usan en frases interrogativas y afirmativas y **nadie, ninguno(a)** y **nada,** en las frases negativas.

    — *Disculpe, ¿tiene **alguna** réplica de Chac Mool que tenga un precio razonable?*
    — *No **tengo ninguna** por el momento. ¿Se le ofrece **algo** más?*
    — *No, no se me **ofrece nada** más. Gracias.*

- **Alguno** y **ninguno,** al usarse con un sustantivo masculino, pierden la **o** final.

    — *¿**Conoces algún** hotel que sea barato y cómodo?*
    — *No, no **sé** de **ningún** hotel que sea barato y cómodo a la vez.*

¡Ojo!

En las oraciones con cláusulas adjetivas, las dos cláusulas se pueden unir con otras palabras además de **que,** como **el (la) que, el (la) cual, quien(es), a quien(es)** etc.

*El vendedor **a quien** le compré la estatuilla me estafó.*
*No hay muchas personas **a quienes** les interesen las antigüedades.*

D Conocido o desconocido

Escuchemos Decide si en las siguientes oraciones se habla de algo conocido, un antecedente definido, o de algo desconocido, un antecedente indefinido.

E El Chac Mool de Filiberto

Leamos/Escribamos En una hoja aparte, completa las oraciones con el presente de indicativo o subjuntivo de los verbos. Luego subraya la cláusula adjetiva y señala el antecedente con un círculo.

MODELO ¿Hay alguien que (saber) ===== arreglar la tubería?

Escribes: ¿Hay (alguien) que sepa arreglar la tubería?

    antecedente   **cláusula adjetiva**

1. Filiberto desea una pieza mexicana que (tener) ===== origen indígena.
2. Quiere una estatuilla de Chac Mool que no (parecer) ===== corriente.
3. Pepe le dice que puede encontrarla en una tienda que (vender) ===== antigüedades.
4. Cree que ha visto una en el mercado que (quedar) ===== en la Lagunilla.
5. Filiberto encuentra un Chac Mool que no le (costar) ===== mucho.

F ¿Se está enloqueciendo?

Leamos/Escribamos Completa el siguiente párrafo con el indicativo o el subjuntivo según corresponda.

▶ **Verbos:** parecer, oír, quitar, venir, poder, ayudar, pensar, cubrir

Ahora el Chac Mool tiene una lama verde que le __1__ el cuerpo. Tendrá que limpiarlo con algo que le __2__ ese aspecto grotesco. La estatuilla que antes __3__ maciza, se está reblandeciendo y tiene vello. Por la noche Filiberto oye unos quejidos que __4__ del sótano. Pero, ¿qué hay allí que __5__ producir sonidos? ¡Sólo Chac Mool! Filiberto piensa que tendrá que hablar con alguna persona que le __6__, pero ¿habrá alguien que __7__ su relato y no __8__ que se ha enloquecido?

G El coleccionista

Escribamos/Hablemos Imagina que uno de tus pasatiempos es coleccionar objetos raros. En parejas, escriban y dramaticen un diálogo entre un vendedor y un comprador en busca de artículos para su colección. Usa las imágenes como guía y sigue el ejemplo.

MODELO   — Necesito una estatua que sea de origen maya.
      — No tengo ninguna. ¿No quiere una que sea de origen azteca?
      — No gracias. Buscaré en otra tienda que tenga más selección.

Las preposiciones

Las **preposiciones** relacionan dos o más elementos de una oración. Se usan para establecer relaciones temporales, espaciales y de posesión:

> *Filiberto despertó **a** la una.* [temporal]
> *Volvió a bajar al sótano **en** la noche.* [espacial]
> *Aquí termina el diario **de** Filiberto.* [de posesión]

También se usan para establecer el instrumento y la causa o fin de la acción.

> *Raspé la lama del Chac Mool **con** una espátula.*
> [instrumento]
> *Contraté una camioneta **para** llevar el féretro.*
> [causa o fin]

Una frase preposicional está compuesta de una **preposición** y otras palabras: sustantivos, adjetivos y pronombres.

*Llevó el ataúd **con** el cuerpo **del** difunto.*

Las **preposiciones** son:

a	cabe	de	entre	para	sin
ante	con	desde	hacia	por	sobre
bajo	contra	en	hasta	según	tras

H La verdad de los hechos

Leamos Completa las siguientes oraciones con la preposición que corresponda.

1. En el camión ===== México, el amigo ===== Filiberto encuentra un diario.
2. El diario le permitió conocer ===== mayor precisión los acontecimientos que llevarían a su socio y amigo ===== la muerte.
3. El amigo contrató una furgoneta ===== llevar el ferétro ===== la casa ===== Filiberto y ===== allí ordenar su entierro.
4. El Chac Mool le abrió la puerta ===== la casa y ordenó que llevaran el cadáver ===== sótano.
5. Poco después descubriría que Filiberto se había ahogado ===== la influencia horrible del Chac Mool ===== su vida.
6. Finalmente, el Chac Mool lo dominó ===== que terminó deshaciéndose de él.

I Te toca a ti

Escribamos Escribe una oración con cada preposición que hayas encontrado al realizar la actividad anterior.

Lo esencial
de los
adverbios
**Cuaderno
de práctica,**
pág. 150

Los adverbios

Un adverbio o una frase adverbial se usa para decir algo de un verbo, adjetivo u otro adverbio. Responde a las preguntas **¿cómo?, ¿cuándo?, ¿dónde?** y **¿cuánto?**

[¿cuándo?] *Compro antigüedades* **con frecuencia.** (verbo)

[¿cómo?] *Era* **supremamente** *amable.* (adjetivo)

[¿cuánto?] *Pagó* **bastante** *más de lo que costaba.* (adverbio)

J La inundación

Hablemos/Escribamos Imagina que el río de tu pueblo se ha desbordado. Usa las imágenes y las frases para contar lo que pasó y lo que todos hicieron para ayudar.

▸ **Frases adverbiales:** ayer, antes de, a causa de, a pesar de, cerca de allí

Comunicación

K El robo en la mansión

Hablemos Han robado una valiosa estatuilla maya en una mansión donde hay varios invitados. No se deja salir a nadie hasta terminar el interrogatorio. En grupo, representen el papel de detectives, sospechosos y víctimas. Incluyan frases de la lista.

▸ **Expresiones:** es increíble/imposible que…; ¡qué horror que…!; ojalá que (no)…; ¡cómo siento que…!; dudo que…; necesitamos alguien que…; ¿han visto/oído algo/a alguien que…?; ¿cuándo?, etc…

Contigo en la distancia

TELENOVELA Episodios 7 y 8

Resumen del video Saliendo del museo, Alejandra supo que Carlos se comunicaba con los chicos por e-mail. Quiere aprender a usar el correo para escribirle a Sergio. Cuando Carlos le muestra cómo hacerlo, se dan cuenta de que ella ha recibido una carta firmada por un admirador secreto. Mientras tanto, en España, Javier comenta sus planes de regresar a México y su preocupación por la falta de noticias de Alejandra. Sergio le sugiere que le escriba, pero que esta vez sí le diga quién es.

¡MIRA, TIENES UNA CARTA! (Episodio 7)

Carlos: ¡Hola Alejandra! Discúlpame, se me hizo tarde. Ojalá no hayas esperado mucho tiempo.
Alejandra: No, no te preocupes.
Carlos: Ay, bueno. ¿Qué te parece si empezamos? ¿E Irene?
Alejandra: ¿Qué te pasa? Primero llegas tarde, y ahora no te acuerdas de nada. Irene no pudo venir, está preparando nuestro viaje a Cuernavaca.

Alejandra: ¿Qué buscas?
Carlos: La página Web de tu prepa. Yo sé que ustedes tienen una.
Alejandra: Te dije que sí, pero yo no sé nada de eso.
Carlos: Fácil, lo ves. "Preparatoria Chapultepec, forjando el México del futuro".
Alejandra: ¡Qué padre! Hasta tiene fotos y todo…

Carlos: ¡Espera! ¡Mira, tienes una carta! ¡Alejandra, tienes una carta de España!
Alejandra: ¡Qué! ¡A ver, déjame verla!
Carlos: Espérate, necesito el código. ¿Cuál es tu código de entrada?
Alejandra: ¿Código de entrada? No sé de qué me hablas.
Carlos: No puedo abrir la carta si no tengo el código.
Alejandra: Carlos, por favor, por favor, tienes que abrirla.

Alejandra: ¿Señorita? Aquí tengo una carta pero no puedo leerla. Ayúdenos, por favor.

Lola: Con permiso, ¿me permites sentarme?

Carlos: ¿Eh? … claro… ¿cómo?

Alejandra: ¡Que te hagas a un lado, tonto!

Lola: Es sólo cuestión de conectarnos con el sistema de tu prepa y luego veremos. Ahora las computadoras se están saludando.

Alejandra: Gracias, señorita.

Lola: Ya, estamos dentro.

Carlos: ¿En dónde?

Alejandra: ¡En la prepa, menso!

Lola: Ha sido fácil. Instalamos un código nuevo. Por el momento, ¿qué tal si usamos amor? A-eme-o-ere.

Carlos: Me encanta.

Lola: ¡Voila! La carta de España se abre y yo me volteo para no chismear.

Alejandra: Lola, te voy a comprar un regalo.

Lola: No te preocupes, es parte de mi trabajo ayudar a todos.

Alejandra: "… de tu admirador secreto". ¡Sergio, es Sergio! ¡Él también me quiere!

Carlos: ¡Qué bien! … ¿Viste qué hermosa es Lola?

AL MUNDO LE HACE FALTA MÁS ROMANCE (Episodio 8)

Zoraida: Parece mentira que estemos a estas alturas del año escolar. Y tú, tan emocionado con México… ¿Ya tienes respuesta de la UNAM?

Javier: Todavía no, pero no me cabe la menor duda que estaré en México muy pronto.

Zoraida: Estoy convencida de eso, aunque es evidente que tu meta no es puramente académica.

Javier: Quizás…

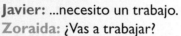

Javier: ...necesito un trabajo.
Zoraida: ¿Vas a trabajar?
Javier: Sí, de media jornada. Hay que ahorrar dinero.
Zoraida: No me lo puedo creer.

Javier: Recibí un e-mail de Carlos. Puede ser que sus padres le permitan alquilarme un cuarto en su casa.
Sergio: ¡No me digas!
Javier: Sí, pero estoy un poco deprimido.
Sergio: ¿Por qué?

Javier: Hace tiempo que escribí a Alejandra y no contesta.
Sergio: Hombre, si firmaste como un admirador secreto, ¿qué va a andar ella contestando cartas anónimas? A lo mejor no recibió tu carta...

Sergio: Cambiando de tema, ¿sabes qué vas a estudiar finalmente?
Javier: Comunicaciones, solicité admisión en esa facultad.
Sergio: Estoy seguro que vas a ser un reportero excelente, con lo ambicioso que eres.
Javier: Quiero trabajar en la televisión mexicana: eh, hacer reportajes, ser comentarista, locutor, ¿qué sé yo?

Sergio: No puedo creer que haga ya seis meses que volvimos de México.
Javier: Seis meses… y cada día pienso más en Alejandra.
Sergio: Es increíble que seas tan tímido, escríbele una carta al menos. Estoy convencido de que ella te contestará.
Javier: Posiblemente ya tenga novio.
Sergio: De eso, yo no tengo la menor idea. Pregúntale a Carlos, él debe saberlo.

COMPRENSIÓN

¡MIRA, TIENES UNA CARTA! (Episodio 7)

A Cierto o falso

Leamos/Hablemos ¿Son ciertas o falsas las oraciones? Corrige las oraciones falsas.

1. Alejandra es una experta en informática y en correo electrónico.
2. La página Web del colegio donde estudia Alejandra no tiene ni una sola foto.
3. Lola, la asistente, se niega a darle el código de entrada para abrir el correo.
4. Deciden que el código nuevo de Alejandra será "amor".
5. Alejandra ha recibido una carta electrónica de un "admirador secreto".
6. A Carlos le parece que Lola, la asistente, es muy hermosa.

AL MUNDO LE HACE FALTA MÁS ROMANCE (Episodio 8)

B ¿Te enteraste?

Leamos/Escribamos Contesta las preguntas según lo sucedido en la telenovela.

1. ¿Adónde quiere viajar Javier muy pronto? ¿Cómo piensa ahorrar dinero?
2. ¿Por qué está deprimido Javier?
3. ¿Qué dice Sergio para animar a Javier?
4. ¿Qué va a estudiar Javier?
5. ¿Qué opina Sergio de los planes que Javier tiene para el futuro?

Comunicación

C Comunícate

Escribamos/Hablemos Imagínate que te encuentras en la situación de Alejandra o Javier, enamorada(o) de la persona equivocada o de alguien que parece no darse cuenta. ¿Cómo reaccionarías tú?

a) Me olvidaría de la persona y seguiría adelante con mi vida.
b) Intentaría aclarar la situación y después decidiría qué hacer.

En grupos de tres, comenten y justifiquen sus respuestas.

Arquitectura del mundo hispano

En la arquitectura de España y los países de América Latina se puede observar una mezcla de lo antiguo y lo moderno. La influencia romana y árabe en España y la herencia pre-colombina y española en América Latina se aprecia en construcciones que coexisten con edificaciones modernas. A medida que lees, establece comparaciones entre las arquitecturas de los lugares mencionados.

Cuaderno de práctica, pág. 53

El acueducto de Segovia es una de las obras más grandes de ingeniería realizadas en España durante la ocupación del Imperio romano (s. II a.C–s. V d.C.). El tramo más espectacular del acueducto cubre unos 728 m (unos 1.918 pies). Sus arcos están construidos con bloques de cemento, unidos sin masa ni cemento alguno. El acueducto ha resistido la inclemencia y el paso del tiempo y tras varias restauraciones, todavía sigue dispensando agua potable a la ciudad de Segovia.

Acueducto de Segovia en España ▶

Vista de la ciudad de Córdoba. Andalucía, España ▲

Córdoba, situada en España, es una ciudad con más de 400.000 habitantes y más de 2.000 años de historia. Después de la conquista de España por los musulmanes en el siglo VIII, Córdoba se convirtió en un centro de gran apogeo cultural. La arquitectura muestra el legado de las civilizaciones que por allí pasaron, con monumentos como la Gran Mezquita-Aljama, el Alcázar de los Reyes Cristianos y el Puente Romano.

El Museo Guggenheim, diseñado por Frank O. Gehry, está situado en la ciudad de Bilbao, España. El edificio, un impresionante ejemplo de arquitectura postmoderna, está compuesto por varias estructuras conectadas entre sí, unas de forma octagonal recubiertas de piedra caliza y otras de forma curva, cubiertas de placas metálicas de titanio y de grandes ventanales de vidrio.

Museo Guggenheim en España ▶

■ internet

go.
hrw
.com

MARCAR: go.hrw.com
PALABRA CLAVE:
WN6 MISTERIO

▲ *Machu Picchu, Perú*

Las ruinas de Machu Picchu, a 2.350 metros sobre el nivel del mar, fueron redescubiertas en 1911 por el arqueólogo Hiram Bingham. Esta «ciudad perdida de los incas» fue el centro administrativo y ceremonial de una numerosa población. Las edificaciones, construidas de piedras enormes y unidas sin pegamento alguno, son testimonio del talento y el esfuerzo de los constructores incas. Este yacimiento fue declarado Patrimonio de la Humanidad en 1983.

Taxco, pueblo situado en la Sierra de Taxco, en México, es muestra viva de la influencia de la arquitectura española, presente en pueblos y ciudades de toda América Latina. Al fondo se puede ver la Iglesia de Santa Prisca, construida al estilo barroco español. Los edificios y casas de fachadas blancas y techos de teja roja, característicos del estilo colonial, hacen de Taxco un lugar pintoresco y acogedor.

Vista panorámica de Taxco en Guerrero, México ▶

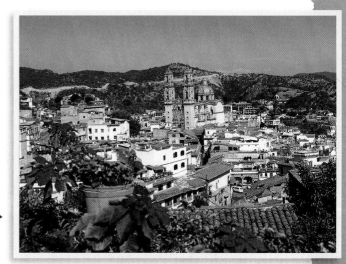

Buenos Aires, Argentina En este país y en la mayoría de los países latinoamericanos, se han hecho esfuerzos por conservar las edificaciones coloniales que forman parte del patrimonio cultural. De igual forma, se ha fomentado el crecimiento, el progreso y la modernización de las ciudades.

◀ *Contraste arquitectónico, Buenos Aires, Argentina*

¡A investigar!

¿Qué museos, monumentos y lugares históricos hay en tu estado o ciudad? Con un grupo, prepara un folleto turístico. Envíenlo a la oficina de turismo de su localidad para los turistas hispanohablantes que vengan de visita.

Ortografía

El sonido /k/ (c, qu, k)

El sonido /**k**/ se puede escribir con las letras **c**, **qu** o **k**:

> Un día lo quebraron en mil pedazos.
> El mercader lo untó de ketchup al creerlo forastero.
> Nunca le gustó practicar karate.
> Quienquiera que haya probado la quesadilla seguro no quiso
>   seguir con los ñoquis.
> El público no confía en que ese caballo gane la carrera.
> El koala ingirió kerosén y terminó en un quirófano.

Se escribe **c** para representar el sonido /**k**/...

- En las combinaciones **ca, co, cu:**
  cabeza, busco, cubrir

- Delante de cualquier consonante:
  escritura, clave, director

- Delante de la **c** en las palabras que se escriben con **cc:**
  colección, accesorio

- Al final de sílaba:
  frac, Chac, bistec

¡Ojo!

La primera **c** se pronuncia /**k**/ en las palabras que se escriben con doble **c:**

occidental, accidente, succionar

Se escribe **qu** para representar el sonido /**k**/...

- Delante de **e** o **i:**
  quejido, bloque, adquisición

Se escribe **k** para representar el sonido /**k**/...

- En algunas palabras de origen extranjero:
  káki, Kenia, kitsch, kosher, káiser, karate, Kurdistán

- En algunas palabras de origen extranjero, que también pueden escribirse con **qu** delante de **e** o **i:**
  kimono (quimono), kiosco (quiosco)

- En algunos nombres de medidas métricas:
  kilómetro, kilogramo, kilovatio, kilohercio

ACTIVIDADES

Cuaderno de práctica, pág. 70

A Palabras

Escribamos/Hablemos Completa cada palabra con **c, qu** o **k.** Luego, con un(a) compañero(a), elige las palabras que estén relacionadas con el cuento y comenta el contexto en que aparecen.

1. a≡uerdo
2. blo≡e
3. biste≡
4. má≡ina
5. ≡ilómetro
6. conta≡to

B Oraciones

Leamos/Escribamos Vuelve al cuento «Chac Mool» y busca tres ejemplos de palabras con el sonido **/k/** representado por la letra **c,** y tres ejemplos de palabras con el sonido **/k/** representado por las letras **qu.** Escribe una oración con cada palabra.

MODELO Chac

Escribes: Chac Mool es el nombre del dios maya de la lluvia.

C México

Leamos/Escribamos Fíjate en el mapa de México y completa los nombres de algunos de los estados y ciudades con las letras **c, qu,** y **k,** según corresponda.

MODELO Cancún

Escribes: Cancún es un lugar famoso por sus playas.

DICTADO

Vas a escuchar una serie de oraciones del cuento «Chac Mool». Escribe lo que oigas y subraya todas las palabras con el sonido **/k/.**

Taller del escritor

Cuaderno de práctica, pág. 72

Un artículo informativo tiene el objetivo de presentar información completa, relevante y verdadera sobre un tema. Para que la información sea completa y relevante, es importante tener en cuenta el qué, cuándo, cómo, dónde y porqué de los personajes y de los acontecimientos. Para que sea verdadera, es indispensable consultar fuentes confiables como enciclopedias, revistas, libros conocidos o datos de Internet cuyo origen pueda ser verificado.

ACTIVIDAD

Investigación arqueológica

Escribamos Escribe un artículo informativo sobre la excavación de Chac Mool en Chichén Itzá. Explica quién era Chac Mool y el valor simbólico que éste tenía entre los mayas. Luego habla de su descubrimiento, el explorador que lo descubrió, cuándo y cómo se llevó a cabo la excavación y lo que sucedió después. Para concluir, explica dónde se encuentra la escultura de Chac Mool y su importancia en la actualidad.

Así se dice

Para presentar información

Puedes usar estas expresiones al escribir tu artículo:

Chac Mool es una escultura/figura que...
En la antigüedad era una representación/un símbolo...
Siglos después fue descubierta.../...la descubrió/localizó/encontró...
A continuación, en... comenzaron las excavaciones.
Las excavaciones se llevaron a cabo/tuvieron lugar/se realizaron...
Posteriormente, la escultura...
Finalmente, el Chac Mool...
Actualmente se encuentra en...

Repaso

Lectura
¿Entiendes la lectura «Tiempo libre»?

Págs. 152-153

Comunicación oral
¿Entiendes el vocabulario de la lectura?

Págs. 156-157

¿Sabes usar los verbos en el indicativo y en el subjuntivo?

Págs. 158-163

Comunicación escrita
¿Sabes cuándo llevan acento ortográfico las palabras esdrújulas y sobreesdrújulas?

Págs. 164-165

¿Sabes escribir un relato fantástico?

Pág. 166

A Comprensión de texto

¿Son ciertas o falsas las siguientes oraciones? Corrige las falsas.

1. El narrador compraba el periódico todas las mañanas.
2. Se ponía muy furioso al ensuciarse los dedos con tinta.
3. Esa mañana, sintió un gran malestar apenas tocó el periódico.
4. El narrador tiró el periódico a la basura, sin leerlo.

B Tú mismo

Escribe tu propia definición para cada una de las siguientes palabras extraídas de «Tiempo libre». Luego haz una oración con cada una de ellas.

tirado   colgar   mancharse

tratar (a alguien) de   hojear   calma

C Cuento tradicional

Completa las oraciones de este cuento con el presente de indicativo o subjuntivo del verbo entre paréntesis.

1. La abuela de Caperucita Roja ===== (estar) enferma.
2. La mamá de Caperucita le dice que ===== (ir) a ver a la abuela y le ===== (llevar) algo de comer.
3. También le advierte que no ===== (hablar) con desconocidos en el bosque y que ===== (tener) mucho cuidado con el lobo malvado.
4. Pero el lobo ===== (tener) un plan atroz: ir a la casa y devorar a la abuela y a Caperucita.

D La tilde la pongo aquí

Marca la tilde en las siguientes palabras.

1. especimenes
2. decimoseptimo
3. telefono
4. comiendoselo
5. pagina
6. medico

E La rutina diaria

Piensa en sucesos de la vida diaria y escribe un párrafo en el que uno de esos sucesos se convierta en un episodio fantástico.

Chac Mool

F Yo opino...

¿Te parece que en «Chac Mool» actúan fuerzas o seres sobrenaturales? Basándote en los sucesos principales, explica y razona tu opinión.

G El diccionario invertido

Busca con tu compañero(a) las palabras de «Chac Mool» que corresponden a estas definiciones.

1. *Nombre.* Alguien con quien compartes un negocio: ═══
2. *Verbo.* Salirse un líquido de donde está por los bordes: ═══
3. *Verbo.* Hacer que algo vuelva a funcionar: ═══
4. *Adjetivo.* Con ojos que no miran en la dirección normal: ═══

H La persona de mis sueños

Escribamos Piensa en el joven o la joven de tus sueños y descríbelo(la) en cinco oraciones usando el subjuntivo en cláusulas adjetivas. Por ejemplo: Sueño con un chico **que sea buena gente.**

I Otra semana más

Leamos/Hablemos Reacciona a las siguientes declaraciones usando el presente perfecto de subjuntivo y los verbos dados.

▸ **Verbos:** no creo, me alegra, me extraña, siento, espero

1. No sabes cómo te fue en tu examen de matemáticas.
2. Tu mejor amiga se reconcilió con su novio.
3. El profesor no vino a clase hoy y eso que nunca falta.
4. Tu hermana se quedó sin trabajo.

J Edificios espectaculares

¿Qué diferencias y similitudes encuentras entre la arquitectura de España y la de los países latinoamericanos?

K La ortografía de Chac Mool

Completa las palabras de las siguientes oraciones con **c, qu** o **k**.
1. Para ═══olmo de males, la tubería volvió a des═══omponerse.
2. Es la primera vez ═══e el agua de las lluvias no obedece a las ═══oladeras.
3. La es═══ultura es maciza y pesa unos ochenta ═══ilos.
4. ═══reyó ═══e ═══uatro hombres podrían bajarla al sótano.

L Última hora

Escribe un artículo informativo sobre una noticia de actualidad en el mundo hispanohablante. Para elegir el tema, mira las noticias en un canal en español y busca datos en Internet y en periódicos y revistas en español.

Vocabulario esencial

Tiempo libre pág. 152

acomodarse *v.*
acostumbrado, -a *adj.*
avanzar *v.*
calma *f.*
cargar *v.*
cintura *f.*
colgar *v.*
con tal de *adv.*
costarle trabajo
   (a alguien) *v.*
desempeñar (un cargo) *v.*
desplomarse *v.*

despreocupadamente *adv.*
ensuciarse *v.*
enterarse de *v.*
entrada *f.*
estar al día *v.*
estrepitosamente *adv.*
flaquear *v.*
hojear *v.*
inquieto, -a *adj.*
inútil *adj.*
invadir *v.*
malestar *m.*

mancharse *v.*
mareo *m.*
molesto, -a *adj.*
no…, sino… *conj.*
rotundo, -a *adj.*
tallar *v.*
tinta *f.*
tirado, -a *pp.*
tratar (a alguien) de *v.*
tratarse de *v.*
voz *f.*

MEJORA TU VOCABULARIO Las familias de palabras, pág. 157

acomodarse *v.*
calmante *m.*
carga *f.*

cómodamente *adv.*
comodidad *f.*
cómodo, -a *adj.*

empeñarse *v.*
mancha *f.*
sucio, -a *adj.*

Chac Mool pág. 169

aliento *m.*
aprovechar para *v.*
arreglar *v.*
ataúd *m.*
atribuir a *v.*
bizco, -a *adj.*
bofetada *f.*
corriente *adj.*
desbordarse *v.*
descabellado, -a *adj.*
descompuesto, -a *pp.*
deshacerse *v.*

despedido, -a *pp.*
desprendido, -a *pp.*
endurecerse *v.*
entierro *m.*
girar (un cheque) *v.*
inundar *v.*
macizo, -a *adj.*
olor *m.*
para colmo de males
pensión *f.*
percatarse *v.*
pesadilla *f.*

raspar *v.*
recostado, -a *pp.*
reprochar *v.*
sobresaltado, -a *pp.*
socio, -a *m* y *f.*
sótano *m.*
tergiversar *v.*
timar *v.*
torcido, -a *adj*
vello *m.*

MEJORA TU VOCABULARIO La formación de palabras, pág. 181

acostumbrar *v.*
comercial *adj.*
comerciante *m.* y *f.*
comerciar *v.*

desacostumbrar *v.*
involuntario, -a *adj.*
profesión *f.*
profesional *adj.*

profesionalmente *adv.*
voluntario, -a *adj.*

COLECCIÓN 5

El amor

En esta colección, vas a tratar los siguientes temas:

Lectura

- «Enero: tortas de navidad» por Laura Esquivel
- «El hijo» por Horacio Quiroga

Comunicación oral

- **Vocabulario:** Más prefijos y sufijos
- **Gramática:** Las cláusulas adverbiales: el indicativo y el subjuntivo en cláusulas adverbiales de modo, lugar, tiempo, causa, condición y finalidad; las cláusulas de relativo; el imperfecto de subjuntivo en cláusulas nominales, adjetivas y adverbiales; las oraciones condicionales

Cultura

- *Contigo en la distancia:* Telenovela
  En casa del tío Guadalupe (Episodio 9)
  Cuando sea mayor… (Episodio 10)
- **Cultura y comparaciones:**
  Sabor culinario del mundo hispano

Comunicación escrita

- **Ortografía:** El acento diacrítico; el sonido /x/
- **Taller del escritor:** Un escrito persuasivo; un guión
- **Así se dice:** Para persuadir o convencer; para escribir un guión

internet

go.hrw.com

MARCAR: go.hrw.com
PALABRA CLAVE:
  WN6 AMOR

Retrato de una familia hispana

Antes de leer

Enero: tortas de navidad

En esta sección vas a leer un fragmento de la novela mexicana *Como agua para chocolate*. Es una historia sobre las tradiciones familiares y el amor entre dos jóvenes. Antes de empezar, repasa las palabras de **Mi pequeño diccionario.**

Mi pequeño *diccionario*

a solas *adj.* sin compañía, sin gente alrededor

acercarse *v.* ponerse cerca de algo o alguien

acontecer *v.* pasar

agasajar *v.* llenar de atenciones

agradecer *v.* dar gracias por un beneficio recibido

aliviarse *v.* disminuir de intensidad

atrevido, -a *adj.* sin respeto

broma *f.* burla, chiste

cada vez menos/más *adv.* en forma decreciente/creciente

conforme *adj.* de acuerdo con otro en algo

contraer nupcias *v.* casarse

desaparecer *v.* dejar de existir

disponible *adj.* libre para hacer algo

encargarse *v.* ser responsable de alguna tarea

encoger *v.* contraerse, reducirse en tamaño

estar enamorado de *v.* sentir amor romántico hacia alguien

hacer las paces *v.* reconciliarse, volver a ser amigos

impregnar *v.* mojar con algo

inquietud *f.* preocupación

irremediablemente *adv.* sin poderlo evitar

jurar *v.* prometer solemnemente

más vale que será mejor que

mentiroso, -a *adj.* persona que no dice la verdad

ni siquiera *adv.* ni por lo menos

obligar *v.* imponer algo a alguien

oscurecer *v.* hacer más oscuro

(no) parar de *v.* (no) dejar de hacer algo

pelar *v.* quitar la piel o la corteza

plática *f.* conversación

repartir *v.* distribuir algo en partes

sirvienta *f.* mujer que se dedica al servicio doméstico

tejer *v.* entrelazar hilos para formar una tela

terminarse *v.* llegar al fin, finalizar

velar por *v.* cuidar de alguien o algo

VOCABULARIO EN CONTEXTO

Leamos Completa el párrafo con las siguientes palabras y sabrás un poco más de la historia que vas a leer. Haz los cambios que sean necesarios.

▶ **Palabras:** enamorado, sirvienta, acercarse, irremediablemente, acontecer, atrevido, obligar, encargarse, contraer nupcias, jurar, a solas, encoger, mentiroso

Tita está __1__ de Pedro, pero su madre exige que ella se quede soltera y __2__ de cuidarla cuando sea vieja. Pedro quiere __3__ con Tita, pero la negativa de la madre lo __4__ __5__ a tomar una determinación __6__. Tita se entera de lo que __7__ por Chencha, la __8__, pero no le cree pues Chencha a veces es __9__ y exagerada. Al saber la verdad, a Tita se le __10__ el corazón. Recuerda la noche en que estando __11__, sin compañía alguna, Pedro __12__, le __13__ su amor eterno y le preguntó si ella le correspondía.

ESTRATEGIA

Un té Para esta estrategia, que se debe hacer en grupo, cada persona recibe una tarjeta con una cita del texto que se va a leer. Cada persona comenta su cita con otra, como si estuvieran de visita y finalmente todo el grupo se reúne para analizar el significado de las citas, pensar en cómo se relacionan entre sí y hacer predicciones sobre el contenido del texto.

ACTIVIDADES

A Los preparativos

Leamos/Escribamos En grupos de cuatro, escriban las siguientes citas de «Enero: tortas de navidad» en cuatro tarjetas diferentes. Escojan una tarjeta cada uno(a), léanla en silencio y luego comenten su cita con cada uno(a) de sus compañeros(as) individualmente.

1. «Pues más vale que le informes que si es para pedir tu mano, no lo haga. Perdería su tiempo».

2. «¡Tú no opinas nada y se acabó! Nunca, por generaciones, nadie en mi familia ha protestado ante esta costumbre y no va a ser una de mis hijas quien lo haga».

3. «Es más, quería saber, ¿cuáles fueron las investigaciones que se llevaron a cabo para concluir que la hija menor era la más indicada para velar por su madre?»

4. « —Entonces, ¿te vas a casar sin sentir amor?
   —No, papá, me caso sintiendo un inmenso e imperecedero amor por Tita».

B El té

Hablemos/Escribamos Ahora, en grupo, lean en voz alta las citas, comenten y aclaren la información y piensen en cómo se relaciona. Luego, escriban cualquier interrogante que tengan en una hoja aparte y hagan tres predicciones sobre lo que va a pasar en el cuento.

C El amor

Hablemos ¿Te gustan las historias de amor? ¿Por qué? ¿Qué crees que es un «amor imposible»? ¿Y un «amor no correspondido»? Sin duda alguna, la historia que leerás trata del amor, pero ¿de qué tipo de amor? ¿Cómo lo sabes?

¡Enero:
tortas de navidad

de Como agua para chocolate

Laura Esquivel nació en la Ciudad de México en 1950. Comenzó su vida profesional de maestra. Más tarde fundó un Taller de Teatro y Literatura Infantil y trabajó de guionista para el cine y la televisión. Su guión de *Chido Guan* fue nominado por la Academia Mexicana de Ciencias y Artes Cinematográficas para el premio Ariel. *Como agua para chocolate* (1989) fue su obra de más éxito, pues llegó a ser el libro de mayor venta en México en 1990. En 1992 la novela se llevó al cine, y ganó once Premios Ariel, además de convertirse en éxito internacional.

MIENTRAS LEES

A. ¿Hay tradiciones en tu familia con las que no estás de acuerdo?
B. ¿Hay alguna tradición en tu familia con respecto al matrimonio?
C. ¿Quiénes están sentadas a la mesa? ¿Qué están haciendo?
D. ¿Quién decide cuándo han terminado de preparar el chorizo?
E. ¿Qué hacen las mujeres cuando han terminado?

F. ¿Qué le dice Tita a su mamá?

En el rancho de Mamá Elena la preparación del chorizo era todo un rito. Con un día de anticipación se tenían que empezar a pelar ajos, limpiar chiles y a moler especias.[1] Todas las mujeres de la familia tenían que participar: Mamá Elena, sus hijas Gertrudis, Rosaura y Tita, Nacha la cocinera y Chencha la sirvienta. Se sentaban por las tardes en la mesa del comedor y entre pláticas y bromas el tiempo se iba volando hasta que empezaba a oscurecer.

Entonces Mamá Elena decía:

—Por hoy ya terminamos con esto.

Dicen que al buen entendedor pocas palabras,[2] así que después de escuchar esta frase todas sabían qué era lo que tenían que hacer. Primero recogían la mesa y después se repartían las labores:[3] una metía a las gallinas, otra sacaba agua del pozo y la dejaba lista para utilizarla en el desayuno y otra se encargaba de la leña para la estufa. Ese día ni se planchaba[4] ni se bordaba[5] ni se cosía ropa. Después todas se iban a sus recámaras a leer, rezar y dormir. Una de esas tardes, antes de que Mamá Elena dijera que ya se podían levantar de la mesa, Tita, que entonces contaba con quince años,[6] le anunció con voz temblorosa que Pedro Muzquiz quería venir a hablar con ella…

---

1 sustancias vegetales aromáticas que sirven para dar sabor y olor a las comidas **2** se dice cuando no hace falta (o no se quiere) decir nada más
3 trabajos **4** alisaba o quitaba arrugas de la ropa con un metal caliente **5** hacía adornos o adornaba las telas con hilo **6** tenía quince años de edad

—¿Y de qué me tiene que venir a hablar ese señor?

Dijo Mamá Elena luego de un silencio interminable que encogió el alma de Tita.

Con voz apenas perceptible[1] respondió:

—Yo no sé.

Mamá Elena le <u>lanzó una mirada</u>[2] que para Tita encerraba todos los años de represión[3] que habían flotado sobre la familia y dijo:

—Pues más vale que le informes que si es para pedir tu mano, no lo haga. Perdería su tiempo y me haría perder el mío. Sabes muy bien que por ser <u>la más chica</u>[4] de las mujeres a ti te corresponde cuidarme hasta el día de mi muerte.

Dicho esto, Mamá Elena se puso lentamente de pie, guardó sus lentes dentro del delantal[5] y a manera de orden final repitió.

—¡Por hoy, hemos terminado con esto!

Tita sabía que dentro de las normas de comunicación de la casa no estaba incluido el diálogo, pero aun así, por primera vez en su vida intentó protestar a un mandato de su madre.

—Pero es que yo opino que...

—¡Tú no opinas nada y se acabó! Nunca, por generaciones, nadie en mi familia ha protestado ante esta costumbre y no va a ser una de mis hijas quien lo haga.

Tita bajó la cabeza y con la misma fuerza con que sus lágrimas[6] cayeron sobre la mesa, así cayó sobre ella su destino.[7]

G. ¿Cómo reacciona Mamá Elena? ¿Qué le dice a Tita?

H. ¿A qué tradición familiar se refiere Mamá Elena?

---

1 que se puede oír, entender 2 miró con rapidez y severidad 3 falta de libertad 4 la menor 5 vestido usado sobre la ropa para no mancharse al cocinar 6 gotas que salen de los ojos al llorar 7 lo que nos espera en el futuro, ya marcado

I. ¿Está de acuerdo Tita con esa tradición? ¿Qué quiere preguntarle a su mamá?

Y desde ese momento supieron ella y la mesa que no podían modificar ni tantito[1] la dirección de estas fuerzas desconocidas que las obligaban, a la una, a compartir con Tita su sino,[2] recibiendo sus amargas lágrimas desde el momento en que nació, y a la otra a asumir esta absurda determinación.

Sin embargo, Tita no estaba conforme. Una gran cantidad de dudas e inquietudes acudían[3] a su mente. Por ejemplo, le agradaría tener conocimiento de[4] quién había iniciado esta tradición familiar. Sería bueno hacerle saber a esta ingeniosa persona que en su perfecto plan para asegurar la vejez[5] de las mujeres había una ligera falla.[6] Si Tita no podía casarse ni tener hijos, ¿quién la cuidaría entonces al llegar a la senectud?[7] ¿Cuál era la solución acertada en estos casos? ¿O es que no se esperaba que las hijas que se quedaban a cuidar a sus madres sobrevivieran mucho tiempo después del fallecimiento de sus progenitoras?[8] ¿Y dónde se quedaban las mujeres que se casaban y no podían tener hijos, quién se encargaría de atenderlas? Es más, quería saber, ¿cuáles fueron las investigaciones que se llevaron a cabo para concluir que la hija menor era la más indicada para velar por su madre y no la hija mayor? ¿Se había tomado alguna vez en cuenta la opinión de las hijas afectadas? ¿Le estaba permitido al menos, si es que no se podía casar, el conocer el amor? ¿O ni siquiera eso?

Tita sabía muy bien que todas estas interrogantes tenían que pasar irremediablemente a formar parte del archivo de preguntas sin respuesta. En la familia De la Garza se obedecía y punto.[9]

J. ¿Trata de razonar con su mamá? ¿Por qué?

K. ¿Se enoja la mamá con Tita? ¿Por cuánto tiempo no le habla?

L. ¿Quién se presenta en casa de Mamá Elena? ¿Para qué?

Mamá Elena, ignorándola por completo, salió muy enojada de la cocina y por una semana no le dirigió la palabra.

[…*pasa una semana, y Tita hace las paces con Mamá Elena…*]

[…]al día siguiente se presentó en casa Pedro Muzquiz acompañado de su señor padre con la intención de pedir la mano de Tita. Su presencia en la casa causó gran desconcierto.[10] No esperaban su visita. Días antes, Tita le había mandado a Pedro un recado con el hermano de Nacha pidiéndole que desistiera de[11] sus propósitos. Aquél juró que se lo había entregado a don Pedro, pero el caso es que ellos se presentaron en la casa. Mamá Elena los recibió en la sala, se comportó muy amable y les explicó la razón por la que Tita no se podía casar.

---

1 en nada, ni un poco, ni lo más mínimo 2 destino, lo que nos espera en el futuro 3 venían 4 saber 5 época de la vida en que se es viejo 6 error 7 etapa de la vejez 8 muerte de sus madres 9 y no más 10 confusión, desorden, desorientación 11 olvidara

—Claro que si lo que les interesa es que Pedro se case, <u>pongo a su consideración</u>[1] a mi hija Rosaura, sólo dos años mayor que Tita, pero está plenamente disponible y preparada para el matrimonio…

MIENTRAS LEES

M. ¿Cómo se comporta Mamá Elena? ¿Qué les explica a Pedro y su padre?

N. ¿Qué le sugiere Mamá Elena a Pedro?

Al escuchar estas palabras, Chencha por poco tira[2] encima de Mamá Elena la charola[3] con café y galletas que había llevado a la sala para agasajar a don Pascual y a su hijo.

Disculpándose, se retiró apresuradamente hacia la cocina, donde la estaban esperando Tita, Rosaura y Gertrudis para que les diera un informe detallado de lo que acontecía. Entró atropelladamente[4] y todas suspendieron de inmediato sus labores para no perderse una sola de sus palabras.

Ñ. ¿Quién va a la cocina a contarles a las hermanas lo que ha sugerido Mamá Elena? ¿Qué hacían las hermanas en la cocina?

---

1 le pido que piense o considere **2** deja caer **3** bandeja o plato grande para servir **4** muy rápido, sin cuidado

MIENTRAS LEES

O. ¿Cómo es la forma de hablar de Chencha? ¿Por qué crees que habla así?

P. ¿Cómo reaccionó Tita a las noticias de Chencha? ¿Por qué?

Q. ¿Qué sintió Tita cuando Mamá Elena confirmó lo que Chencha había dicho?

R. ¿Se sintió mejor Tita cuando Nacha le contó lo que había escuchado?

S. ¿Qué tuvo que hacer Nacha para escuchar la conversación entre don Pascual y Pedro?

Se encontraban ahí reunidas con el propósito de preparar tortas de navidad. Como su nombre lo indica, estas tortas se elaboran[1] durante la época navideña, pero en esta ocasión las estaban haciendo para festejar el cumpleaños de Tita. El 30 de septiembre cumpliría 16 años y quería celebrarlos comiendo uno de sus platillos favoritos.

—¿Ay sí, no? ¡Su 'amá[2] habla d'estar preparada para el matrimoño, como si juera[3] un plato de enchiladas! ¡Y ni ansina, porque pos no es lo mismo que lo mesmo![4] ¡Uno no puede cambiar unos tacos por unas enchiladas así como así!

Chencha no paraba de hacer este tipo de comentarios mientras les narraba, a su manera, claro, la escena que acababa de presenciar. Tita conocía lo exagerada y mentirosa que podía ser Chencha, por lo que no dejó que la angustia se apoderara[5] de ella. Se negaba a aceptar como cierto lo que acababa de escuchar. Fingiendo serenidad, siguió partiendo las teleras,[6] para que sus hermanas y Nacha se encargaran de rellenarlas.[7]

De preferencia las teleras deben ser horneadas en casa. Pero si no se puede lo más conveniente es encargar en la panadería unas teleras pequeñas, pues las grandes no funcionan adecuadamente para esta receta. Después de rellenarlas se meten minutos al horno y se sirven calientes. Lo ideal es dejarlas al sereno[8] toda una noche envueltas en una tela, para que el pan se impregne con la grasa del chorizo.

Cuando Tita estaba acabando de envolver las tortas que comerían al día siguiente, entró en la cocina Mamá Elena para informarles que había aceptado que Pedro se casara, pero con Rosaura.

Al escuchar la confirmación de la noticia, Tita sintió como si el invierno le hubiera entrado al cuerpo de golpe y porrazo:[9] era tal el frío y tan seco que le quemó las mejillas y se las puso rojas, rojas, como el color de las manzanas que tenía frente a ella. Este frío sobrecogedor[10] la habría de acompañar por mucho tiempo sin que nada lo pudiera atenuar,[11] ni tan siquiera cuando Nacha le contó lo que había escuchado cuando acompañaba a don Pascual Muzquiz y a su hijo hasta la entrada del rancho. Nacha caminaba por delante, tratando de aminorar el paso para escuchar mejor la conversación entre padre e hijo. Don Pascual y Pedro caminaban lentamente y hablaban en voz baja, reprimida[12] por el enojo.

---

1 se hacen **2** mamá (coloquial, oral) **3** fuera (inculto, oral) *if it were* **4** y ni así pues no es lo mismo que lo mismo **5** la controlara, la dominara **6** tipo de pan, redondo **7** llenar con varios ingredientes **8** al aire libre **9** de repente, inesperada y rápidamente **10** que sorprende e impresiona **11** reducir **12** contenida, moderada

—¿Por qué hiciste esto Pedro? Quedamos en ridículo aceptando la boda con Rosaura. ¿Dónde quedó pues el amor que le juraste a Tita? ¿Que no tienes palabra?

—Claro que la tengo, pero si a usted le negaran de una manera rotunda casarse con la mujer que ama y la única salida que le dejaran para estar cerca de ella fuera la de casarse con la hermana, ¿no tomaría la misma decisión que yo?

Nacha no alcanzó a escuchar la respuesta porque el Pulque, el perro del rancho, salió corriendo, ladrándole a un conejo al que confundió con un gato.

—Entonces, ¿te vas a casar sin sentir amor?

—No, papá, me caso sintiendo un inmenso e imperecedero[1] amor por Tita.

Las voces se hacían cada vez menos perceptibles pues eran apagadas[2] por el ruido que hacían los zapatos al pisar las hojas secas. Fue extraño que Nacha, que para entonces estaba más sorda,[3] dijera haber escuchado la conversación. Tita igual le agradeció que se lo hubiera contado pero esto no modificó la actitud de frío respeto que desde entonces tomó para con Pedro. Dicen que el sordo no oye, pero compone. Tal vez Nacha sólo escuchó las palabras que todos callaron. Esa noche fue imposible que Tita <u>conciliara el sueño</u>;[4] no sabía explicar lo que sentía. Lástima que en aquella época no se hubieran descubierto los <u>hoyos negros</u>[5] en el espacio porque entonces le hubiera sido muy fácil comprender que sentía un hoyo negro en medio del pecho, por donde se le colaba[6] un frío infinito.

T. ¿Por qué está enojado don Pascual con Pedro?

U. ¿Cómo justifica Pedro la decisión que ha tomado?

V. ¿Qué actitud tuvo Tita hacia Pedro después de escuchar a Nacha?

---

1 que nunca se acaba **2** silenciadas **3** que no puede oír bien **4** pudiera dormirse **5** masas que se encuentran en el espacio y lo atrapan todo **6** entraba

W. ¿De qué se acuerda Tita? ¿Qué festividad se celebraba? ¿Hace cuánto tiempo sucedió?

Cada vez que cerraba los ojos podía revivir[1] muy claramente las escenas de aquella noche de navidad, un año atrás, en que Pedro y su familia habían sido invitados por primera vez a cenar en su casa y el frío se le agudizaba.[2] […]

Nunca olvidaría el <u>roce accidental</u>[3] de sus manos cuando ambos trataron torpemente de tomar la misma charola al mismo tiempo.

Fue entonces cuando Pedro le confesó su amor.

—Señorita Tita, quisiera aprovechar la oportunidad de poder hablarle a solas para decirle que estoy profundamente enamorado de usted. Sé que esta declaración es atrevida y precipitada,[4] pero es tan difícil acercársele que tomé la decisión de hacerlo esta misma noche. Sólo le pido que me diga si puedo aspirar a su amor.

—No sé qué responderle; deme tiempo para pensar.

—No, no podría, necesito una respuesta en este momento: el amor no se piensa: se siente o no se siente. Yo soy hombre de pocas, pero muy firmes palabras. Le juro que tendrá mi amor por siempre. ¿Qué hay del suyo? ¿Usted también lo siente por mí?

—¡Sí!

Sí, sí, y mil veces sí. Lo amó desde esa noche para siempre. Pero ahora tenía que renunciar[5] a él. No era decente desear al futuro esposo de una hermana. Tenía que tratar de ahuyentarlo[6] de su mente de alguna manera para poder dormir.

X. Al principio, ¿cómo responde Tita a la declaración de amor de Pedro? Y al final, ¿qué le dice?

Y. ¿Por qué piensa Tita que tiene que renunciar a Pedro ahora?

---

1 volver a vivir, recordar claramente **2** se hacía mayor, más fuerte **3** contacto casual **4** sin avisar, inesperada y aceleradamente **5** dejarlo
6 sacarlo, alejarlo

Intentó comer la torta de navidad que Nacha le había dejado sobre su buró,[1] junto con un vaso de leche. En muchas otras ocasiones le había dado excelentes resultados. Nacha, con su gran experiencia, sabía que para Tita no había pena alguna que no lograra desaparecer mientras comía una deliciosa torta de navidad. Pero no en esta ocasión. El vacío[2] que sentía en el estómago no se alivió. Por el contrario, una sensación de náusea la invadió. Descubrió que el hueco[3] no era de hambre; más bien se trataba de una álgida[4] sensación dolorosa. Era necesario deshacerse de este molesto frío. Como primera medida se cubrió con una pesada cobija[5] y ropa de lana. El frío permanecía inamovible.[6] Entonces se puso zapatos de estambre y otras dos cobijas. Nada. Por último, sacó de su costurero una colcha[7] que había empezado a tejer el día en que Pedro le habló de matrimonio. Una colcha como ésta, tejida a gancho, se termina aproximadamente en un año. Justo el tiempo que Pedro y Tita habían pensado dejar pasar antes de contraer nupcias. Decidió darle utilidad al estambre en lugar de desperdiciarlo[8] y rabiosamente tejió y lloró, y lloró y tejió, hasta que en la madrugada[9] terminó la colcha y se la echó encima. De nada sirvió. Ni esa noche ni muchas otras mientras vivió logró controlar el frío.

Z. ¿Qué le trae Nacha a Tita para que se sienta mejor?

AA. ¿Qué siente Tita? ¿Qué hace para combatir ese sentimiento?

BB. ¿Qué saca Tita de su costurero? ¿Cuándo la había comenzado a tejer?

CC. ¿Cuándo había pensado terminar de tejerla?

DD. ¿Qué hizo Tita hasta la madrugada?

EE. ¿Cómo se sentía? ¿Cómo lo sabes?

FF. ¿Terminó la colcha? ¿La ayudó a calentarse?

---

1 mesa pequeña del dormitorio **2** sensación de no tener nada dentro **3** agujero **4** muy fuerte, muy fría **5** manta para cubrirse al dormir **6** que no se va, no desaparece **7** manta más liviana para taparse y quitarse el frío **8** no aprovecharlo **9** muy temprano en la mañana, cuando aparece la luz del día

ACTIVIDADES

Cuaderno
de práctica,
págs. 73–74

A Evalúa el té

Leamos Vuelve a leer las predicciones y preguntas que hiciste antes de leer el capítulo. Luego, contesta las siguientes preguntas.

1. ¿Fueron correctas tus predicciones? Si no, ¿qué fue lo que aconteció?
2. ¿Contestó el texto tus preguntas? ¿Cuáles se quedaron sin contestar?
3. ¿Crees que hacer predicciones con base en las declaraciones de algunos de los personajes te ayudó a entender el cuento? Explica tu respuesta.

B Orden cronológico

Leamos/Escribamos Pon las siguientes oraciones en orden cronológico.

1. Pedro le explica a su papá que se va a casar con Rosaura sólo porque ama a Tita y quiere estar cerca de ella.
2. Tita tiene un profundo frío que sentirá por muchos años.
3. Pedro le confiesa su amor a Tita.
4. Pedro le pide la mano de Tita a Mamá Elena.
5. Mamá Elena le concede la mano de Rosaura a Pedro.
6. Tita se da cuenta de que Pedro ha aceptado casarse con su hermana.
7. Tita y Pedro deciden esperar un año antes de casarse.
8. Tita se pone a llorar y a tejer la colcha.

C Lo dudo

Escribamos/Hablemos Lee las siguientes declaraciones y expresa tu opinión al respecto. Usa el indicativo para expresar certeza y el subjuntivo para expresar duda o probabilidad.

MODELO   **Declaración:** Tita acepta con calma el matrimonio de Pedro.
    Dudo que Tita acepte con calma el matrimonio de Pedro.
    Estoy seguro(a) que a Tita le va a ser muy difícil aceptarlo.

1. Pedro va a enamorarse de Rosaura y olvidar a Tita algún día.
2. Mamá Elena no cree en el amor.
3. Mamá Elena le da mucha importancia a las opiniones de sus hijas.
4. Tita deja de amar a Pedro después de que él acepta casarse con Rosaura.
5. A Pedro no le importa con quien se casa; lo que le importa es casarse.
6. Rosaura acepta la propuesta de su madre de que se case con Pedro.
7. El padre de Pedro se siente desconcertado ante la intención de su hijo de casarse con Rosaura.

D El punto de vista

Escribamos Escribe una declaración desde el punto de vista de cada uno de los personajes sobre el matrimonio de Rosaura y Pedro.

MODELO **Nacha:** ¡Pobre Tita! Es horrible que su mamá no la deje casarse con Pedro.

Tita

Pedro

Mamá Elena

Rosaura

don Pascual

Comunicación

E ¿Quién tiene la culpa?

Hablemos Más tarde en la novela Pedro y Rosaura contraen matrimonio y las relaciones familiares se vuelven bastante tensas. Con un(a) compañero(a), dramatiza una conversación entre Rosaura y Tita, en la que Rosaura culpa a Tita de su infelicidad y Tita culpa a Rosaura de haberse casado con Pedro a pesar de saber que él estaba enamorado de ella. Sean creativos.

Nota cultural

En los años 80 y 90 algunas escritoras hispanas empezaron a publicar con gran éxito en un campo que hasta entonces había estado dominado principalmente por los hombres. Entre ellas encontramos a Isabel Allende, Rosario Ferré y Laura Esquivel, la autora del fragmento que acabas de leer. Estas escritoras narran dentro de la corriente del «realismo mágico» o «realismo fantástico» al igual que García Márquez, Cortázar y otros escritores de gran renombre, y han alcanzado fama mundial. Las novelas *La casa de los espíritus* de Isabel Allende y *Como agua para chocolate* de Laura Esquivel han sido adaptadas al cine y han sido protagonizadas por actores conocidos internacionalmente.

Vocabulario

Cuaderno de práctica, págs. 75–76

VOCABULARIO EN CONTEXTO

A La palabra intrusa

Leamos Escoge la palabra de cada grupo que no tiene relación con la palabra en negrilla. Usa el diccionario si es necesario.

1. **plática:** conversación, charla, lectura
2. **repartir:** distribuir, pedir, dividir
3. **encoger:** tejer, disminuir, acortar
4. **encargarse:** ocuparse, casarse, cuidar de
5. **disponible:** libre, sin compromiso, enamorado
6. **agradecer:** dar gracias, presentarse, mostrar gratitud
7. **aliviarse:** mejorar, agasajar, disminuir
8. **obligar:** forzar, ordenar, jurar

B Una de dos

Leamos/Escribamos Completa las oraciones con la palabra adecuada.

1. Tita no estaba (conforme/deforme) con la tradición familiar; le parecía injusta.
2. Pensaba que la persona que había imaginado esa tradición era (maravillosamente/irremediablemente) irresponsable.
3. Chencha, la (progenitora/sirvienta), también consideraba irrazonable la propuesta de Mamá Elena de ofrecer a Rosaura para el casamiento.
4. Pese a todo, Pedro le declaró su amor a Tita y aceptó casarse con su hermana. Sabía que su decisión era (atrevida/prometida).
5. Don Pascual acusó a Pedro de ridículo y (sordo/mentiroso). Sus propias palabras fueron: «¿Dónde quedó pues el amor que le juraste a Tita?»

C ¿Quién lo hace?

Escuchemos Escucha las siguientes oraciones e identifica a qué personaje(s) se refieren.

▸ **Personajes:** Chencha, las mujeres, Tita, Pedro, Don Pascual y Pedro, Tita y Pedro

D Adivina adivinador

Hablemos Escoge una de las listas de palabras y explícale a tu compañero(a) el significado de cada palabra para que él la adivine. Luego deja que tu compañero(a) haga lo mismo.

Lista A: tejer, contraer nupcias, terminarse, aliviarse
Lista B: impregnar, velar por, agasajar, oscurecer

E Costumbres de familia

Hablemos Contesta las siguientes preguntas.

1. ¿Tus abuelos obligaron a tus padres a casarse o a quedarse solteros?
2. ¿Pidieron permiso a sus mayores para contraer matrimonio?
3. ¿Provocó la noticia de la boda ciertas inquietudes entre los familiares?
4. ¿Estaban muy enamorados?
5. ¿Quién se encargó de preparar la celebración de la boda?

F Si de amor se trata

Escribamos Observa la imagen y escribe una historia imaginando lo que pasa entre estos personajes. Incluye diálogos y las palabras dadas.

▶ **Vocabulario:** a solas, broma, más vale que, ni siquiera, desaparecer, acontecer, cada vez más, acercarse, jurar

MEJORA TU VOCABULARIO

Más prefijos Los siguientes son prefijos comunes, provenientes del latín o del griego. Familiarízate con ellos, pues al conocer su significado puedes saber el de muchas palabras desconocidas.

- **sobre-:** (del latín *super*, exceso, por encima) **sobre**vivir, **sobre**volar, **sobre**todo
- **des-, dis-:** (negación) **des**conforme, **des**hacer, **dis**gusto, **dis**capacidad
- **em-, en-:** (dentro de, entre) **em**brujar, **em**pañar, **en**amorado, **en**cadenar
- **inter-:** (entre, en medio de) **inter**activo, **inter**cambiar, **inter**ceder, **inter**medio
- **co-, com-, con-:** (en compañía de) **co**operación, **com**plementar, **con**cordar, **con**ceder
- **re-:** (repetición, aumento, intensificación, oposición) **re**aparecer, **re**alizar, **re**batir, **re**vocar
- **ex-, extra-:** (fuera de) **ex**abrupto, **ex**plosivo, **ext**raordinario, **extra**terrestre
- **pre-:** (anterioridad) **pre**juzgar, **pre**aviso, **pre**ceder, **pre**venir

G Sepáralas

Leamos Señala el prefijo de las palabras y da tanto el significado del prefijo como de la palabra. Verifica los significados en el diccionario y luego escribe una oración con cada una.

▶ **Palabras:** sobrevalorar, discrepar, empapelar, reacción, excluir, sobreentendido, recolocar, encarcelar, discontinuo, excavar, recambio

Lo esencial de las cláusulas adverbiales **Cuaderno de práctica,** pág. 136

Las cláusulas adverbiales

El indicativo y el subjuntivo en cláusulas adverbiales de modo, lugar y tiempo

La **cláusula adverbial,** al igual que el adverbio, complementa o dice algo respecto a un verbo. Algunas cláusulas adverbiales expresan el modo, el lugar o el tiempo en que se realiza la acción.

cláusula adverbial de lugar

*La noticia le **golpeó** donde más le dolió: en todo el cuerpo.*

- La cláusula adverbial va en **indicativo** cuando se refiere a acciones cumplidas o habituales. En este caso, tanto el verbo de la cláusula principal como el de la cláusula adverbial, van en **indicativo**.

cláusula principal

*Tita **se pone** a llorar*
presente
de indicativo

cláusula adverbial

*cuando **se acuerda** de Pedro.*
presente
de indicativo

- La cláusula adverbial va en **subjuntivo** cuando se refiere a acciones que todavía no han sucedido y que son inciertas o desconocidas. En este caso, el verbo de la cláusula principal va en **indicativo** o en **imperativo,** y el verbo de la cláusula adverbial va en **subjuntivo.**

cláusula principal   cláusula adverbial

*Tita **tratará** a Pedro con indiferencia siempre que lo **vea.***
futuro
de indicativo
presente
de subjuntivo

***Habla** con Pedro antes de que **se case** con Rosaura.*
imperativo
presente
de subjuntivo

- Las siguientes conjunciones[1] introducen cláusulas adverbiales en **indicativo** o **subjuntivo,** excepto *antes (de) que,* la cual siempre introduce en subjuntivo una acción que no ha sucedido.

como, de modo que, de manera que/donde, antes de que, siempre que, cuando, después de que, en cuanto, hasta que, mientras, tan pronto como

[1] Una conjunción une dos palabras o cláusulas.

Cuaderno
de práctica,
págs. 77–79

ACTIVIDADES

A ¿Cómo, cuándo o dónde?

Escuchemos Escucha con atención y di si las declaraciones se refieren al lugar, el modo o el tiempo en que se realiza la acción del verbo.

B Antes de la boda

Leamos/Escribamos Completa las siguientes oraciones con el indicativo o el subjuntivo del verbo entre paréntesis. Presta atención a las palabras de enlace y al tiempo del verbo en la oración principal. Luego explica por qué elegiste un modo u el otro.

1. Mamá Elena propone el matrimonio de Rosaura antes que Rosaura misma lo ===== (saber).
2. Pedro se casará con ella tan pronto como se ===== (organizar) los preparativos.
3. Tita llora y teje sin parar hasta que ===== (quedarse) dormida.
4. Según Pedro, el amor no tiene límites cuando se ===== (estar) enamorado.
5. Tita se consume de tristeza mientras Rosaura ===== (encargarse) de preparar la boda.
6. La vida de Tita va a cambiar mucho después de que su hermana ===== (contraer) matrimonio con Pedro.

C Después de la boda

Escribamos/Hablemos Observa las imágenes y describe lo que pasó luego del casamiento de Pedro y Rosaura. Usa las siguientes palabras de enlace como guía.

▸ **Palabras de enlace:** cuando, siempre que, después de que, tan pronto como, hasta que, mientras que, cómo, dónde

MODELO   Pedro decidió casarse con Rosaura…

Otras cláusulas adverbiales

El indicativo y el subjuntivo en cláusulas adverbiales de causa, condición y finalidad

La cláusula adverbial también puede indicar la causa de la acción. Se introduce con conjunciones como **porque, puesto que, ya que, pues,** etc., y siempre aparece en indicativo, al igual que el verbo de la oración principal, porque se refiere a una acción cumplida.

cláusula principal   cláusula adverbial de causa

*Tita no **pudo** casarse con Pedro ya que su madre no se lo **permitió.***
pretérito de indicativo   pretérito de indicativo

*Tita se **olvidará** de Pedro   puesto que ahora él **es** su cuñado.*
futuro de indicativo   presente de indicativo

La cláusula adverbial también puede expresar una condición relacionada con la acción. Por ser de naturaleza hipotética e incierta, las cláusulas adverbiales de condición siempre aparecen en subjuntivo y se introducen con conjunciones como: **en caso que, con tal que, a menos que, sin que,** etc.

cláusula principal   cláusula adverbial de condición

*Pedro **sabrá** qué hacer en caso de que Mamá Elena le **niegue** la mano de Tita.*
futuro de indicativo   presente de subjuntivo

Las cláusulas adverbiales de finalidad indican el fin o propósito de la acción y siempre se usan en subjuntivo pues introducen una acción que no ha sucedido. Se dan con conjunciones como **para que** y **a fin de que.**

cláusula principal   cláusula adverbial de finalidad

*Mamá Elena **sacrifica** la vida de su hija para que **se preserve** la tradición familiar.*
presente de indicativo   presente de subjuntivo

¡Ojo!

Aunque introduce cláusulas adverbiales en **subjuntivo** si la acción a que se refiere es hipotética o desconocida. Se usa con el **indicativo** cuando se refiere a hechos reales, habituales o concluidos:

*No se lo **dirá** a nadie aunque lo **sepa.***
*No se lo **dijo** a nadie aunque lo **sabía.***

D ¿Ahora o después?

Leamos Completa las siguientes oraciones con el indicativo o el subjuntivo. Observa las palabras de enlace y el tiempo del verbo en la oración principal. Luego explica tu elección.

1. Mamá Elena impone mucha disciplina en la casa para que sus hijas —y en especial Tita— no ===== (opinar) mucho.
2. Según la tradición, Tita tiene que renunciar al matrimonio y cuidar de su madre puesto que ella ===== (ser) la más pequeña.
3. Tita acepta las exigencias de su madre aunque no ===== (estar) de acuerdo con ellas.
4. Tita tratará a Pedro con indiferencia aunque ===== (sentir) que se esté muriendo por dentro.
5. Pedro, por su parte, hará algo increíble con tal que ambos ===== (poder) estar cerca.
6. Se casará con Rosaura sin que ésta ===== (saber) la verdad de sus sentimientos.

E Los planes de Pedro

Escribamos Pedro no ha hablado con Mamá Elena todavía. Imagina todos los planes que Pedro piensa proponerle a Tita. Observa las imágenes y completa las oraciones usando cláusulas adverbiales.

1. Vamos a contraer nupcias dentro de un año cuando... Nuestro sueño se hará realidad sin que...
2. Nos casaremos para las Navidades antes que... Siempre es lindo celebrar el casamiento ya que la gente...
3. Compraremos un coche después que... Un coche hace falta cuando...
4. Tendremos un hijo en cuanto... No es conveniente tener un hijo a menos que...
5. Trabajaré menos para pasar más horas con el niño y para que... Podré ayudarte tan pronto como...
6. Viviremos siempre juntos porque...

F Una historia de amor

Escribamos/Hablemos Escribe una historia de amor en presente, usando cláusulas adverbiales y las palabras de enlace. Luego cuéntasela a un(a) compañero(a).

▶ **Frases y conjunciones:** donde, de modo que, cuando, antes de que, después de que, tan pronto como, en cuanto, ya que, con tal de que, a fin de que, a menos que

Lo esencial de las cláusulas de relativo **Cuaderno de práctica,** pág. 152

Las cláusulas de relativo

Una **cláusula de relativo** es una parte de la oración que dice algo respecto a un sustantivo. Así, la **cláusula de relativo** complementa al sustantivo del mismo modo que el adjetivo, y se podría sustituir por un adjetivo. Por esta razón, también se la llama **cláusula adjetiva.** Las **cláusulas de relativo** siempre llevan un verbo y suelen estar introducidas por el pronombre relativo **que.**

La **hija** más **trabajadora** de la familia es Tita.

sustantivo   adjetivo

La **hija que** más **trabaja** de la familia es Tita.

sustantivo cláusula de relativo

Otros pronombres relativos son: **quien(es), cual(es), cuy(os) (as). Quien** se usa sólo para personas. **Cual,** al igual que **que,** se usa para personas o cosas, pero es más frecuente en un contexto formal. **Cuyo** se usa para indicar posesión.

Nacha, **quien caminaba por delante,** escuchó la conversación entre padre e hijo.
(quien se refiere a Nacha, una persona)

Pongo a su consideración a mi hija Rosaura, **la cual está disponible** y **preparada para el matrimonio.**
(la cual se refiere a Rosaura y se puede sustituir por **que** o **quien)**

Pedro, **cuyo amor por Tita no conocía límites,** decidió casarse con su hermana para seguir viendo a su amada.
(cuyo se refiere al amor de Pedro)

Estos son los pronombres relativos:

	cualquier sustantivo		personas		posesión	
	masculino	femenino	masculino	femenino	masculino	femenino
Singular	(el) que el cual	(la) que la cual	quien	quien	cuyo	cuya
Plural	(los) que los cuales	(las) que las cuales	quienes	quienes	cuyos	cuyas

¿Te acuerdas?

Los pronombres relativos tienen las mismas características que otros pronombres:
- Reemplazan a un sustantivo ya mencionado o conocido.
- Tienen género y número al igual que el sustantivo.

G La tradición

Leamos Completa las siguientes oraciones con el pronombre relativo
que corresponda.

1. Tita, (quien/cuya) sólo tenía quince años, anunció la visita de Pedro.
2. Mamá Elena le lanzó una mirada (quien/que) la deshizo.
3. Tita, (que/el cual) era rebelde pero no tanto, bajó la cabeza y comenzó a llorar.
4. Tita sintió un gran dolor (cuyo/el cual) no la abandonaría nunca.
5. Pedro, (quienes/cuyo) amor no conocía límites, decidió casarse con Rosaura.

H Opiniones

Hablemos Combina cada par de frases en una oración usando los pronombres
relativos que correspondan.

MODELO Nadie esperaba a los dos hombres. Los dos hombres iban a hablar con Mamá Elena.

> **Escribes:** Nadie esperaba a los dos hombres que iban a hablar con Mamá Elena.

1. No quiero aceptar esta tradición. No entiendo esta tradición.
2. La hija menor de la familia nunca tendrá a nadie. Nadie la cuida en su vejez.
3. Rosaura se sentía muy orgullosa. Rosaura no sabía la verdad.
4. El padre de Pedro no comprende esa decisión. La decisión tiene consecuencias
   adversas para todos.

I ¿Quién es?

Escribamos Observa
esta imagen e identifica a
los personajes usando
cláusulas de relativo y
pronombres relativos.

omunicación

J Las generaciones

Hablemos/Escribamos Con un(a) compañero(a), comenta alguna tradición
familiar que conozcan y expliquen los efectos que dicha tradición ha tenido en la
familia y cómo ha evolucionado a través del tiempo. ¿Cómo creen que las tradiciones de su propia cultura se comparan con las de la cultura hispana? ¿Cómo creen que
sus tradiciones van a cambiar en el futuro? Hagan un resumen usando cláusulas adverbiales y de relativo.

Ortografía

Acentuación

El acento diacrítico

El acento diacrítico es el acento ortográfico (o tilde) que se usa para diferenciar palabras que se escriben igual pero tienen distinto significado.

- Las palabras **monosílabas** (de una sola sílaba) generalmente no se acentúan (*por, sol, pan, vez*), pero algunas a veces llevan tilde para diferenciarlas de otras.

Con tilde	Sin tilde
Aún no trabajaba. (todavía)	*Aun así lo intentó.* (incluso)
Dé una respuesta. (v. dar)	*Eran tortas de navidad.* (preposición)
Renunció a él. (pronombre)	*El tiempo se iba volando.* (artículo)
Quería saber más. (cantidad)	*Quiso responder, mas no pudo.* (pero)
¿Usted piensa en mí? (pronombre)	*Era el día de mi cumpleaños.* (adj. pos.)
No sé que ver. (v. saber)	*Se puso de pie.* (pron. refl.)
Sí —dijo para sí misma. (afirm./pron.)	*Si no podía casarse, se moriría.* (conj.)
Chencha les sirvió té. (infusión)	*Te corresponde cuidarme.* (pron.)
¡Tú no opinas nada! (pron. pers.)	*¿Es para pedir tu mano?* (adj. pos.)

- Los **interrogativos** y **exclamativos** llevan acento diacrítico cuando se usan en preguntas y exclamaciones, incluso cuando introducen oraciones interrogativas o exclamativas indirectas. No lo llevan cuando se usan en cláusulas adverbiales o como conjunciones.

Con tilde	Sin tilde
¿Dónde quedó pues el amor que le juraste?	*Sentía un hoyo negro por donde se le colaba el frío.*
¿Cuándo le confesó Pedro su amor?	*Cuando terminó la colcha, se la echó encima.*
¿Qué respondió Tita? ¡Qué frío!	*Hubo un silencio que le encogió el alma.*
¡Cómo te atreves a protestar!	*Como primera medida, se cubrió con ropa de lana.*
Se preguntó quién la cuidaría a ella.	*Fue Nacha quien lo escuchó.*
¿Cuánto tiempo tardó en tejerla?	*Lloró en cuanto oyó las palabras.*
¿Cuál era entonces la mejor solución?	*La tradición familiar tenía una particularidad, la cual no la favorecía.*

ACTIVIDADES

A Con o sin

Leamos Completa las oraciones con la forma correcta de las palabras entre paréntesis.

1. Nacha, (dé/de) usted este recado a Pedro para que venga a (mí/mi) casa.
2. ¿(Quién/Quien) podía estar conforme con esa costumbre?
3. ¿(Cuanto/Cuánto) tiempo tardaría en olvidarlo?
4. ¿(Como/Cómo) podía (él/el) aceptar esa decisión?
5. ¿(Qué/Que) siente usted por (mí/mi)?, preguntó (él/el) joven.
6. Estoy enamorada de (él/el). (Sé/se) (qué/que) lo amo. (Sí/Si), lo amaré siempre.

B ¡Esa tilde!

Leamos/Escribamos Marca la tilde en las palabras que la necesiten.

1. ¿De donde venía esa tradición?
2. Nacha contó lo que había escuchado.
3. No se que responderle.
4. ¿Quien va a cuidar de mi?
5. Cuando Tita supo la noticia, le entró frío.
6. ¿Por que hiciste esto, Pedro?

C Enero

Escribamos Observa la siguiente imagen y escribe un diálogo entre Mamá Elena y Tita en el que Tita le reclama a su madre que haya aceptado la boda de Rosaura y Pedro. Usa las palabras dadas.

▸ **Palabras:** cómo, qué, por qué, cuáles, sí, él, tú, aún, sé, dónde, donde, se, cuánto

DICTADO

Vas a escuchar una serie de oraciones basadas en «Enero: tortas de navidad». Escribe lo que oigas y marca todas las tildes correspondientes. Ten en cuenta lo que has aprendido sobre el acento diacrítico y la acentuación en general.

Taller del escritor

ESTRATEGIA

Un escrito persuasivo Antes de comenzar cualquier clase de escrito, es importante determinar el propósito de lo que se escribe. ¿Se está escribiendo para informar, entretener o convencer? En un escrito persuasivo, el propósito es el de convencer a alguien de algo, mediante datos específicos o ideas que apelen a la razón[1] o a los sentimientos del lector. Así se sabe también quién es el lector y se puede determinar la clase de información y el tono del lenguaje que se necesita.

ACTIVIDAD

PREPARACIÓN
AP
PRÁCTICA

En favor o en contra

Escribamos Escoge uno de estos temas relacionados con las relaciones familiares y decide tu punto de vista. Luego escribe un párrafo persuasivo sobre el tema y preséntalo a la clase para convencerla.

Temas

- Los padres mandan por completo sobre la vida de sus hijos y el deber de los hijos es obedecerles.
- Siempre hay que seguir las tradiciones familiares.

Así se dice

Para persuadir o convencer

Puedes usar estas expresiones para persuadir o convencer:

Es importante que + **subjuntivo** (sepamos, nos fijemos)…
No hay que olvidarse de/ignorar el hecho que…
Depende del punto de vista, por un lado… pero, por el otro…
Eso puede ser cierto, pero también es cierto/es una realidad que…
Cabe recordar/observar/pensar que…

---

[1] que capturen el pensamiento

Antes de leer

El hijo

En este cuento, leerás la historia de un padre y su hijo que viven solos en la selva. El chico sale de caza, y en el corto tiempo que pasa hasta su reencuentro, descubrimos el secreto de un padre que ama a su hijo más que a nada en el mundo y cuya vida da un terrible vuelco. Antes de empezar, repasa las palabras de **Mi pequeño diccionario.**

Mi pequeño **diccionario**

acariciar *v.* tocar con amor y ternura

angustia *f.* dolor, sufrimiento

ardiente *adj.* que arde, que quema

atravesar *v.* cruzar de un lado a otro

atroz *adj.* cruel, inhumano

bruscamente *adv.* en forma brusca, violenta

cazar *v.* seguir a un animal para matarlo

confianza *f.* creencia en la palabra de alguien

demora *f.* tardanza

desgracia *f.* suceso adverso

despacio *adv.* suavemente, poco a poco, lentamente

echar una ojeada *v.* dar una mirada rápida

empapado, -a *pp.* completamente mojado

emprender *v.* comenzar, iniciar

en procura de en busca de

engañarse *v.* creer uno mismo en algo que no es cierto

enredado, -a *pp.* enganchado

envejecido, -a *pp.* que parece más viejo de lo que era antes

escasez *f.* falta de algo

escopeta *f.* arma de fuego de cañón largo que se usa para cazar

inexorablemente *adv.* inevitablemente

mudo, -a *adj.* que no puede hablar

nimio, -a *adj.* sin importancia

olvido *m.* algo que no se recuerda

reproche *m.* censura, amonestación

rincón *m.* lugar apartado

rodar *v.* dar vueltas sobre una superficie, cambiando o no de lugar

sofocar *v.* ahogar, dominar

sombrío, -a *adj.* sin luz, a la sombra

subsistir *v.* permanecer, mantenerse

suelo *m.* piso, donde se anda

tierna infancia *f.* primera infancia

transcurrir *v.* pasar (el tiempo)

yacer *v.* estar acostado

VOCABULARIO EN CONTEXTO

Leamos Completa el párrafo con las palabras y sabrás un poco más de la historia que vas a leer. Haz los cambios que sean necesarios.

▸ **Palabras:** emprender, atravesar, escopeta, ardiente, demora, cazar, enredado, desgracia, subsistir, rincón

El hijo sale a __1__. Lleva su __2__. Ha dicho que regresará a las 12. __3__ el monte bajo el sol __4__ y desaparece. Tranquilo, el padre lo espera. Le ha enseñado como __5__ solo en el bosque. Sin embargo, a las 12 comienza a inquietarse. No comprende su __6__ cuando no llega. Teme que haya ocurrido una __7__ y sale a buscarlo. Busca en cada __8__ del monte y presiente que su hijo está muerto. Al límite de sus fuerzas, ve el cuerpo de su hijo __9__ en un alambrado, muerto, pero luego lo ve aparecer caminando y juntos __10__ el regreso a casa.

Lee, evalúa y vuelve a leer En esta estrategia el lector lee un texto corto tres veces y después de cada lectura, evalúa su comprensión del texto por medio de preguntas. Después de la tercera lectura, el lector comenta y aclara sus preguntas en grupo y evalúa su comprensión por última vez.

ACTIVIDAD

Los preparativos

Leamos Lee el siguiente trozo de «El hijo» tres veces y evalúa tu comprensión en una escala de 1 a 10 en una hoja aparte (siendo 1 el nivel de comprensión mínimo). Sigue el proceso explicado en la estrategia anterior y el modelo dado a continuación.

«No es fácil, sin embargo, para un padre viudo, sin otra fe ni esperanza que la vida de su hijo, educarlo como lo ha hecho él, libre en su corto radio de acción, seguro de sus pequeños pies y manos desde que tenía cuatro años, consciente de la inmensidad de ciertos peligros y de la escasez de sus propias fuerzas.»

Después de leer	Preguntas	Evaluaciones
Primera vez	Modelo: ¿Quién trata de educar a quién? ¿Qué es *viudo*?	1 2 3 4 5 ⑥ 7 8 9 10
Segunda vez		1 2 3 4 5 6 7 8 9 10
Tercera vez		1 2 3 4 5 6 7 8 9 10
Comentario y evaluación final		1 2 3 4 5 6 7 8 9 10

El hijo

Horacio Quiroga (1878–1937) nació en Salto, Uruguay, aunque pasó la mayor parte de su vida en Argentina. Fue miembro de los círculos literarios de Buenos Aires. En 1909, Quiroga fue a estudiar las ruinas de las misiones jesuitas en Misiones, un territorio selvático en el noreste argentino, y quedó tan impresionado con su belleza que decidió quedarse. Quiroga es uno de los grandes maestros latinoamericanos de la narrativa breve. Sus colecciones de cuentos incluyen: *Cuentos de la selva* (1918), *Anaconda* (1921), y *Más allá* (1935), la cual contiene «El hijo».

Es un poderoso día de verano en Misiones, con todo el sol, el calor y la calma que puede deparar[1] la estación. La naturaleza, plenamente abierta, se siente satisfecha[2] de sí. Como el sol, el calor y la calma ambiente, el padre abre también su corazón a la naturaleza.

—Ten cuidado, chiquito— dice a su hijo abreviando en esa frase todas las observaciones del caso y que su hijo comprende perfectamente.

—Sí, papá— responde la criatura, mientras coge la escopeta y carga de cartuchos[3] los bolsillos de su camisa, que cierra con cuidado.

—Vuelve a la hora de almorzar— observa aún el padre.

—Sí, papá— repite el chico.

Equilibra la escopeta en la mano, sonríe a su padre, lo besa en la cabeza y parte.[4]

Su padre lo sigue un rato con los ojos y vuelve a su quehacer de ese día, feliz con la alegría de su pequeño.

Sabe que su hijo, educado desde su más tierna infancia en el hábito y la precaución del peligro, puede manejar un fusil[5] y cazar <u>no importa qué</u>.[6] Aunque es muy alto para su edad, no tiene sino

A. ¿Cómo se expresa el amor entre padres e hijos?

B. ¿Crees que el amor puede ir más alla de la muerte?

C. ¿Qué tiempo hace?

D. ¿A qué hora quiere el padre que vuelva el hijo?

E. ¿A qué edad más o menos comenzó el hijo a aprender a manejar un fusil y a cazar?

---

1 dar, proporcionar **2** contenta, orgullosa **3** las municiones que se disparan de un arma **4** se va, sale **5** arma de fuego
6 cualquier cosa

F. ¿Cuántos años tiene el hijo? ¿Por qué parece mayor? ¿Por qué parecería menor?

G. ¿Adónde va el hijo a cazar? ¿Qué animales caza, por lo general?

H. ¿En qué se parecían el padre y el hijo a la edad que tiene el niño ahora?

trece años. Y parecería tener menos, <u>a juzgar por</u>[1] la pureza de sus ojos azules, frescos aún de sorpresa infantil.

No necesita el padre levantar los ojos de su quehacer para seguir con la mente la marcha de su hijo: Ha cruzado la <u>picada</u>[2] roja y se encamina rectamente al monte a través del <u>abra de espartillo.</u>[3]

Para cazar en el monte —caza de pelo— se requiere más paciencia de la que su cachorro puede rendir. Después de atravesar esa isla de monte, su hijo <u>costeará la linde</u>[4] de cactus hasta el <u>bañado,</u>[5] en procura de palomas, tucanes o tal cual casal de garzas, como las que su amigo Juan ha descubierto días anteriores.

Solo ahora, el padre esboza una sonrisa al recuerdo de la <u>pasión cinegética</u>[6] de las dos criaturas. Cazan sólo a veces un yacútoro, un surucuá —menos aún— y regresan triunfales, Juan a su rancho con el fusil de nueve milímetros que él le ha regalado, y su hijo a la meseta, con la gran escopeta Saint-Etienne, calibre 16, cuádruple cierre y pólvora blanca.

Él fue lo mismo. A los trece años <u>hubiera dado la vida por</u>[7] poseer una escopeta. Su hijo, de aquella edad, la posee ahora; —y el padre sonríe.

No es fácil, sin embargo, para un padre viudo, sin otra fe ni esperanza que la vida de su hijo, educarlo como lo ha hecho él,

---

1 según, fijándose en **2** camino, senda **3** zona sin vegetación, claro cubierto por vegetación pajiza **4** irá por un lado o costado **5** pantano, lago con lodo **6** relacionada con la caza **7** (figurado) lo quería más que nada en el mundo

libre en su corto <u>radio de acción</u>,[1] seguro de sus pequeños pies y manos desde que tenía cuatro años, consciente de la inmensidad de ciertos peligros y de la escasez[2] de sus propias fuerzas.

Ese padre ha debido luchar fuertemente contra lo que él considera su egoísmo. ¡Tan fácilmente una criatura calcula mal, sienta un pie en el vacío y se pierde un hijo!

El peligro subsiste siempre para el hombre en cualquier edad; pero su amenaza amengua[3] si desde pequeño se acostumbra a no contar <u>sino con</u>[4] sus propias fuerzas.

De este modo ha educado el padre a su hijo. Y para conseguirlo ha debido resistir no sólo a su corazón, sino a sus tormentos morales; porque ese padre, de estómago y vista débiles, sufre desde hace un tiempo de alucinaciones.[5]

Ha visto, concretados en dolorosísima ilusión, recuerdos de una felicidad que no debía surgir más de la nada en que se recluyó.[6] La imagen de su propio hijo no ha escapado a este tormento. Lo ha visto una vez rodar envuelto en sangre cuando el chico <u>percutía en la morsa del taller una bala de parabellum</u>,[7] siendo así que lo que hacía era limar la hebilla[8] de su cinturón de caza.

Horribles cosas… Pero hoy, con el ardiente y vital día de verano, cuyo amor su hijo parece haber heredado, el padre se siente feliz, tranquilo y seguro del porvenir.

En ese instante, no muy lejos, suena un estampido.

—La Saint-Etienne…— piensa el padre al reconocer la detonación. Dos palomas[9] menos en el monte…

Sin prestar más atención al nimio[10] acontecimiento, el hombre se abstrae de nuevo en su tarea.

El sol, ya muy alto, continúa ascendiendo. Adonde quiera que se mire —piedras, tierra, árboles— el aire, enrarecido[11] como en un horno, vibra con el calor. Un profundo zumbido que llena el ser entero e impregna el ámbito hasta donde la vista alcanza, concentra a esa hora toda la vida tropical.

El padre echa una ojeada a su muñeca: las doce. Y levanta los ojos al monte.

Su hijo debía estar ya de vuelta. En la mutua confianza que depositan el uno en el otro —el padre <u>de sienes plateadas</u>[12] y la criatura de trece años—, no se engañan jamás. Cuando su hijo

MIENTRAS LEES

I. ¿Qué peligros crees que hay en la selva? ¿Qué crees que hizo el padre para educar a su hijo sobre los peligros de la selva?

J. ¿Está en buena salud el padre? ¿Qué problemas tiene?

K. ¿Qué clase de alucinaciones tiene?

L. ¿Qué oye el padre en la distancia? ¿Qué cree que es?

M. ¿Qué hora es cuando mira su reloj? ¿Debe estar de vuelta su hijo?

---

1 lugar por el que se mueve **2** falta, pocas **3** disminuye **4** sólo con **5** cosas imaginarias que alguien cree que son reales **6** encerró, metió **7** golpeaba una bala con un instrumento del banco de trabajo **8** pieza de metal que une los dos lados del cinturón **9** tipo de pájaro **10** sin importancia **11** que dificulta la respiración **12** canoso

N. ¿Qué hace el padre para no preocuparse mientras espera a su hijo?

Ñ. ¿Qué hora es cuando el padre sale del taller?

O. ¿Qué es lo que más le preocupa en ese momento?

responde: —Sí, papá, hará lo que dice. Dijo que volvería antes de las doce, y el padre ha sonreído al verlo partir.

Y no ha vuelto.

El hombre <u>torna a su quehacer,</u>[1] esforzándose en concentrar la atención en su tarea. ¡Es tan fácil, tan fácil perder la noción de la hora dentro del monte, y sentarse un rato en el suelo mientras se descansa <u>inmóvil…</u>[2]

Bruscamente, la luz meridiana, el zumbido tropical y el corazón del padre se detienen <u>a compás de</u>[3] lo que acaba de pensar: su hijo descansa inmóvil…

El tiempo ha pasado; son las doce y media. El padre sale de su taller, y al apoyar la mano en el <u>banco de mecánica</u>[4] sube del fondo de su memoria el <u>estallido</u>[5] de una bala de parabellum, e instantáneamente, por primera vez en las tres horas <u>transcurridas,</u>[6] piensa que tras el estampido de la Saint-Etienne no ha oído nada más. No ha oído rodar el <u>pedregullo</u>[7] bajo un paso conocido. Su hijo no ha vuelto, y la naturaleza se halla detenida <u>a la vera</u>[8] del bosque, esperándolo…

¡Oh! No son suficientes un carácter <u>templado</u>[9] y una ciega confianza en la educación de un hijo para ahuyentar el <u>espectro de la fatalidad</u>[10] que un padre de vista enferma ve alzarse desde la

---

1 vuelve a su trabajo **2** sin moverse **3** al mismo tiempo o ritmo **4** mesa para trabajar la madera, el metal, etc. **5** explosión **6** que han pasado **7** pedruscos, piedras pequeñas **8** al lado, a la orilla, al borde **9** fuerte y calmado **10** fantasma de la desgracia

línea del monte. Distracción, olvido, demora fortuita;[1] ninguno de estos nimios motivos que pueden retardar la llegada de su hijo, <u>hallan cabida</u>[2] en aquel corazón.

Un tiro,[3] un solo tiro ha sonado, y hace ya mucho. Tras[4] él el padre no ha oído un ruido, no ha visto un pájaro, no ha cruzado el abra una sola persona a anunciarle que al cruzar un alambrado,[5] una gran desgracia…

La cabeza al aire y sin machete, el padre va. Corta el abra de espartillo, entra en el monte, costea la línea de cactus sin hallar el menor rastro[6] de su hijo.

Pero la naturaleza prosigue detenida. Y cuando el padre ha recorrido las sendas de caza conocidas y ha explorado el bañado <u>en vano,</u>[7] adquiere la seguridad de que cada paso que da en adelante lo lleva, fatal e inexorablemente, al cadáver de su hijo.

Ni un reproche que hacerse, el lamentable. Sólo la realidad fría, terrible y consumada: Ha muerto su hijo al cruzar un…

MIENTRAS LEES

P. ¿Por qué se marcha el padre para el monte sin su sombrero y su machete? ¿Para qué necesita un sombrero y un machete?

Q. ¿Qué piensa el padre que va a encontrar? ¿Es una buena o mala premonición?

¡Pero dónde, en qué parte! ¡Hay tantos alambrados allí, y es tan, tan sucio el monte!… ¡Oh, muy sucio!… Por poco que no se tenga cuidado al cruzar los hilos con la escopeta en la mano…

R. ¿Por qué es peligroso cruzar un alambrado con una escopeta en la mano?

---

1 casual, por casualidad 2 encuentran lugar 3 disparo, sonido de un arma 4 después 5 hilos de metal que demarcan una propiedad o terreno
6 signo, señal 7 sin resultados, sin éxito

EL HIJO **231**

S. ¿Sabe el padre que el hijo acaba de morir? ¿O es su conciencia que acaba de aceptar que su hijo probablemente está muerto?

T. ¿Qué ve el padre al pie de un poste, con la escopeta a su lado? ¿Por qué se siente sin fuerzas el padre? ¿Crees que es una alucinación?

U. ¿A quién ve el padre? ¿Por dónde viene? ¿Crees que es una alucinación?

V. ¿Qué hora es? ¿A qué hora comenzó el padre a buscar a su hijo?

W. ¿De qué hablan el papá y su hijo? ¿Cómo se siente el papá?

El padre sofoca[1] un grito. Ha visto levantarse en el aire… ¡Oh, no es su hijo, no!… Y vuelve a otro lado, y a otro y a otro…

Nada se ganaría con ver el color de su tez[2] y la angustia de sus ojos. Ese hombre aún no ha llamado a su hijo. Aunque su corazón clama[3] por él a gritos, su boca continúa muda.[4] Sabe bien que el solo acto de pronunciar su nombre, de llamarlo en voz alta, será la confesión de su muerte…

—¡Chiquito! —se le escapa de pronto. Y si la voz de un hombre de carácter es capaz de llorar, tapémonos de misericordia los oídos ante la angustia que clama en aquella voz.

Nadie ni nada ha respondido. Por las <u>picadas rojas de sol,</u>[5] envejecido en diez años, va el padre buscando a su hijo que acaba de morir.

—¡Hijito mío!… ¡Chiquito mío!… —clama en un diminutivo que se alza <u>del fondo de sus entrañas.</u>[6]

Ya antes, en plena dicha y paz, ese padre ha sufrido la alucinación de su hijo rodando con la frente[7] abierta por una bala al cromo níquel. Ahora, en cada rincón sombrío del bosque ve centelleos de alambre:[8] y al pie de un poste, con la escopeta descargada al lado, ve a su…

—¡Chiquito!… ¡Mi hijo!…

Las fuerzas que permiten entregar un pobre padre alucinado a la más atroz pesadilla tienen también un límite. Y el nuestro siente que las suyas se le escapan, cuando ve bruscamente desembocar[9] de un pique lateral a su hijo. A un chico de trece años bástale ver desde cincuenta metros la expresión de su padre sin machete dentro del monte, para <u>apresurar el paso</u>[10] con los ojos húmedos.

—Chiquito… —murmura el hombre. Y, exhausto, se deja caer sentado en la arena albeante,[11] rodeando con los brazos las piernas de su hijo.

La criatura, así ceñida,[12] queda de pie; y como comprende el dolor de su padre, le acaricia despacio la cabeza:

—Pobre papá…

En fin, el tiempo ha pasado. Ya van a ser las tres. Juntos, ahora, padre e hijo emprenden el regreso a la casa.

—¿Cómo no <u>te fijaste</u>[13] en el sol para saber la hora?… —murmura aún el primero.

—Me fijé papá… Pero cuando iba a volver vi las garzas de Juan y las seguí…

---

1 ahoga, aguanta, reprime 2 cara 3 llama, grita 4 que no puede hablar 5 caminos enrojecidos por la luz del sol 6 desde muy dentro
7 parte superior de la cara, sobre los ojos 8 hilo de metal 9 salir, aparecer 10 ir más rápido 11 blanca 12 abrazada 13 miraste

—¡Lo que me <u>has hecho pasar</u>,[1] chiquito!…

—Piapiá…[2] —murmura también el chico.

Después de un largo silencio:

—Y las garzas, ¿las mataste? —pregunta el padre:

—No…

Nimio detalle, después de todo. Bajo el cielo y el aire candentes,[3] a la descubierta por el abra de espartillo, el hombre vuelve a casa con su hijo, sobre cuyos hombros casi del alto de los suyos, lleva pasado a su feliz brazo de padre. Regresa empapado de sudor, y aunque quebrantado[4] de cuerpo y alma, sonríe de felicidad…

Sonríe de alucinada felicidad… Pues ese padre va solo. A nadie ha encontrado, y su brazo <u>se apoya en el vacío.</u>[5] Porque tras él, al pie de un poste y con las piernas en alto, enredadas en el alambre de púa, su hijo bien amado yace al sol, muerto desde las diez de la mañana.

X. ¿A qué hora murió el hijo? ¿Cómo murió? ¿Fueron acertadas las premoniciones que tuvo el padre mientras buscaba a su hijo?

---

1 hecho sufrir **2** papá (cariñoso) **3** calientes **4** roto, dolorido **5** mantiene el brazo en el aire, que no se sujeta sobre nada

ACTIVIDADES

Cuaderno de práctica, págs. 81–82

A Lee y visualiza

Leamos Lee las siguientes citas de principio a fin y trata de visualizar el escenario. Después vuelve a leerlas una por una y escoge la descripción de la situación que le corresponda.

1. «Ya antes, en plena dicha y paz, ese padre ha sufrido la alucinación de su hijo rodando con la frente abierta por una bala al cromo níquel.»

2. «Ahora, en cada rincón sombrío del bosque ve centelleos de alambre.»

3. «al pie de un poste, con la escopeta descargada al lado, ve a su...
   —¡Chiquito!... ¡Mi hijo!...»

4. «Las fuerzas que permiten entregar un pobre padre alucinado a la más atroz pesadilla tienen también un límite. Y el nuestro siente que las suyas se le escapan.»

5. «cuando ve bruscamente desembocar de un pique lateral a su hijo»

a. Un señor está en el monte, paralizado, mirando el cuerpo de un muchacho junto a una escopeta. Las piernas del muchacho están suspendidas, enredadas en un alambrado.

b. Un señor que está en el monte voltea la cabeza hacia un lado: ve a un muchacho que acaba de subir por un camino que baja en picada.

c. Un señor camina por el monte y con las manos separa las hojas de los árboles para abrirse paso. Cada dos segundos voltea la cabeza para mirar algo que reluce con el sol entre los árboles.

d. Un señor está en un cuarto donde hay muchos utensilios y herramientas de agricultura y equipo de caza. Deja de trabajar y alza la vista. Tiene una expresión de dolor y horror—está imaginando que su hijo está en el monte con la cabeza destrozada.

e. Un señor está en el monte, paralizado, con los ojos abiertos pero vidriosos. Está muy pálido y a punto de sufrir un colapso.

B El padre

Leamos/Escribamos Escoge cinco oraciones del cuento en que se aprecien los sentimientos que el padre tiene por su hijo. Escríbelas en una hoja aparte y luego explica la clase de sentimiento que reflejan.

MODELO

«—Ten cuidado, chiquito— dice a su hijo abreviando en esa frase todas las observaciones del caso y que su hijo comprende perfectamente.»

Escribes: El padre no quiere que le pase nada malo a su hijo. Refleja un sentimiento de protección.

C Los estereotipos

Escribamos/Hablemos ¿Qué piensas de los siguientes estereotipos sobre la conducta de los padres y de los hijos? Expresa tu opinión oralmente o por escrito, y defiende tu punto de vista.

Los padres

- se preocupan demasiado sin razón
- no les tienen confianza a sus hijos
- quieren proteger a sus hijos de realidades de las cuales no es posible protegerlos
- son muy estrictos

Los hijos

- no son responsables
- no les hacen caso a sus padres
- creen que ya lo saben todo
- se sienten con derecho a hacer lo que quieren sin pedir permiso

D Me parece que...

Hablemos Con un(a) compañero(a) contesta las siguientes preguntas.

1. ¿Te agrada o te molesta que tus padres se preocupen por ti?

2. ¿Qué hacen tus padres para protegerte?

3. ¿Cómo reaccionas a su deseo de protección? ¿Te sientes cuidado o asfixiado?

El tupí-guaraní es un conjunto de 70 lenguas y dialectos que se hablan en Brasil, Uruguay, Paraguay, el noroeste de Argentina y el este de Bolivia. Uno de ellos, el guaraní, es uno de los idiomas oficiales de la República de Paraguay. Cuenta con una extensísima bibliografía y se enseña en universidades de Argentina, Bolivia, Brasil y Estados Unidos. En el uso del español se han incorporado palabras del guaraní como: **ananá, jacarandá, jaguar, ñandú, ombú, tapir, tucán** y **yacaré.**

VOCABULARIO EN CONTEXTO

A La preocupación

Escuchemos Las oraciones que vas a escuchar se refieren a la preocupación del padre por la demora del hijo. Presta atención a la última palabra o grupo de palabras de cada oración y busca el sinónimo correspondiente en la siguiente lista de palabras.

▸ **Palabras:** inexorablemente, desgracia, sofocar, olvido, reproches, angustia

Cuaderno de práctica, págs. 83–84

B Una por otra

Leamos Completa las oraciones con la palabra correcta.

1. Un día de verano, el hijo salió (en procura de/con interés de) palomas y otras aves.
2. Habían (sucedido/transcurrido) tres horas desde el primer disparo de escopeta y no había vuelto.
3. No prestó atención al ruido porque le pareció un tema (nimio/importante).
4. Eran las doce de la mañana cuando el padre (echó una ojeada/echó la cabeza) a su reloj.
5. Tiene confianza en su hijo y su hijo en él. Sabe que no se (ilusionan/engañan).
6. (Bruscamente/Firmemente) piensa que a su hijo le ha ocurrido una gran desgracia.
7. No ha oído (el rodar/la avalancha) de las piedras por donde pasa el chico.
8. Piensa que la (desventaja/demora) es por motivo serio porque ya son las doce y media.

C Su hijo

Leamos Completa este fragmento del cuento con las palabras que faltan.

▸ **Palabras:** confianza, escopeta, atravesar, escasez, ardiente, tierna infancia, cazar

Aunque sólo tenía trece años, sabía manejar la __1__ de calibre 16. Desde su más __2__, con sólo cuatro años, había aprendido a vivir en el monte. Su padre le había enseñado a medir la __3__ de fuerzas de un niño y a conocer los peligros. Por eso el padre tenía __4__ cuando el muchacho salía solo y __5__ el monte para __6__ aves. El padre se sentía feliz en ese día __7__ de verano, pero el disparo que oyó lo intranquilizó.

D Adivina adivinador

Hablemos Escoge una de las listas de palabras y explícale a tu compañero(a) el significado de cada palabra para que él (ella) la adivine. Luego deja que tu compañero(a) haga lo mismo.

Lista 1: mudo, acariciar, atroz, sombrío, subsistir, yacer
Lista 2: suelo, demora, escasez, rincón, nimio

MODELO

                    Tú Quiere llamar a su hijo pero no puede decir ni una palabra.

     Tu compañero(a) Mudo. El padre se ha quedado mudo.

E Tu pregunta

Hablemos/Escribamos Vuelve a leer las dos últimas páginas del cuento. Haz preguntas significativas basadas en la lectura, que correspondan con estas respuestas.

MODELO Una desgracia terrible

Escribes: ¿Qué le ha pasado al hijo?

1. En un rincón del bosque
2. Lo acaricia despacio, lentamente.
3. Emprender el camino para volver juntos a casa
4. Fatigado, cansado y empapado de sudor
5. En alto y enredadas en el alambre
6. Yacía al sol, muerto desde las diez de la mañana.

F Composición

Escribamos/Hablemos
Describe en un párrafo la alucinación que ocurre en esta imagen. Luego comenta tus opiniones con un(a) compañero(a).

▸ **Palabras:** mudo, envejecido, sofocar, inexorablemente, escasez, olvido, ardiente, desgracia, empapado, sombrío, bruscamente, atravesar

Metamorphosis of Narcissus, 1937. Salvador Dalí (1904–1989)

MEJORA TU VOCABULARIO

Más sufijos Los siguientes son sufijos comunes. Familiarízate con ellos, pues al conocer su significado, puedes saber el significado de muchas palabras desconocidas.

● **-illo(a), -ito(a):** para formar adjetivos y sustantivos (cariño o afecto) **diminutivos:** *hijito, baratillo, calorcito*
● **-idad, -dad, -ía:** para formar sustantivos (cualidad): *felicidad, bondad, ciudadanía*
● **-ción, -ada, -da:** para formar sustantivos (acción, resultado): *corrección, llegada*
● **-able, -ible:** para formar adjetivos (capacidad, aptitud): *lamentable, invisible*

G Revisar

Leamos/Escribamos Busca en la lectura «El hijo» seis palabras que contengan los sufijos que se acaban de presentar. Explica el significado de los sufijos y después usa cada palabra en una oración.

Gramática

Lo esencial del imperfecto de subjuntivo en cláusulas nominales **Cuaderno de práctica,** págs. 145–146

El imperfecto de subjuntivo

Cláusulas nominales

El **imperfecto de subjuntivo** aparece en la cláusula subordinada de la oración y se usa para referirse, en el pasado, a acciones posibles, probables o irreales.

cláusula principal	cláusula subordinada
*El padre **esperaba***	*que todo **fuera** una pesadilla.*
imperfecto de indicativo	imperfecto de subjuntivo

Al igual que en el **presente de subjuntivo,** la cláusula subordinada es nominal cuando en la cláusula principal se expresan deseos, sentimientos, mandatos y exigencias, duda o negación, juicios u opiniones, pero siempre en un tiempo pasado.

deseo en pasado	cláusula nominal
*El padre le **pidió** a su hijo*	*que **tuviera** cuidado.*
pretérito de indicativo	imperfecto de subjuntivo

Temía que su hijo *estuviera* en peligro. (sentimiento)
Le **exigió** que **volviera** pronto. (mandato o exigencia)
No **creyó** que se **perdiera.** (negación)
Era necesario que lo **encontrara** pronto. (juicio)

¿Te acuerdas?

El **imperfecto de subjuntivo** se forma a partir de la tercera persona plural del pretérito de indicativo, al reemplazar las terminaciones **-aron** y **-ieron** por las terminaciones aquí dadas. Esta regla se aplica a todos los verbos sin excepción incluyendo los verbos irregulares y de cambio radical y ortográfico.

estudi**aron** ⟶ estudi**aran**

viv**ieron** ⟶ viv**ieran**

-ar	-er	-ir
habl**ara**	com**iera**	escrib**iera**
habl**aras**	com**ieras**	escrib**ieras**
habl**ara**	com**iera**	escrib**iera**
habl**áramos**	com**iéramos**	escrib**iéramos**
habl**arais**	com**ierais**	escrib**ierais**
habl**aran**	com**ieran**	escrib**ieran**

¿Se te ha olvidado? subjuntivos irregulares Ver la página R24

ACTIVIDADES

A ¿Indicativo o subjuntivo?

Escuchemos Escucha las siguientes oraciones y determina si se refieren a una acción que el hablante percibe como real (indicativo) o una acción que se percibe como posible, probable o irreal (subjuntivo). Presta atención al uso de los diferentes sujetos.

Cuaderno de práctica, págs. 85–87

B La caza

Leamos Completa las oraciones con el imperfecto de subjuntivo de los verbos dados.

▸ **Verbos:** poder, vivir, saber, ser, disfrutar, manejar, conocer, perderse, volver

1. No le pareció peligroso que con trece años su hijo ===== cazador.
2. Al contrario, le parecía importante que ===== los peligros de la naturaleza.
3. Siempre le recalcaba a su hijo que ===== la escopeta con cuidado.
4. Era bueno que el muchacho ===== cazar palomas, tucanes y garzas.
5. Además, era imposible que ===== con el entrenamiento que le había dado.
6. Quería que su hijo ===== feliz y ===== de la vida y en especial de la caza.
7. Siempre esperaba que ===== contento a casa con la caza conseguida.
8. Nunca se le ocurrió que su hijo ===== tener un accidente en el bosque.

C Antes y ahora

Escribamos/Hablemos Los padres y los hijos siempre tienen sueños diferentes con respecto al futuro. ¿Qué sueños tenían estos padres antes? ¿Y ahora? Observa la imagen y completa las oraciones con el presente y el imperfecto de subjuntivo según corresponda.

Antes: El padre quería que..., Era necesario que siempre..., No le importaba que..., La madre soñaba con que..., Siempre exigía que...

Ahora: El padre espera que..., Le preocupa que..., Le sugiere que..., La madre desea que..., Le pide que...

El imperfecto de subjuntivo

Cláusulas adjetivas y adverbiales

- El **imperfecto de subjuntivo** en cláusulas adjetivas se usa cuando la cláusula principal está en **imperfecto, pretérito** o **condicional** y se refiere a una persona u objeto que no está identificado, que no esta definido o que no existe.

No había   **nadie**   *que le* **avisara** *de su vuelta.*

imperfecto de indicativo   antecedente indefinido   imperfecto de subjuntivo

- El **imperfecto de subjuntivo** en cláusulas adverbiales se usa cuando la cláusula principal está en **imperfecto, pretérito, pluscuamperfecto o condicional** y se refiere a acciones inciertas o que no habían sucedido en el momento del habla.

Buscaría a su hijo hasta que lo **encontrara.**

condicional de indicativo   imperfecto de subjuntivo

Salió a buscarlo antes de que **se hiciera** *más tarde*

pretérito de indicativo   imperfecto de subjuntivo

> ## ¿Te acuerdas?
>
> Las cláusulas adjetivas se comportan como un adjetivo y modifican a un sustantivo que antecede en la cláusula principal. Recuerda que cuando el antecedente es conocido, la cláusula adjetiva va en **indicativo.**
>
> *Olvidó el machete que* **usaba** *para abrirse paso en el monte.*

- Cuando la cláusula principal se refiere a una acción que ya sucedió, o que era habitual en el pasado, se usa el **modo indicativo** en la **cláusula adverbial.**

Tenía cuidado siempre que **caminaba** *por el bosque.*

imperfecto de indicativo   imperfecto de indicativo

- Las cláusulas adverbiales expresan tiempo, lugar, modo, causa, finalidad y condición.

Cómo **cazara** *no le preocupaba. Confiaba en la prudencia de su hijo. (modo)*
Dónde **estuviera** *no le había preocupado hasta el mediodía. (lugar)*
Si **volviera** *pronto, comeríamos juntos. (condición)*

- Las cláusulas adverbiales tienen la misma función que un adverbio, es decir, dicen algo del verbo. Están unidas a la oración por una conjunción como **mientras, porque, antes/después de que, con tal de que,** etc.

cláusula adverbial

Desde niño le **enseñó** *a defenderse para que* **pudiera** *sobrevivir en la selva.*

D El niño deseaba...

Escribamos/Hablemos Observa las imágenes y escribe seis oraciones con cada una de estas expresiones. Dile a un(a) compañero(a) qué relación deseaba tener este hijo con sus padres. Luego comenten qué tipo de relación les gustaría mantener con sus padres.

MODELO que ser...

     Escribes: Deseaba unos padres que fueran más cariñosos.

1. que tener...
2. que pasar tiempo juntos...
3. que no prohibir...

4. que hablar de...
5. que permitirme...
6. que entender...

E Madre e hija

Leamos Completa la siguiente historia sobre la relación entre una madre y su hija con el imperfecto de indicativo o subjuntivo del verbo entre paréntesis. Luego indica si la cláusula subordinada es adjetiva o adverbial. Si es adverbial, explica de qué tipo es.

1. A la madre siempre le preocupaba dónde (estar) su hija.
2. La llamaba del trabajo con frecuencia para que no (notar) tanto su ausencia.
3. Todos los días desayunaba con la niña y le (alistar) la lonchera antes de que el bus (pasar) a recogerla.
4. La madre no trabajaba porque (querer), sino porque lo necesitaba.
5. Quería conseguir un trabajo que le (permitir) pasar más tiempo con su hija.
6. Pasaba todo su tiempo libre con ella y (buscar) actividades que (divertir) a la niña.
7. Y la niña la (adorar) Para ella ¡no existía nadie que (poder) reemplazar a su madre!

F Recuerdos de infancia

Escribamos Escribe uno o dos párrafos sobre tu infancia y caracteriza a tus padres. Las siguientes preguntas te ayudarán a ordenar tus ideas. Luego comparte tu escrito con tu compañero(a).

¿Qué hacían tus padres antes o después de que tú...? ¿De qué aspecto de tu vida se preocupaban más tus padres? ¿Qué hacían tus padres para que tú...? ¿Te llevabas bien con tus padres o deseabas que ellos...?

Las oraciones condicionales y el imperfecto de subjuntivo

Las oraciones condicionales expresan una acción o un suceso que se cumple o se realiza en función de una condición. La condición se expresa en una cláusula introducida por la conjunción **si.**

Lo esencial del condicional y el imperfecto de subjuntivo **Cuaderno de práctica,** pág. 148

- **Si +** modo indicativo

  Si la condición es posible, la acción que resulta como consecuencia puede expresarse en **presente** o **futuro de indicativo** o en **imperativo** (con un mandato).

  *Si no aparece, **sigo** en mi taller.*
  *Si viene el muchacho, me **pondré** contento.*
  *Si lo ves, **dile** que vuelva a casa.*

- **Si +** modo subjuntivo

  Si la condición es hipotética, improbable o ya imposible, se usa el **imperfecto de subjuntivo.** La acción que resulta como consecuencia de esa condición improbable se expresa en **condicional de indicativo.**

  *Si **estuviera** bien, **llegaría** a la hora del almuerzo.*
  *Si **vivieran** en la ciudad, no **saldrían** todos los días a cazar.*

La cláusula que expresa la condición (que comienza con **si**) puede seguir a la que expresa la acción que ocurre como consecuencia.

  *Mi vida **sería** muy diferente si no **viviera** en Misiones.*
  *Te **enseñaría** a cazar si te **gustara**.*

- Algunos verbos irregulares de uso común en oraciones condicionales con **imperfecto de subjuntivo** son:

ser	**fuera**
estar	**estuviera**
tener	**tuviera**
poder	**pudiera**
haber	**hubiera**
querer	**quisiera**

¡Ojo!

Fíjate cómo podemos negar la condición y expresar el mismo significado:
Si **fuera** más niño, no le **permitiría** cazar sólo.
Si no **fuera** ya un jovencito, no le **permitiría** cazar sólo.

¿Te acuerdas?

El **condicional** tiene la misma irregularidad que el futuro de indicativo.

decir	diré	**diría**
querer	querré	**querría**
poner	pondré	**pondría**

G Y si...

Leamos Completa la columna de la izquierda con el imperfecto de subjuntivo del verbo entre paréntesis. Luego une las cláusulas de las dos columnas.

1. Si los padres no ===== (tener) que trabajar tanto,

2. Si los padres ===== (poder) quedarse en casa,

3. Si no ===== (haber) vacaciones tan largas,

4. Si el día escolar ===== (ser) de 8:00 a 5:00,

5. Si el fin de semana ===== (durar) tres días,

a) ...podrían pasar más tiempo con su familia.

b) ...los jóvenes aprovecharían más el tiempo.

c) ...se podría dedicar más tiempo al arte como actividad recreativa.

d) ...la escuela tendría una mayor responsabilidad en la educación de los jóvenes.

e) ...los jóvenes tendrían más supervisión.

H Si tan sólo pudiera

Escribamos/Hablemos Basándote en las siguientes imágenes, describe en cinco oraciones lo que tú o tus familiares o amigos harían si se dieran ciertas circunstancias.

MODELO   Si tuviera el dinero para viajar a otro país, iría a España.

Comunicación

I A favor o en contra

Hablemos Formen grupos de cuatro para expresar sus opiniones y defender una de las dos posturas respecto al uso de las armas de fuego. Preparen el debate y los argumentos que les ha tocado defender. Usen el imperfecto de subjuntivo y el condicional para construir oraciones condicionales. Después, reúnanse con otro grupo de la postura contraria y defiendan sus argumentos.

MODELO   **Grupo A:** Si no existieran las armas, viviríamos en paz todos.

Grupo B: Si no existieran las armas, nos sentiríamos más inseguros.

Contigo en la distancia

TELENOVELA   Episodios 9 y 10

Resumen del video En Sevilla, Javier habla con Sergio sobre sus planes para el futuro y sus sentimientos por Alejandra. En México, Irene empieza a sospechar la verdadera identidad del admirador de Alejandra, que sigue convencidísima de que es Sergio. Alejandra, Irene y Carlos visitan Cuernavaca y hablan del pasado del lugar y de los estereotipos, mientras Javier, Sergio y Zoraida pasean por el Parque María Luisa en Sevilla. Los chicos hablan de sus temores y sueños y a Javier se le ocurre que a Alejandra le gusta Sergio... ¿Cómo terminará el asunto?

Sergio · Irene · Javier · Carlos · Guadalupe · Zoraida · Alejandra

EN CASA DEL TÍO GUADALUPE (Episodio 9)

Irene: Tantas cartas electrónicas y nada, siempre "tu admirador secreto"... ¿para qué tanto secreto?

Alejandra: Tengo la impresión de que Sergio es más romántico de lo que pensábamos. Me ha escrito poemas y todo. Si te enseñara las cartas que me ha escrito... Son lindísimas.

Irene: Pero si tú me contaste que el romántico era Javier. Hasta me dijiste que escribía poemas.

Alejandra: ¿Javier? Estás loca. Javier es muy buena gente, eso sí. Pero demasiado serio.

Irene: Puede ser, puede ser. Pero, ¿qué tal si Javier es el que escribe las cartas para Sergio?

Alejandra: Si tuviera dinero en este momento compraría un boleto de avión y me iría directamente...

Irene: No es cierto... te conozco bien, eres muy tímida, como todas las muchachas del Distrito Federal.

Alejandra: Eso es un estereotipo, no es verdad que todas seamos tímidas.

Irene: Bueno, supongo que no siempre eres así, pero creo que los estereotipos tienen mucho de verdad.

Carlos: Hola, todos.

Guadalupe: Hola, Carlos. ¿Qué tal el viaje de la capital?

Carlos: Bien, bien, bien.

Alejandra: Me encanta este lugar tan romántico, tan lleno de flores.

Guadalupe: José de la Borda construyó estos jardines en el siglo dieciocho. Gastó más de un millón de pesos en construirlos.

Guadalupe: En aquellos tiempos hubo mucha influencia francesa en México. Después, los jardines sirvieron de lugar de veraneo para el emperador Maximiliano y su esposa Carlota en 1866. Recientemente, en 1987, se renovaron los jardines. ¿Qué les parece si vamos a conocerlos?

Irene: Esta mañana hablábamos de estereotipos; de Alejandra, la tímida mujer mexicana, perseguida por la tradición de las mujeres en su familia.

Guadalupe: Es verdad que las mujeres en la familia León eran muy calladas.

Alejandra: No hablaban porque la sociedad no les daba el derecho...

Carlos: Los estereotipos son sólo exageraciones.

CUANDO SEA MAYOR... (Episodio 10)

Sergio: Oye, Zoraida. No te he visto desde la tertulia del viernes. ¿Qué pasa?

Zoraida: Es que me mantengo ocupada con el inglés, y soy fatal. Antes de terminar el año escolar tengo que dominarlo. Pienso viajar un poco después de la graduación.

Javier: Pues Sergio domina el inglés y el francés muy bien.
Zoraida: ¿Eres trilingüe?
Sergio: No, ¿qué va? Soy bilingüe, sé español y portugués; Javi bromea. Es su modo de ser, últimamente.

Javier: Pues, igual es por pensar tanto en lo de la UNAM. Asimilarme a otra cultura... Será un reto dejar Andalucía por tanto tiempo.
Sergio: A propósito, ¿tienes nuevas noticias?
Javier: Nada todavía, pero la esperanza es lo último que se pierde.

Javier: Recibí un e-mail de ella; está loca. Me dice que cuando vuelva me va a preparar mole. ¿Es que no se acuerda de que no me gusta para nada el mole? Con tal de que... ¡Ah, Sergio! Amante del mole mexicano. ¡Tratas de robarme el amor de mi chica!
Sergio: Has perdido un tornillo.

Javier: Mis raíces, mis costumbres, mi modo de ser, mi honor de hombre andaluz; tengo un compromiso con el imperio.
Sergio: No menciones imperios, que estamos en pleno siglo veintiuno. ¿Y qué tiene que ver Alejandra en todo esto y mucho menos que a mí me guste el mole?

Javier: Después de México, Alejandra y yo nos mudaremos a Los Ángeles, a Hollywood.
Sergio: Creí que el Parque María Luisa y la Plaza de España te hacían sentir muy español.
Zoraida: Con éste ya no se sabe nada. México, España, Estados Unidos... ¿dónde vas a terminar, hermanito?

EN CASA DEL TÍO GUADALUPE (Episodio 9)

A En Cuernavaca

Leamos/Escribamos Completa las oraciones con la opción correcta.

1. Alejandra tiene la impresión de que Sergio es más ═══════ de lo que pensaba.
   a. romántico   **b.** serio   **c.** tímido

2. Carlos se encuentra con sus amigos al llegar de ═══════.
   a. Cuernavaca   **b.** los jardines   **c.** la capital

3. En el siglo dieciocho hubo mucha influencia ═══════ en México.
   a. francesa   **b.** azteca   **c.** española

4. Carlos cree que los estereotipos son ═══════.
   a. grandes verdades   **b.** exageraciones   **c.** prejuicios

5. ═══════ construyó los famosos jardines de Cuernavaca en el siglo dieciocho.
   a. Hernán Cortés   **b.** José de la Borda   **c.** Carlota, la esposa de Maximiliano

CUANDO SEA MAYOR... (Episodio 10)

B ¿Entiendo?

Leamos/Hablemos Contesta las preguntas según lo sucedido.

1. ¿Qué idioma quiere dominar Zoraida antes de terminar el año escolar?
2. ¿Qué idiomas sabe Sergio? ¿Adónde quiere viajar Javier?
3. ¿Por qué Alejandra promete prepararle mole a Javier, si a él no le gusta el mole?

Comunicación

C A escribir

Hablemos/Escribamos Hablen en grupo de lo que saben acerca de la cultura mexicana y el estilo de vida en México D.F. Después, escríbanle una carta a Javier, dándole información y consejos para que se adapte fácilmente a la vida de estudiante en la capital y conquiste a Alejandra. ¡Denle muchos ánimos!

Sabor culinario del mundo hispano

La riqueza culinaria de nuestro mundo es tan amplia como la variedad de climas en que se cultivan los productos usados en su preparación. En la cocina hispana se pueden saborear toda clase de platos a base de mariscos, diversas clases de carnes, granos, legumbres, verduras y frutas. A medida que lees, establece comparaciones entre la comida de los países mencionados.

Cuaderno de práctica, pág. 89

La comida de mar, pescado y mariscos, es típica de las regiones costeras. La paella es un plato típico de España elaborado con arroz, azafrán, distintas carnes o pescados, mariscos y verduras. En muchos países de América Latina se preparan platos similares, siendo los más populares el arroz con pollo y el arroz con camarones.

Plato de mariscos ▲

◀ *Paella*

El arroz es un ingrediente básico de la comida tanto en la costa como en el interior. Se sirve acompañado de legumbres dependiendo de los cultivos de cada región: el frijol, la lenteja, el garbanzo, el maíz, la papa, la yuca, la zanahoria, la remolacha, la cebolla y el tomate, entre otros. Las tajadas de plátano maduro y los tostones, plátanos verdes cortados en rodajas, machacados y luego fritos, son un acompañamiento popular para toda clase de carnes.

▲ *Puesto de verduras y legumbres*

En los países del Cono Sur, Chile y Argentina por ejemplo, se cultivan frutas de clima templado como manzanas, duraznos, peras y uvas. En las zonas tropicales abunda la fruta, entre ellas, el coco, el mango, la piña, la papaya, el lulo, la curuba y el maracuyá. Se consumen de forma natural, en jugos, en ensaladas y en postres y dulces.

◀ *Puesto de frutas*

También hay una variedad de platos típicos que se sirven como pasabocas o aperitivos y que aunque muchas veces llevan el mismo nombre, varían en preparación e ingredientes de región a región.

internet

MARCAR: go.hrw.com
PALABRA CLAVE:
WN6 AMOR

▲ *Plato de tortilla española*

La tortilla, por ejemplo, es un plato típico español que se prepara con papa, huevo y cebolla picada y luego se sofríe en aceite de oliva. En México y los países del Caribe y América Central, la tortilla es una rueda muy fina preparada a base de harina o de maíz que se cuece al fuego y se usa en la preparación de tacos o enchiladas o se lleva a la mesa como acompañamiento.

El tamal es uno de los platos típicos más diversos de América Latina. En general, se prepara con una masa hecha a base de maíz. La masa se rellena con diversos guisos, se envuelve en hojas de maíz o de plátano, y luego se cuece al vapor. El relleno del tamal varía según la región: frijoles, pollo, cerdo, arroz, pasas, huevo, condimentos, etc.

▲ *Tamal*

▲ *Empanadas*

Los pasteles de carne y las empanadas también son pasabocas populares en muchos países. Los pasteles se hacen a base de harina de trigo, se rellenan de carne y condimentos y luego se hornean. Las empanadas se preparan a base harina de maíz, se rellenan con distintos guisos y luego se fríen. Se sirven acompañadas de limón y una variedad de salsas picantes.

El **chocolate** y el **café** no pueden faltar en ningún hogar. El chocolate con leche caliente es muy sabroso, especialmente cuando va acompañado de churros, frituras de harina en forma alargada espolvoreadas con azúcar y canela. El café es parte integral de la cultura y se sirve de distintas maneras. Es común tomarse un café pintado, un café con leche, o un tinto, una pequeña taza de café negro. El café es símbolo de hospitalidad, pues es lo primero que se le ofrece a una visita: ¿Se quiere tomar un tintico?

Churros con chocolate ▶

¡A investigar!

Con un(a) compañero(a), consigue un menú de un restaurante de tu país y uno de un restaurante hispano. Escojan un plato de cada país, busquen la receta y preparen los platos en casa. Luego, tráiganlos a clase, hablen sobre su preparación y comenten las diferencias y semejanzas entre ellos. Para terminar, disfruten de un delicioso almuerzo.

Ortografía

El sonido /x/

Al sonido **/x/** le corresponden la letra **j** en todas sus posiciones, y la letra **g** cuando se encuentra antes de las vocales **e, i:**

El envejecido padre se deja caer y levanta los ojos para echar una ojeada al reloj. Le gustaba la cinegética en general y en especial la caza de aves.

Cuando se pronuncia **/x/,** se escribe **g...**

- A veces delante de **e, i:** *gente, girar gimnasia, gitano*
- En todas las palabras que empiezan por **gest-, geo-:** *gesto, geografía*
- En las palabras que terminan en **-gia, -gio, -gioso, -logía:** *alergia, colegio, religioso, astrología*
- En la conjugación de los verbos acabados en **-ger, -gir** cuando la **g** ocurre antes de **e** o **i.** *Tejer* y *crujir* son excepciones a esta regla:

  escoger: escogí, escoge (tú)
  dirigir: dirigí, dirige (tú)

Cuando se pronuncia **/x/,** se escribe **j...**

- En la conjugación de los verbos acabados en **-ger, -gir,** cuando el sonido **/g/** ocurre antes de **a** y **o** para conservar el sonido **/x/:**

  escoger: escojo, escoja; elegir: elijo, elija

- Delante de las vocales **a, o** y **u,** o al final de las palabras: *pájaro, joven, conjugar, reloj*
- En palabras que terminan en **-aje, -jero:** *garaje, extranjero*
- En todas las formas de los verbos acabados en **-jar:** *trabajar, atajar*
- En algunas formas del verbo traer y sus derivados: *traer/traje/trajera; distraer/distraje/distrajera; atraer/atraje/atrajera*
- Se usa la **j** cuando va seguida de **e** o **i,** en las formas conjugadas de algunos verbos que terminan en **-cir:** *producir/produje/produjo/produjera; conducir/conduje/condujo/condujera; decir/dijo/dije/dijera*
- En muchos casos no hay regla para saber si es **j** o **g** antes de **e** o **i.** Deberás recordar la ortografía de la palabra.

agente, ajetreo	*elige, dije*	*corregimos, trajimos*
ají, ágil	*gerundio, jerez*	*tarjeta, argentino*
protege, eje	*hegemonía, ejercicio*	*extranjero, Ángel*

¡Ojo!

Recuerda que también se escribe la letra **g** para representar el sonido **/g/,** que aparece antes de **a, o** y **u:** *gato, gorra, gustos.* Cuando va seguido de **e** o **i,** se le añade una **u** que no representa ningún sonido: *sigues, seguimos.*

Cuaderno de práctica, pág. 88

ACTIVIDADES

A Con *g* o con *j*

Leamos Completa las palabras con **j** o **g**. Después léelas en voz alta.

1. esco═══e
2. ima═══inar

3. pasa═══e
4. ar═══entino

5. sur═══ir
6. estrate═══ia

B Los pasados

Escribamos Escribe las formas de pretérito e imperfecto de subjuntivo de cada verbo.

1. (nosotros) traducir
2. (tú) traer

3. (ellas) conducir
4. (ustedes) escoger

5. (yo) decir
6. (él) dirigir

C Sonido engañoso

Escribamos Observa cada imagen y completa las siguientes oraciones con palabras que tengan el sonido engañoso /x/.

1. Ese ═════ de pared tiene un ═════ que marca las horas. La anciana que está ═════ se da cuenta de que es medianoche.
2. El ═════ cuida mucho su cuerpo y su salud. Hace ═════ aeróbicos todas las mañanas.
3. La ═════ es el arte de la caza. La caza es un deporte muy popular y tiene aficionados entre la ═════ joven y la mayor.

D La competición

Escribamos Vuelvan a leer las dos primeras páginas de «Enero: tortas de navidad». En grupo, busquen todas las palabras con el sonido /x/ y hagan una lista. Luego, túrnense con los otros grupos y lean cada palabra de su lista. Si no pronuncian bien pierden el turno. El grupo que tenga el mayor número de sonidos /x/ y los haya pronunciado correctamente será el ganador.

DICTADO

Vas a escuchar una serie de oraciones basadas en «El hijo». Escribe lo que oigas. Presta atención especial al sonido /x/ y a su representación escrita.

Taller del escritor

Un guión es un escrito detallado de la acción, los diálogos y los personajes de una obra de teatro, una película, o un programa de radio o televisión. El diálogo entre los personajes es uno de los elementos más importantes de un guión. Es importante que éste sea vívido y corresponda con la personalidad y la edad de los personajes.

ACTIVIDAD

La telenovela de mi vida

Escribamos A veces parece como si la vida fuera más bien una telenovela. Escribe un guión para un episodio de una telenovela sobre la vida de un adolescente. Incluye aspectos positivos de su vida al igual que los conflictos que tiene dentro y fuera de su familia. Haz que tus personajes y sus conversaciones sean realistas y que los acontecimientos sean interesantes y dramáticos.

Así se dice

Para escribir un guión

Para expresar las emociones de los personajes usa con frecuencia frases cortas.

Para dar ánimo: ole, ¡hurra!, ¡bravo!, ¡magnífico!

Exclamación, asombro: Ay, caramba, caray, ¡Dios mío!, ¡cielo santo!, ¡qué horror!

Queja: ¡qué mala suerte!, ¡qué lástima!, ¡lo que (me…) faltaba!

Duda: ejem, ¡hay que ver!, ¡no me digas!

Llamar la atención: ¡oiga!, ¡venga!, ¡cuidado!, ¡ojo!

Despectivo, repugnancia, cansancio: uf, ay, bah

Admiración: oh, ¡vaya!, ¡dale!, ¡anda!, ¡toma!

Otras: ¡ojalá!, bueno, claro, ¡menos mal!

Repaso

¿Enero: tortas de navidad

A El tema

Contesta las siguientes preguntas sobre la lectura.

1. ¿Para qué fueron al rancho Don Pascual y Pedro?
2. ¿Por qué Mamá Elena no quería que Tita se casara?
3. ¿Qué le propuso Mamá Elena a Pedro?
4. ¿Qué decidió hacer Pedro? ¿Por qué?
5. ¿Cómo reaccionó Tita a la noticia?

B A tu manera

Escribe tu definición de las palabras y úsalas en cinco oraciones.

▸ **Palabras:** oscurecer, repartir, terminarse, tejer, obligar, atrevido, a solas, jurar

C Estar enamorado

Escribe cinco oraciones compuestas sobre el amor. Usa las palabras y el indicativo o el presente de subjuntivo para formar cláusulas adverbiales.

▸ **Expresiones:** porque, para que, aunque, antes de que, cuando

D Yo quiero...

Forma frases correctas con las dos columnas.

Quiero casarme con una chica   al cual/a la cual le gusten los animales.
Yo quiero encontrar una   que sea sincera/o.
  persona   que sea de Chihuahua.
No conozco a nadie   en quien pueda confiar.
Me gustaría conocer un chico   con quien no tenga que pelearme
                                  todos los días.

E El acento diacrítico

Marca la tilde donde corresponda.

1. ¿Donde estabas tu?
2. Compra tu casa donde tengas tu trabajo.
3. ¿La quieres? ¿Si o no?
4. Bueno, si tu no la quieres, si.
5. ¿Que quieres, te o café?
6. No te molestes, que me conformo con un vaso de agua.

F Mis razones

¿Cómo se deben comportar los padres con sus hijos adolescentes? Escribe un párrafo persuasivo desde tu punto de vista y recuerda que debes convencer al lector de tus ideas.

El hijo

G El amor de padre

Haz un resumen de lo que pasó en «El hijo» y luego léeselo en clase.

H Al revés

Lee al revés las siguientes palabras y completa las oraciones.

▸ **Palabras:** razac, odivlo, oleus, aitsugna, nócnir.

1. Vio a su hijo caído en el ▬▬▬.
2. Llegó hasta un ▬▬▬ sombrío del monte.
3. Aquel retraso no era un ▬▬▬ ni una distracción.
4. A él también le gustaba ▬▬▬ cuando era joven.
5. Estaba preocupado y lleno de ▬▬▬ porque no encontraba a su hijo.

I Lo que pensaba el padre

Termina las siguientes oraciones con el imperfecto de subjuntivo.

1. Le había enseñado el camino para que…
2. Era extraño que…
3. Era muy importante que…
4. No había nadie que…

J ¿Qué harías si pudieras?

Completa las siguientes oraciones condicionales pensando en lo que te gustaría hacer para ser de más servicio a tu comunidad.

1. Podría ayudar en… si…
2. Si tuviera un carro…
3. Mis amigos y yo podríamos encargarnos de… si…
4. Si perteneciera a…

K Reúne los datos

Con un(a) compañero(a), compara y clasifica los diversos platos hispanos que conocen. Hablen de una comida que hayan probado que se parezca en algo a cada plato estudiado.

L La *g* y la *j*

Completa las siguientes frases de la lectura con **g** o **j**.

1. Son ▬eniales las imá▬enes de los ▬usanos que te▬en la seda.
2. El via▬ero reco▬ió las ca▬as y las de▬ó con su equipa▬e.
3. Di▬o que los e▬ercicios de lengua▬e y el aprendiza▬e de la ▬eografía le ▬ustaban.

M La escena

Escribe un guión detallando la acción, los diálogos y los personajes de alguna escena que te haya gustado especialmente de una película.

Vocabulario esencial

Enero: tortas de navidad pág. 204

a solas *adj.*
acercarse *v.*
acontecer *v.*
agasajar *v.*
agradecer *v.*
aliviarse *v.*
atrevido, -a *adj.*
broma *f.*
cada vez menos/más *adv.*
conforme *adj.*
contraer nupcias *v.*
desaparecer *v.*

disponible *adj.*
encargarse *v.*
encoger *v.*
estar enamorado de *v.*
hacer las paces *v.*
impregnar *v.*
inquietud *f.*
irremediablemente *adv.*
jurar *v.*
más vale que
mentiroso, -a *adj.*
ni siquiera *adv.*

obligar *v.*
oscurecer *v.*
(no) parar de *v.*
pelar *v.*
plática *v.*
repartir *v.*
sirviente, -a *m. y f.*
tejer *v.*
terminarse *v.*
velar por *v.*

MEJORA TU VOCABULARIO Más prefijos, pág. 215

conceder *v.*
discapacidad *f.*
encadenar *v.*

extraterrestre *m. y f.*
interceder *v.*
prejuzgar *v.*

revocar *v.*
sobrevivir *v.*

El hijo pág. 227

acariciar *v.*
angustia *f.*
ardiente *adj.*
atravesar *v.*
atroz *adj.*
bruscamente *adv.*
cazar *v.*
confianza *f.*
demora *f.*
desgracia *f.*
despacio *adv.*
echar una ojeada *v.*

empapado, -a *pp.*
emprender *v.*
en procura de
engañarse *v.*
enredado, -a *pp.*
envejecido, -a *pp.*
escasez *f.*
escopeta *f.*
inexorablemente *adv.*
mudo, -a *adj.*
nimio, -a *adj.*
olvido *m.*

reproche *m.*
rincón *m.*
rodar *v.*
sofocar *v.*
sombrío, -a *adj.*
subsistir *v.*
suelo m.
tierna infancia *f.*
transcurrir *v.*
yacer *v.*

MEJORA TU VOCABULARIO Más sufijos, pág. 237

baratillo, -a *adj.*
bondad *f.*
calorcito *m.*
ciudadanía *f.*

comestible *adj.*
corrección *f.*
felicidad *f.*
hijito, -a *m. y f.*

lamentable *adj.*
llegada *f.*

García Márquez

Darí

Mistral

COLECCIÓN 6

El poder de la palabra

En esta colección, vas a tratar los siguientes temas:

Lectura

- «A Julia de Burgos» por Julia de Burgos
- de *Don Quijote de la Mancha* por Miguel de Cervantes

Comunicación oral

- **Vocabulario:** El lenguaje figurado: metáfora y comparación; símbolo e hipérbole
- **Gramática:** El pluscuamperfecto de subjuntivo en cláusulas nominales y en oraciones condicionales; la voz pasiva y la pasiva refleja; el infinitivo, el gerundio y el participio; la correlación de los tiempos verbales

Cultura

- ***Contigo en la distancia:*** Telenovela Si yo fuera presidenta (Episodio 11) El tiempo vuela, ¿no? (Episodio 12)
- **Cultura y comparaciones:** Arte del mundo hispano: el muralismo

Comunicación escrita

- **Ortografía:** Signos de puntuación; los sonidos /r/ y /rr/
- **Taller del escritor:** La poesía; el cuento
- **Así se dice:** Para escribir símiles; para enlazar los sucesos y las ideas

internet

MARCAR: go.hrw.com
PALABRA CLAVE:
WN6 PALABRA

En un lugar de la Mancha, de cuyo nombre no quiero acordarme...

Cervantes

Allende

Storni

Neruda

de la Cruz

Bécquer

García Lorca

Famosos escritores hispanos a través de la historia

Antes de leer

A Julia de Burgos

En esta sección vas a leer un poema de Julia de Burgos. En él se debate el tema de la identidad o de las múltiples identidades de una persona: todo un misterio. Antes de empezar, repasa las palabras de **Mi pequeño diccionario.**

Mi pequeño diccionario

abismo *m.* lugar muy profundo
alborotado, -a *adj.* agitado
alhaja *f.* joya
alzarse *v.* levantarse
atado, -a *pp.* unido, sujeto a algo
banquete *m.* comida a la que asisten muchas personas para celebrar algún acontecimiento
casero, -a *adj.* que disfruta mucho estando en su casa
casino *m.* lugar público en el que hay juegos, bailes y otras diversiones
cifra *f.* signo con el que se representa un número
clavado, -a *adj.* fijado con clavos (pieza metálica para fijar objetos)
cura *m.* sacerdote católico

deber *v.* ser deudor, tener que pagar algo a alguien
dejar atrás *v.* abandonar
desnudar *v.* quitar la ropa
el qué dirán lo que piensan o pueden pensar los demás
esencia *f.* lo propio y fundamental
fatal *adj.* inevitable
hipocresía *f.* actitud fingida
inhumano, -a *adj.* tan cruel que no es propio de las personas
injusticia *f.* falta de justicia
jugarse *v.* apostar, arriesgar
mandar *v.* dar órdenes, decirle a otro lo que debe hacer
modisto, -a *m. y f.* persona que hace vestidos y ropas
multitud *f.* gran cantidad de

personas
olfatear *v.* buscar por el olor
pecado *m.* culpa, falta
pensamiento *m.* idea, razonamiento
pintarse *v.* maquillarse
prejuicio *m.* lo que se piensa con desconfianza de algo antes de conocerlo
resignado, -a *pp.* dispuesto a aceptar algo malo con paciencia
rizar(se) *v.* hacer ondas en el pelo de manera artificial
sumiso, -a *adj.* obediente
tenderse *v.* extenderse, colocarse algo entre dos puntos
viril *adj.* varonil, masculino

VOCABULARIO EN CONTEXTO

Leamos Completa el párrafo con las siguientes palabras y sabrás un poco más del poema que vas a leer. Haz los cambios que sean necesarios.

▶ **Palabras:** atado, sumiso, prejuicios, esencia, multitud, alzarse, abismo, alhaja, tenderse, banquete, inhumano

Julia de Burgos siente que un __1__ considerable __2__ entre su yo exterior (la persona) y su yo interior (la poetisa). Para ella, Julia la persona representa todo lo injusto y lo __3__, los __4__ que la mantienen subyugada y __5__ comprada por las __6__ y los __7__. En cambio, Julia la poetisa, cuya voz __8__ para cantar con las __9__, quiere preservar su verdadera __10__. Desea correr libremente, sin estar __11__ a nada ni a nadie.

ESTRATEGIA

El contraste A veces el escritor emplea el contraste entre dos imágenes para ilustrar mejor su pensamiento o sentimiento. Por ejemplo, para comparar la rapidez de dos personas, sería más eficaz describir a una de las personas como tortuga y a la otra como conejo en vez de simplemente decir que una es rápida y la otra es lenta. El saber identificar y descifrar el contraste entre imágenes ayuda al lector a comprender mejor el texto.

ACTIVIDADES

A El «yo» de Julia

Leamos En el poema que vas a leer, «A Julia de Burgos», la poetisa usa varias imágenes para contrastar a Julia de Burgos la poetisa con Julia de Burgos la persona. El primer grupo de imágenes describe a la persona y el segundo a la poetisa. Identifica los conceptos del cuadro que correspondan a cada imagen. ¿Qué puedes concluir del contraste entre la persona y la poetisa?

Julia la persona: ropaje, fría muñeca, miel de cortesanas hipocresías, señora señorona, dama casera, flor de aristocracia

Julia la poetisa: esencia y voz del «yo», viril destello, corazón desnudo, mujer natural, caballo libre, flor del pueblo

> dependencia, introspección, autonomía, fuerza, libertad, apariencia, vitalidad, hipocresía, humana, verdad, falta de vida, virtud, mentira social, egoísmo

B Las imágenes

Escribamos Identifica la ilustración que corresponda a cada concepto y escribe una oración con cada una de las palabras.

 Conceptos: hipocresía, injusticia, pensamiento

1.

2.

3.

A Julia de Burgos

Julia de Burgos (1914–1953), poetisa puertorriqueña, nació de padres muy pobres en el barrio Santa Cruz de Carolina. Fue muy buena estudiante: consiguió una beca e ingresó a la Universidad de Puerto Rico, donde se recibió de maestra en 1933. Su primer cuaderno de versos, *Poema en veinte surcos,* fue publicado en 1938, y *Canción de la verdad sencilla* salió un año más tarde. En 1940, viajó por primera vez a Nueva York. El periódico *La Prensa* publicó «Julia de Burgos, poetisa puertorriqueña, en misión cultural en Estados Unidos». Poco después viajó a Cuba donde se matriculó en la Universidad de La Habana. Regresó a Estados Unidos en 1942. Murió entre desconocidos en Nueva York a la edad de 39 años, después de escribir «Farewell in Welfare Island». En 1954 su hermana Consuelo publicó *El mar y tú,* una colección de poemas que había escrito Julia de Burgos durante su estancia en Nueva York.

MIENTRAS LEES

A. ¿Crees que la escritora tiene una doble identidad, una como escritora y otra como persona?
B. ¿Quién es la narradora del poema? ¿A quién le habla?
C. Según la poetisa, ¿de quién dice la gente que es enemiga? ¿Está de acuerdo la poetisa con lo que dice la gente?

Ya las gentes murmuran que yo soy tu enemiga
porque dicen que en verso doy al mundo tu yo.

Mienten, Julia de Burgos. Mienten, Julia de Burgos.

La que se alza en mis versos no es tu voz: es mi voz;
porque tú eres ropaje y la esencia soy yo;
y el más profundo abismo se tiende entre las dos.

Tú eres fría muñeca de mentira[1] social,
y yo, viril destello de la humana verdad.

Tú, <u>miel de cortesanas hipocresías;</u>[2] yo no;
que en todos mis poemas desnudo el corazón.

---

1 lo que no es verdad 2 agasajada por los miembros de la corte, que fingen

Tú eres como tu mundo, egoísta; yo no;
que todo me lo juego a ser lo que soy yo.

Tú eres sólo la grave señora señorona;
yo no; yo soy la vida, la fuerza, la mujer.

Tú eres de tu marido, de tu amo;[1] yo no;
yo de nadie, o de todos, porque a todos, a todos,
en mi limpio sentir y en mi pensar me doy.

Tú te rizas el pelo y te pintas; yo no;
a mí me riza el viento; a mí me pinta el sol.

Tú eres dama casera, resignada, sumisa,
atada a los prejuicios de los hombres; yo no;
que yo soy Rocinante corriendo desbocado[2]
olfateando horizontes de justicia de Dios.

Tú en ti misma no mandas; a ti todos te mandan;
en ti mandan tu esposo, tus padres, tus parientes,
el cura, la modista, el teatro, el casino,
el auto, las alhajas, el banquete, el champán,
el cielo y el infierno, y el qué dirán social.

En mí no, que en mí manda mi solo corazón,
mi solo pensamiento; quien manda en mí soy yo.

Tú, flor de aristocracia; y yo la flor del pueblo.
Tú en ti lo tienes todo y a todos se lo debes,
mientras que yo, mi nada a nadie se la debo.

Tú, clavada al estático dividendo ancestral,
y yo, un uno en la cifra del divisor social,
somos el duelo[3] a muerte que se acerca fatal.

Cuando las multitudes corran alborotadas
dejando atrás cenizas de injusticias quemadas,
y cuando con la tea[4] de las siete virtudes,
tras los siete pecados, corran las multitudes,
contra ti, y contra todo lo injusto y lo inhumano,
yo iré en medio de ellas con la tea en la mano.

---

1 dueño, propietario **2** libremente, sin control **3** combate de dos precedido por un desafío o reto **4** palo de madera con fuego en el extremo para iluminar

ACTIVIDADES

Cuaderno de práctica, págs. 91–92

A El texto dice... yo digo...

Leamos/Escribamos Lee las siguientes preguntas sobre el poema «A Julia de Burgos». Haz un cuadro similar en una hoja aparte. En la segunda columna, contesta las preguntas basándote en la información del texto del poema **(El texto dice…);** en la tercera columna, contéstalas basándote en tu conocimiento previo **(Yo digo…);** y en la cuarta columna, haz una deducción general basándote en las dos respuestas anteriores **(Y por lo tanto…).**

Preguntas	El texto dice...	Yo digo...	Y por lo tanto...
1. ¿Respeta la poetisa a la persona?			
2. ¿Quién tiene más libertad, la poetisa o la persona?			
3. ¿Quién es más egoísta, la poetisa o la persona?			
4. ¿Quién está más atada a las cosas materiales, la poetisa o la persona?			
5. ¿Son enemigas la poetisa y la persona?			

B ¡Yo me mando solo!

Leamos/Escribamos Lee de nuevo la siguiente estrofa del poema. Haz una lista de las personas y cosas que tú crees que mandan en ti y vuelve a escribir la estrofa con ideas que se apliquen a tu propia vida.

«Tú en ti misma no mandas; a ti todos te mandan;
en ti mandan tu esposo, tus padres, tus parientes,
el cura, la modista, el teatro, el casino,
el auto, las alhajas, el banquete, el champán,
el cielo y el infierno, y el qué dirán social.»

MODELO   Tú en ti mismo no siempre mandas; a ti otros
te mandan; en ti mandan tus padres, tus maestros…

C Las imágenes

Leamos/Escribamos Julia de Burgos usa imágenes que expresan el concepto del poema con más intensidad que las descripciones realistas. Por ejemplo, «fría muñeca» es mucho más expresivo que «mujer dura y sin sentimiento» y «flor del pueblo» es más expresivo que «joven linda y humilde». Piensa en una imagen que represente a cada una de las siguientes personas.

1. persona tímida
2. persona generosa
3. persona egoísta
4. persona trabajadora
5. persona amada
6. persona complicada

D La imagen opuesta

Escribamos Ahora piensa en algunas imágenes que expresan lo opuesto de las imágenes que escogiste en la Actividad C. Descríbelas con palabras e ilustraciones.

E Mosaico de Julias

Escribamos ¿Cómo representarías la oposición de imágenes del poema «A Julia de Burgos» en una obra artística? Incluye al menos cuatro oposiciones de imágenes.

Comunicación

F Con mis propias palabras

Escribamos/Hablemos Contesta las siguientes preguntas y luego comenta tus respuestas con un(a) compañero(a).

- ¿Qué piensa la poetisa de su persona? ¿Por qué crees que se siente así?
- ¿Tiene la persona la oportunidad de defenderse de las acusaciones de la poetisa?
- ¿Cómo puede una persona tener dos identidades opuestas?
- ¿Estás de acuerdo con Julia de Burgos la poetisa en su crítica de la persona?

Nota cultural

El español ocupa el cuarto puesto entre las lenguas del mundo con mayor número de hablantes (el segundo entre las lenguas occidentales). Además de ser la lengua oficial de 21 países de Latinoamérica, hablan español muchos ciudadanos no anglosajones de los Estados Unidos, y lo sabe o lo habla un buen porcentaje de la población de las islas Filipinas. También lo conservan los sefardíes, o sea, los descendientes de los judíos expulsados de España (Sefarad) en 1492.

Vocabulario

Cuaderno
de práctica,
págs. 93–94

A Con ritmo poético

Leamos Completa las oraciones con la palabra que corresponda según el poema.

1. Tú llevas una vida (revelada/sumisa) ante los (elogios/prejuicios)
   de los hombres.
2. Las (hipocresías/virtudes) cortesanas te nublan el corazón,
   te ciegan la verdad.
3. Tú eres dama casera, (resignada/liberada) a una vida con límites.
4. El (verso/pecado) invade tu sinrazón, mientras la verdad es mi razón.
5. Somos extremos: como un duelo a muerte (fatal/viril).
6. Correrán las multitudes contra ti, en busca de las (justicias/injusticias)
   quemadas.

B Los sinónimos

Leamos Relaciona cada palabra con su sinónimo.

1. jugarse a	a. emocionados
2. mandar	b. muchedumbre
3. alborotados	c. dar órdenes
4. cura	d. reflexión
5. multitud	e. arriesgar
6. pensamiento	f. sacerdote

C ¿Quién es así?

Escuchemos Identifica a qué personaje(s) se refiere cada oración.

▶ **Personajes:** Julia de Burgos (yo), su otro yo enemigo (tú), las multitudes

D Las imágenes del poema

Escribamos Escribe un breve párrafo que se relacione con el poema y con las imágenes dadas. Vuelve a leer el poema si es necesario.

E Las definiciones

Hablemos Con un(a) compañero(a) busca las siguientes palabras en el poema y túrnense para explicar su significado. Consulten el diccionario si es necesario.

▸ **Palabras:** atado a, esencia, tenderse, deber, clavado, casera

F Las convenciones sociales

Escribamos Imagina que al igual que Julia (la poetisa), tú no estás de acuerdo con las rígidas reglas que impone la sociedad. Al asistir a un banquete muy importante, ¿qué harías diferente del resto de la gente? Describe la situación en un párrafo y usa las siguientes palabras como guía.

▸ **Palabras:** alzarse, banquete, casino, viril, dejar atrás, inhumano, olfatear, modista, alhajas, alborotado

MEJORA TU VOCABULARIO

El lenguaje figurado lo conforman palabras que tienen otro significado especial, más allá del más común o habitual.

La **metáfora** consiste en usar palabras con un sentido figurado, distinto del propio. Se usa para designar algo mediante otra cosa, con la que se lo compara.

   No llovía y los campos estaban sedientos. (= Necesitaban agua como los seres vivos.)

Metáforas: *ser un santo, ser una bala, partírsele a uno el alma, morirse de risa, vivir del aire, pedirle peras al olmo, tener los días contados, salir con el rabo entre las patas*

La **comparación** se usa para asociar dos elementos que normalmente no se asocian, a fin de expresar de manera más enfática, viva o exagerada las características de lo que se desea describir.

   Tú eres tan fría como una muñeca de mentira social. Yo soy como la flor del pueblo.

Comparaciones: *blanco como la nieve, ciego como un topo, más listo que un zorro, más duro que una piedra, terco como una mula, comer como un canario*

G Las metáforas y las comparaciones

Hablemos En grupo, comenten el significado de las siguientes metáforas de la lectura «A Julia de Burgos», y luego intenten escribir otra metáfora o una comparación que encierre la misma idea.

1. Tú eres flor de aristocracia; yo flor del pueblo.
2. Tú eres ropaje, la esencia soy yo.
3. A mí me riza el viento; a mí me pinta el sol.
4. Yo soy Rocinante corriendo desbocado, olfateando horizontes de justicia de Dios.
5. En ti mandan el auto, las alhajas, el banquete, el champán.

Gramática

Lo esencial del pluscuam-perfecto de subjuntivo en cláusulas nominales **Cuaderno de práctica,** pág. 146

El pluscuamperfecto de subjuntivo en cláusulas nominales

- El **pluscuamperfecto de subjuntivo,** al igual que el **pluscuamperfecto de indicativo,** se refiere a una acción anterior a otra acción del pasado, pero se usa cuando el verbo principal en pasado requiere el uso del **modo subjuntivo.**

    Le **dolió** que la gente la **hubiera criticado** por escribir versos.

    expresión de emoción que requiere el uso del subjuntivo   **pluscuamperfecto de subjuntivo**

- Se usa el **pluscuamperfecto de subjuntivo** en las cláusulas nominales cuando el verbo de la oración principal está en pasado y expresa:

    - **duda o negación:** *Dudaba* que su esposa *hubiera tenido* razones para sentirse infeliz.

    - **emoción o sentimiento:** Le *molestaba* que siempre *hubiera habido* tanta injusticia.

    - **juicio u opinión:** *Era* reprobable que una mujer *hubiera escrito* semejantes versos.

    - **esperanza frustrada** (o lamento por un hecho pasado que no ocurrió): *Ojalá* no *hubiera habido* tantos prejuicios en aquella época.

- El **pluscuamperfecto de subjuntivo** se forma con el **imperfecto de subjuntivo** del verbo **haber** y el **participio pasado** del verbo que deseas usar.

    No creyó que **hubiera podido** *rebelarse tanto.*

- Éstas son las conjugaciones del **pluscuamperfecto de subjuntivo:**

imperfecto de subjuntivo de haber	participio pasado
hubiera	
hubieras	cant**ado**
hubiera	com**ido**
hubiéramos	viv**ido**
hubierais	
hubieran	

ACTIVIDADES

Cuaderno de práctica, págs. 95–97

A ¿La reconoces?

Escuchemos Escucha con atención y escoge las oraciones que están en pluscuamperfecto de subjuntivo. Luego explica por qué están en ese tiempo prestando atención a la frase de la oración principal.

B En mi opinión...

Leamos/Escribamos Completa el siguiente párrafo con el pluscuamperfecto de los verbos dados.

▸ **Verbos:** considerar, decir, permitir, haber, encontrar

A la verdadera Julia de Burgos no le gustaba llevar una vida de apariencias. Le molestaba que se __1__ que era una persona superficial y materialista. Ella se preocupaba por los demás y le dolía que siempre __2__ injusticia. Lamentaba que otros la __3__ egoísta y que no le __4__ tener más libertad de pensamiento. Por eso su ser interior se había rebelado y lo increíble es que finalmente __5__ la forma de expresar sus sentimientos.

C La poetisa habla de la persona

Leamos Completa las siguientes oraciones con el pluscuamperfecto de indicativo o de subjuntivo del verbo en paréntesis. Conjuga los verbos en tercera persona, **ella,** y presta atención a la expresión de la cláusula principal.

1. Fue lamentable que le ══ (dar) tanta importancia al qué dirán.

2. Aunque no lo quería, ══ (llevar) una doble vida hasta ahora.

3. Se esperaba que ══ (obedecer) a su esposo y a las convenciones sociales.

4. Y ya lo ══ (hacer) muchas veces, pero le molestaba que todos hubieran querido controlar su vida.

5. Ojalá ══ (tener) coraje para enfrentar los prejuicios de la sociedad mucho antes.

D Malas noticias

Escribamos Observa estos titulares de periódico y expresa tu opinión o lo que sientas sobre cada uno. Usa las expresiones y el pluscuamperfecto de subjuntivo.

▸ **Expresiones:** ojalá, fue una tragedia que, fue una lástima que, se esperaba que, no fue sorprendente que

La guerra se cobra 10 muertos más

Incendio forestal

Accidente fatal en la carretera por exceso de velocidad

El virus Marte sigue causando estragos en más países

El pluscuamperfecto de subjuntivo en oraciones condicionales

Las oraciones condicionales con **pluscuamperfecto de subjuntivo** expresan una condición hipotética, es decir, una suposición sobre hechos posibles que nunca sucedieron, y una consecuencia que se deriva de esa condición hipotética. Toda oración condicional consta de dos cláusulas: una cláusula que se introduce con **si** y que expresa la condición hipotética, y una cláusula que es la consecuencia de esa condición hipotética.

condición hipotética que nunca sucedió	consecuencia

*Si **hubiera podido** alzarse como estandarte de la libertad, **habría sido** más feliz.*

- **Si** + **pluscuamperfecto de subjuntivo** + condicional perfecto
  Se usa el **pluscuamperfecto de subjuntivo** en la cláusula que expresa la condición hipotética y comienza con **si.** Se usa el **condicional perfecto** en la cláusula que expresa la consecuencia.

condicional perfecto	pluscuamperfecto de subjuntivo

*Me **habría liberado** de mis prejuicios si **hubiera sabido** cómo hacerlo.*

- También se puede usar el **condicional perfecto** y el **pluscuamperfecto de subjuntivo** en oraciones con **que.**

  *Me **habría gustado** que la gente **hubiera comprendido** mis sentimientos.*

- El condicional perfecto se forma con el **condicional** del verbo **haber** y el **participio pasado** del verbo que deseas usar.

- Éstas son las conjugaciones del condicional perfecto:

condicional de haber	participio pasado
habría	
habrías	
habría	cant**ado**
habríamos	com**ido**
habríais	viv**ido**
habrían	

¡Ojo!

El pluscuamperfecto de subjuntivo también se puede formar con **hubiese: hubiese hablado.** Esta forma es menos usada en el habla, pero se ve con frecuencia en escritos literarios.

*Si **hubiese vivido** en otra época, su vida habría sido diferente.*

E Si tal cosa o tal otra...

Leamos Relaciona la cláusula que expresa la condición con la que expresa la consecuencia para formar una sola oración.

1. Si la hubieran educado de otra manera,

2. Nadie habría estado orgullosa de ella

3. Si no hubiera sido por sus padres,

4. Si hubiera cometido menos pecados,

5. Se habría sentido más libre

a) se habría sentido menos culpable.

b) si hubiera nacido cuarenta años después.

c) si no hubiera escrito tan bellos poemas.

d) no habría aprendido a ser justa.

e) ella no habría llegado a ser poetisa.

F ¿Qué habría sucedido?

Hablemos/Escribamos Piensa en cinco cosas que no han ocurrido en tu vida porque no pudo ser, o en cosas que te habría gustado que hubieran pasado. Díselas a tu compañero(a) y luego deja que él o ella haga lo mismo.

1. Me habría gustado que...

2. Si hubiera tenido más hermanos,...

3. A mis padres les habría gustado que...

4. Si hubiera aprendido...

5. Habría conseguido trabajo en el verano si...

G El enredo

Hablemos Observa esta imagen. Con un(a) compañero(a) comenten qué habría pasado si el coche no hubiera chocado contra la farola. Usa las siguientes palabras como guía.

▶ **Palabras:** chocarse, farola, cable del teléfono, mástil de la bandera, peatón, fuente

Lo esencial de la voz pasiva y la pasiva refleja **Cuaderno de práctica,** pág. 154

La voz pasiva y la pasiva refleja

Hasta ahora todos los verbos que has visto se han presentado en **voz activa,** es decir, tienen un sujeto o agente que es la persona que realiza la acción y un producto o receptor de la acción que se llama **objeto.** La siguiente oración está en voz activa.

> *El poeta escribió los versos para las multitudes.*
>   sujeto   objeto

● La **voz pasiva** se usa cuando se quiere dar énfasis al objeto o receptor y no al agente. En ese caso, el objeto de la oración activa, se convierte en el sujeto de la pasiva, mientras que el agente o sujeto original se vuelve secundario, o sea, que se trasponen. Se forma con el verbo **ser** conjugado y el participio pasado del verbo que deseas usar. El agente, si no se omite, se introduce con **por.**

> *Los versos*   *fueron escritos*   *por el poeta para las multitudes.*
>
> objeto   ser   agente
> en función   conjugado +
> de sujeto   participio pasado

También se puede omitir el agente completamente.

> *Los versos*   *fueron escritos*   *para las multitudes.*

● La pasiva con **se** o «pasiva refleja» es una variación más común en el uso cotidiano del idioma. Se diferencia de la voz pasiva regular en que se omite el agente por completo y se mantiene el verbo en **voz activa.**

> *El premio **fue otorgado** por el presidente en la conferencia.*
> [pasiva regular – agente conocido]

> *El premio **fue otorgado** en la conferencia.*
> [pasiva regular – agente desconocido]

> *Se otorgó el premio en la conferencia.*
> [pasiva con **se,** sin agente y verbo en voz activa]

¡Ojo!

En la pasiva con **se,** al igual que en la pasiva regular, el verbo concuerda en número con el objeto.

se + verbo en 3ª persona singular/plural + objeto singular/plural como sujeto

*Se **agotaron** las provisiones.*
*Se **agotó** el agua.*

H ¡A pasiva!

Escribamos Vuelve a escribir las siguientes oraciones usando la voz pasiva.

1. Todas las personas aceptan como normales los prejucios sociales.
2. Los niños no conocen las hipocresías ni las mentiras sociales.
3. Los grupos disconformes gritaron con fuerza las injusticias en todas las épocas.
4. Los grupos antiglobalización y ecologistas representan la oposición más importante en nuestro tiempo.

I El «se» pasivo

Escribamos Transforma las siguientes oraciones de voz activa a pasiva refleja.

MODELO ¿Por qué la gente comete tantas injusticias?
¿Por qué se cometen tantas injusticias?

1. Los hombres deben escuchar la voz de sus mujeres.
2. Escuchas la voz del corazón, si estás atento.
3. No sigues las modas y las costumbres sociales si realmente sabes lo que quieres.
4. En la actualidad la gente goza de una mayor libertad.
5. Las leyes reconocen hoy más que nunca la igualdad de oportunidades entre los sexos.

Comunicación

J El corazón y la cabeza

Hablemos Con un(a) compañero(a), observa las imágenes y comenta, en cuatro oraciones diferentes, lo que cada personaje habría hecho si hubiera podido. Usen el pluscuamperfecto de subjuntivo y las formas de pasiva que ya conocen.

MODELO Si hubiera podido elegir, habría estudiado arte, pero no pude. Se necesitaba más talento del que tenía.

Ortografía

Signos de puntuación

La **coma** (,) indica las pausas dentro de una oración. Se usa...

- Para separar las palabras o expresiones intercaladas en una oración o en una enumeración, excepto la última.

  Yo soy de nadie, o de todos, porque a todos me doy.
  En ti mandan tu esposo, tus padres y tus parientes.

- Para marcar nombres propios cuando se nombran, llaman o invocan personas.

  Mienten, Julia de Burgos. Mienten, Julia de Burgos.

- Cuando la cláusula subordinada se coloca delante de la principal.

  Cuando corran las multitudes contra ti, iré en medio de ellas con la tea en la mano.

- En las cláusulas condicionales con **si**.

  Si tú vienes, yo voy.

El **punto** (.) indica el principio y el fin de una oración y se usa al final de las abreviaturas.

  Sr. Pérez, etc., apto.

Los **signos de interrogación** (¿ ?) y **de admiración** (¡ !) encabezan y cierran una oración interrogativa o exclamativa.

  ¿Somos tú y yo un mismo ser? ¡Dime que no es verdad!

El **punto y coma** (;) indica una pausa más larga que la coma, pero más corta que el punto. Suele ir seguido de una aclaración o corrección de la oración anterior.

  Tú, miel de cortesanas hipocresías; yo no;
  que en todos mis poemas desnudo el corazón...

Los **dos puntos** (:) se usan...

- En el encabezamiento de las cartas.

  Querida Julia de Burgos:

- Para anunciar que hay un cambio en el hablante.

  Tú dices: Soy una dama casera...

- Antes de una enumeración.

  Julia de Burgos ha escrito: «Poema en veinte surcos»,
  «Canción de la verdad sencilla» y «El mar y tú».

- Cuando la oración siguiente completa el sentido inconcluso de la anterior.

  La que se alza en mis versos no es tu voz: es mi voz.

¡Ojo!

Fíjate que, en español, se usa signo de interrogación y admiración al inicio de la oración. Es el mismo signo que ponemos al final, pero invertido:

¿Vienes o te quedas? ¡Voy!

Cuaderno
de práctica,
pág. 98

ACTIVIDADES

A ¿Vienes o no vienes?

Leamos Escribe las comas correctamente en las siguientes oraciones.

1. Aunque no te guste la gente deberías venir a la fiesta.
2. Cuando te decidas a venir avísame y te voy a buscar.
3. Lo mejor te lo digo por tu bien es que vengas.
4. Estarán allí por ejemplo Alicia con su novio María Toni y Pedro.

B ¡No te copies!

Leamos Sin mirar el texto del poema, escribe los signos de puntuación que faltan.

Tú flor de aristocracia y yo la flor del pueblo
Tú en ti lo tienes todo y a todos se lo debes
mientras que yo mi nada a nadie se la debo

C Biografía

Leamos Escribe los signos de puntuación que falten en el siguiente párrafo.

Julia de Burgos (1914–1953) poetisa puertorriqueña nació de padres muy pobres en el barrio Santa Cruz de Carolina su primer cuaderno de versos *Poema en veinte surcos* fue publicado en 1938 y murió entre desconocidos en Nueva York a la edad de 39 años después de escribir *Farewell in Welfare Island* en 1954 su hermana publicó *El mar y tú* una colección de poemas que había escrito Julia en Nueva York

D Mis versos

Escribamos Escribe cuatro versos sobre estas imágenes usando los signos de puntuación correctamente. Incluye signos de interrogación y de admiración.

DICTADO

Escribe lo que oigas sobre «A Julia de Burgos» prestando atención a las reglas de ortografía y de acentuación. Explica el uso de los signos de puntuación.

Taller del escritor

ESTRATEGIA

La poesía es un género literario y se caracteriza por su cualidad musical, obtenida por la rima, el ritmo, la repetición y el paralelismo. Algunos poemas captan nuestra imaginación porque las palabras, frases o descripciones evocan imágenes e ideas. Además, los poemas usan el lenguaje figurado o retórico. Este lenguaje, formado por símiles o comparaciones, metáforas y personificaciones, logra crear un sentido más allá del literal. Estas figuras retóricas no pertenecen únicamente al género de la poesía, sino que también se pueden emplear en los cuentos, los ensayos y las obras dramáticas.

ACTIVIDADES

En su poema, Julia de Burgos usa metáforas y comparaciones para expresar sus ideas y sentimientos con mayor intensidad. Por ejemplo con la metáfora «tú eres ropaje y la esencia soy yo» está realmente diciendo que el «tú» es una persona superficial y el «yo» es una persona sincera.

Vas a escribir un poema corto contrastando tu «yo» social y tu «yo» verdadero, o tu «yo» privado y que sólo tú conoces y el que todos conocen; pero antes familiarízate un poco más con el lenguaje figurado y cómo usarlo.

A Las comparaciones

Escribamos El símil compara dos cosas aparentemente distintas; usa expresiones de comparación como «igual que» y «como». Aplicando el patrón: «tú eres como…; yo no» continúa el poema para expresar, en otros seis versos, las diferencias que separan a ese «tú» (tu «yo» externo) del «yo» (tu «yo» interno). Además, completa cada comparación que hagas, con un sustantivo y un adjetivo, siguiendo el patrón.

MODELO	Tú eres como tu mundo, egoísta; yo no…
Escribes:	Tú eres como tu tía, ambiciosa; yo no./Tú eres como tu madre, mandona; yo no. etc.

Así se dice

Para escribir símiles

igual que

como

semejante a

parecido(a)

cual

B Las metáforas

Escribamos La diferencia entre comparación o símil y metáfora es que la metáfora compara dos cosas distintas sin necesidad de usar palabras que hagan comparaciones directamente. A veces, una de las dos cosas no se nombra. A partir de los versos:

Yo soy Rocinante corriendo desbocado
olfateando horizontes de justicia de Dios,

Continúa usando la metáfora del caballo (como sabes, Rocinante es el caballo de don Quijote de la Mancha) para expresar, en otros seis versos, tu manera de ser y de sentir, es decir, tu yo íntimo (por ejemplo, tu amor por la libertad y los espacios abiertos). Escribe antes algunas frases que asocies con los caballos. Puedes usar las palabras correr, trotar, galopar, crines, silla, etc.

MODELO   Yo soy Rocinante corriendo desbocado olfateando horizontes de justicia de Dios,

Escribes: Yo amo correr al viento, sin riendas ni espuelas.

C ¿Cómo soy?

Escribamos Ahora, usando los versos que escribiste en las actividades A y B, vas a escribir un poema corto, que muestre o revele tu yo interno y escondido. A lo mejor, como Julia de Burgos, rechazarás tu yo externo, pero también puedes simplemente contrastarlos, mostrando sus diferencias.

Life-Theatre Number por W. T. Benda

Antes de leer

de *Don Quijote de la Mancha*

En esta sección vas a leer el inicio de la gran obra de Cervantes *El ingenioso hidalgo don Quijote de la Mancha,* una de las primeras novelas en introducir en la literatura la realidad del mundo circundante y una profunda interpretación de la naturaleza humana. Antes de empezar, repasa las palabras de **Mi pequeño diccionario.**

Mi pequeño **diccionario**

acomodado, -a *adj.* rico

agravio *m.* ofensa

alabar *v.* decir cosas buenas de alguien

cicatriz *f.* señal que queda en la piel al curarse una herida

cobrar *v.* recibir algo a cambio, obtener algo como pago

conjetura *f.* suposición

curar *v.* sanar, devolver la salud

de añadidura *adv.* además

desentrañar *v.* descifrar, averiguar

desvelarse *v.* impedirse el sueño, no dormir

disparate *m.* lo que no tiene sentido

docto, -a *adj.* sabio, experto

ejercitarse *v.* adiestrarse, entrenarse

enfrascarse *v.* concentrarse mucho

en algo

enjuto, -a *adj.* flaco, delgado

ensillar *v.* ponerle la silla de montar a un caballo

estorbar *v.* molestar, poner obstáculos

fortificar *v.* hacer más fuerte

herida *f.* marca que se hace en la piel cuando nos caemos o cortamos y que suele sangrar

hidalgo, -a *m. y f.* persona que por su sangre es noble y distinguida

honra *f.* dignidad, gloria que se consigue por haber hecho algo importante

inacabable *adj.* interminable

juicio *m.* cordura, capacidad de una persona para saber lo que está bien y mal

llorón, -a *adj.* que llora mucho y con facilidad

madrugador, -a *adj.* que se levanta temprano

melindroso, -a *adj.* que tiene demasiada delicadeza

merecer *v.* ser digno de algo

ocioso, -a *adj.* que no hace nada

poner en efecto *v.* llevar a cabo, realizar

recio, -a *adj.* duro, fuerte

resucitar *v.* volver a la vida

revés *m.* golpe dado con la parte de fuera de la mano

soberbio, -a *adj.* que tiene mucho orgullo o que lo muestra

verosímil *adj.* que se puede creer

VOCABULARIO EN CONTEXTO

Leamos Completa el párrafo con las siguientes palabras. Haz los cambios que sean necesarios.

▸ **Palabras:** hidalgo, ocioso, docto, ensillar, enfrascarse, recio, enjuto, juicio

En un lugar de la Mancha, vivía un __1__ . Tenía en su casa un mozo de campo y plaza, que __2__ el rocín. La edad de nuestro personaje se acercaba a los cincuenta años; era de complexión __3__ , seco de carnes y __4__ de cara. Pasó que este hombre, los ratos que estaba __5__ , que eran los más del año, se daba a leer libros de caballerías. Debatía con el cura de su lugar —que era hombre __6__ —, sobre cuál había sido mejor caballero. En suma, __7__ tanto en su lectura, que, del poco dormir y del mucho leer, llegó a perder el __8__ .

ESTRATEGIA

Las pistas del contexto Siempre es útil buscar en el diccionario las palabras desconocidas; pero el buen lector también usa las pistas del contexto para adivinar el significado de una palabra. Esta estrategia lo ayuda a comprender lo que lee sin separarse de la lectura. También lo ayuda a escoger el significado correcto si el diccionario ofrece más de uno. Por eso es importante examinar el significado de las palabras y frases que rodean las palabras desconocidas.

ACTIVIDADES

A Palabras y frases desconocidas

Leamos Lee las siguientes oraciones del primer capítulo de *Don Quijote*. Trata de adivinar qué significan las palabras en negrilla basándote en las pistas del contexto.

> «Una olla de algo más **vaca** que carnero, **salpicón** las más noches, **duelos y quebrantos** los sábados, **lantejas** los viernes, algún **palomino** de añadidura los domingos, consumían las tres partes de su hacienda. El resto della concluían **sayo** de velarte, **calzas** de velludo para las fiestas, con sus **pantuflos** de lo mesmo, y los días de entresemana se honraba con su **vellorí** de lo más fino. Tenía en su casa una ama que pasaba de los cuarenta, y una sobrina que no llegaba a los veinte… **Frisaba** la edad de nuestro hidalgo con los cincuenta años: era de complexión **recia**, seco de carnes, enjuto de rostro…»

1. **vaca, salpicón, duelos y quebrantos, lantejas, palomino**
   a. comidas
   b. mascotas
   c. ropa

2. **sayo, calzas, pantuflos, vellorí**
   a. tipos de árboles
   b. ropa y zapatos
   c. libros

3. **Frisaba**
   a. Luchaba
   b. Se aproximaba
   c. Callaba

4. **recia**
   a. dura, áspera
   b. de color rosa, rosada
   c. inocente, pura

B En español actual

Escribamos/Hablemos La novela *Don Quijote de la Mancha* fue publicada a principios del siglo XVII, y como puedes observar, fue escrita usando gramática y vocabulario del español antiguo. Ahora que ya sabes el significado de las palabras en negrilla, haz un resumen del párrafo que acabas de leer, pero usando tus propias palabras. Luego comenta con un(a) compañero(a) tus impresiones de lo que has leído hasta el momento.

de Don Quijote de la Mancha

Editorial La Muralla, S.A.

Miguel de Cervantes Saavedra (1547–1616) nació en una pequeña ciudad cerca de Madrid. Hijo de padres pobres, nunca asistió a la universidad, pero siempre le interesaron los libros. Perdió el uso de su mano izquierda en una de las batallas navales más famosas de su época, la batalla de Lepanto. Fue capturado por piratas cuando trató de volver a España y también pasó cinco años en una prisión española. Nunca logró tener éxito económico, ni con la publicación de *El ingenioso hidalgo don Quijote de la Mancha,* porque ya había vendido los derechos.

MIENTRAS LEES

A. ¿Alguna vez leíste algo que te cambió la vida? ¿Crees que la literatura te puede afectar profundamente?

B. ¿Dónde tiene lugar esta historia?

C. ¿Quién es el protagonista? ¿Qué animales tiene?

D. ¿En qué gasta el hidalgo la mayoría de la hacienda?

Primera parte

Capítulo I – *Que trata de la condición y ejercicio del famoso hidalgo D. Quijote de la Mancha*

En un lugar de la Mancha de cuyo nombre no quiero acordarme, no ha mucho tiempo que vivía un hidalgo de los de lanza[1] en astillero, adarga[2] antigua, rocín[3] flaco y galgo[4] corredor. Una olla de algo más vaca que carnero,[5] salpicón[6] las más noches, <u>duelos y quebrantos</u>[7] los sábados, lantejas[8] los viernes, algún palomino[9] de añadidura los domingos, consumían las tres partes de su hacienda.[10]

El resto della concluían sayo[11] de velarte, calzas[12] de velludo para las fiestas, con sus pantuflos[13] de lo mismo, y los días de entresemana se honraba con su vellorí de lo más fino. Tenía en su casa una ama que pasaba de los cuarenta, y una

---

1 arma de palo largo con punta de flecha **2** escudo de cuero, de forma ovalada o acorazonada **3** caballo **4** perro flaco y rápido **5** macho de la oveja **6** plato de varias carnes picadas **7** huevos y tocino **8** lentejas **9** palomita **10** posesiones **11** ropa **12** calcetines largos, hasta la cadera **13** zapatos

sobrina que no llegaba a los veinte, y un mozo[1] de campo y plaza, que así ensillaba el rocín como tomaba la podadera. Frisaba la edad de nuestro hidalgo con los cincuenta años; era de complexión recia, seco de carnes, enjuto de rostro, gran madrugador y amigo de la caza. Quieren decir que tenía el sobrenombre de Quijada, o Quesada, que en esto hay alguna diferencia en los autores que deste caso escriben; aunque, por conjeturas verosímiles, se deja entender que se llamaba Quijana. Pero esto importa poco a nuestro cuento; basta que en la narración dél no se salga un punto de la verdad.

MIENTRAS LEES

E. ¿Quiénes viven con don Quijote? ¿Cuántos años tienen?
F. ¿Cuántos años tiene el hidalgo? ¿Cuáles son sus características?
G. ¿Cuáles son los posibles apellidos del hidalgo?

Es, pues, de saber que este sobredicho hidalgo, los ratos que estaba ocioso, que eran los más del año, se daba a leer libros de caballerías,[2] con tanta afición y gusto, que olvidó casi de todo punto el ejercicio de la caza, y aun la administración de su hacienda. Y llegó a tanto su curiosidad y desatino[3] en esto, que vendió muchas hanegas de tierra de sembradura para comprar libros de caballerías que leer, y así, llevó a su casa todos cuantos pudo haber dellos; y de todos, ningunos le parecían tan bien como los que compuso el famoso Feliciano de Silva, porque la claridad de su prosa y aquellas entricadas[4] razones suyas le parecían de perlas, y más cuando llegaba a leer aquellos requiebros[5] y cartas de desafíos, donde en muchas partes hallaba escrito:

H. ¿Tiene mucho tiempo libre el hidalgo? ¿Qué hace en su tiempo libre?
I. ¿Qué se le olvida hacer al hidalgo por tanto leer?
J. ¿Qué hace para poder comprar más libros?
K. ¿Quién es su autor favorito?

---

1 chico que ayuda a un caballero **2** novelas sobre caballeros antiguos **3** locura **4** difíciles, complicadas, confusas **5** palabras de amor

MIENTRAS LEES

L. ¿Notas algo curioso en las dos oraciones de de Silva? ¿Son lógicas las oraciones?

M. ¿Qué trataba de hacer el hidalgo con las oraciones?

N. ¿En qué clase de libros aparece D. Belianís? ¿Qué le parece curioso al hidalgo sobre las heridas que recibía don Belianís?

Ñ. ¿Qué quiere hacer con la novela de de Silva? ¿Por qué no lo hace?

O. ¿Con quiénes discute el hidalgo la importancia de ciertos personajes de los libros de caballería?

La razón de la sinrazón que a mi razón se hace, de tal manera mi razón enflaquece,[1] *que con razón me quejo de la vuestra fermosura. Y también cuando leía: los altos cielos que de vuestra divinidad divinamente con las estrellas os fortifican, y os hacen merecedora del merecimiento que merece la vuestra grandeza.*

Con estas razones perdía el pobre caballero el juicio,[2] y desvelábase por entenderlas y desentrañarles el sentido, que no se lo sacara ni las entendiera el mismo Aristóteles, si resucitara para sólo ello. No estaba muy bien con las heridas que D. Belianís daba y recibía, porque se imaginaba que, por grandes maestros que le hubiesen curado, no dejaría de tener el rostro y todo el cuerpo lleno de cicatrices y señales. Pero, con todo, alababa en su autor aquel acabar su libro con la promesa de aquella inacabable aventura, y muchas veces le vino deseo de tomar la pluma y dalle fin al pie de la letra, como allí se promete; y sin duda alguna lo hiciera, y aun saliera con ello, si otros mayores y continuos pensamientos no se lo estorbaran.

Tuvo muchas veces competencia con el cura de su lugar —que era hombre docto, graduado en Sigüenza—, sobre cuál había sido mejor caballero: Palmerín de Inglaterra o Amadís de Gaula; mas[3] maese Nicolás, barbero del mismo pueblo, decía que ninguno llegaba al Caballero del Febo, y que si alguno se le podía comparar, era D. Galaor, hermano de Amadís de Gaula, porque tenía muy acomodada condición para todo; que no era caballero melindroso, ni tan llorón como su hermano, y que en lo de la valentía no le iba en zaga.[4]

---

[1] se debilita [2] se volvía loco [3] pero [4] no era inferior, no era menos

En resolución, él se enfrascó tanto en su lectura, que se le pasaban las noches leyendo de claro en claro, y los días de turbio en turbio;[1] y así, del poco dormir y del mucho leer, se le secó el celebro, de manera que vino a perder el juicio. Llenósele la fantasía[2] de todo aquello que leía en los libros, así de encantamentos[3] como de pendencias,[4] batallas, desafíos, heridas, requiebros, amores, tormentas y disparates imposibles; y asentósele[5] de tal modo en la imaginación que era verdad toda aquella máquina de aquellas soñadas invenciones que leía, que para él no había otra historia más cierta en el mundo.

P. ¿Por qué duerme muy poco el hidalgo? ¿Qué le llena la fantasía?

Q. ¿Puede distinguir entre la realidad y la fantasía? ¿Cuál es «la historia más cierta en el mundo»?

---

1 estaba totalmente absorbido por su pasión, hasta el punto de no dormir 2 mente, pensamientos 3 encantamientos, acción y efecto de obrar a través de la magia 4 peleas, riñas 5 se fijó, se quedó de manera firme

MIENTRAS LEES

R. ¿Quiénes crees que son todas las personas que menciona?

S. ¿Qué daría Don Quijote por combatir con Galalón?

T. ¿Qué decidió el hidalgo que quería hacer? ¿Para qué?

U. Según el hidalgo, ¿qué hacían los caballeros andantes?

V. ¿Qué adjetivos usa el narrador para describir al hidalgo y sus ideas?

Decía él que el Cid Ruy Díaz había sido muy buen caballero, pero que no tenía que ver con el Caballero de la Ardiente Espada, que de sólo un revés había partido <u>por medio</u>[1] dos fieros y descomunales gigantes. Mejor estaba con Bernardo del Carpio, porque en Roncesvalles había muerto a Roldán el encantado, valiéndose de la industria de Hércules, cuando ahogó a Anteon, el hijo de la Tierra, entre los brazos. Decía mucho bien del gigante Morgante, porque, con ser de aquella generación gigantea, que todos son soberbios y descomedidos,[2] él solo era afable y bien criado. Pero, sobre todos, estaba bien con Reinaldos de Montalbán, y más cuando le veía salir de su castillo y robar cuantos topaba,[3] y cuando en Allende[4] robó aquel ídolo de Mahoma que era todo de oro, según dice su historia. Diera él, por dar una mano de coces[5] al traidor de Galalón, al ama que tenía y aun a su sobrina de añadidura. En efecto, rematado[6] ya su juicio, vino a dar en el más extraño pensamiento que jamás dio loco en el mundo; y fue que le pareció convenible y necesario, así para el aumento de su honra como para el servicio de su república, hacerse <u>caballero andante</u>,[7] y irse por todo el mundo con sus armas y caballo a buscar las aventuras y a ejercitarse en todo aquello que él había leído que los caballeros andantes ejercitaban, <u>deshaciendo todo género de agravio</u>,[8] y poniéndose en ocasiones y peligros donde, acabándolos, cobrase eterno nombre y fama. Imaginábase el pobre ya coronado[9] por el valor de su brazo, por lo menos, del imperio de Trapisonda; y así, con estos tan agradables pensamientos, llevado del extraño gusto que en ellos sentía, se dio priesa[10] a poner en efecto lo que deseaba. [...].

---

1 por la mitad 2 descorteses, desatentos 3 se encontraba 4 más allá, lejos 5 patadas, golpes con los pies 6 terminado, acabado 7 caballero que anda por el mundo en busca de aventuras 8 reparando o vengando ofensas, humillaciones e injusticias 9 aclamado, famoso 10 prisa

Después de leer

ACTIVIDADES

Cuaderno de práctica, págs. 99–100

A Palabras desconocidas

Leamos/Escribamos Escoge cinco palabras o frases del texto que todavía no comprendas. Escribe la oración en la que aparece la palabra o frase. Trata de adivinar el significado de la palabra o frase basándote en las pistas del contexto e indica qué te ayudó a adivinar su significado. Luego busca la definición en un diccionario.

MODELO

Oración: «los ratos que estaba <u>ocioso</u>, que eran los más del año, se daba a leer libros de caballerías, con tanta afición y gusto, que olvidó casi de todo punto el ejercicio de la caza, y aun la administración de la hacienda.»

¿Significado?: que no hace nada activo, que no trabaja, sólo hace lo que le gusta: ¿perezoso?

Pistas del contexto: no salía a cazar, no administraba la hacienda porque prefería leer

Definición del diccionario: *que no hace nada, se la pasa sin trabajar*

B ¿Cierto o falso?

Leamos Decide si las siguientes oraciones son ciertas o falsas. Corrige las oraciones falsas.

1. El narrador no está seguro del apellido de don Quijote.
2. El narrador menciona el nombre de la ciudad en la que vive don Quijote.
3. A don Quijote le gusta leer libros de ciencia ficción.
4. Don Quijote vende sus tierras para poder comprar libros.
5. William Shakespeare es el autor favorito de don Quijote.
6. Don Quijote entiende todo lo que lee fácilmente.
7. Don Quijote cree que si se hace caballero andante, puede servir a su país y también hacerse famoso.

C Si yo fuera don Quijote

Hablemos/Escribamos ¿Qué harías tú si fueras don Quijote? ¿Qué enemigos combatirías? ¿Cómo pasarías tu tiempo libre? ¿A quién llevarías contigo en tus aventuras? ¿Qué buscarías? Con un(a) compañero(a) comenta las respuestas a estas preguntas y luego resuman sus respuestas en un breve párrafo.

D En el siglo XXI

Escribamos Escoge un trozo del texto que acabas de leer y vuelve a escribirlo en un español moderno y simple para que sea fácil de entender. Luego, consulta un libro de literatura inglesa de la misma época de Don Quijote o anterior, y haz la misma actividad pero con un texto del inglés antiguo. ¿Qué conclusiones puedes sacar con relación al uso de los idiomas?

MODELO «En un lugar de la Mancha de cuyo nombre no quiero acordarme, no ha mucho tiempo que vivía un hidalgo de los de lanza en astillero, adarga antigua, rocín flaco y galgo corredor.»

Hace poco tiempo, en una ciudad pequeña, vivía un señor con su perro, un galgo que corría bien rápido y su rocín, un caballo que era flaco y viejo.

Comunicación

Nota cultural

E Mesa redonda

Leamos/Hablemos En grupos de tres o cuatro estudiantes, túrnense para contestar y comentar las respuestas a las siguientes preguntas.

1. ¿Creen que don Quijote es una buena persona? ¿Cómo lo describirían?
2. ¿Creen que el narrador se está burlando de don Quijote? ¿Por qué?
3. ¿Creen que la ficción (literatura, película, videojuego) puede afectar a una persona de una manera drástica? ¿Conocen a alguien que haya cambiado su vida después de haber leído una obra o visto una película?
4. ¿Quiénes son los don Quijotes de hoy día?
5. ¿Le es difícil a don Quijote distinguir entre la realidad y la fantasía? Indiquen si esta característica lo hace heroico o simplemente tonto y expliquen su respuesta.
6. Algunos expertos dicen que *Don Quijote de la Mancha* fue la primera novela moderna. Según los criterios que se usan para clasificar como novela una obra de literatura, ¿Crees que este juicio es acertado?

Desde 1995, el 23 de abril de cada año se celebra el Día Mundial del Libro y del Derecho de Autor. Se escogió este día por ser la fecha de la muerte de Miguel de Cervantes, William Shakespeare y el Inca Garcilaso de la Vega: los tres escritores fallecieron el 23 de abril de 1616. Un antecedente de esta celebración se encuentra en Cataluña donde tradicionalmente el 23 de abril (fiesta de San Jordi) se regala un libro y una rosa.

Vocabulario

Cuaderno de práctica, págs. 93–94

A ¿Cuál va con cuál?

Leamos Relaciona las palabras de las dos columnas para formar expresiones.

1. curar
2. merece
3. un agravio
4. conjeturas
5. de añadidura
6. resucitar

a. a la comunidad de vecinos
b. viene luego todo lo demás
c. una herida
d. hechas por la prensa
e. de entre los muertos
f. reconocimiento

B Definiciones

Leamos Completa las siguientes definiciones con la palabra que corresponda. Presta atención a las palabras subrayadas.

1. <u>Estorbar</u> es poner algún ===== para impedir la realización de algo.
   a. facilidad
   b. ayuda
   c. obstáculo

2. Una persona <u>soberbia</u> es altiva y arrogante, es decir, es =====.
   a. alta
   b. orgullosa
   c. muy grande

3. <u>Tener honra</u> significa tener aprecio por la dignidad =====.
   a. colectiva
   b. propia
   c. de tu Rey

4. <u>Desentrañar</u> significa ===== en lo más oculto de una materia para averiguar algo.
   a. penetrar
   b. destruir
   c. esconder

C ¡Qué personajes!

Escuchemos Vas a escuchar las descripciones del cura, don Galaor y don Quijote. Añade alguno de los siguientes adjetivos y palabras en la descripción que corresponda.

▸ **Personajes:** el cura, don Galaor, don Quijote

▸ **Adjetivos:** madrugador, llorón, acomodado, docto, hidalgo, recio, enjuto, melindroso

D Otro contexto

Leamos/Escribamos Analiza el significado de las siguientes palabras de acuerdo al contexto de la lectura y luego úsalas en oraciones que describan un contexto diferente. Usa el diccionario si es necesario.

1. recio
2. melindroso
3. ocioso
4. verosímil

E Secuencias

Escribamos Describe estas viñetas en un párrafo. Usa estos verbos.

▸ **Verbos:** desvelarse, enfrascarse, poner en efecto, ensillar

F Adivina adivinador

Hablemos Escoge una lista y explícale a tu compañero(a) el significado de cada palabra para que él (ella) adivine cuál es. Luego deja que tu compañero(a) haga lo mismo.

Lista 1: fortificar, hidalgo, juicio, inacabable, revés, acomodado, docto

Lista 2: ejercitarse, madrugador, disparates, llorón, cobrar, alabar, cicatriz

MODELO   *Tú* Es alguien experto en una materia.
           Tú compañero(a) ¿Es doctor?

G El trío

Leamos/Escribamos Reúne las siguientes palabras en grupos de tres, según su significado. Luego haz una oración con cada trío.

▸ **Palabras:** madrugador, soberbio, llorón, ejercitarse, cicatriz, desvelarse, hacienda, herida, acomodado

H Otros héroes y sus aventuras

Escribamos/Hablemos Con un(a) compañero(a) investiga algún héroe de la literatura inglesa que también haya perdido el juicio o se haya vuelto loco. Describan en detalle al protagonista y sus aventuras usando las siguientes palabras como guía. Luego, lean su historia al resto de la clase.

▸ **Palabras:** acomodado, agravio, añadidura, desentrañar, estorbar, inacabable, merecer, soberbio, herida, disparate

El lenguaje figurado *(cont.)*

El **símbolo** es una imagen con la que se representa una cosa o una idea. Al contrario de la metáfora, que es siempre original, el símbolo tiene un carácter tradicional o convencional. El símbolo de la justicia es una balanza, y el de la paz, una paloma. La zorra representa el engaño. El águila representa el poder. Don Quijote es un símbolo de nuestra imaginación: representa la cara noble de la locura y el sueño de que la justicia reine en el mundo. También son símbolos literarios Hamlet, Fausto y El Principito. ¿Sabes qué simbolizan?

La **hipérbole** es un recurso literario que usamos para exagerar, aumentando o disminuyendo de manera desproporcionada la realidad. Sirve para dar énfasis. La hipérbole es un recurso muy habitual presente no sólo en la literatura sino también en el habla de todos los idiomas y culturas.

> *estar piel y hueso* (muy delgado), *estar muerto* (muy cansado), *no tener donde caerse muerto* (ser pobre), *de arriba abajo* (totalmente), *más claro que el agua*, *más pálido que un muerto*

I Símbolos

Leamos Relaciona los siguientes símbolos con su significado abstracto. Después piensa en tres símbolos que conozcas y escribe una oración con cada uno.

1. la esfera   **a.** la armonía
2. el fuego   **b.** la transformación
3. la lira   **c.** el viento
4. la pluma   **d.** la totalidad

J Hipérboles

Leamos/Hablemos En pareja, localicen cinco hipérboles en la lectura y digan lo que significan.

K ¡Qué exagerado!

Hablemos En grupos de tres comenten y aclaren el significado de las siguientes hipérboles de tipo coloquial. Luego hagan una lista de hipérboles de uso común en su propio idioma y comenten y expliquen sus significados.

1. Ten cuidado con el cura porque **sabe latín.**
2. No te preocupes por don Quijote. Si quiere, **puede forrar toda su casa con billetes.**
3. No te fíes de la ama, cuando cuenta algo, **miente más que habla.**
4. El mozo lleva todo el día trabajando la siembra de las hanegas. **¡Está hecho polvo!**
5. La sobrina parece **una mosquita muerta,** pero en verdad tiene mucho carácter.

Lo esencial
del infinitivo,
el gerundio
y el participio
**Cuaderno
de práctica,**
págs. 155–156

El infinitivo, el gerundio y el participio

El **infinitivo**, el **gerundio** y el **participio** son formas verbales invariables. No se conjugan, por tanto no especifican la persona, ni el tiempo ni el modo del verbo, y pueden desempeñar diferentes funciones.

- El **infinitivo** puede realizar las funciones propias de un sustantivo. Puede ser, por ejemplo, el sujeto o el complemento directo de la oración.

    ***Dormir poco** y **leer mucho** le secaron de tal manera el cerebro, que...*

    sustantivo, sujeto

    *Admira **el proceder** de la gente honrada.*

    sustantivo, complemento directo

- El **infinitivo** también puede realizar la función de adverbio.

    *Don Quijote se creyó caballero **al leer tantos libros de caballería.***

    frase con función de adverbio de causa

- El **gerundio** tiene la función de un adverbio y expresa una acción que perdura en el tiempo, que puede ser simultánea a la acción principal o inmediatamente anterior o posterior.

    ***Enfrentando** el peligro se aprende a vencer el miedo.*

    adverbio de modo

- El **gerundio** se usa con los verbos **estar, andar, venir, ir** y **seguir** para referirse a acciones que suceden en el momento del habla.

    *Don Quijote de la Mancha **sigue inspirando** obras de teatro hoy en día.*

- El **participio,** además de formar el **presente perfecto** y el **pluscuamperfecto,** también funciona como adjetivo. Varía en género y número.

    ***Rematado** ya su juicio, vino a dar en el más extraño y loco pensamiento.*

- El participio se puede usar como sustantivo precedido de **lo** y por tanto puede ser el sujeto o el complemento de la oración. En este caso su forma es siempre masculina singular:

    ***Lo desconocido** de Cervantes es que no logró tener éxito con su novela en vida.*

    sustantivo, sujeto

ACTIVIDADES

A Analizando

Leamos Observa los infinitivos, gerundios y participios subrayados y determina qué función desempeñan.

MODELO Don Quijote se hizo caballlero <u>para así aumentar su honra.</u>

Escribes: el infinitivo en función de adverbio que indica finalidad

1. Don Quijote vendió muchas tierras <u>para comprar</u> libros de caballería.
2. Viajó por el mundo <u>deshaciendo</u> todo género de agravio.
3. <u>Lo disparatado</u> del personaje es que no supo <u>distinguir</u> entre ficción y realidad.
4. Así se propuso <u>poner en práctica</u> todo lo leído en las novelas de caballería.

B ¡Es de locos!

Leamos Completa las siguientes oraciones con una de las tres opciones y explica la función que la respuesta desempeña en la oración.

1. El reposo es necesario para (curando/curada/curar) la locura.
2. Muchos evitan la locura (dedicándose/dedicarse/dedicados) al arte.
3. Lo (descubierto/descubriendo/descubrir) por la ciencia no es bastante para curar su enfermedad.
4. (Dedicarse/Dedicándose/Dedicado) a una misma actividad con tanta obsesión ha influido en su comportamiento.
5. Desde hace días, viene (comportado/comportarse/comportándose) de manera un poco alocada.
6. Este personaje está bien (representar/representado/representando).

C A investigar

Hablemos/Escribamos Posiblemente conozcas las obras de las imágenes. Con un(a) compañero(a), escoge una de éstas u otra que hayan leído. Descríbanla en una narración en tiempo presente, incluyendo infinitivos, gerundios y participios, y luego léanla en clase.

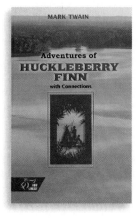

La correlación de los tiempos verbales

En las oraciones compuestas existe una correlación o concordancia entre el verbo de la cláusula principal y el verbo de la cláusula subordinada.

Tiene en su casa un ama ⏟ que pasa de los cuarenta.

cláusula principal · · · · · · · · · · cláusula subordinada

El verbo de la cláusula subordinada está determinado por el verbo de la cláusula principal. Cuando la narración ocurre en el presente/futuro, los tiempos verbales que se utilizan corresponden al modo **indicativo, imperativo** y subjuntivo, y su correlación es la siguiente.

● Cuando la acción de la cláusula subordinada es simultánea o posterior a la acción de la cláusula principal:

	Cláusula principal		Cláusula subordinada
Presente o futuro de verbos que exigen indicativo	Piensa Pensará Ha pensado Dile	**que**	se **va** por el mundo. se **irá** por el mundo.
Presente o futuro de verbos que exigen subjuntivo	Le **alegra** Le **alegrará** Le **ha alegrado** Dile	**que**	se **vaya** por el mundo.

● Cuando la acción de la cláusula subordinada es anterior a la de la cláusula principal:

	Cláusula principal		Cláusula subordinada
Presente o futuro de verbos que exigen indicativo	Piensa Pensará Ha pensado Dile	**que**	**ha leído** muchas novelas. **leyó** muchas novelas. **leía** muchas novelas.
Presente o futuro de verbos que exigen subjuntivo	Le **alegra** Le **alegrará** Le **ha alegrado**	**que**	**haya leído** tantas novelas. **leyera** tantas novelas.

D Las oraciones simples y compuestas

Leamos/Hablemos Completa las siguientes oraciones con la forma correcta del verbo. Luego, analiza cada una de las oraciones en un diagrama. Para terminar, presenta tu informe de cada oración al resto de la clase.

MODELO

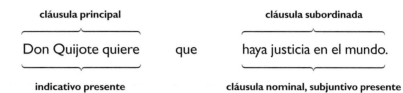

cláusula principal   cláusula subordinada

Don Quijote quiere   que   haya justicia en el mundo.

indicativo presente   cláusula nominal, subjuntivo presente

1. Es necesario que don Quijote ===== (vender) sus tierras.

2. Don Quijote quiere conseguirse un caballo que ===== (parecer) elegante.

3. Encuentra uno que ===== (ser) flaco y viejo, y lo llama Rocinante.

4. Don Quijote piensa que, aunque el caballo ===== (ser) flaco y feo, el nombre ===== (debe) ser elegante.

5. Es una lástima que no ===== (encontrar) un caballo más digno de su honra.

6. Ahora debe buscar a alguien que lo ===== (acompañar) en sus aventuras.

7. ¿Crees que ===== (estar) preparado para llevar a cabo sus hazañas?

INFORME

● La cláusula subordinada es una cláusula =====
    a. nominal.   **b.** adjetiva.   **c.** adverbial.

● La acción de la cláusula subordinada es ===== a la acción de la cláusula principal.
    a. anterior   **b.** simultánea   **c.** posterior

● El verbo de la cláusula subordinada está
    a. en indicativo, porque =====. **b.** en subjuntivo, porque =====.

E Tu clase de español

Escribamos/Hablemos Contesta las siguientes preguntas en tiempo presente, usando las expresiones dadas a continuación.

1. ¿Crees que la lectura es una buena forma de entretenerse? (No)/Creo que... porque...

2. ¿Crees que seguirás leyendo literatura española? (No)/Estoy seguro de que...

3. ¿Cómo se comparan las lecturas de esta clase con otras que hayas leído en otras clases? Sin duda alguna... Es necesario que....

4. ¿Qué les recomiendas a tus amigos que quieren aprender español para que refuercen y consoliden sus conocimientos? Les recomiendo que...

5. ¿Qué puedes hacer tú mismo fuera de la clase, para reforzar y consolidar tus propios conocimientos? Ojalá que... Es posible que....

La correlación de tiempos (cont.)

Cuando la narración ocurre en el pasado, los tiempos verbales que se utilizan corresponden al **modo indicativo** y al **modo subjuntivo,** y su correlación es la siguiente.

● Cuando la acción de la cláusula subordinada es simultánea o posterior a la acción de la cláusula principal:

	Cláusula principal	Cláusula subordinada
Pasado o condicional de verbos que exigen indicativo	Anunció Anunciaba Anunciaría Había anunciado Habría anunciado	que se **fue** de viaje. se **iba** de viaje. se **iría** de viaje. se **irá** de viaje.
Pasado o condicional de verbos que exigen subjuntivo	Le **alegró** Le **alegraba** Le **había alegrado** Le **alegraría** Le **habría alegrado**	que se **fuera** por todo el mundo.

● Cuando la acción de la cláusula subordinada es anterior a la de la cláusula principal:

	Cláusula principal	Cláusula subordinada
Pasado o condicional de verbos que exigen indicativo	Pensó Pensaba Pensaría Habría pensado Había pensado	que se **había ido** por el mundo.
Pasado o condicional de verbos que exigen subjuntivo	Le **alegró** Le **alegraba** Le **había alegrado** Le **alegraría** Le **habría alegrado**	que **hubieras leído** tantas novelas.

F ¿Qué tanto has aprendido?

Escuchemos Escucha las oraciones y determina si están en el presente, pasado o futuro y si expresan acciones basadas en hechos reales (indicativo) o acciones supuestas futuras o posibles (subjuntivo). Indica si la cláusula subordinada está en indicativo o subjuntivo y si es nominal, adjetiva o adverbial. Si es adverbial, indica si es de modo, lugar, tiempo, causa, condición o finalidad.

G Debió tomar la pluma...

Leamos Lee las siguientes oraciones compuestas extraídas de la lectura de «Don Quijote». Señala la cláusula subordinada y luego di si la acción de la cláusula subordinada es anterior, simultánea o posterior a la acción principal.

1. Don Quijote se enfrascó tanto en su lectura, que se le pasaban las noches leyendo.
2. Llenósele la fantasía de todo aquello que leía.
3. Y asentósele de tal modo en la imaginación que era verdad todo aquello que leía, que para él no había otra historia más cierta en el mundo.
4. Tuvo competencia con el cura de su lugar que era hombre docto e instruido.
5. Don Quijote decía que el Cid Ruy Díaz había sido muy buen caballero.
6. Pero le gustaba más Bernardo del Carpio, porque había muerto a Roldán el encantado.
7. Le agradaba la idea de que la república lo considerase un héroe nacional, gracias a sus hazañas como caballero andante.
8. Se dio prisa en llevar a cabo su deseo con estos tan agradables pensamientos, que le provocaban un extraño placer.

Comunicación

H Otra aventura de película

Escribamos/Hablemos Las siguientes imágenes ilustran otra famosa aventura de don Quijote de la Mancha. Con un(a) compañero(a), describe lo que ocurrió teniendo en cuenta lo que has aprendido con respecto a la narración en el pasado.

MODELO   Habiendo salido de un pueblo, don Quijote se dirigió en busca de más aventuras cuando en la distancia divisó...

Contigo en la distancia

TELENOVELA Episodios 11 y 12

Resumen del video Alejandra e Irene hacen un proyecto de investigación para su colegio sobre los problemas de México, D.F. y entrevistan a Carlos. En Sevilla, Zoraida y su amiga Macarena, Sergio y Javier se preparan para el futuro, pero evitan las despedidas. ¡Y por fin... Alejandra se entera de quién es su admirador secreto!

Carlos Alejandra Irene

Zoraida Sergio Javier

SI YO FUERA PRESIDENTA (Episodio 11)

Carlos: ¡Hey!
Alejandra: ¡Qué costumbre la tuya de llegar tarde a todo!
Carlos: Si tuviera mi propio coche llegaría a tiempo.
Irene: Hombre, yo uso la transportación pública todos los días y me viene muy bien. Hay que tener paciencia con los millones de personas que viven en esta ciudad, Carlos.

Alejandra: ¿Listo? Eres la última entrevista.
Carlos: Vamos, pues.
Irene: Gracias. ¿Preparado?
Carlos: Sí.
Irene: Cinco, cuatro, tres... Señor, en su opinión, ¿cuáles son ahora los problemas más graves en el D.F.?

Carlos: Definitivamente, la criminalidad es el problema más serio. Si no arreglamos los problemas de drogadicción y delincuencia entre los jóvenes mexicanos, lo lamentaremos en el futuro.
Irene: Según el gobierno, si pudiéramos bajar la tasa de delitos menores, habría menos crímenes serios como el homicidio. ¿Está usted de acuerdo?

Carlos: Sí, y habría que promover la concientización de la gente joven por los problemas de la capital.

Irene: ¿Qué propone usted para mejorar la situación?

Carlos: Empezaría por convencer a los jóvenes de que tengan esperanza en el futuro. La situación podría empeorarse si no nos enfocamos hacia un mejor porvenir.

Irene: Si yo fuera presidenta intentaría bajar la criminalidad. Implementaría un sistema fuerte de seguridad, policía en todas las esquinas.

Alejandra: Si tú fueras presidenta, ¿me darías un puesto a mí?

Irene: Claro, tengo uno perfecto. ¿Qué tal como embajadora de México en España?

Alejandra: ¡Sí!

Alejandra: Bueno, Sergio me escribe, pero sigue firmando como mi admirador secreto. Es tan romántico, escribe tan bien. El otro día me mandó una verdadera carta de amor. Yo no sé por qué no me dice de una vez que es él.

El tiempo vuela, ¿no? (Episodio 12)

Zoraida: ¿Cuándo te mudas a París?

Macarena: Dentro de un mes, después de graduarnos.

Zoraida: Tú, Javier y Sergio, una diseñadora, un periodista, un ingeniero... ¿y yo? ¿Qué voy a ser yo? Estoy tan confundida.

Macarena: Deberías haber mandado tus solicitudes hace tiempo.

Zoraida: De niña quería ser enfermera... cuando tenía diez años quería ser policía... y ahora no sé. Me gusta escribir.

Macarena: Sé escritora, escritora de novelas.

Zoraida: Mmmmm, me encantaría... pero también me gustan mucho los números.

Sergio: Ayer llamó un amigo de mi padre, de Madrid. Parece que hay un trabajo de jornada completa. Todo el verano.

Javier: ¿Entonces no te vienes a México?

Sergio: Este año va a ser imposible.

Zoraida: ¿Y te pagan bien?

Sergio: Parece que el salario, el seguro y el horario son excelentes. Pero mañana preguntaré.

Javier: Pues te deseo la mejor de las suertes.

Sergio: Hombre, y a ti también, amigo. Que irse a estudiar al otro lado del planeta no es asunto pequeño.

Zoraida: Ay, yo mejor me voy, que no me gustan las despedidas y todavía falta un mes. Hasta ahora.

Alejandra: "...es hora de que te confiese que tú eres un motivo muy importante de mi regreso a México. Todo este año te he echado mucho de menos. Me encantaría llegar a conocerte mejor, que me conocieras y... ¿por qué no decirlo de una vez?, que seas mi novia. Pronto estaré allí en el D.F. Nos vemos entonces, tu admirador sin secretos, Javier". ¿Javier? ¡Javier! Ha sido Javier todo este tiempo.... las cartas... la poesía...

COMPRENSIÓN

SI YO FUERA PRESIDENTA (Episodio 11)

A Cierto o falso

Leamos/Hablemos ¿Son ciertas o falsas las oraciones? Corrige las oraciones falsas.

1. Irene no usa el transporte público; prefiere conducir su coche, como Carlos.
2. En México D.F. viven más de dos millones de personas.
3. Según Carlos, la criminalidad es el problema principal de México D.F.
4. Alejandra e Irene investigaron los problemas de Costa Rica.
5. Si Irene fuera presidenta, implementaría un sistema fuerte de seguridad.
6. Alejandra dice que Javier es muy romántico.

EL TIEMPO VUELA, ¿NO? (Episodio 12)

B ¿Te enteraste?

Leamos/Escribamos Contesta las preguntas según lo sucedido en este episodio.

1. ¿Adónde se mudará Macarena, la amiga de Zoraida, dentro de un mes? ¿Por qué?
2. ¿Qué quiere ser Javier? ¿Y Sergio?
3. ¿Qué quería ser Zoraida de niña? ¿Y ahora?
4. ¿Qué dijo el amigo del padre de Sergio? ¿Qué piensa Sergio del trabajo?
5. ¿Quién firma la carta que lee Alejandra: Sergio o Javier?

Comunicación

C Si yo fuera presidente(a)

Hablemos En tu opinión, ¿cuáles son los problemas más graves que afectan a tu país o al estado en que vives? En grupos de tres, comenten los problemas y las posibles soluciones. ¿Qué haría cada uno de ustedes si fuera presidente(a)? Presenten una plataforma de los cambios que harían si lo fueran y envíensela a un representante o candidato de su zona.

Arte del mundo hispano: el muralismo

El muralismo es un movimiento artístico que nació después de la Revolución mexicana de 1910 con el propósito de rescatar las raíces indigenistas y culturales propias de México. Fue así como, hacia 1920, se empezaron a decorar las fachadas de los edificios públicos con grandes murales cuyos temas eran un reflejo de la realidad, la identidad y el sentir del pueblo mexicano. El movimiento muralista luego se extendió a otros países latinoaméricanos. A medida que lees, compara los diversos murales presentados.

Cuaderno
de práctica,
pág. 107

Juan O'Gorman (1905–1982), arquitecto, pintor y muralista mexicano de renombre, construyó y decoró la fachada de la biblioteca de la Universidad Nacional Autónoma de México en 1948. Dicha fachada está cubierta de mosaicos multicolores elaborados con minerales, en donde se hace evidente el tema de la historia, la cultura, y el medio ambiente mexicano. Esta obra le ha merecido a O'Gorman reconocimiento internacional.

◄ Mural «La Representación Histórica de la Cultura» en el exterior de la Biblioteca Nacional de la Universidad Autónoma de México

Diego Rivera (1886–1957), en uno de sus proyectos más ambiciosos, representa la historia de México desde la caída de Teotihuacán hasta el comienzo de la presidencia de Cárdenas en 1935. Rivera divide el retrato de la historia en dos partes, de la civilización prehispana a la conquista y de la conquista hacia el futuro, todo visto desde una perspectiva social revolucionaria. En esta sección del mural, Rivera presenta una versión mitológica de la vida de los indígenas, su religión y sus costumbres.

Mural «Historia de México» en el Palacio ► Nacional de la Ciudad de México

Joan Miró (1893–1983) es un artista catalán de fama mundial por sus grandes murales cerámicos, entre los que se destaca el mural del Palacio de Congresos y Exposiciones de Madrid. En él se aprecian extrañas figuras de colores brillantes, delineadas en negro y plasmadas en la fachada del edificio sin lógica aparente. El arte de Miró es abstracto y el tema de sus obras se relaciona con los sueños, la imaginación y la fantasía.

Mural en la fachada del Palacio de ▶ Congresos y Exposiciones de Madrid

Juan Bravo, artista peruano, narra en este mural la historia de la civilización incaica. En esta sección aparece como figura central el gran arquitecto Pachacutec Yupanqui, dirigiendo la construcción del nuevo Cuzco. Se aprecian también otros aspectos de la cultura incaica: mujeres haciendo ofrendas a los dioses; trabajadores desempeñando varios oficios y músicos y bailarines interpretando danzas rituales. Este mural ha sido considerado patrimonio cultural del pueblo peruano.

◀ *«Mural Histórico del Qosqo», Pachacutec Yupanqui dirigiendo la construcción del Cuzco*

Leovigildo González, artista cubano, es el autor del «Mural de la Prehistoria» en el valle de Vinales. En este valle agrícola localizado al pie de la Sierra de los Órganos, emergen del suelo enormes elevaciones de piedra caliza conocidas como mogotes.

El impresionante fresco de 120 metros de altura está pintado en un lado del mogote Dos Hermanas. En 1999, el Valle de Vinales fue declarado monumento del Patrimonio de la Humanidad por la UNESCO.

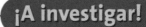

◀ *«Mural de la Prehistoria» en el Valle de Vinales, Cuba*

¡A investigar!

Investiga murales famosos en tu país y explica cómo se compara su temática con la de los aquí presentados.

Ortografía

Letra y sonido

Los sonidos /r/ y /rr/

La letra **r** tiene dos sonidos: uno suave /**r**/, y otro fuerte /**rr**/.

Tiene el sonido suave /**r**/ cuando está...

- entre vocales: *podadera, caballerías, mayores*.
- después de una consonante en la misma sílaba: *nombre, entresemana, frisaba*.
- al final de sílaba o de palabra: *izquierda, lugar, acordarme, madrugador*.

    En un lugar de la Mancha, de cuyo nombre no quiero acordarme, vivía un hidalgo de los de lanza en astillero, adarga antigua, rocín flaco y galgo corredor.

Tiene el sonido fuerte /**rr**/ cuando está...

- al principio de una palabra: *razones, resucitara, resolución*.
- después de **n, l** y **s**: *honra, alrededor, Israel*.

La letra **rr** siempre tiene sonido fuerte /**rr**/ y ocurre...

- entre vocales: *narración, correr, arremeter*,
- en palabras compuestas con sonido /**rr**/ intervocálico: *puertorriqueño, costarricense*.

¡Ojo!

Es importante distinguir entre el sonido fuerte /**rr**/ y el sonido suave /**r**/ porque su uso puede implicar un cambio de significado:

caro (de precio alto), *carro* (vehículo); *pero* (conjunción), *perro* (animal)

El siguiente trabalenguas ayuda a mecanizar la pronunciación de la /**r**/ y la /**rr**/. Lo aprenden los hispanohablantes desde niños y es favorito entre estudiantes extranjeros. Presta atención a la pronunciación de los dos sonidos y explica cómo están usados.

Erre con erre cigarro, erre con erre, barril, rápido ruedan los carros cargados de azúcar al ferrocarril.

ACTIVIDADES

Cuaderno de práctica, pág. 106

A ¿Suave o fuerte?

Leamos Indica si el sonido de la **r** o **rr** es suave o fuerte y explica por qué.

1. viernes
2. narración
3. trapisonda
4. Roncesvalles
5. honraba
6. enrollar

B La época del Quijote

Leamos/Escribamos Completa las palabras que siguen con **r** o con **rr,** según corresponda. Luego indica si su sonido es fuerte o suave.

1. Ce═vantes esc═ibió sus lib═os en la época ba═oca.
2. El ba═oco es un estilo a═tístico y lite═a═io del siglo XVII.
3. En el siglo XVII, en Eu═opa había gue═as ent═e dive═sos ═einos.
4. El c═istianismo e═a la p═incipal ═eligión de toda la ═egión.

C Las palabras

Leamos/Escribamos Pon **r** o **rr** en cada palabra y luego completa las frases a continuación según corresponda.

▶ **Palabras:** ═azones, pelig═os, ═ecibía, hon═a, ═oncesvalles, pe═las, géne═o, ═ematado

1. Aquellas entrincadas ═══ suyas le parecían de ═══.
2. En ═══ había muerto a Roldán el encantado.
3. ═══ ya su juicio, vino a dar en el más extraño pensamiento.
4. Se hizo caballero andante para el aumento de su ═══.
5. Ejercitaría todo ═══ de agravio y ═══.

D La aventura

Escribamos/Hablemos Con un(a) compañero(a), inventa una aventura de Don Quijote, una vez que decide salir al mundo para vengar injusticias. Usen cinco palabras que representen los cinco usos de la **r,** y dos palabras que representen los dos usos de la **rr.**

DICTADO

Escribe lo que oigas sobre *Don Quijote de la Mancha.* Presta atención especial al uso de la **h,** la **b** y **v,** la **m** y **n,** a los sonidos /**y**/, /**s**/, /**k**/, /**x**/, /**r**/ y /**rr**/. Escríbelos según corresponda.

Taller del escritor

Cuaderno
de práctica,
pág. 108

ESTRATEGIA

El cuento, a diferencia de los relatos que narran hechos reales, es una obra de ficción, es decir, un relato de hechos imaginarios. Es una narración breve en prosa, que normalmente consta de: un argumento,[1] personajes centrales y ambiente. Para escribir un buen cuento, necesitas una buena idea que te gustaría desarrollar, y prestar atención al conflicto, que es el problema que el protagonista tendrá que solucionar. Conviene que presentes el conflicto en el primer párrafo del cuento, para captar la atención del lector.

ACTIVIDAD

AP
PREPARACIÓN
PRÁCTICA

Tu propio Quijote

Escribamos Escribe un cuento sobre un don Quijote (o doña Quijote) del siglo XXI. Ya sabes los rasgos principales del personaje y cuál es su conflicto: el enfrentamiento entre la realidad y la ficción (la supuesta locura). Haz un plan de trabajo con un resumen del cuento en un par de oraciones; un título que te guste, notas sobre el ambiente (tiempo y lugar en que suceden los hechos), y el punto de vista. Decide cuál será el conflicto que tendrá que solucionar tu protagonista, y qué suceso va a ser el clímax del cuento. Apunta también posibles desenlaces.

Así se dice

Para enlazar los sucesos y las ideas

Puedes usar estas palabras al escribir tu cuento:

antes, cuando, de pronto, después, durante, entonces, entre tanto, finalmente, mientras, por fin, por último, ya, así que…, por más que…

---

[1] trama, desarrollo del tema

Repaso

Lectura
¿Entiendes la lectura «A Julia de Burgos»?
Págs. 260-261

Comunicación oral
¿Entiendes el vocabulario de la lectura?
Págs. 264-265

¿Sabes usar el pluscuamperfecto de subjuntivo en cláusulas nominales y en oraciones condicionales?
Págs. 266-269

¿Sabes usar la voz pasiva y la pasiva refleja?
Págs. 270-271

Comunicación escrita
¿Sabes cómo se usan los signos de puntuación?
Págs. 272-273

¿Sabes escribir un poema?
Pág. 274

A Las dos Julias

Explica en un párrafo las razones que llevaron a Julia de Burgos a escribir este poema. Luego, comenten en grupo los conflictos entre la persona y la poetisa y den ejemplos de conflictos similares que puedan afectar a sus propias vidas.

B Hombres y mujeres

Reúne las siguientes palabras en grupos de tres según se asocien a la mujer o al hombre. Luego escribe una oración con cada trío.

▶ **Palabras:** viril, hipocresía, sumiso, mandar, alhajas, prejuicio, injusticia, jugarse, casero, casino, resignado, el qué dirán

C Las oraciones

Completa las siguientes oraciones con el pluscuamperfecto de subjuntivo del verbo entre paréntesis.

1. No le importó que nadie la ===== (comprender).
2. Se habría liberado antes si ===== (poder) hacerlo.
3. Le habría gustado que le ===== (dar) más libertad.
4. No le sorprendió que su lucha interna ===== (ser) como un reto a muerte.

D En pasiva

Completa el párrafo con la voz pasiva regular o la pasiva con «se» (pasiva refleja).

Algunos de los poemas de Julia **1** (publicar) por su hermana Consuelo. «El mar y tú», por ejemplo, **2** (escribir) por Julia cuando estaba en Nueva York pero no **3** (dar a conocer) hasta después de su muerte. Aunque murió entre desconocidos en Nueva York, **4** (pronunciar) discursos póstumos en su honor y **5** (leer) muchos de sus poemas.

E La puntuación

Escribe los signos de puntuación en las siguientes oraciones.

1. El uso de figuras literarias la metáfora la comparación el símbolo y la personificación es muy común en la poesía
2. Julia de Burgos hace uso frecuente de la metáfora una comparación sobreentendida para darle más vida a sus versos

F Mis versos

Escribe cuatro versos sobre cómo sería el mundo si no existieran tantos prejuicios sociales. Usa comparaciones y metáforas.

G El hidalgo

Comenta con tus compañeros cómo caracteriza Cervantes a su personaje principal.

H El diálogo

Escribe un breve diálogo entre dos personas que hablan sobre la personalidad de Don Quijote. Usa las siguientes palabras.

▸ **Palabras:** disparates, juicio, ejercitarse, madrugador, desentrañar, enfrascar, acomodado, hidalgo, honra, agravio, alabar, merecer

I ¡A completar!

Completa las siguientes oraciones, usando el infinitivo, el gerundio y el participio en función de nombre, adverbio y adjetivo.

1. Lo que de verdad deseaba era... (infinitivo)
2. Salvaría al mundo de las injusticias... (gerundio)
3. Por el valor de su brazo, imaginábase ya... (participio)

J Novela universal

Completa el siguiente párrafo con el tiempo verbal correcto del verbo entre paréntesis.

¿Por qué creo que el Quijote __1__ (ser) una obra de la literatura universal? Tal vez porque en los personajes se __2__ (apreciar) características humanas que __3__ (ser) universales. Cuando __4__ (leer) la novela por primera vez, me sorprendió que el tema __5__ (ser) tan interesante y de actualidad. Me __6__ (dedicar) por completo a la lectura hasta que __7__ (terminar) el libro. Mis compañeros no podían creer que le __8__ (haber) dedicado tanto tiempo. Yo, por mi parte, les sugerí que ellos lo __9__ (leer). Estaba seguro de que les __10__ (ir) a encantar.

K El poder de la pintura

Con un(a) compañero(a), selecciona los tres murales que más te gusten. Comenten a qué cultura pertenecen, qué motivos representan y qué mensaje quieren transmitir.

L Rueda la r

Corrige las palabras que estén mal escritas e indica si la **r** o **rr** es suave o fuerte.

▸ **Palabras:** caballero, madrrugador, naración, Rocinante, honra, pero

M Mi cuento

Escribe un cuento con un personaje, un argumento y un ambiente concreto. Inventa tu héroe y ubícalo en una época y lugar del mundo hispanohablante. Investiga los detalles del ambiente antes de empezar.

«A Julia de Burgos» pág. 260

abismo *m.*
alborotado, -a *adj.*
alhaja *f.*
alzarse *v.*
atado, -a *pp.*
banquete *m.*
casero, -a *adj.*
casino *m.*
cifra *f.*
clavado, -a *adj.*
cura *m.*
deber *v.*

dejar atrás *v.*
desnudar *v.*
el qué dirán
esencia *f.*
fatal *adj.*
hipocresía *f.*
inhumano, -a *adj.*
injusticia *f.*
jugarse *v.*
mandar *v.*
modisto, -a *m. y f.*
multitud *f.*

olfatear *v.*
pecado *m.*
pensamiento *m.*
pintarse *v.*
prejuicio *m.*
resignado, -a *pp.*
rizar(se) *v.*
sumiso, -a *adj.*
tenderse *v.*
viril *adj.*

MEJORA TU VOCABULARIO Metáfora y comparación, pág. 265

morirse de risa, partírsele a uno el alma, pedirle peras al olmo, salir con el rabo entre las patas, ser un santo, ser una bala, tener los días contados, vivir del aire

blanco como la nieve, ciego como un topo, comer como un canario, más duro que una piedra, más listo que un zorro, terco como una mula

de *Don Quijote de la Mancha* pág. 278

acomodado, -a *adj.*
agravio *m.*
alabar *v.*
cicatriz *f.*
cobrar *v.*
conjetura *f.*
curar *v.*
de añadidura *adv.*
desentrañar *v.*
desvelarse *v.*
disparate *m.*
docto, -a *adj.*

ejercitarse *v.*
enfrascarse *v.*
enjuto, -a *adj.*
ensillar *v.*
estorbar *v.*
fortificar *v.*
herida *f.*
hidalgo, -a *m. y f.*
honra *f.*
inacabable *adj.*
juicio *m.*
llorón, -a *adj.*

madrugador, -a *adj.*
melindroso, -a *adj.*
merecer *v.*
ocioso, -a *adj.*
poner en efecto *v.*
recio, -a *adj.*
resucitar *v.*
revés *m.*
soberbio, -a *adj.*
verosímil *adj.*

MEJORA TU VOCABULARIO Símbolo e hipérbole, pág. 287

de arriba abajo, estar piel y hueso, estar muerto, más claro que el agua, más pálido que un muerto, no tener donde caerse muerto

SECCIONES DE REFERENCIA

Guía del lenguaje

LAS VOCES DEL HABLA

Los sustantivos

Los sustantivos son esas palabras que señalan a una persona, un lugar, una cosa o un concepto:

el **profesor**   la **clase**
el **libro**   la **verdad**

El género y el número

Todo sustantivo tiene **género,** el cual puede ser **masculino** o **femenino.** El género de un sustantivo se indica por medio del artículo que le corresponde. Los artículos *el, los, un* y *unos* señalan sustantivos masculinos. Los artículos *la, las, una* y *unas* señalan sustantivos femeninos. El **número** indica si el sustantivo se refiere a uno **(singular)** o a más de uno **(plural):**

	Masculino	**Femenino**
Singular	el profesor un libro	la profesora una clase
Plural	los platos unos bolígrafos	las puertas unas plumas

- La mayoría de los sustantivos de personas son masculinos cuando se refieren a varones *(el profesor)* y femeninos cuando se refieren a hembras *(la profesora).*

- Son masculinos la mayoría de los sustantivos que terminan en **-o, -aje, -ón** (menos **-sión** y **ción), -al, -és, -ín, -or** y **-ma** (si éste es de origen griego):

el *cas**o***   el *ingl**és***
el *pais**aje***   el *bolet**ín***
el *avi**ón***   el *ol**or***
el *per**al***   el *proble**ma***

Algunas excepciones notables son *la mano* y *la labor.*

- Son femeninos la mayoría de los sustantivos que terminan en **-a, -dad, -tad, -tud, -is, -ie** y **-umbre:**

la *cas**a***   la *dos**is***
la *ver**dad***   la *ser**ie***
la *liber**tad***   la *muche**dumbre***
la *vir**tud***

Algunas excepciones notables son *el día, el mapa, el planeta* y *el brindis.*

- Los sustantivos que terminan en las consonantes **-l, -n, -r** y **-z** o en las vocales **-e, -i** o **-u** pueden ser masculinos o femeninos. Hay que aprender de memoria el género de estas palabras:

el árbol	la piel	el aceite	la calle
el corazón	la razón	el buey	la ley
el crimen	la imagen	el espíritu	la tribu
el arroz	la paz		

- Algunos sustantivos que se refieren a personas pueden ser o masculinos o femeninos. El género de estas palabras se determina por medio del contexto o de los artículos que las acompañan, siendo las terminaciones invariables:

  el artista   **la** artista

  el adolescente   **la** adolescente

- Los sustantivos femeninos que empiezan con **a-** o **ha-** tónicas llevan los artículos **el** o **un.** Sin embargo, el plural de estos sustantivos lleva los artículos **las** o **unas:**

  el agua fría   **las** aguas frías

  toda **el** alma   **las** almas

  un hada madrina   **unas** hadas madrinas

- Los sustantivos adoptan una forma **diminutiva** por medio de las terminaciones **-(c)ito** o **-(c)ico** si son de poco tamaño o si el hablante siente cariño por ellos:

  un moment**ito**   un vaso de agü**ita**   un rincon**cito**

  una tac**ita** de té   una pregunt**ica**

  a la vuelte**cita**   mi hij**ito**

- Los sustantivos adoptan una forma **aumentativa** por medio de las terminaciones **-(z)azo, -(z)aco, -ón** o **-(z)ote** si son de gran tamaño o para dar una connotación despectiva o de menosprecio. A veces, los aumentativos dan una connotación positiva:

  un perro**te**   un amig**azo**

  un dolor**zazo** de cabeza   un tip**azo**

Los artículos definidos e indefinidos

Los **artículos definidos e indefinidos** señalan sustantivos y tienen cuatro formas que concuerdan en género y número con el sustantivo al que preceden:

	artículos definidos		artículos indefinidos	
	masculino	**femenino**	**masculino**	**femenino**
Singular	el	la	un	una
Plural	los	las	unos	unas

El **artículo definido** señala un sustantivo específico ya mencionado dentro del habla o un sustantivo en un sentido general:

El libro de que hablas es poco interesante.

La democracia se originó en Grecia.

Los pronombres

Los **pronombres** son esas palabras que toman el lugar de un sustantivo para evitar la repetición de éste:

*El primer obstáculo fue convencer a mi padre. **Él** había dicho que no quería que mi madre trabajara. No me puedo explicar cómo **lo** convencimos. Luego **se** ofreció a terminar el trabajo.*

Los pronombres personales

Los **pronombres personales** designan a las personas de quienes se habla. Toman el lugar de la persona que habla *(yo)*, la persona a quien se habla *(tú)* o la persona de quien se habla *(él, ella).*

- Los **pronombres de sujeto** señalan a la persona que realiza la acción en una oración. En algunos casos concuerdan en género y número con la persona a la que reemplazan:

  ¿Quién habla? **Yo.**

  ¿Quién hizo la cena? **Él.**

	primera persona	
	masculino	**femenino**
Singular	yo	
Plural	nosotros	nosotras

	segunda persona				
	Latinoamérica			**España**	
	informal	**informal** (algunos países)	**formal**	**informal**	**formal**
Singular	tú	vos*	usted	tú	usted
Plural	ustedes	ustedes	ustedes	vosotros, vosotras	ustedes

*El uso común de **vos** en Latinoamérica se limita a varios países de Centroamérica, Argentina, Uruguay y Paraguay, y a zonas de otros países.

	tercera persona	
	masculino	**femenino**
Singular	él	ella
Plural	ellos	ellas

- El **complemento directo** recibe la acción de un verbo transitivo. Lo puede reemplazar un **pronombre de complemento directo:**

  ¿Quién hizo la sopa? **La** *hizo Juan Antonio.*

  *Escribo muchas cartas y **las** escribo a menudo.*

	Singular		Plural	
	masculino	femenino	masculino	femenino
primera persona	me		nos	
segunda persona	te		os (Esp.)	
tercera persona	lo	la	los	las

- El **complemento indirecto** recibe el complemento directo o el efecto de la acción verbal. Lo acompaña o lo puede reemplazar un **pronombre de complemento indirecto:**

  *Yo **le** escribo cartas a mi prima. Generalmente **le** escribo todas las semanas.*

  *Es imposible que **te** hayan cancelado el vuelo.*

  *A mis hermanos **les** gusta escuchar música.*

	Singular	Plural
primera persona	me	nos
segunda persona	te	os (Esp.)
tercera persona	le (se)	les (se)

- Los pronombres **le** y **les** cambian a **se** cuando van seguidos por uno de los pronombres de complemento directo **lo, la, los** o **las:**

  *¿Qué hiciste con esos libros y juguetes viejos? **Se los** di al hospital.*

- Los **pronombres prepositivos** son los pronombres personales que se usan después de las preposiciones:

  *Echo de menos a mis primos. Hace mucho que no salgo **con ellos.***

  *Mis tías me escriben muchas cartas **a mí** aunque yo no les escribo **a ellas** casi nunca.*

	Singular		Plural	
	masculino	femenino	masculino	femenino
primera persona	mí		nosotros	nosotras
segunda persona	ti usted		ustedes vosotros (Esp.)	ustedes vosotras (Esp.)
tercera persona	él	ella	ellos	ellas

- Nota que la preposición **con** se combina con los pronombres **mí** y **ti** para formar las palabras **conmigo** y **contigo:**

  *Salgo ahora. ¿Vienes **conmigo?***

- Los **pronombres reflexivos (me, te, se, nos, os, se)** señalan un complemento cuando éste es el mismo que el sujeto. Pueden funcionar como complemento directo o indirecto:

  *Olivia **se** peinó. (pronombre reflexivo como complemento directo)*

  ***Nos** compramos un refresco. (pronombre reflexivo como complemento indirecto)*

- Los **pronombres posesivos** toman el lugar de un sustantivo a la vez que se refieren al dueño del mismo. Concuerdan en género y número con el sustantivo que reemplazan:

	Singular		Plural	
	masculino	femenino	masculino	femenino
primera persona	mío(s)	mía(s)	nuestro(s)	nuestra(s)
segunda persona	tuyo(s)	tuya(s)	vuestro(s)	vuestra(s)
tercera persona	suyo(s)	suya(s)	suyo(s)	suya(s)

- Los **pronombres demostrativos** señalan sustantivos con relación específica a la persona que habla. Concuerdan en género y número con el sustantivo que reemplazan. Suelen llevar acento ortográfico aunque ya no es un requisito:

    *No quiero **éste** sino **ésos**.*

    ***Aquéllas** son buenas pero **éstas** son mejores.*

	próximo al hablante		próximo al oyente		próximo a ninguno	
	masculino	femenino	masculino	femenino	masculino	femenino
Singular	éste	ésta	ése	ésa	aquél	aquélla
Plural	éstos	éstas	ésos	ésas	aquéllos	aquéllas

- Los demostrativos adoptan una forma neutra cuando se desconoce el género del sustantivo al que se refiere o cuando se refiere a un concepto abstracto. Éstos nunca llevan acento ortográfico:

    *¿Qué es **esto?***

    ***Eso** no se puede hacer.*

    ***Aquello** fue horrible.*

- Los **pronombres interrogativos** son los que reemplazan un sustantivo desconocido acerca del cual se hace una pregunta. Siempre llevan acento ortográfico:

    *¿**Qué** pasó?*

    *¿**Cuál** es tu teléfono?*

    *¿**Quiénes** son esos muchachos?*

- Los **pronombres relativos** introducen una cláusula de relativo a la vez que reemplazan el sustantivo al que se refieren. Concuerdan con el sustantivo que reemplazan en género y en número:

    El plato sabe riquísimo. Tú preparaste el plato.

    *El plato **que tú preparaste** sabe riquísimo.*

    Mis abuelos son profesores. Quiero mucho a mis abuelos.

    *Mis abuelos, **a quienes quiero mucho,** son profesores.*

    Las bellas artes son fascinantes. Se aprende mucho por medio de las bellas artes

    *Las bellas artes, **por medio de las cuales se aprende mucho,** son fascinantes.*

- Los pronombres relativos pueden introducir una **cláusula explicativa** (también llamada **no restrictiva**), la cual presenta información adicional sobre el sustantivo:

    *Mi clase de física, **que se reúne a las tres,** es muy difícil.* (Sigo una clase de física y esa clase es difícil.)

También pueden introducir una **cláusula especificativa** (también llamada **restrictiva**), la cual restringe el sustantivo a uno específico:

> *Mi clase de física **que se reúne a las tres** es muy difícil. (Sigo varias clases de física. La que se reúne a las tres es la difícil.)*

	cualquier sustantivo		personas	
	masculino	**femenino**	**masculino**	**femenino**
Singular	(el) que el cual	(la) que la cual	quien	quien
Plural	(los) que los cuales	(las) que las cuales	quienes	quienes

Los pronombres relativos **lo que** y **lo cual** pueden referirse tanto a un sustantivo individual como a una cláusula entera. También pueden referirse a un sustantivo que todavía no se haya mencionado:

> ***Lo que** vamos a hacer ahora es estudiar para el examen.*

> *Juan no estudió para el examen, **lo cual** explica la mala nota que sacó.*

- Los **pronombres indefinidos y negativos** se refieren a una cosa o a una persona indefinida o no existente:

> *Tenemos que hacer **algo.***　　*****Algunos** dicen que es bueno.*
> *No tiene **nada** que ver.*　　*****Alguien** me dijo que había un examen hoy.*
> *No hay **nadie** en la cafetería.*

Los adjetivos

Los **adjetivos** modifican un sustantivo. Concuerdan con el sustantivo en género y en número.

- La mayoría de los adjetivos tienen cuatro formas:

	Masculino		**Femenino**	
Singular	francés mandón	bueno conversador	francesa mandona	buena conversadora
Plural	franceses mandones	buenos conversadores	francesas mandonas	buenas conversadoras

- Otros adjetivos tienen dos formas:

	Masculino y femenino						
Singular	leal	gris	feliz	azteca	fuerte	iraní	cortés
Plural	leales	grises	felices	aztecas	fuertes	iraníes	corteses

- Los adjetivos se colocan después del sustantivo para referirse a un sustantivo específico dentro de un grupo:

    un carro **rojo** (no uno blanco)

    las ciudades **pequeñas** (no las grandes)

- Los adjetivos se colocan antes del sustantivo para señalar una cualidad inherente o para describir un sustantivo que es único. También se colocan así en frases o expresiones exclamativas:

    la **blanca** nieve (siempre es blanca)

    mi **querido** abuelo (abuelo, sólo hay uno, y es querido)

    ¡**Buena** idea!

    ¡Qué **lindo** día!

- Los adjetivos que señalan orden (primero, segundo, etc.) o cantidad (mucho, poco, pleno, tanto, etc.) siempre se colocan antes del sustantivo. También se colocan antes los artículos definidos e indefinidos, los demostrativos y los posesivos:

    plena luz   **nuestras** casas

    ambas cosas   **aquellos** días

- Los **adjetivos indefinidos y negativos** se refieren a una cosa o a una persona indefinida o no existente. Por la mayor parte, se colocan antes del sustantivo:

    No tengo **ninguna** prisa.

    Algunas personas dicen que es bueno.

- Algunos adjetivos tienen connotaciones distintas según su posición:

	posición anterior	posición posterior
pobre	infeliz, desafortunado	humilde, sin mucho dinero
viejo	conocido desde hace mucho tiempo	entrado en años
ese	demostrativo	de mala fama
gran(de)	muy bueno	de gran tamaño
puro	sólo, nada sino	claro y no contaminado
nuevo	distinto	no usado
alto	de rango superior, digno de respeto	de gran estatura

- Algunos adjetivos tienen formas abreviadas cuando se colocan antes de un sustantivo masculino singular:

    un **buen** amigo   el **tercer** examen

    un **mal** ejemplo   **algún** día

    el **primer** día   **ningún** lugar

- El adjetivo grande se abrevia antes de cualquier sustantivo singular:

    la **gran** ciudad

    el **gran** premio

- Los **adjetivos posesivos** preceden a un sustantivo a la vez que se refieren al dueño del mismo. Concuerdan en género y número con el sustantivo que reemplazan:

	Singular		Plural	
	masculino	**femenino**	**masculino**	**femenino**
primera persona	mi(s)	mi(s)	nuestro(s)	nuestra(s)
segunda persona	tu(s)	tu(s)	vuestro(s) (Esp.)	vuestra(s) (Esp.)
tercera persona	su(s)	su(s)	su(s)	su(s)

- Los **adjetivos** describen un sustantivo en sí. Los **adjetivos comparativos** lo comparan con otro sustantivo. Pueden hacer comparaciones de igualdad o de desigualdad. La forma comparativa de desigualdad de la mayoría de los adjetivos se forma por medio de las palabras *más o menos*. El sustantivo al que se compara algo se señala por medio de las palabras *que* o *de* (ésta se usa si se compara algo con un número específico):

  *Los perros son **más activos que** los gatos.*

  *Los perros **son menos ágiles** que los gatos.*

  *Las vacunas para los perros cuestan **más de** cincuenta dólares.*

- La forma comparativa de igualdad de la mayoría de los adjetivos se forma por medio de las palabras *tan* y *tanto(a)(s)*. El sustantivo al que se compara algo se señala por medio de la palabra *como*:

  *Mi perro tiene **tantos juguetes como** mi gato.*

  *Los perros chicos no necesitan **tanta comida como** los grandes.*

  *Los perros son **tan inteligentes como** los gatos.*

- Se señala la comparación de cantidades mediante *de*:

  *Tiene más **de** cincuenta años.*

  *Hay menos **de** diez estudiantes en la clase.*

- Si la cantidad la expresa una cláusula (en vez de por un número), para hacer la comparación se utilizan entonces las formas *del que, de la que, de los que* y *de las que*, correspondientes en género y número de la cosa que se compara:

  *Mateo tiene **más** exámenes este semestre **de los que** tengo yo.*

  *Carla trabaja **más** horas **de las que** trabaja Marta.*

- La forma comparativa *de lo que* se emplea al comparar cantidades abstractas:

  *Los loros son **más** inteligentes **de lo que** tú crees.*

- El **adjetivo superlativo** destaca un sustantivo por encima de todos en un grupo:

  *Boris es el perro **más travieso de** todo el barrio.*

  *Sara es la estudiante **más aplicada de** la clase.*

- Algunos adjetivos adoptan formas comparativas y superlativas irregulares:

adjetivo	comparativo	superlativo
bueno	mejor que	el mejor de
malo	peor que	el peor de
viejo	mayor que	el mayor de
joven	menor que	el menor de

- La **forma intensiva de un adjetivo** pone énfasis en la cualidad del mismo. Se forma añadiendo la terminación *-ísimo:*

> Estuve **contentísimo** con mi nota en el examen.
>
> La película estuvo **buenísima.**

El verbo

El **verbo** es la palabra de una oración que expresa una acción o un estado. Así sirve como el núcleo de una frase. El verbo consta de una raíz, que transmite su sentido semántico, más varias terminaciones, las cuales expresan las seis características gramaticales del verbo: **persona, número, tiempo, modo, aspecto** y **voz.** El proceso de modificar un verbo para expresar estas seis características se conoce como **conjugación,** la cual sigue varios patrones, algunos completamente regulares y predecibles y otros no.

Los verbos se clasifican en tres categorías (o conjugaciones) según la vocal de su infinitivo; es decir, su forma terminada en **-r.** La primera conjugación abarca todos los verbos cuyo infinitivo termina en **-ar,** como *hablar.* Los verbos de la segunda conjugación tienen el infinitivo en **-er,** como *comer.* La tercera la forman los verbos en **-ir,** como *escribir.*

- La **persona** es el sujeto que realiza la acción del verbo. La **primera persona** se refiere al hablante *(yo hablo).* La **segunda persona** se refiere al oyente *(tú hablas).* La **tercera persona** se refiere a una persona o cosa distinta al hablante y al oyente *(él o ella habla).*

- El **número** indica si el sujeto que realiza la acción es singular *(yo hablo)* o plural *(nosotros hablamos).*

- El **tiempo** se refiere al momento en que se realiza la acción. El tiempo abarca el **pasado** *(ayer hablé),* el **presente** *(hoy hablo),* o el **futuro** *(mañana hablaré).*

- El **modo** expresa la manera en que se presenta la acción. El **modo indicativo** expresa los hechos concretos que quedan dentro del conocimiento del hablante. El **modo subjuntivo** ocurre en cláusulas subordinadas para presentar información con un matiz de duda, juicio, conjetura o emoción. El **modo imperativo** expresa un mandato.

> Juan siempre **tiene** cuidado. (indicativo)
>
> Es importante que Juan **tenga** cuidado. (subjuntivo)
>
> Juan, **ten** cuidado con los platos. (imperativo)

- El **aspecto** expresa la duración, el desdoblamiento o los límites de una acción o estado. El **aspecto progresivo** señala una acción que se está desarrollando o que está en progreso. El **aspecto imperfectivo** señala una acción habitual o no concluida en el presente, el pasado o el futuro. El **aspecto perfectivo** expresa acciones o estados que comenzaron o terminaron en un punto específico en el pasado.

> Juan **está comiendo.** (aspecto progresivo)
>
> Juan **come** una manzana cada día. (aspecto imperfectivo en el presente)
>
> Juan **comía** una manzana cada dia. (aspecto imperfectivo en el pasado)
>
> Juan se **comió** una manzana. (aspecto perfectivo)

- La **voz** indica si el sujeto realiza o recibe la acción de un verbo. La **voz activa** indica que el sujeto realiza la acción. Por otro lado, la **voz pasiva** indica que el sujeto gramatical no realiza la acción, sino que la recibe.

> El terremoto **destruyó** la ciudad. (voz activa)
>
> La ciudad **fue destruida** por un terremoto. (voz pasiva)

Los tiempos sencillos del indicativo

El **tiempo presente** abarca el momento del habla o el futuro inmediato:

> Me **siento** mal ahora mismo.
> Mañana **salgo** para Madrid.

- Se forma el tiempo presente de los **verbos regulares** añadiendo a la raíz las siguientes terminaciones, correspondientes a persona y número, según la vocal del infinitivo:

	infinitivo en -ar		infinitivo en -er		infinitivo en -ir	
	singular	plural	singular	plural	singular	plural
primera	hablo	hablamos	como	comemos	escribo	escribimos
segunda	hablas	habláis	comes	coméis	escribes	escribís
tercera	habla	hablan	come	comen	escribe	escriben

- En el tiempo presente, algunos verbos sufren una **alternancia de la raíz** entre una vocal sencilla y un diptongo (combinación de dos vocales en una sílaba), u otra vocal. La alternancia entre **e ↔ ie** y entre **o ↔ ue** puede ocurrir en verbos de cualquiera de las tres categorías. El infinitivo y la primera y segunda personas del plural comparten la misma vocal. Las demás formas contienen el diptongo.

Verbos con alternancia entre e ↔ ie

	infinitivo en -ar		infinitivo en -er		infinitivo en -ir	
	singular	plural	singular	plural	singular	plural
primera	pienso	pensamos	quiero	queremos	miento	mentimos
segunda	piensas	pensáis	quieres	queréis	mientes	mentís
tercera	piensa	piensan	quiere	quieren	miente	mienten

Algunos verbos de uso frecuente que siguen este patrón son *cerrar, comenzar, empezar, perder, preferir* y *recomendar.*

Verbos con alternancia entre o ↔ ue

	infinitivo en -ar		infinitivo en -er		infinitivo en -ir	
	singular	plural	singular	plural	singular	plural
primera	recuerdo	recordamos	muevo	movemos	duermo	dormimos
segunda	recuerdas	recordáis	mueves	movéis	duermes	dormís
tercera	recuerda	recuerdan	mueve	mueven	duerme	duermen

Algunos verbos de uso frecuente que siguen este patrón son *acostar, almorzar, costar, doler, encontrar, llover, poder* y *soñar.*

- La alternancia entre **e** ↔ **i** sólo ocurre en los verbos terminados en **-ir.** El infinitivo y la primera y segunda personas del plural emplean la **e.** Las demás formas emplean la **i:**

	singular	plural
primera	mido	medimos
segunda	mides	medís
tercera	mide	miden

Algunos verbos de uso frecuente que siguen este patrón son *pedir, reír, seguir, servir* y *vestir.*

- Algunos verbos siguen uno de los patrones anteriormente mencionados, pero cuentan con una forma **irregular en la primera persona del singular:**

	infinitivo en -ar		infinitivo en -er		infinitivo en -ir	
	singular	plural	singular	plural	singular	plural
primera	doy	damos	**tengo**	tenemos	vengo	venimos
segunda	das	dais	tienes	tenéis	vienes	venís
tercera	da	dan	tiene	tienen	viene	vienen

Algunos verbos de uso frecuente con formas irregulares en la primera persona del singular son:

caber: **quepo**	hacer: **hago**	salir: **salgo**	ver: **veo**
conocer: **conozco**	poner: **pongo**	traer: **traigo**	
decir: **digo**	saber: **sé**	valer: **valgo**	

- Algunos verbos cuyas raíces terminan en **i-** o **u-** sufren una **alternancia entre i- y u- tónicas y átonas,** lo cual exige el uso del acento ortográfico en todas las formas del presente menos las primera y segunda personas del plural:

	singular	plural
primera	envío	enviamos
segunda	envías	enviáis
tercera	envía	envían

	singular	plural
primera	gradúo	graduamos
segunda	gradúas	graduáis
tercera	gradúa	gradúan

Algunos verbos de uso frecuente que siguen este patrón son *confiar* y *continuar.*

- Además de las posibles alternancias anteriormente mencionadas, algunos verbos también sufren **cambios ortográficos** en la conjugación:

	infinitivo en -ger		infinitivo en -gir	
	singular	plural	singular	plural
primera	escojo	escogemos	elijo	elegimos
segunda	escoges	escogéis	eliges	elegís
tercera	escoge	escogen	elige	eligen

Algunos verbos de uso frecuente que siguen estos patrones son *proteger, corregir, parecer* y *reconocer.*

infinitivo en -uir (menos -guir)		
	singular	**plural**
primera	influ**y**o	influimos
segunda	influ**y**es	influís
tercera	influ**y**e	influ**y**en

Algunos verbos de uso frecuente que siguen este patrón son *construir, contribuir* y *huir.*

- Un pequeño número de verbos de uso frecuente no siguen ninguno de los patrones ya mencionados. Así, se consideran completamente **irregulares:**

	ser		**ir**	
	singular	**plural**	**singular**	**plural**
primera	soy	somos	voy	vamos
segunda	eres	sois	vas	vais
tercera	es	son	va	van

- Algunos verbos regulares e irregulares, como **gustar, sorprender, molestar,** etc., se conjugan en todas las personas, pero su conjugación es más frecuente en la tercera persona del singular y del plural, en la siguiente construcción:

	complemento		**pronombre**		**verbo**	**sujeto**
	singular	**plural**	**singular**	**plural**		
primera	A mí	A nosotros	me	nos	gusta	el chocolate leer
segunda	A tí	A vosotros	te	os	gustan	María y Carlos los coches
tercera	A él/ella	A él/ella	le	les		

El **tiempo imperfecto** (también conocido como el **pretérito imperfecto** y el **copretérito**) se refiere a una acción o estado en progreso, no concluida o habitual, del pasado:

> ***Hacía*** la tarea cuando me llamaste.
>
> Siempre ***veía*** la televisión los sábados.

- Se forma el tiempo imperfecto de los **verbos regulares** añadiendo a la raíz las siguientes terminaciones, correspondientes a persona y número, según la vocal del infinitivo:

	infinitivo en -ar		**infinitivo en -er**		**infinitivo en -ir**	
	singular	**plural**	**singular**	**plural**	**singular**	**plural**
primera	habl**aba**	habl**ábamos**	com**ía**	com**íamos**	escrib**ía**	escrib**íamos**
segunda	habl**abas**	habl**abais**	com**ías**	com**íais**	escrib**ías**	escrib**íais**
tercera	habl**aba**	habl**aban**	com**ía**	com**ían**	escrib**ía**	escrib**ían**

- Los verbos **ser** e **ir** tienen las siguientes formas en el tiempo imperfecto:

	ser		ir	
	singular	**plural**	**singular**	**plural**
primera	era	éramos	iba	íbamos
segunda	eras	erais	ibas	ibais
tercera	era	eran	iba	iban

El **tiempo pretérito** (también conocido como el **pretérito simple**) se refiere a una acción o estado en el pasado ya concluida, o que se inició o terminó en un momento específico, o que duró un periodo determinado:

Ayer **hice** *toda la tarea.   Cuando me lo* **dijeron, me puse** *contento.   * **Estudié** *tres horas.*

- Se forma el tiempo pretérito de los **verbos regulares** añadiendo a la raíz las siguientes terminaciones, correspondientes a persona y número, según la vocal del infinitivo:

	infinitivo en -ar		infinitivo en -er		infinitivo en -ir	
	singular	**plural**	**singular**	**plural**	**singular**	**plural**
primera	habl**é**	habl**amos**	com**í**	com**imos**	escrib**í**	escrib**imos**
segunda	habl**aste**	habl**asteis**	com**iste**	com**isteis**	escrib**iste**	escrib**isteis**
tercera	habl**ó**	habl**aron**	com**ió**	com**ieron**	escrib**ió**	escrib**ieron**

- El tiempo pretérito de algunos verbos sufre una **alternancia de la raíz** entre **e ↔ i** y entre **o ↔ u.** Esta alternancia sólo ocurre en los verbos terminados en **-ir** que sufren un cambio de raíz en el tiempo presente. Las formas de la tercera persona singular y plural emplean la **i** o la **u.** Las demás formas emplean la **e** o la **o:**

	alternancia e ↔ i		alternancia o ↔ u	
	singular	**plural**	**singular**	**plural**
primera	s**e**rví	s**e**rvimos	d**o**rmí	d**o**rmimos
segunda	s**e**rviste	s**e**rvisteis	d**o**rmiste	d**o**rmisteis
tercera	s**i**rvió	s**i**rvieron	d**u**rmió	d**u**rmieron

Algunos verbos de uso frecuente que siguen estos patrones son *pedir* y *divertirse.*

- Además de las alternancias anteriormente mencionadas, algunos verbos también sufren **cambios ortográficos** en la conjugación:

	infinitivo en -car		infinitivo en -gar		infinitivo en -zar	
	singular	**plural**	**singular**	**plural**	**singular**	**plural**
primera	bus**qué**	bus**c**amos	lle**gué**	lle**g**amos	re**c**é	re**z**amos
segunda	bus**c**aste	bus**c**asteis	lle**g**aste	lle**g**asteis	re**z**aste	re**z**asteis
tercera	bus**c**ó	bus**c**aron	lle**g**ó	lle**g**aron	re**z**ó	re**z**aron

Algunos verbos comunes que siguen estos patrones son *sacar, pagar, comenzar y empezar*.

	infinitivo en -uir (menos -guir)	
	singular	**plural**
primera	influí	influimos
segunda	influiste	influisteis
tercera	influyó	influyeron

- El tiempo pretérito de algunos verbos utiliza una **raíz irregular** junto con terminaciones algo distintas a las que usan los verbos regulares:

	andar		dar		decir	
	singular	**plural**	**singular**	**plural**	**singular**	**plural**
primera	anduve	anduvimos	di	dimos	dije	dijimos
segunda	anduviste	anduvisteis	diste	disteis	dijiste	dijisteis
tercera	anduvo	anduvieron	dio	dieron	dijo	dijeron

	estar		hacer		poder	
	singular	**plural**	**singular**	**plural**	**singular**	**plural**
primera	estuve	estuvimos	hice	hicimos	pude	pudimos
segunda	estuviste	estuvisteis	hiciste	hicisteis	pudiste	pudisteis
tercera	estuvo	estuvieron	hizo	hicieron	pudo	pudieron

	poner		querer		saber	
	singular	**plural**	**singular**	**plural**	**singular**	**plural**
primera	puse	pusimos	quise	quisimos	supe	supimos
segunda	pusiste	pusisteis	quisiste	quisisteis	supiste	supisteis
tercera	puso	pusieron	quiso	quisieron	supo	supieron

	tener		traer		venir	
	singular	**plural**	**singular**	**plural**	**singular**	**plural**
primera	tuve	tuvimos	traje	trajimos	vine	vinimos
segunda	tuviste	tuvisteis	trajiste	trajisteis	viniste	vinisteis
tercera	tuvo	tuvieron	trajo	trajeron	vino	vinieron

• Los verbos **ser** e **ir** comparten las mismas formas en el pretérito:

	singular	plural
primera	fui	fuimos
segunda	fuiste	fuisteis
tercera	fue	fueron

El **tiempo futuro** se usa para referirse al futuro o también para expresar la probabilidad en el presente: *Mañana* **saldré** *para Madrid. Alguien llama. ¿Quién* **será?**

• Se forma el tiempo futuro de los **verbos regulares** añadiendo las siguientes terminaciones al infinitivo, correspondientes a persona y número:

	infinitivo en -ar		infinitivo en -er		infinitivo en -ir	
	singular	plural	singular	plural	singular	plural
primera	hablaré	hablaremos	comeré	comeremos	escribiré	escribiremos
segunda	hablarás	hablaréis	comerás	comeréis	escribirás	escribiréis
tercera	hablará	hablarán	comerá	comerán	escribirá	escribirán

• Se forma el tiempo futuro de los **verbos irregulares** añadiendo las mismas terminaciones no al infinitivo, sino a estas **raíces irregulares:**

	caber		decir		haber	
	singular	plural	singular	plural	singular	plural
primera	cabré	cabremos	diré	diremos	habré	habremos
segunda	cabrás	cabréis	dirás	diréis	habrás	habréis
tercera	cabrá	cabrán	dirá	dirán	habrá	habrán

	hacer		poder		poner	
	singular	plural	singular	plural	singular	plural
primera	haré	haremos	podré	podremos	pondré	pondremos
segunda	harás	haréis	podrás	podréis	pondrás	pondréis
tercera	hará	harán	podrá	podrán	pondrá	pondrán

	querer		saber		salir	
	singular	plural	singular	plural	singular	plural
primera	querré	querremos	sabré	sabremos	saldré	saldremos
segunda	querrás	querréis	sabrás	sabréis	saldrás	saldréis
tercera	querrá	querrán	sabrá	sabrán	saldrá	saldrán

	tener		valer		venir	
	singular	plural	singular	plural	singular	plural
primera	tendré	tendremos	valdré	valdremos	vendré	vendremos
segunda	tendrás	tendréis	valdrás	valdréis	vendrás	vendréis
tercera	tendrá	tendrán	valdrá	valdrán	vendrá	vendrán

El **condicional** se usa para referirse a acciones o estados potenciales que pueden ocurrir o no, pero que dependen de ciertas circunstancias. También expresa la probabilidad en el pasado:

> *Viajaría* a Madrid pero no tengo suficiente dinero.
> Alguien llamó. ¿Quién *sería?*

• Al igual que el tiempo futuro, se forma el condicional de los **verbos regulares** añadiendo las siguientes terminaciones al infinitivo, correspondientes a persona y número:

	infinitivo en -ar		infinitivo en -er		infinitivo en -ir	
	singular	plural	singular	plural	singular	plural
primera	hablaría	hablaríamos	comería	comeríamos	escribiría	escribiríamos
segunda	hablarías	hablaríais	comerías	comeríais	escribirías	escribiríais
tercera	hablaría	hablarían	comería	comerían	escribiría	escribirían

• Se forma el condicional de los **verbos irregulares** añadiendo las mismas terminaciones no al infinitivo, sino a estas **raíces irregulares:**

	caber		decir		haber	
	singular	plural	singular	plural	singular	plural
primera	cabría	cabríamos	diría	diríamos	habría	habríamos
segunda	cabrías	cabríais	dirías	diríais	habrías	habríais
tercera	cabría	cabrían	diría	dirían	habría	habrían

	hacer		poder		poner	
	singular	plural	singular	plural	singular	plural
primera	haría	haríamos	podría	podríamos	pondría	pondríamos
segunda	harías	haríais	podrías	podríais	pondrías	pondríais
tercera	haría	harían	podría	podrían	pondría	pondrían

	querer		saber		salir	
	singular	**plural**	**singular**	**plural**	**singular**	**plural**
primera	quer**ría**	quer**ríamos**	sab**ría**	sab**ríamos**	sald**ría**	sald**ríamos**
segunda	quer**rías**	quer**ríais**	sab**rías**	sab**ríais**	sald**rías**	sald**ríais**
tercera	quer**ría**	quer**rían**	sab**ría**	sab**rían**	sald**ría**	sald**rían**

	tener		valer		venir	
	singular	**plural**	**singular**	**plural**	**singular**	**plural**
primera	ten**dría**	ten**dríamos**	val**dría**	val**dríamos**	ven**dría**	ven**dríamos**
segunda	ten**drías**	ten**dríais**	val**drías**	val**dríais**	ven**drías**	ven**dríais**
tercera	ten**dría**	ten**drían**	val**dría**	val**drían**	ven**dría**	ven**drían**

El participio y los tiempos compuestos del indicativo

El **participio pasado** es la forma del verbo que puede servir como adjetivo y que, junto con las formas del verbo auxiliar **haber,** forma los tiempos compuestos:

> un perro **perdido** en el parque
>
> unas composiciones **escritas** a máquina
>
> ¿Dónde **has puesto** las llaves?
>
> No sabía que Tomás ya **había llegado.**

- El **participio pasado de los verbos regulares** se forma quitando la terminación del infinitivo para luego añadir **-ado** si el infinitivo termina en **-ar** o **-ido** si termina en **-er** o **-ir:**

infinitivo en -ar	infinitivo en -er	infinitivo en -ir
hablar → habl**ado**	comer → com**ido**	vivir → viv**ido**

- Algunos verbos tienen **participios pasados irregulares.** Los de uso más frecuente son:

abrir: **abierto**	poner: **puesto**
decir: **dicho**	resolver: **resuelto**
descubrir: **descubierto**	revolver: **revuelto**
escribir: **escrito**	romper: **roto**
freír: **frito**	satisfacer: **satisfecho**
hacer: **hecho**	ver: **visto**
morir: **muerto**	volver: **vuelto**

El tiempo **presente perfecto** (también conocido como el **pretérito perfecto** y el **pretérito compuesto**) expresa acciones o estados que comienzan en el pasado pero cuyo efecto llega justo al momento del habla:

> Hasta la fecha no **hemos recibido** ninguna noticia de los viajeros.

- Se forma el tiempo presente perfecto uniendo el tiempo presente del verbo auxiliar **haber** y el participio pasado del verbo:

	infinitivo en -ar		infinitivo en -er		infinitivo en -ir	
	singular	plural	singular	plural	singular	plural
primera	he habl**ado**	hemos habl**ado**	he com**ido**	hemos com**ido**	he viv**ido**	hemos viv**ido**
segunda	has habl**ado**	habéis habl**ado**	has com**ido**	habéis com**ido**	has viv**ido**	habéis viv**ido**
tercera	ha habl**ado**	han habl**ado**	ha com**ido**	han com**ido**	ha viv**ido**	han viv**ido**

El tiempo **pluscuamperfecto** expresa acciones o estados que comienzan y terminan en el pasado, anteriormente a otra acción o estado: *Llegué a las seis, pero ya se **habían ido**.*

• Se forma el tiempo pluscuamperfecto uniendo el tiempo imperfecto del verbo **haber** y el participio pasado del verbo:

	singular	plural
primera	**había** hablado	**habíamos** hablado
segunda	**habías** hablado	**habíais** hablado
tercera	**había** hablado	**habían** hablado

El **futuro perfecto** expresa acciones o estados que terminan en el futuro, anteriormente a otra acción o estado en el futuro, o para expresar la probabilidad en el pasado inmediato:

> *Cuando llegue Esteban, ya **habremos comido**.*
> *Se me **habrá caído** la billetera en el camino.*

• Se forma el tiempo futuro perfecto uniendo el tiempo futuro del verbo **haber** y el participio pasado del verbo:

	singular	plural
primera	**habré** hablado	**habremos** hablado
segunda	**habrás** hablado	**habréis** hablado
tercera	**habrá** hablado	**habrán** hablado

El **condicional perfecto** expresa acciones o estados en el pasado que ocurrieron o no, debido a las circunstancias. También expresa la probabilidad en el pasado:

> ***Habría ido** a Madrid, pero no tenía suficiente dinero.*
> *Se me **habría caído** la billetera en el camino.*

• Se forma el tiempo condicional perfecto uniendo el tiempo condicional del verbo **haber** y el participio pasado del verbo:

	singular	plural
primera	**habría** hablado	**habríamos** hablado
segunda	**habrías** hablado	**habríais** hablado
tercera	**habría** hablado	**habrían** hablado

El modo de los verbos

El modo **indicativo** presenta hechos concretos de una manera directa:

Juan **habla** español e inglés.

El modo **imperativo** presenta mandatos e instrucciones directas. Pueden ser afirmativos o negativos:

Háblame en español.
No me **hables** así.
Niños, **hablen** en voz baja.

- El modo **imperativo de los verbos regulares** se basa en la raíz del verbo más las siguientes terminaciones, correspondientes a persona y número:

	infinitivo en -ar		infinitivo en -er		infinitivo en -ir	
	afirmativo	negativo	afirmativo	negativo	afirmativo	negativo
tú	habl**a**	no habl**es**	com**e**	no com**as**	escrib**e**	no escrib**as**
usted	habl**e**	no habl**e**	com**a**	no com**a**	escrib**a**	no escrib**a**
nosotros	habl**emos**	no habl**emos**	com**amos**	no com**amos**	escrib**amos**	no escrib**amos**
vosotros	habl**ad**	no habl**éis**	com**ed**	no com**áis**	escrib**id**	no escrib**áis**
ustedes	habl**en**	no habl**en**	com**an**	no com**an**	escrib**an**	no escrib**an**

- Algunos verbos tienen formas del imperativo irregulares en el afirmativo de la segunda persona del singular informal (tú):

decir: **di**   ir: **ve**   salir: **sal**   tener: **ten**
hacer: **haz**   poner: **pon**   ser: **sé**   venir: **ven**

- Todos los cambios de raíz y de ortografía que ocurren en el tiempo presente del indicativo y del subjuntivo ocurren en el imperativo:

	cambios de raíz				irregulares en la primera persona singular	
	afirmativo	negativo	afirmativo	negativo	afirmativo	negativo
tú	pr**ue**ba	no pr**ue**bes	p**i**de	no p**i**das	tra**e**	no tra**i**gas
usted	pr**ue**be	no pr**ue**be	p**i**da	no p**i**da	tra**i**ga	no tra**i**ga
nosotros	pr**o**bemos	no pr**o**bemos	p**i**damos	no p**i**damos	tra**i**gamos	no tra**i**gamos
vosotros	pr**o**bad	no pr**o**béis	p**e**did	no p**i**dáis	tra**e**d	no tra**i**gáis
ustedes	pr**ue**ben	no pr**ue**ben	p**i**dan	no p**i**dan	tra**i**gan	no tra**i**gan

El modo **subjuntivo** ocurre en cláusulas subordinadas o de relativo para presentar información con matices de duda, emoción, juicio, conjetura, posibilidad u opinion. Una **cláusula subordinada** es una oración que se ha unido a otra oración por medio de una conjunción:

Juan estudia mucho.
*La profesora cree **que Juan estudia mucho.***

- Una cláusula nominal es cualquier cláusula subordinada que funciona como sustantivo en la oración. El verbo de la cláusula subordinada puede estar en indicativo o subjuntivo:

  La profesora cree que Juan estudia mucho.
  Es importante que Juan estudie mucho.

El **modo subjuntivo en cláusulas nominales** resulta cuando el verbo de la cláusula principal expresa influencia, voluntad, duda, negación, emoción, juicio u opinión:

*Es necesario que todos **estudien.***
*Es imposible que **llueva** hoy.*
*Me alegré de que **saliéramos** ayer.*
*Parece raro que nadie **haya llegado.***

- Una cláusula adverbial es cualquier cláusula subordinada que sirve como adverbio en la oración. El verbo de la cláusula subordinada puede estar en indicativo o subjuntivo:

  *Comemos **cuando llegan** todos.*
  *Vamos a comer **cuando lleguen** todos.*

El **modo subjuntivo en cláusulas adverbiales** ocurre después de las conjunciones condicionales *a menos (de) que, con tal (de) que, en caso (de) que, para que, a fin de que* y *sin que:*

*Te ayudo ahora **con tal de que** me **ayudes** después.*
*Llegó la fecha límite **sin que** nos **diéramos** cuenta.*

También ocurre después de las conjunciones temporales *cuando, después de que, en cuanto, hasta que, mientras* y *tan pronto como*, si la cláusula adverbial modifica a una acción futura. Si la cláusula adverbial trata de una acción cumplida o habitual, entonces se emplea el indicativo:

*Voy a salir **cuando** me **llame** Pati.*
*Salgo **cuando llega** Juan.*
*Salí **cuando llegó** Juan.*
*Podemos ver el video **después de que termines** de lavar los platos.*
*Vimos el video **después de que terminé** de lavar los platos.*

Si la conjunción **si** introduce la cláusula adverbial, le sigue el pasado del subjuntivo para indicar algo que es **lo contrario de la verdad**. Si la cláusula adverbial es introducida por la conjunción *como si*, le sigue el pasado del subjuntivo, expresando la manera en que se realiza algo:

***Si fuera** presidente, trataría de proteger el medio ambiente.*
*Nos habla **como si fuéramos** tontos.*

- Una cláusula de relativo introduce información adicional sobre un sustantivo en la oración. Así sirve como adjetivo. Siempre la introduce un pronombre relativo, el cual se refiere al sustantivo al que modifica la cláusula:

  *El profesor **que enseña inglés** es de Irlanda.*

El **modo subjuntivo en cláusulas de relativo** ocurre si el sustantivo al que modifica la cláusula es indefinido o no existe:

*Busco a **alguien que me pueda ayudar.***
*En esta clase no hay **nadie que sepa hablar ruso.***

Los tiempos sencillos del subjuntivo

Se usa el modo subjuntivo en dos tiempos gramaticales. El tiempo del subjuntivo que se usa se basa en el tiempo de la cláusula principal y el momento en que ocurre la acción. (Ver también **Secuencia de tiempos verbales.**)

- El **presente del subjuntivo de los verbos regulares** se forma quitando la **-o** final de la primera persona del singular del presente del indicativo y añadiendo a la raíz las terminaciones correspondientes a persona y número, y cambiando la vocal del infinitivo (**a → e; e/i → a**):

	infinitivo en -ar		infinitivo en -er		infinitivo en -ir	
	singular	**plural**	**singular**	**plural**	**singular**	**plural**
primera	hable	hable**mos**	com**a**	com**amos**	escrib**a**	escrib**amos**
segunda	hable**s**	habl**éis**	com**as**	com**áis**	escrib**as**	escrib**áis**
tercera	hable	habl**en**	com**a**	com**an**	escrib**a**	escrib**an**

El tiempo presente del subjuntivo de los verbos que sufren una **alternancia de la raíz** entre **e ↔ i** sigue la regla anteriormente mencionada. Además, si el verbo tiene una forma irregular en la primera persona del singular, esa irregularidad se traslada a todas las formas del presente del subjuntivo:

	alternancia en la raíz entre e ↔ i		irregular en la primera persona singular	
	singular	**plural**	**singular**	**plural**
primera	m**i**da	m**i**damos	tr**aig**a	tr**aig**amos
segunda	m**i**das	m**i**dáis	tr**aig**as	tr**aig**áis
tercera	m**i**da	m**i**dan	tr**aig**a	tr**aig**an

- El tiempo presente del subjuntivo de los verbos que sufren una **alternancia de la raíz** entre **e ↔ ie** y entre **o ↔ ue** sigue el mismo patrón de diptongos que el presente del indicativo, con la excepción de los verbos en **-ir** de esta clase. En la primera y segunda personas del plural de estos verbos, la vocal de la raíz cambia a **i** o **u**:

	mentir		dormir	
	singular	**plural**	**singular**	**plural**
primera	m**ie**nta	m**i**ntamos	d**ue**rma	d**u**rmamos
segunda	m**ie**ntas	m**i**ntáis	d**ue**rmas	d**u**rmáis
tercera	m**ie**nta	m**ie**ntan	d**ue**rma	d**ue**rman

Hay un pequeño número de verbos irregulares que no siguen las reglas anteriormente mencionadas:

	dar		estar		haber	
	singular	plural	singular	plural	singular	plural
primera	dé	demos	esté	estemos	haya	hayamos
segunda	des	deis	estés	estéis	hayas	hayáis
tercera	dé	den	esté	estén	haya	hayan

	ir		saber		ser	
	singular	plural	singular	plural	singular	plural
primera	vaya	vayamos	sepa	sepamos	sea	seamos
segunda	vayas	vayáis	sepas	sepáis	seas	seáis
tercera	vaya	vayan	sepa	sepan	sea	sean

El **imperfecto del subjuntivo** se forma quitando la **-on** final de la tercera persona del plural del pretérito del indicativo y añadiendo las siguientes terminaciones a la raíz. Esta regla se emplea con todo verbo sin ninguna excepción, aun en los verbos que tienen cambios de raíz o de ortografía:

	infinitivo en -ar		infinitivo en -er		infinitivo en -ir	
	singular	plural	singular	plural	singular	plural
primera	hablara	habláramos	comiera	comiéramos	escribiera	escribiéramos
segunda	hablaras	hablarais	comieras	comierais	escribieras	escribierais
tercera	hablara	hablaran	comiera	comieran	escribiera	escribieran

En la forma alternativa del imperfecto del subjuntivo, se quita la **-on** final de la tercera persona del plural del pretérito del indicativo y se añaden a la raíz las siguientes terminaciones, correspondientes a persona y número:

	infinitivo en -ar		infinitivo en -er		infinitivo en -ir	
	singular	plural	singular	plural	singular	plural
primera	hablase	hablásemos	comiese	comiésemos	escribiese	escribiésemos
segunda	hablases	hablaseis	comieses	comieseis	escribieses	escribieseis
tercera	hablase	hablasen	comiese	comiesen	escribiese	escribiesen

- Los verbos que son irregulares en pretérito de indicativo se conjugan con la misma irregularidad en el imperfecto de subjuntivo. Fíjate que los verbos **dar, decir, ir** y **traer** se elimina la primera **i** de la terminación:

	andar: anduvo		dar: di		decir: dije	
	singular	**plural**	**singular**	**plural**	**singular**	**plural**
primera	anduviera	anduviéramos	diera	diéramos	dijera	dijéramos
segunda	anduvieras	anduvierais	dieras	dierais	dijeras	dijerais
tercera	anduviera	anduvieran	diera	dieran	dijera	dijeran

	estar: estuve		hacer: hice		poder: pude	
	singular	**plural**	**singular**	**plural**	**singular**	**plural**
primera	estuviera	estuviéramos	hiciera	hiciéramos	pudiera	pudiéramos
segunda	estuvieras	estuvierais	hicieras	hicierais	pudieras	pudierais
tercera	estuviera	estuvieran	hiciera	hicieran	pudiera	pudieran

	ser, ir: fui		querer: quise		saber: supe	
	singular	**plural**	**singular**	**plural**	**singular**	**plural**
primera	fuera	fuéramos	quisiera	quisiéramos	supiera	supiéramos
segunda	fueras	fuerais	quisieras	quisierais	supieras	supierais
tercera	fuera	fueran	quisiera	quisieran	supiera	supieran

	tener: tuve		traer: traje		venir: vine	
	singular	**plural**	**singular**	**plural**	**singular**	**plural**
primera	tuviera	tuviéramos	trajera	trajéramos	viniera	viniéramos
segunda	tuvieras	tuvierais	trajeras	trajerais	vinieras	vinierais
tercera	tuviera	tuvieran	trajera	trajeran	viniera	vinieran

Los tiempos compuestos del subjuntivo

- El tiempo **presente perfecto del subjuntivo** se forma uniendo el tiempo presente del subjuntivo del verbo **haber** y el participio pasado del verbo:

	singular	plural
primera	**haya** hablado	**hayamos** hablado
segunda	**hayas** hablado	**hayáis** hablado
tercera	**haya** hablado	**haya** hablado

- El **tiempo pluscuamperfecto** se forma uniendo el tiempo pasado del subjuntivo del verbo **haber** y el participio pasado del verbo:

	singular	plural
primera	hubiera hablado	hubiéramos hablado
segunda	hubieras hablado	hubierais hablado
tercera	hubiera hablado	hubieran hablado

La secuencia de tiempos verbales

La **secuencia de tiempos verbales** se refiere a la concordancia temporal y gramatical entre el verbo de la cláusula principal y el de la cláusula subordinada. El tiempo del verbo de la cláusula subordinada depende del tiempo del verbo de la cláusula principal y también de si la acción es simultánea, posterior o anterior a la del verbo de la cláusula principal. Por ejemplo, es imposible narrar en el pasado sobre un acontecimiento del futuro:

> *La profesora **supo** que **estaré** enfermo.* (El asterisco indica que la oración no es correcta).

En este ejemplo hay falta de concordancia temporal; es imposible que la profesora supiera en el pasado sobre algo que todavía no ha pasado. También falta concordancia gramatical, porque el tiempo pretérito no concuerda con el tiempo futuro. Cuando la acción de la cláusula subordinada es **simultánea** o **posterior** a la de la cláusula principal, la secuencia a seguir es:

	Cláusula principal	Cláusula subordinada (Acción simultánea o posterior)
Presente	**Dice** **Dirá** **Ha dicho** **Dile** — que	**sale.** **saldrá** mañana. **salgamos** ya.
Pasado	**Dijo** **Decía** **Había dicho** **Diría** **Habría dicho** — que	**salió** entonces. **salía** de allí. **saldría** al día siguiente. **saliéramos** ya.

- Cuando la acción de la cláusula subordinada es **anterior** a la de la cláusula principal, la secuencia a seguir es:

	Cláusula principal		Cláusula subordinada (Acción anterior)
Presente (indicativo)	Dice Dirá Ha dicho Dile	que	ha salido ya. salió ayer. salía ayer.
Presente (subjuntivo)	Le **extraña** Le **extrañará** Le **ha extrañado**	que	hayamos salido ya. saliéramos tan temprano.
Pasado (indicativo)	Dijo Decía Había dicho Diría Habría dicho	que	salió de allí en seguida. salía de allí siempre. había salido corriendo. habría salido ya.
Pasado (subjuntivo)	Le extrañó Le extrañaba Le había extrañado Le extrañaría Le habría extrañado	que	hayas salido ya. hubieras salido ya.

El aspecto

Las formas del verbo también expresan **aspecto.** El aspecto define los límites de la acción o del estado en el tiempo.

- El **aspecto imperfectivo** indica que una acción o estado es habitual o que no tiene límites definidos dentro del tiempo. Los tiempos presente e imperfecto transmiten aspecto imperfectivo:

  Héctor **trabaja** todos los días.

  Beatriz y yo **íbamos** con nuestros hijos al parque los fines de semana.

- El **aspecto perfectivo** indica que una acción o estado ya concluyó, que duró un periodo definido o que comenzó en un momento específico. El aspecto perfectivo lo comunican el tiempo pretérito y los tiempos compuestos con **haber:**

  Isabel **ganó** el campeonato y desde aquel día **fue** la mejor atleta del equipo.

  Mi tía siempre **ha sido** buena conmigo.

- El **tiempo imperfecto y el tiempo pretérito** se pueden combinar en una oración para presentar una imagen detallada y descriptiva del pasado. En este caso, el imperfecto presenta la escena o el ambiente y el pretérito presenta los sucesos dentro de ese ambiente. El imperfecto también puede presentar acciones en desarrollo y el pretérito presenta los acontecimientos que las interrumpen:

> *Hacía* muy buen tiempo cuando *llegué* a la costa.
>
> Todos *veían* televisión cuando alguien *tocó* la puerta.

El gerundio y el aspecto progresivo

El **gerundio** es una forma no personal del verbo que se usa como complemento en una oración, para presentar una acción o estado simultáneo o anterior al verbo principal, o para indicar la manera en que se realiza una acción:

> Lavo los platos *escuchando* música.
>
> Saco buenas notas *estudiando* un poco todos los días.

- El **gerundio de los verbos regulares** se forma quitando la terminación del infinitivo para luego añadir **-ando** si éste termina en **-ar** o **-iendo** si termina en **-er** o **-ir**:

infinitivo en -ar	infinitivo en -er	infinitivo en -ir
hablar → hablando	comer → comiendo	escribir → escribiendo

- El **gerundio de los verbos con cambios de raíz o cambios ortográficos** se forma de la misma manera que los verbos regulares, pero también sufren los mismos cambios que sufren en la tercera persona del tiempo pretérito:

> dormir: **durmiendo**
>
> pedir: **pidiendo**
>
> leer: **leyendo**

El **aspecto progresivo** expresa el desarrollo o el desdoblamiento de una acción en el tiempo al que se refiere el verbo auxiliar: *Juan **está** comiendo el almuerzo.* Se forma juntando una forma de uno de los verbos auxiliares *andar, continuar, estar, ir, llevar, pasar, seguir* y *venir,* más el gerundio:

> Todos **andan diciendo** que vas a ganar el premio.
>
> Ana **continuó trabajando** hasta la medianoche.
>
> Carlos **está descansando.**
>
> **Seguirán insistiendo** en sus reclamos.
>
> **Vengo aprendiendo** francés poco a poco.

Las voces activa y pasiva

La forma de **voz activa** de un verbo indica que el sujeto de éste realiza la acción: *El terremoto **destruyó** la ciudad.* La forma de **voz pasiva** de un verbo indica que el sujeto de éste recibe la acción: *La ciudad **fue destruida** por el terremoto.* Por medio de la voz pasiva se pone énfasis no en el actor (agente) de la acción, sino en el receptor. El agente se expresa por medio de la preposición *por,* o se omite por completo.

- La **voz pasiva con *ser*** se forma con la secuencia *sujeto* **(La ciudad)** + *ser* **(fue)** + *participio pasado* **(destruida)** + *por* (agente: **el terremoto**). Con esta forma de la pasiva se pone énfasis en el receptor o en el agente de la acción, o en ambos.

- Otra manera de expresar la voz pasiva es mediante **la voz pasiva con «se»** más la forma activa del verbo: ***Se cerró** la tienda a las nueve.* En este caso, el agente o se desconoce o no importa.

- También se expresa **la voz pasiva mediante la tercera persona del plural,** que sirve como sujeto no definido: ***Cerraron** la tienda a las nueve.*

El infinitivo

El **infinitivo** es la forma verbal invariable (siempre termina en **-r**) que no especifica a la persona, el número, el tiempo, el modo ni el aspecto de una acción o un estado. Así sirve como sustantivo y, por lo tanto, como complemento de una preposición o de un verbo transitivo auxiliar: *Los alumnos quieren **salir** para **jugar**.* Cuando sirve como sustantivo, se considera masculino y singular: *El **hacer** ejercicio todos los días es bueno.*

Las conjunciones

Las **conjunciones** son palabras que se utilizan para juntar una palabra a otra, o una oración a otra.

Las conjunciones coordinantes

- La conjunción **y** liga palabras u oraciones para que éstas se consideren un sólo elemento gramatical. También puede ligar dos oraciones si los conceptos de éstos se pueden relacionar. La conjunción **y** se realiza como **e** cuando va seguida por cualquier palabra que comience con **i** o **hi** (menos **hie-**):

  *El perro **y** el gato son animales domésticos.*
  *Marta se comió todo el pastel **y** luego se sintió mal.*
  *Roberta es cómica **e** inteligente.*

- La conjunción **pero** contrasta la palabra u oración que le sigue con la palabra u oración que le precede: *Quiero ir a Perú **pero** no me alcanza para pagar el viaje.*

- La conjunción **sino** contrasta la palabra que le sigue con una negativa que le precede: *No busco las revistas **sino** los periódicos.* La conjunción **sino que** contrasta oraciones de la misma manera: *El desconocido no se quedó mucho en la plaza, **sino que** se marchó casi en seguida.*

- La conjunción **o** liga palabras u oraciones para presentar opciones: *Podemos ir al centro en auto **o** en metro.* La conjunción **o** se realiza como **u** cuando va seguida por cualquier palabra que comience con **o** u **ho**: *Hay diez **u** once estudiantes en la clase.*

- Otras conjunciones coordinantes de uso frecuente son *así que, ni* y *pues.*

Las conjunciones subordinantes

Las **conjunciones subordinantes** introducen cláusulas subordinadas, de modo que éstas funcionen como sustantivos o adverbios en una oración.

- Una cláusula nominal puede ser introducida por la conjunción *que:*

  *Ramón me dijo **que** iba a venir.*
  *El profesor insistió en **que** todos entregaran sus trabajos ayer.*

- Una cláusula adverbial puede ser introducida por estas conjunciones de uso frecuente:

a fin de que	como	después de que	porque
a menos que	como si	hasta que	puesto que
antes de que	con tal de que	mientras	si
aunque	cuando	para que	sin que

Los adverbios

Los **adverbios** modifican a un verbo, a un adjetivo o a otro adverbio. Contestan en general las preguntas «¿cómo?», «¿cuándo?», «¿dónde?» y «¿cuánto?»:

> Los obreros trabajaron **incansablemente.** (¿Cómo trabajaron?)
>
> **Pronto** llegaremos a casa. (¿Cuándo llegaremos?)
>
> Martín vive **lejos.** (¿Dónde vive Martín?)
>
> **Nunca** he visto esa película. (¿Cuántas veces?)
>
> El trabajo es **muy** duro. (¿Cuán duro es?)

- Algunas palabras son **adverbios inherentes:**

ahora	entonces	más
apenas	hoy	mejor
ayer	igual	muy
bien	luego	peor
casi	mal	siempre
despacio	mañana	ya

- Otros adverbios se derivan añadiendo el sufijo **-mente** a la forma femenina singular de un adjetivo:

absolutamente	evidentemente
actualmente	fácilmente
constantemente	perfectamente
desgraciadamente	rápidamente
directamente	sinceramente

Al añadir el sufijo **-mente,** el acento ortográfico, si lo hay, permanece en su posición original:
> **fá**cil → **fá**cilmente, **rá**pido → **rá**pidamente.

- Las **frases preposicionales** (compuestas de una preposición más complemento) pueden cumplir la función de adverbio:
> Vamos **después de la fiesta.**
>
> Saltó **por encima de la valla.**

Las preposiciones

Las **preposiciones** son las palabras o locuciones que sirven para definir las relaciones espaciales y temporales de un sustantivo y otra parte de la oración.

- Las **preposiciones temporales** expresan relaciones de tiempo:

  *la clase que tengo **antes del** almuerzo*
  *la fiesta que dieron **después de** clases*
  *el partido que jugaste **durante** el fin de semana*

- Las **preposiciones locativas** expresan relaciones espaciales entre sustantivos:

  *las flores que están **encima de** la mesa*
  *el libro que encontré **debajo del** escritorio*
  *el paraguas que dejé **al lado de** la puerta*

- Las **preposiciones direccionales** expresan el movimiento de un sustantivo a otro o vice versa:

  *el regalo que compramos **para** mi hermano*
  *el camino **a** San Antonio*

- Las **preposiciones** *por* y *para* tienen usos y significados distintos:

por	para
Espacio (lugar de tránsito):	Espacio (dirección, destino):
*Caminamos **por** la playa.*	*Salieron **para** la playa esta mañana.*
Tiempo (duración o cantidad de tiempo):	Tiempo (fecha límite):
*Trabajaré **por** la tarde.*	*¿Lo vas a tener listo **para** mañana?*
*Vivió en Chile **por** tres años.*	***Para** esas fechas, ya estaremos en México.*
Causa o motivo:	Propósito u objetivo:
***Por** ser tu cumpleaños, preparé este pastel.*	*Preparé este pastel **para** tu cumpleaños.*

LA ACENTUACIÓN

La sílaba

La **sílaba** es la unidad de sonido más pequeña de una palabra que se pronuncia con un solo golpe de voz. Cada sílaba contiene por lo menos una vocal. También puede contener consonantes antes y después de la vocal:

me-sa   *ca-ra*
ha-bla   *be-so*
o-la   *mien-tras*
siem-pre   *a-ú-lla*
cuen-tan   *frí-o*

La división de palabras en sílabas

El saber cómo se dividen las palabras en sílabas ayuda a deletrearlas y pronunciarlas correctamente, y a entender mejor la colocación del acento ortográfico. Se dividen las palabras en sílabas según las siguientes reglas:

- La sílaba generalmente empieza con una consonante: *fe-liz, po-der, cam-pa-na, pe-lí-cu-la*. Si la palabra empieza con una vocal, entonces la primera sílaba empieza con esa vocal: *u-va, on-da, a-fue-ra, e-jem-plo, em-pe-za-ra*.

- En general, cuando hay dos consonantes juntas, la primera consonante va con la sílaba anterior y la segunda consonante va con la próxima sílaba: *gen-te, suer-te, gim-na-sio, e-mer-gen-cia, in-ne-ce-sa-rio, e-lec-ción*. No se puede empezar una sílaba con una **s** seguida por una consonante. La **s** se une a la sílaba anterior: *es-tre-lla, ves-ti-do, es-tor-bar*.

- La **h,** aunque es muda, sigue las mismas reglas que las otras consonantes: *des-hecho, ad-he-si-vo*.

- Hay ciertas combinaciones de letras que nunca se dividen:

  bl y **br:** *ha-bló, a-brir*   **ll:** *pa-si-llo, ca-lle*
  ch: *le-che, an-cho*   **pl** y **pr:** *a-pli-ca-da, a-pre-tar*
  cl y **cr:** *re-cla-mo, es-cri-to*   **qu:** *que-rer, in-quie-to*
  dr: *ma-dri-na*   **rr:** *ca-rre-ra, a-bu-rri-do*
  fl y **fr:** *a-fli-gir, o-fre-cer*   **tl** y **tr:** *a-tle-ta, o-tro*
  gl y **gr:** *i-gle-sia, a-gra-da-ble*

- Cuando una palabra tiene tres o cuatro consonantes juntas, se divide según las reglas anteriormente presentadas: *cons-trui-do, trans-por-te, obs-truc-ción, am-plia-ción*.

- Dependiendo de cuál es la sílaba acentuada, las combinaciones vocálicas pueden formar una sola sílaba o pueden dividirse en dos sílabas:

  *p**ia**-no*   *de-c**í-a***
  *p**ie**n-san*   *r**í-e***
  *b**ue**-no*   *con-ti-n**ú-e***
  *le-g**ua***   *ac-t**ú-a***
  *p**ei**-ne*   *in-cre-**í**-ble*

El acento

El acento ortográfico con palabras agudas, llanas, esdrújulas y sobresdrújulas

Cada palabra tiene una **sílaba tónica;** es decir, una sílaba que se pronuncia con mayor intensidad de voz. Según donde esté la sílaba tónica, las palabras pueden ser **agudas, llanas, esdrújulas** o **sobresdrújulas.**

- Las palabras **agudas** llevan la intensidad de voz en la última sílaba: *común, pared, café.* Llevan acento escrito si terminan en vocal o en la consonante **n** o **s:** *empezó, según, inglés.* Sin embargo, si una palabra aguda terminada en **n** o **s** va precedida por otra consonante, no lleva acento escrito (a no ser que fuera otra **n** o **s** como *Orleáns*): *Casals, Isaacs.* Tampoco llevan acento escrito las palabras agudas que terminan en **y:** *Paraguay, convoy, Camagüey.*

- Las palabras **llanas** llevan la intensidad de voz en la penúltima sílaba: *libro, escuela, lápiz*. Llevan acento escrito cuando acaban en consonante que no sea **n** o **s**: *árbol, huésped, Velázquez, automóvil*. Se acentúan algunos casos de palabras llanas acabadas en **n** o **s** cuando esa letra va precedida de otra consonante (a no ser que sea otra **n** o **s** como *Rubens*): *bíceps, fórceps, tríceps*.

- Las palabaras **esdrújulas** llevan la intensidad de voz en la antepenúltima sílaba: *página, médico, teléfono*. En las palabras **sobresdrújulas**, la sílaba tónica es anterior a la antepenúltima: *repítamelo, llévatelo, demuéstraselo*. Todas las palabras **esdrújulas** y **sobresdrújulas** llevan acento escrito sin excepción: *pájaro, mamífero, electrónica, últimamente, kilómetro*.

Los diptongos y los hiatos

De las cinco vocales, **a, e** y **o** se consideran **fuertes** mientras la **i** y la **u** se consideran **débiles**. Cuando dos vocales se encuentran, puede suceder un **hiato** o un **diptongo**.

- El **hiato** es la pronunciación de dos vocales contiguas en dos sílabas distintas:

ca-er	*que-rí-a*
pro-a	*a-ú-lla*
pe-or	*re-ír*
ca-os	*grú-a*
le-al	

- El **diptongo** es la unión de dos vocales contiguas en una sola sílaba. Hay catorce combinaciones vocálicas que forman diptongo. Nota que un diptongo siempre contiene **i** o **u,** sin acento:

ai, ay: *baile, hay*	**iu:** *viuda*
au: *auto*	**oi, oy:** *heroico, soy*
ei, ey: *reina, ley*	**ou:** *Bou*
eu: *reunir*	**ua:** *agua*
ia: *limpia*	**ue:** *fuego*
ie: *piel*	**ui, uy:** *cuidado, muy*
io: *violento*	**uo:** *cuota*

La acentuación de diptongos y vocales en hiato

- Cuando el acento tónico cae en una sílaba que lleva diptongo, el acento escrito se coloca en la vocal fuerte: *huésped, tráigalo, Juárez*.

- Si el diptongo no contiene ninguna vocal fuerte (es decir, si se compone de **ui** o **iu**) el acento escrito se coloca sobre la segunda vocal del diptongo: *cuídense, sustituí*.

- Cuando el acento cae en una vocal fuerte que está en hiato con otra fuerte, la colocación del acento sigue las reglas generales:

  se-a (palabra llana terminada en vocal)
  fe-o (palabra llana terminada en vocal)
  le-ón (palabra aguda terminada en **-n**)
  pe-or (palabra aguda terminada en consonante no **-s** ni **-n**)
  le-al-tad (palabra aguda terminada en consonante no **-s** ni **-n**)
  po-é-ti-co (palabra esdrújula)
  o-cé-a-no (palabra esdrújula)

- Si la vocal tónica en hiato es una **i** o **u,** siempre lleva acento escrito: *ra-íz, Ma-rí-a, fre-ír, pú-a.*

- Si el diptongo se encuentra en una palabra de una sola sílaba, la tendencia es evitar el uso de acento ortográfico (**fui, hui, dio**), el cual no se debe confundir con el acento diacrítico. (Ver también **El acento diacrítico.**)

El acento diacrítico

El **acento diacrítico** se refiere al acento escrito que se usa para distinguir dos o más palabras que suenan igual pero que tienen significados y usos distintos. El uso del acento diacrítico cambia la función y el significado de las siguientes palabras:

aun (conjunción) **aún** (adverbio)	*Aun los viejos amigos me han dicho eso.* *Aún es invierno aunque no haga frío.*
de (preposición) **dé** (del verbo *dar*)	*Juan se mudó de Santiago a La Habana.* *Dé un billete de diez.*
el (artículo) **él** (pronombre)	*El plato que más me gusta son los tostones.* *Fue él quien preparó la cena.*
mas (conjunción) **más** (adverbio)	*Tengo dulces mas no te los puedo dar.* *Hace más calor en la costa que en las montañas.*
mi (adjetivo) **mí** (pronombre)	*Mi casa estaba en una calle cerca del malecón.* *¿No hay ninguna carta para mí?*
se (pronombre) **sé** (de los verbos *ser* o *saber*)	*¿Sabes cómo se escribe su nombre?* *No sé quién fue el autor de esa novela.*
si (conjunción) **sí** (pronombre o afirmación)	*Si quieres, te ayudo con los quehaceres.* *Dije que sí, pero no me oyó.*
solo (adjetivo) **sólo** (adverbio)	*Me concentro mejor cuando estoy solo.* *Sólo faltan dos días más.*
te (pronombre) **té** (sustantivo)	*Te invito a un café, ¿te apetece?* *¿O prefieres tomar té?*
tu (adjetivo posesivo) **tú** (pronombre)	*Lleva tu paraguas, por si acaso.* *Y tú, ¿qué piensas?*

- Las siguientes palabras llevan acento diacrítico cuando tienen significado interrogativo o exclamativo:

como / cómo	**Como** no sé *cómo* se hace, no lo hago.
cual / cuál	No sé *cuál* es su trabajo, lo **cual** me molesta.
cuando / cuándo	—¿*Cuándo* vienes? —**Cuando** deje de llover.
cuanto / cuánto	Te pago en **cuanto** sepa *cuánto* costó.
donde / dónde	—¿*Dónde* vives? —En la calle Obregón, **donde** está la Plaza Cuauhtémoc.
que / qué	¡*Qué* vida es ésta la **que** tenemos!
quien / quién	No importa *quién* sea. Es con ella con **quien** queremos hablar.

Los **adjetivos demostrativos** este/esta/estos/estas, ese/esa/esos/esas y aquel/aquella/aquellos/ aquellas llevan acento diacrítico cuando funcionan como pronombres:

    Esta casa es suya; **aquélla** es mía.
    Ésos no saben que **aquel** hombre los persigue.

Glosario

Este glosario contiene las palabras de vocabulario que aparecen en el libro, más otras palabras seleccionadas de las distintas secciones de cada colección. De acuerdo con la Real Academia de la Lengua que ha determinado que la **ch** y la **ll** no son letras independientes, las palabras que empiezan por dichos sonidos se han ordenado bajo las letras **c** y **l**, respectivamente.

Las abreviaturas que se usan en este glosario son:

adj.	adjetivo	*m.*	masculino
adv.	adverbio	*pl.*	plural
conj.	conjunción	*prep.*	preposición
f.	femenino	*pron.*	pronombre
interj.	interjección	*v.*	verbo

El número entre paréntesis al final de cada definición corresponde a la colección del libro donde aparece la palabra por primera vez.

a compás de *adv.* al mismo tiempo o ritmo; *in time* (5).

a costillas de alguien tomando a alguien como objeto; *at someone's expense* (4).

a gran escala que se desarrolla en grandes proporciones; *on a large scale* (3).

a juzgar por según, fijándose en; *judging by* (5).

a la vera *adv.* al lado, a la orilla, al borde; *by* (5).

a las espaldas de alguien (hacer o decir algo) sin que la otra persona lo sepa; *(to do something) behind someone's back* (1).

a partir de desde; *from* (3).

a riesgo de ante la posibilidad de que se produzca algo negativo; *at the risk of* (3).

a solas *adj.* sin compañía, sin gente alrededor; *alone* (5).

abismo *m.* lugar muy profundo y peligroso; *abyss* (6).

abordar *v.* emprender, ponerse a hacer algo; *to undertake* (1).

abotagado, -a *pp.* hinchado, inflado, que aumenta de volumen; *swollen* (4).

abra de espartillo *f.* zona sin vegetación, claro cubierto por vegetación pajiza; *esparto grass clearing* (5).

absorto, -a *adj.* fascinado; *engrossed* (2).

acabar de *v.* hacer poco tiempo que; *to have just* (2).

acariciar *v.* tocar con amor y ternura; *to caress* (5).

acera *f.* parte de la calle por donde se camina; *sidewalk* (2).

acercarse *v.* ponerse cerca de algo o alguien; *to come closer* (5).

acomodado, -a *adj.* rico; *well-off* (6).

acomodarse *v.* ponerse cómodo; *to make oneself comfortable* (4).

acontecer *v.* pasar; *to occur* (5).

acorde a *prep.* según, conforme a; *in compliance with* (1).

acostumbrado, -a *adj.* habitual, que se repite; *usual* (4).

acostumbrar *v.* tener la costumbre de hacer algo; *to be accustomed to* (4).

actual *adj.* de ahora, del momento; *present* (3).

acudir *v.* venir; *to come* (5).

adarga *f.* escudo de cuero, de forma ovalada o acorazonada; *leather shield* (6).

admirar *v.* apreciar mucho algo; *to admire* (1).

adorno *m.* lo que se usa para decorar o embellecer, ornamento; *decoration* (1).

adueñarse de *v.* quedarse con; *to take over* (4).

aerodinámica *f.* estudio de las formas de los aparatos para disminuir la resistencia del aire; *aerodynamics* (3).

afecto, -a *adj.* aficionado, que tiene gusto por; *keen on* (1).

afilarse *v.* hacerse más puntiagudo; *to sharpen* (4).

agasajar *v.* llenar de atenciones; *to fête* (5).

agónico, -a *adj.* que parece morir; *dying* (4).

agradecer *v.* dar gracias por un beneficio recibido; *to thank* (5).

agravio *m.* ofensa; *affront* (6).

agregar *v.* añadir; *to add* (1).

agudizarse *v.* hacerse mayor, más fuerte; *to heighten* (5).

ahogar *v.* dejar sin respiración; *to choke* (2).

ahuyentar *v.* sacar, alejar; *to move away* (5).

aislamiento *m.* incomunicación, alejamiento; *isolation* (3).

al buen entendedor pocas palabras se dice cuando no hace falta (o no se quiere) decir nada más; *a word to the wise is enough* (5).

al fin y al cabo después de todo; *in the end* (2).

al sereno *adv.* al aire libre; *in the open* (5).

alabanza *f.* algo bueno que se dice de alguien; *praise* (1).

alabar *v.* decir cosas buenas de alguien; *to praise* (6).

alambrado *m.* hilos de metal que demarcan una propiedad o terreno; *wire fence* (5).

alambre *m.* hilo de metal; *wire* (5).

albeante *adj.* blanco; *white* (5).

alborotado, -a *adj.* agitado; *agitated* (6).

alfombra *f.* tejido con que se cubre el piso de las habitaciones para abrigar y adornar; *carpet* (1).

álgido, -a *adj.* muy fuerte, muy frío; *intense* (5).

alhaja *f.* joya; *piece of jewelry* (6).

aliento *m.* aire que sale al respirar; *breath* (4).

alimentar *v.* mantener en marcha; *to feed* (3).

aliviarse *v.* disminuir de intensidad; *to get relief* (5).

allende *adv.* más allá, lejos; *beyond* (6).

alucinación *f.* cosa imaginaria que alguien cree que es real; *hallucination* (5).

alunizaje *m.* aterrizaje en la luna; *moon landing* (3).

alzarse *v.* levantarse; *to rise* (6).

amá *f.* mamá (coloquial, oral); *mam* (5).

amanecer *v.* empezar el día; *to dawn* (4).

amargado, -a *adj.* triste; *bitter* (2).

amenazar *v.* intimidar, sugerir que se quiere hacer mal; *to threaten* (1).

amenguar *v.* disminuir; *to decrease* (5).

aminorar *v.* reducir; *to reduce* (4).

amo, -a *m. y f.* dueño, propietario; *master, mistress* (6).

amparar *v.* proteger, dar protección; *to protect* (3).

analítico, -a *adj.* que analiza y examina las cosas; *analytical* (1).

androide *m. y f.* robot con forma de ser humano; *android* (3).

angustia *f.* dolor, sufrimiento; *distress* (5).

antibiótico *m.* medicamento contra las bacterias; *antibiotic* (3).

antiutopía *f.* visión pesimista del futuro; *anti-Utopia* (3).

antojo *m.* deseo de algo, capricho; *whim* (1).

anunciante *m. y f.* quien crea o transmite los anuncios publicitarios; *advertiser* (1).

apagado, -a *adj.* silenciado; *muffled* (5).

apagar *v.* desaparecer o hacer que se acabe un fuego; *to put out* (3).

apelar a la razón *v.* capturar el pensamiento; *to call to reason* (5).

apeñuscado, -a *adj.* muy junto; *crammed* (4).

apoderarse *v.* controlar, dominar; *to seize* (5).

apoyarse en el vacío *v.* mantener el brazo en el aire, no sujetarse sobre nada; *to lean on nothing* (5).

apresurar el paso ir más rápido; *to quicken the pace* (5).

apretujar *v.* dar un abrazo muy fuerte y torpe; *to squeeze* (2).

aprisionar *v.* encerrar, meter; *to trap* (4).

aprovechar para *v.* tener la oportunidad de hacer o decir algo; *to take the opportunity to* (4).

apurado, -a *adj.* con prisa; *in a hurry* (2).

apurarse *v.* preocuparse; *to worry* (2).

ardiente *adj.* que arde, que quema; *burning* (5).

argumento *m.* razón, opinión; *argument*; trama, desarrollo del tema; *plot* (1) (6).

arreglado, -a *pp.* elegante, adornado; *dressed up* (1).

arreglar *v.* reparar algo que está roto o estropeado; *to fix* (4).

arruga *f.* línea de la cara que sale cuando eres mayor; *wrinkle* (4).

asear *v.* limpiar; *to clean* (2).

asentarse *v.* fijarse, quedarse de manera firme; *to settle* (6).

asequible *adj.* que se puede conseguir fácilmente; *reasonable* (3).

asociado, -a *pp.* relacionado con; *associated* (1).

asolearse *v.* que le dé el sol a uno; *to sunbathe* (4).

aspa *f.* brazo de molino que lo impulsa al girar; *sail (on a windmill)* (3).

astrónomo, -a *m. y f.* científico que estudia todo lo relativo a las estrellas y otros cuerpos celestes; *astronomer* (3).

atado, -a de manos imposibilitado; *with one's hands tied* (1).

atado, -a *pp.* unido, sujeto a algo; *tied* (6).

ataúd *m.* caja en la que se encierra a los muertos para enterrarlos; *coffin* (4).

atender *v.* cuidar; *to take care* (2).

atenuar *v.* reducir; *to reduce* (5).

atorarse *v.* quedarse fijo, no poder moverse; *to get stuck* (2).

atrapar *v.* conseguir alcanzar o agarrar algo; *to catch* (3).

atravesar *v.* cruzar de un lado a otro; *to cross* (5).

atrevido, -a *adj.* sin respeto; *insolent* (5).

atribuir a *v.* otorgar hechos, palabras o cualidades a una persona o una cosa; *to attribute* (4).

atropelladamente *adv.* muy rápido, sin cuidado; *hastily* (5).

atroz *adj.* cruel, inhumano; *inhuman* (5).

aturrullado, -a *adj.* con mucha confusión; *confused* (2).

aumentar *v.* incrementar; *increase* (1).

autóctono, -a *adj.* que ha nacido y crecido en el lugar; *indigenous* (3).

autómata *m. y f.* objeto que funciona por sí solo; *automaton* (3).

automotor, -a *adj.* se aplica a cualquier mecanismo que funciona sin la intervención continua de un operario; *motor (before n.)* (3).

autosuficiente *adj.* capaz de satisfacer sus propias necesidades; *self-sufficient* (1).

avanzar *v.* ir hacia delante; *to advance* (4).

avecinarse *v.* aproximarse; *to approach* (4).

azafata *f.* mujer que atiende a los pasajeros de un avión; *fight attendant* (3).

B

babero *m.* trozo de tela que se coloca a los bebés para que no se ensucien cuando comen; *bib* (2).

banco de mecánica *m.* mesa para trabajar la madera, el metal, etc.; *workbench* (5).

banqueta *f.* acera, camino junto a la calle por donde se camina; *sidewalk* (2).

banquete *m.* comida a la que asisten muchas personas para celebrar algún acontecimiento; *banquet* (6).

bañado *m.* pantano, lago con lodo; *marshland* (5).

baratillo, -a *adj.* que resulta económico (coloquial); *cheap* (5).

barbero *m.* pedazo de tela que se ata a un bebé para evitar que se manche cuando come; *bib* (2).

bata de casa *f.* prenda de ropa larga para estar cómodo en casa; *housecoat* (4).

best-seller *m.* libro que ha obtenido un gran éxito de ventas; *best-seller* (3).

biberón *m.* botella para alimentar a los bebés; *feeding bottle* (2).

biodiversidad *f.* variedad de animales y plantas en su medio ambiente; *biodiversity* (3).

bizco, -a *adj.* con los ojos y la mirada torcidos; *cross-eyed* (4).

blanco como la nieve muy blanco; *white as snow* (6).

blanqueador *m.* producto de limpieza; *bleach* (4).

blanquear *v.* volverse blanco; *to turn white* (2).

boca abajo *adv.* con la cara hacia el suelo; *face down* (2).

bocarriba *adv.* mirando hacia el techo; *face up* (4).

boceto *m.* esquema dibujado; *sketch* (3).

bofetada *f.* golpe dado en la cara con la mano abierta; *slap* (4).

bolsita *f.* bolsa pequeña para meter cosas dentro; *small bag* (2).

bombo *m.* caja redonda que da vueltas y contiene bolas de un juego; *drum (used to select numbers or names)* (2).

bondad *f.* compasión, altruismo; *kindness* (5).

bordar *v.* adornar las telas con hilo; *to embroider* (5).

brizna *f.* hoja pequeña; *blade* (2).

broma *f.* burla, chiste; *joke* (5).

bruja *f.* mujer malvada que practica la magia y vuela sobre una escoba; *witch* (2).

bruscamente *adv.* en forma brusca, violenta; *abruptly* (5).

budín *m.* pudín; *pudding* (3).

buldog *m.* perro de cierta raza; *bulldog* (3).

buró *m.* mesa pequeña del dormitorio; *bedside table* (5).

buzo *m. y f.* persona que trabaja debajo del agua; *diver* (3).

C

caballero andante *m.* caballero que anda por el mundo en busca de aventuras; *knight-errant* (6).

cacharro *m.* objeto de poco valor; *valueless object* (4).

cada vez menos/más *adv.* en forma decreciente/creciente; *less and less/more and more* (5).

cálido, -a *adj.* agradable, cariñoso; *warm* (1).

caligrafiar *v.* escribir a mano con letra bien hecha; *to write in calligraphy* (3).

calma *f.* tranquilidad, serenidad; *calm* (4).

calmante *m.* medicamento para calmar los dolores; *painkiller* (4).

calorcito *m.* sensación agradable de calor (coloquial); *warmth* (5).

calzas *f. pl.* calcetines largos, hasta la cadera; *hose* (6).

camioneta *f.* auto grande y largo; *pick-up truck* (4).

candente *adj.* caliente; *hot* (5).

capa de ozono *f.* capa de gas que se halla en la atmósfera terrestre, que impide que los rayos ultravioletas lleguen al suelo, lo que imposibilitaría la vida sobre la superficie terrestre; *ozone layer* (3).

capricho *m.* antojo, gusto, deseo; *whim* (1).

caramba *interj.* ¡vaya!, expresión de sorpresa, asombro o enojo; *well!* (2).

carcajada *f.* risa ruidosa; *guffaw* (1).

carente (de) *adj.* sin, privado de, desprovisto de; *lacking* (1).

carga *f.* mercancía que va a ser transportada; *load* (4).

cargar *v.* llevar, transportar; *to carry* (4).

caricatura *f.* dibujo donde se exagera o deforma algún aspecto físico de alguien o algo; *caricature* (1).

caricia *f.* gesto cariñoso que consiste en tocar con suavidad y afecto; *caress* (2).

carnero *m.* macho de la oveja; *ram* (6).

cartapacio *m.* cartera, portafolio; *folder* (4).

cartucho *m.* munición que se dispara de un arma; *cartridge* (5).

casero, -a *adj.* que disfruta mucho estando en su casa; *homebody* (6).

casino *m.* lugar público en el que hay juegos, bailes y otras diversiones; *casino* (6).

casquete polar *m.* superficie de hielo en los polos de la Tierra; *polar icecap* (3).

casquetón *m.* protección dura que se coloca sobre la cabeza; *helmet* (4).

cautelosamente *adv.* con cuidado y atención; *cautiously* (1).

cazar *v.* seguir a un animal para matarlo; *to hunt* (5).

ceñido, -a *pp.* abrazado; *embraced* (5).

certidumbre *f.* certeza; *certainty* (1).

charola *f.* bandeja o plato grande para servir; *tray* (5).

chequear *v.* verificar; *to check* (3).

chiquito, -a *adj.* pequeño; *small* (2).

cicatriz *f.* señal que queda en la piel al curarse una herida; *scar* (6).

cíclico, -a *adj.* que se repite como en círculos; *cyclical* (3).

ciegamente *adv.* sin pensarlo y con seguridad y convencimiento; *blindly* (1).

ciego como un topo que ve muy poco; *blind as a bat* (6).

cifra *f.* signo con el que se representa un número; *figure* (6).

cinegético, -a *adj.* relacionado con la caza; *hunting (before n.)* (5).

cintura *f.* parte central del cuerpo, más arriba de las caderas; *waist* (4).

ciudadanía *f.* estado de una persona que pertenece a una nación; *citizenship* (5).

clamar *v.* llamar, gritar; *to shout* (5).

clavado, -a *adj.* fijado con clavos (pieza metálica para fijar objetos); *nailed* (6).

cobija *f.* manta para cubrirse al dormir; *blanket* (5).

cobrar *v.* recibir algo a cambio, obtener algo como pago; *to charge* (6).

cochecito *m.* carro pequeño con ruedas para llevar a los bebés; *baby carriage* (2).

coherente *adj.* que sus partes forman una unidad y carece de contradicciones; *consistent* (3).

cohete *m.* aparato o vehículo que se lanza al espacio; *rocket* (3).

coladera *f.* lugar destinado para que escape el agua sobrante; *sewer* (4).

colarse *v.* entrar; *to get in* (4).

colcha *f.* manta más liviana para taparse y quitarse el frío; *bedspread* (5).

colgar *v.* dejar de hablar por teléfono y poner el aparato en su sitio; *to put down* (4).

combustible *m.* sustancia o material que arde y se usa para hacer funcionar máquinas y vehículos; *fuel* (3).

combustión *f.* acción de arder o quemarse algo; *combustion* (3).

comer como un canario comer muy poco; *to eat like a bird* (6).

comercial *adj.* relativo al comercio, mercantil; *business (before n.)* (4).

comerciante *m.* persona que se dedica al comercio; *trader* (4).

comerciar *v.* realizar operaciones comerciales, negociar; *to trade* (4).

comestible *adj.* que se puede comer; *edible* (5).

comisaría *f.* oficina de policía; *precinct* (1).

cómodamente *adv.* sin esfuerzo o molestia; *comfortably* (4).

comodidad *f.* facilidad, confort; *comfort* (4).

cómodo, -a *adj.* que no requiere esfuerzo, confortable; *comfortable* (4).

comodón, -ona *adj.* que le gusta la comodidad y el descanso; *comfort-loving* (1).

compasivo, -a *adj.* que siente tristeza por el mal ajeno y quiere aliviarlo; *sympathetic* (3).

con los pies en la tierra realista, práctico; *with one's feet on the ground*

con segundas intenciones (hacer o decir algo) tener un propósito diferente del que se da a entender; *with double meaning or hidden intentions* (1).

con tal de *adv.* con la condición de; *as long as* (4).

con todo lujo de comodidades con gran cantidad de cosas que no son necesarias; *with a wealth of comforts* (3).

conceder *v.* dar; admitir; *to concede* (5).

concepto *m.* idea, pensamiento; *concept* (1).

conciliante *adj.* que ayuda a resolver conflictos; *conciliatory* (2).

conciliar el sueño poder dormirse; *to get to sleep* (5).

conclusión *f.* resultado al que se llega después de examinar algo; *conclusion* (1).

conductor, -a *m. y f.* persona que guía un vehículo; *driver* (3).

confianza *f.* creencia en la palabra de alguien; *faith* (5).

conforme *adj.* de acuerdo con otro en algo; *satisfied* (5).

confuso, -a *adj.* poco definido, difícil de comprender; *confusing* (3).

conjetura *f.* suposición; *conjecture* (6).

conjunción *f.* palabra que une dos palabras o cláusulas; *conjunction* (5).

conseguir *v.* poder hacer; *to achieve* (2).

consignar *v.* informar por escrito; *to state* (4).

consistente *adj.* que no se rompe o deforma con facilidad, sólido; *solid* (3).

consolidarse *v.* asegurarse, afianzarse, establecerse; *to become consolidated* (3).

contar con (años) *v.* tener… años de edad; *to be … years old* (5).

contenedor *m.* recipiente grande para depositar residuos; *bin* (3).

contra la corriente al contrario de los demás; *against the tide* (1).

contraer *v.* adquirir o asumir compromisos u obligaciones; *to contract* (5).

contraer nupcias *v.* casarse; *to get married* (5).

conversar *v.* charlar; *to talk* (1).

convivir *v.* vivir con alguien o algo; *to live in the same place* (1).

cordillera *f.* cadena de altas montañas; *mountain range* (3).

coronado, -a *pp.* aclamado, famoso; *crowned* (6).

corrección *f.* acción de eliminar los errores o imperfecciones de algo; *correction* (5).

corregida y aumentada en mayor medida; *to a greater extent* (3).

corresponder a *v.* tener una cosa relación con otra; *to concern*; tener que hacer algo; *to be sb's job* (1).

corriente *adj.* normal, ordinario; *usual* (4).

cosecha *f.* producto vegetal que se cultiva y recoge de la tierra cuando está maduro; *crop* (3).

coser *v.* unir algo con hilo y aguja; *to sew* (2).

costarle trabajo (a alguien) *v.* poder hacer algo sólo con mucho esfuerzo; *to be hard work* (4).

costear la linde *v.* ir por un lado o costado; *to go along the edge* (5).

coz *m.* patada, golpe con los pies; *kick* (6).

creatividad *f.* capacidad para inventar y hacer cosas nuevas; *creativity* (1).

cubierta *f.* capa o parte exterior; *cover* (3).

cuestión de cosa de; *a matter of* (2).

cura *m.* sacerdote católico; *priest* (6).

curar *v.* sanar, devolver la salud; *to cure* (6).

dar cabida (a algo) buscar espacio, hacer un hueco; *to accommodate* (4).

dar la vida por (figurado) querer más que nada en el mundo; *to give one's life for* (5).

dar mucha risa resultar muy divertido; *to be very funny;* (4).

darle (a alguien) miedo *v.* asustar; *to frighten* (2).

darse la vuelta *v.* girarse; *to turn around* (2).

dársele por *v.* tener la idea de, empezar a; *to start (doing)* (2).

de añadidura *adv.* además; *in addition* (6).

de arriba abajo en su totalidad, completamente; *completely* (6).

de golpe y porrazo de repente, inesperada y rápidamente; *suddenly* (5).

de nuevo *adv.* otra vez, nuevamente; *again* (2).

de sienes plateadas canoso; *with silver temples* (5).

deber *v.* ser deudor, tener que pagar algo a alguien; *to owe* (6).

deducir *v.* llegar a un resultado; *to infer* (2).

degradación *f.* empeoramiento; *deterioration* (3).

dejar atrás abandonar; *to leave behind* (6).

dejar caer *v.* hacer que algo vaya hasta el suelo sin querer; *to drop* (2).

del fondo de sus entrañas desde muy dentro; *deep down* (5).

delantal *m.* vestido usado sobre la ropa para no mancharse al cocinar; *apron* (5).

deleite *m.* placer, gusto; *delight* (1).

demora *f.* tardanza; *delay* (5).

deparar *v.* dar, proporcionar; *to bring about* (5).

derretimiento *m.* fusión; *melting* (3).

desacostumbrar *v.* perder el costumbre de; *to get out of the habit* (4).

desangelado, -a *adj.* sin adornos, sin gracia; *devoid of charm* (2).

desanimarse *v.* perder las ganas, desilusionarse; *to lose heart* (1).

desaparecer *v.* dejar de existir; *to disappear* (5).

desatino *m.* locura; *foolishness* (6).

desbocado, -a *pp.* libremente, sin control; *runaway (horse)* (6).

desbordarse *v.* salirse de los bordes; *to overflow* (4).

descabellado, -a *adj.* sin sentido, irracional, absurdo; *ridiculous* (4).

descender *v.* bajar, disminuir; *to fall* (1).

descomedido, -a *adj.* descortés, desatento; *discourteous* (6).

descompuesto, -a *pp.* roto, fuera de servicio, estropeado; *broken* (4).

desconcierto *m.* confusión, desorden, desorientación; *confusion* (5).

desembocar *v.* salir, aparecer; *to come out* (5).

desempeñar (un cargo) *v.* ocupar un puesto en una institución, empresa, gobierno; *to hold (a position)* (4).

desempeñar *v.* realizar las funciones propias de una tarea; *to perform* (1).

desentrañar *v.* descifrar, averiguar; *to decipher* (6).

desertización *f.* acción de secarse los suelos y convertirse en desierto; *desertification* (3).

desgracia *f.* suceso adverso; *misfortune* (5).

deshacer todo género de agravio *v.* reparar o vengar ofensas, humillaciones e injusticias; *to make amends for all affronts* (6).

deshacerse *v.* prescindir de algo, dejar de lado, descartar; *to get rid of* (4).

deshumanización *f.* privación de caracteres humanos; *dehumanization* (3).

desistir de *v.* olvidar; *to give up* (5).

desnudar *v.* quitar la ropa; *to undress* (6).

despacio *adv.* suavemente, poco a poco, lentamente; *slowly* (5).

despedido, -a *pp.* que ha perdido el trabajo; *fired* (4).

desperdiciar *v.* no aprovechar; *to waste* (5).

desplomarse *v.* caerse; *to fall* (4).

desprendido, -a *pp.* separado de algo a lo que estaba unido; *detached* (4).

despreocupadamente *adv.* sin mucha atención, relajadamente; *carelessly* (4).

destino *m.* lo que nos espera en el futuro, ya marcado; *fate* (5).

destornillador *m.* herramienta que se emplea para meter o sacar tornillos; *screwdriver* (1).

desvelarse *v.* impedirse el sueño, no dormir; *to stay awake* (6).

desviación *f.* separación del camino trazado; *diversion* (3).

diligencia *f.* procedimiento, trámite, formalidad burocrática; *errand, business* (1).

dirigible *m.* globo alargado con armadura y con hélices y timón para guiarlo; *airship* (3).

discapacidad *f.* incapacidad física o mental de nacimiento o causada por un accidente o enfermedad; *disability* (5).

discreto, -a *adj.* prudente, sensato, que actúa con discreción; *discreet* (1).

disparate *m.* lo que no tiene sentido; *nonsense* (6).

disparo *m.* acción y efecto de lanzar algo con fuerza; *shot* (3).

disponible *adj.* libre para hacer algo; *available* (5).

distinguido, -a *adj.* elegante; *distinguished* (2).

diversión *f.* acción y efecto de divertirse, pasatiempo; *fun* (3).

diversos, -as *adj. pl.* diferentes, distintos; *various* (3).

doblegarse *v.* obedecer; *to yield* (4).

docto, -a *adj.* sabio, experto; *erudite* (6).

dolor *m.* sensación molesta; *pain* (2).

dominación *f.* control, represión; *domination* (3).

duelo *m.* combate de dos precedido por un desafío o reto; *duel* (6).

duelos y quebrantos *m. pl.* huevos y tocino; *bacon and eggs* (6).

durar *v.* seguir viviendo, sobrevivir; *to last* (4).

durmiera imperfecto de subjuntivo; *for (sb) to sleep* (4).

echar a perder *v.* estropear; *to spoil* (2).

echar una ojeada dar una mirada rápida; *to take a quick look at* (5).

echarse a (llorar, reír, etc.) *v.* empezar a hacer algo (llorar, reír, etc.); *to start (crying, laughing)* (1).

ecosistema *m.* conjunto de seres vivos (animales y plantas) que pertenecen a un mismo ambiente y se relacionan entre sí; *ecosystem* (3).

eficiente *adj.* que consigue el efecto deseado; *efficient* (3).

ejercitarse *v.* adiestrarse, entrenarse; *to train* (6).

el fuego la transformación; *transformation* (6).

el qué dirán lo que piensan o pueden pensar los demás; *what people might say* (6).

el uno del otro expresión que se usa para relacionar una cosa con otra; *one another* (2).

elaborarse *v.* hacerse; *to make (for oneself)* (5).

electrodoméstico *m.* máquina o aparato del hogar; *appliance* (3).

embalaje *m.* caja o bolsa en que se guardan artículos para protegerlos al transportarlos; *packaging* (3).

embarazada *adj.* se aplica a una mujer que está esperando un bebé, encinta; *pregnant* (3).

embarrar *v.* untar, poner; *to cover (with a liquid or sticky substance)* (4).

emisión *f.* salida, expulsión; *emission* (3).

empapado, -a *pp.* completamente mojado; *soaked* (5).

empeñarse *v.* poner mucho esfuerzo en hacer o conseguir algo; *to strive* (4).

empeño *m.* esfuerzo; *effort* (2).

empolvado, -a *pp.* lleno de polvo, suciedad; *dust-covered* (4).

emprender *v.* comenzar, iniciar; *to begin* (5).

empresario -a *m. y f.* director de una empresa o negocio; *businessman, businesswoman* (1).

en detrimento de a costa de; *to the detriment of* (1).

en órbita que recorre una trayectoria en el espacio alrededor de otro astro; *in orbit* (3).

en procura de en busca de; *in search of* (5).

en vano *adv.* sin resultados, sin éxito; *in vain* (5).

en voz queda en voz baja; *in a low voice* (2).

encadenar *v.* unirse dos cosas; *to chain* (5).

encantamento *m.* encantamiento, acción y efecto de obrar a través de la magia; *enchantment* (6).

encargarse *v.* ser responsable de alguna tarea; *to see to* (5).

encarnado, -a *adj.* de color rojo; *red* (4).

enchufar *v.* unir un aparato eléctrico a la red eléctrica, conectar; *to plug in* (3).

encoger *v.* contraerse, reducirse en tamaño; *to shrink* (5).

encogerse de hombros subir los hombros para expresar indiferencia; *to shrug* (2).

endurecerse *v.* ponerse duro; *to harden* (4).

enemigo, -a *m. y f.* persona que quiere perjudicarte; *enemy* (1).

enervar *v.* poner nervioso; *to irritate* (4).

enfermo, -a *m. y f.* persona que padece alguna enfermedad; *sick person* (2).

enflaquecer *v.* debilitarse; *to weaken* (6).

enfrascarse *v.* concentrarse mucho en algo; *to immerse oneself in* (6).

engañarse *v.* creer uno mismo en algo que no es cierto; *to deceive oneself* (5).

engarrotarse *v.* volverse rígido; *to stiffen up* (2).

engendrado, -a *pp.* creado, concebido; *begotten* (3).

enjuto, -a *adj.* flaco, delgado; *lean* (6).

enrarecido, -a *pp.* que dificulta la respiración; *rarefied* (5).

enredado, -a *pp.* enganchado; *tangled* (5).

enriquecido, -a *pp.* que se hizo rico; *became rich* (1).

enrojecer *v.* ponerse rojo al sentir vergüenza; *to blush* (1).

ensayo *m.* escrito con las opiniones del autor sobre un tema; *essay* (2).

ensillar *v.* ponerle la silla de montar a un caballo; *to saddle* (6).

ensuciarse *v.* ponerse sucio, mancharse; *to get dirty* (4).

enterarse de *v.* informarse, saber que ha pasado algo; *to find out* (4).

entierro *m.* ceremonia en que se mete a los muertos debajo de la tierra; *burial* (4).

entorpecer *v.* hacer difícil, poner barreras a algo; *to hinder* (3).

entrada *f.* lugar por el que se entra o accede a un lugar; *entrance* (4).

entretenimiento *m.* lo que se hace como diversión; *entertainment* (1).

entricado, -a *pp.* difícil, complicado, confuso; *complicated* (6).

envase *m.* recipiente generalmente pequeño o mediano que se usa para guardar y conservar un producto; *container* (3).

envejecido, -a *pp.* que parece más viejo de lo que era antes; *aged* (5).

envolver *v.* cubrir con tela, papel; *to wrap* (2).

enyesar *v.* proteger un hueso roto con una cobertura dura y sólida; *to put in a cast* (2).

equivaler *v.* ser igual que otra cosa; *to be equivalent to* (1).

erguido, -a *pp.* levantado; *upright* (4).

erisipela *f.* enfermedad de la piel, inflamación; *erysipelas* (4).

erradicar *v.* eliminar; *to eradicate* (3).

escafandra *f.* traje impermeable con casco de cristal que sirve para permanecer debajo del agua; *diving suit* (3).

escalera *f.* parte de la casa que sirve para subir y bajar de un piso a otro; *stairs* (4).

escasez *f.* falta de algo; *shortage* (5).

escéptico, -a *adj.* que no cree nada o duda de todo; *skeptical* (1).

escopeta *f.* arma de fuego de cañón largo que se usa para cazar; *shotgun* (5).

esencia *f.* lo propio y fundamental; *essence* (6).

espantoso, -a *adj.* horrible, terrible; *horrifying* (2).

esparcimiento *m.* lo que se hace como diversión; *leisure* (1).

especia *f.* sustancia vegetal aromática que sirve para dar sabor y olor a las comidas; *spice* (5).

espectador, -a *m. y f.* persona que asiste a un espectáculo; *member of the audience* (1).

espectro de la fatalidad *m.* fantasma de la desgracia; *ghost of misfortune* (5).

estación de servicio *f.* instalación con surtidores de combustible y otros servicios para vehículos; *gas station* (3).

estado de ánimo *m.* lo que se siente, el deseo de hacer algo, nivel de energía; *mood* (1).

estallar *v.* explotar; *to burst* (2).

estallido *m.* explosión; *burst* (5).

estar al día *v.* estar informado, enterado; *to be up-to-date* (4).

estar al servicio de trabajar para alguien o algo; *to be at someone's service* (3).

estar enamorado de *v.* sentir amor romántico hacia alguien; *to be in love with* (5).

estar muerto estar muy cansado; *to be dead tired* (6).

estar piel y hueso estar muy delgado; *to be nothing but skin and bones* (6).

estar por *v.* que va a hacer algo; *to be about to* (2).

estero *m.* terreno inundado por la lluvia o por agua subterránea; *swamp* (3).

estorbar *v.* molestar, poner obstáculos; *to hinder* (6).

estrechar *v.* abrazar fuertemente; *to hold tight* (2).

estrepitosamente *adv.* con mucho ruido y movimiento; *noisily* (4).

estrés *m.* situación de tensión nerviosa que puede llevar a una persona a enfermar; *stress* (3).

estridente *adj.* agudo, molesto, desagradable; *high-pitched* (4).

excéntrico, -a *adj.* muy raro; *eccentric* (3).

extrañado, -a *adj.* sorprendido; *surprised* (2).

extraterrestre *m. y f.* ser que proviene de otro planeta; *alien* (5).

falla *f.* error; *flaw* (5).

fallecer *v.* dejar de vivir, morir; *to pass away* (2).

fallecimiento de las progenitoras *m.* muerte de las madres; *mothers' death* (5).

fantasía *f.* mente, pensamientos; *mind* (6).

fatal *adj.* inevitable; *inevitable* (6).

felicidad *f.* estado en el que una persona se siente satisfecha con su vida; *happiness* (5).

féretro *m.* caja para los muertos; coffin (4).

fértil *adj.* que da frutos, lo contrario de árido; *fertile* (3).

fertilizante *m.* producto utilizado para enriquecer la tierra y que dé más frutos; *fertilizer* (3).

fijarse *v.* mirar; *to notice* (5).

fingir *v.* simular, hacer parecer; *to pretend* (2).

fino, -a *adj.* delgado, estrecho; *thin, fine* (2).

físico *m.* aspecto de nuestro cuerpo; *physique* (2).

flaco, -a *adj.* delgado; *thin* (2).

flámula *f.* llama, con aspecto de fuego; *flame* (4).

flaquear *v.* temblar y quedarse sin fuerza; *to grow weak* (4).

fogoso, -a *adj.* muy caliente, ardiente; *ardent* (4).

fomentar *v.* impulsar, promover; *to encourage* (3).

forestal *adj.* relativo a los bosques; *forest (before n.)* (3).

formación *f.* educación, desarrollo; *education* (1).

fortificar *v.* hacer más fuerte; *to strengthen* (6).

fortuito, -a *adj.* casual, por casualidad; *fortuitous* (5).

fracturado, -a *pp.* roto; *fractured* (2).

fracturarse *v.* partirse algo en dos o más partes, quebrarse; *to fracture* (2).

frente *f.* parte superior de la cara, sobre los ojos; *forehead* (5).

fuente *f.* recurso que produce algo; *source* (3).

fuerza de voluntad *f.* valor necesario para hacer algo difícil, que cuesta mucho trabajo; *willpower* (1).

fuese *v.* imperfecto de subjuntivo; *if it were* (2).

fusil *m.* arma de fuego; *rifle* (5).

galgo *m.* perro flaco y rápido; *greyhound* (6).

garrafón *m.* botella o depósito grande; *very large bottle* (4).

girar (un cheque) *v.* expedir, hacer por escrito; *to draw (a check)* (4).

glu-glu *m.* sonido del agua (onomatopeya); *gurgle* (4).

goma *f.* sustancia relativamente blanda y elástica; *rubber* (4).

gota militar *f.* tipo de enfermedad; *gout* (2).

gravedad *f.* fuerza de atracción universal, tendencia de los cuerpos a dirigirse al centro de la Tierra; *gravity* (3).

grito *m.* voz muy alta; *shout* (2).

grotesco, -a *adj.* ridículo y extravagante; *grotesque* (4).

guaraníes *m. pl.* pueblo americano que habita en las márgenes del río Paraguay, en Sudamérica (4).

guasón *m.* alguien que se burla; *joker* (4).

güerito, -a *adj.* de pelo rubio o claro; *fair-haired* (2).

haberse borrado infinitivo compuesto; *to have disappeared* (4).

hábitat *m.* zona en la que vive un animal o vegetal; *habitat* (3).

hablar por los codos *v.* hablar mucho; *to talk a blue streak* (1).

hacer las paces *v.* reconciliarse, volver a ser amigos; *to make up* (5).

hacer llover *v.* provocar, causar la lluvia; *to make it rain* (4).

hacer pasar hacer sufrir; *to make sb go through something* (5).

hacerse cargo de entender, ponerse en el lugar del otro; *to be aware of* (2).

hacerse ilusiones *v.* tener esperanza, normalmente en vano; *to get one's hopes up* (2).

hacienda *f.* posesiones; *property* (6).

hallar cabida *v.* encontrar lugar; *to acommodate* (5).

harto, -a *adj.* cansado, sin ganas tras haber hecho o padecido algo muchas veces; *fed up* (1).

hebilla *f.* pieza de metal que une los dos lados del cinturón; *buckle* (5).

herida *f.* marca que se hace en la piel cuando nos caemos o cortamos y que suele sangrar; *wound* (6).

hidalgo, -a *m. y f.* persona que por su sangre es noble y distinguida; *nobleman, noblewoman* (6).

hijito, -a *m. y f.* hijo, hija (afectuoso); *son, daughter* (5).

hilar la idea darse cuenta; *to realize* (4).

hipocresía *f.* actitud fingido; *hypocrisy* (6).

hoguera *f.* fogata, fuego; *bonfire* (3).

hoja *f.* parte verde de las plantas; *leaf* (2).

hojear *v.* pasar las hojas de un libro o publicación; *to leaf through* (4).

honra *f.* dignidad, gloria que se consigue por haber hecho algo importante; *honor* (6).

hormiga *f.* insecto con seis patas y antenas; *ant* (2).

hoyo negro *m.* masa que se encuentra en el espacio y lo atrapa todo; *black hole* (5).

hubiera *v.* imperfecto de subjuntivo; *would have* (2).

hueco *m.* agujero; *cavity* (5).

huir *v.* escapar; *to escape* (4).

humillante *adj.* que va contra la dignidad de una persona; *humiliating* (1).

imperecedero, -a *adj.* que nunca se acaba; *everlasting* (5).

implícito, -a *adj.* que se deduce de algo, que está expresado de manera indirecta; *implicit* (1).

importe *m.* el dinero que cuesta algo; *amount* (4).

impregnar *v.* mojar con algo; *to impregnate* (5).

imprescindible *adj.* absolutamente necesario; *essential* (1).

impulsado, -a *pp.* empujado para que tenga movimiento; *propelled* (3).

impulsar *v.* estimular a hacer algo; *to propel* (3).

inacabable *adj.* interminable; *never-ending* (6).

inamovible *adj.* que no se va, no desaparece; *that cannot be removed* (5).

inaugurar *v.* dar comienzo a algo, iniciar; *to inaugurate* (3).

incauto, -a *adj.* que no tiene cuidado, precaución; *unwary* (4).

incentivo *m.* motivación, algo que se ofrece a las personas, instituciones y empresas para que estén más dispuestas a colaborar; *incentive* (3).

inclinación *f.* interés, afición; *leaning* (1).

incluso *adv.* también, hasta; *even* (2).

incómodo, -a *adj.* aplicado a una persona, que se siente violenta ante una situación en la que no sabe qué hace o decir; *embarrased* (3).

incontable *adj.* que no se puede contar; *countless* (3).

incrementarse *v.* aumentar, crecer; *to increase* (1).

indeciso, -a *adj.* que tiene dificultad para decidirse; *undecided, hesitant* (1).

indigente *m. y f.* sin los medios necesarios para vivir; *destitute person* (1).

indignarse *v.* enfadarse mucho por algo que no se considera justo; *to be outraged* (3).

indiscriminadamente *adv.* sin hacer distinciones ni diferencias; *indiscriminately* (3).

inexorablemente *adv.* inevitablemente; *inexorably* (5).

ingenioso, -a *adj.* inteligente, hábil; *witty* (1).

inhibidor, -a *adj.* que no permite o que impide hacer otras cosas; *inhibiting (before n.)* (1).

inhumano, -a *adj.* tan cruel que no es propio de las personas; *inhuman* (6).

injusticia *f.* falta de justicia; *injustice* (6).

inmóvil *adj.* sin moverse; *still* (5).

inquieto, -a *adj.* que no deja de moverse; *restless* (4).

inquietud *f.* preocupación; *worry* (5).

insonoro, -a *adj.* preparado contra el ruido; *soundproof* (2).

interceder *v.* hablar en favor de una persona; *to intercede* (5).

intervenir *v.* actuar sobre una parte enferma del cuerpo para curarla; *to operate on* (2).

introspectivo, -a *adj.* vuelto hacia el interior, hacia uno mismo; *introspective* (1).

inundar *v.* llenar de agua; *to flood* (4).

inútil *adj.* que no sirve, no da resultado; *useless* (4).

invadir *v.* extenderse, ocupar; *to invade* (4).

inventario *m.* documento en el que se listan las cosas que pertenecen a una persona o institución, etc.; *inventory* (1).

invernadero *m.* lugar cubierto y preparado para cultivar plantas; *greenhouse* (3).

invertir *v.* ocupar o hacer uso de alguna cosa en algo; *to invest* (1).

involuntario, -a *adj.* sin voluntad, que ocurre sin querer o sin poder evitarlo; *involuntary* (4).

inyectar *v.* introducir un líquido con una jeringa para curar; *to inject* (2).

ir en aumento *v.* crecer, subir; *to grow* (1).

irremediablemente *adv.* sin poderlo evitar; *inevitably* (5).

jarabe *m.* medicamento líquido; *syrup* (2).

jeringa *f.* instrumento con una aguja al final, que usan los doctores para poner inyecciones; *syringe* (2).

juera fuera, imperfecto de subjuntivo (inculto, oral); *if it were* (5).

jugarse *v.* apostar, arriesgar; *to risk* (6).

juguete *m.* objeto para jugar; *toy* (2).

juicio *m.* cordura, capacidad de una persona para saber lo que está bien y mal; *good judgment* (6).

jurar *v.* prometer solemnemente; *to swear* (5).

la esfera la totalidad; *the whole* (6).

la más chica la menor; *the youngest one* (5).

la pluma el viento; *the wind* (6).

labor *f.* trabajo; *work* (5).

labranza *f.* acción de mover la tierra haciendo surcos para sembrarla; *cultivation* (3).

lágrima *f.* gota que sale del ojo al llorar; *tear* (5).

lama *f.* capa de suciedad natural, de tipo vegetal; *green slime* (4).

lamentable *adj.* deplorable, que causa mala impresión; *deplorable* (5).

lanteja *f.* lenteja; *lentil* (6).

lanza *f.* arma de palo largo con punta de flecha; *spear* (6).

lanzamiento *m.* acción y efecto de soltar algo para que salga con fuerza en una dirección; *launch* (3).

lanzar una mirada mirar con rapidez y severidad; *to shoot a look* (5).

latido del corazón *m.* el sonido y golpe que da el corazón; *heartbeat* (2).

laxo, -a *adj.* flojo, relajado; *relaxed* (4).

Le Plongeon el hombre que encontró la estatua de Chac Mool (4).

lema *m.* norma que alguien sigue en la vida; *motto* (3).

libro de caballería *m.* novela sobre caballeros antiguos; *chivalry novel* (6).

litoral *m.* región costera; *coast* (3).

llegada *f.* momento de llegar; *arrival* (5).

llorón, -a *adj.* que llora mucho y con facilidad; *crybaby* (6).

lo que se espera lo que se supone que se debe hacer; *what is expected of someone* (2).

loto *m.* planta que vive en el agua; *lotus* (4).

lujoso, -a *adj.* costoso, que demuestra riqueza; *luxurious* (1).

macizo, -a *adj.* duro, sólido; *solid* (4).

madrugada *f.* muy temprano en la mañana, cuando aparece la luz del día; *early morning* (5).

madrugador, -a *adj.* que se levanta temprano; *early riser* (6).

maduro, -a *adj.* serio, responsable; *mature* (1).

malestar *m.* sensación de encontrarse mal, enfermo; *discomfort* (4).

malgastar *v.* desaprovechar, desperdiciar; *to waste* (3).

mamífero *m.* vertebrado que se desarrolla dentro del cuerpo de la madre y al nacer se alimenta de su leche; *mammal* (3).

mancha *f.* suciedad que se aprecia sobre una cosa; *stain* (4).

mancharse *v.* ponerse sucio, ensuciarse; *to get dirty* (4).

mandar *v.* dar órdenes, decirle a otro lo que debe hacer; *to order* (6).

mandón, -ona *m. y f.* alguien que da muchas órdenes; *bossy person* (2).

marchante *m. y f.* vendedor de arte; *art dealer* (4).

mareo *m.* náusea, sensación de que la cabeza da vueltas; *dizziness* (4).

más bien *adv.* mejor; *rather* (2).

más claro que el agua muy claro, obvio; *as plain as day* (6).

mas *conj.* pero; *but* (6).

más duro que una piedra muy duro; *hard as a rock* (6).

más listo que un zorro muy astuto; *smart as a fox* (6).

más pálido que un muerto muy pálido; *white as a ghost* (6).

más tiznados que de costumbre más manchados de lo normal; *dirtier than usual* (4).

más vale que será mejor que; *had better* (5).

masivo, -a *adj.* que llega a grandes cantidades de personas; *mass (before n.)* (1).

mayores *m.* adultos; *grown-ups* (2).

mecanizarse *v.* hacerse mediante máquinas; *to become mechanized* (3).

medios (de comunicación) *m. pl.* se dice de las nuevas tecnologías de información masiva, como la televisión o Internet; *mass media* (1).

meditar *v.* pensar detenidamente, con cuidado y atención; *to reflect on* (1)

melindroso, -a *adj.* que tiene demasiada delicadeza; *squeamish* (6).

mentira *f.* lo que no es verdad; *lie* (6).

mentiroso, -a *adj.* persona que no dice la verdad; *liar* (5).

merecer *v.* ser digno de algo; *to deserve* (6).

meter *v.* poner adentro; *to put in* (2).

metodología *f.* procedimiento ordenado para hacer algo; *methodology* (3).

miel de cortesanas hipocresías agasajada por los miembros de la corte, que fingen buenos sentimientos y opiniones; *gifts from hypocritical courtiers* (6).

mitin *m.* reunión donde se discuten públicamente asuntos políticos o sociales; *meeting* (3).

(buenos) modales *m. pl.* comportamiento, manera (buena o mala) de actuar de una persona; *(good) manners* (1).

modisto, -a *m. y f.* persona que hace vestidos y ropas; *dressmaker* (6).

molesto, -a *adj.* enfadado, enojado; *upset* (4).

morir *v.* dejar de vivir, fallecer; *to die* (2).

morir ahogado *v.* morir bajo el agua al quedarse uno sin respiración; *to drown* (4).

morirse de risa reírse mucho; *to die laughing* (6).

mosca *f.* insecto volador; *fly* (2).

mosquita muerta *f.* persona que finge ser más buena e inocente de lo que en realidad es; *someone who pretends to be harmless* (1).

mostrenco, -a *adj.* olvidado, sin dueño; *forgotten* (4).

mozo *m.* chico que ayuda a un caballero; *servant* (6).

mudo, -a *adj.* que no puede hablar; *mute* (5).

mueca *f.* expresión desagradable de la cara; *grimace* (4).

muerte *f.* fin de la vida; *death* (2).

multitud *f.* gran cantidad de personas; *crowd* (6).

muñeca *f.* figura de niña para jugar; *doll* (2).

murmurar *v.* decir en voz baja; *to mutter* (2).

nacimiento *m.* momento en que un bebé llega al mundo; *birth* (2).

navegación *f.* transporte por aire o agua; *navigation* (3).

nene, -a *m. y f.* niño pequeño; *little boy, little girl* (2).

ni siquiera *adv.* ni por lo menos; *not even* (5).

ni tantito en nada, ni un poco, ni lo más mínimo; *nothing* (5).

nido *m.* grupo de ramas que sirve de hogar a los pájaros; *nest* (2).

nimio, -a *adj.* sin importancia; *insignificant* (5).

no cansarse de *v.* no querer dejar de hacer algo; *not to get tired of* (2).

no importa qué cualquier cosa; *no matter what* (5).

no irle en zaga no ser inferior, no ser menos; *not to be left behind* (6).

no molestarse *v.* no hacer el esfuerzo; *not to bother* (1).

no se hubiera sumergido pretérito imperfecto de subjuntivo; *would not have been able to go underwater* (3).

no ser del todo del agrado de alguien no gustar del todo, no gustar demasiado; *not to be quite liked* (1).

no tener donde caerse muerto ser muy pobre; *to not have a penny to one's name* (6).

no tener más remedio que no poder hacer otra cosa que; *to have no choice but* (2).

no…, sino… en vez de/en lugar de… es…; *instead of* (4).

novedad *f.* innovación, cambio; *innovation* (1).

nutriente *m.* sustancia presente en los alimentos necesaria para vivir; *nutrient* (3).

obedecer *v.* seguir las órdenes de alguien, ponerle cuidado a alguien; *to obey* (4).

obligar *v.* imponer algo a alguien; *to force* (5).

obviamente *adv.* naturalmente, evidentemente; *obviously* (1).

ocioso, -a *adj.* que no hace nada; *idle* (6).

ocupación *f.* actividad; *activity* (2).

ocupar (un lugar) *v.* llenar un espacio; *to take up;* hallarse en una posición; *to hold* (1).

ocuparse de *v.* atender, prestar atención a; *to take care of* (2).

odiar *v.* sentir gran aversión por algo o alguien; *to hate* (1).

oleoducto *m.* tubería e instalaciones para conducir el petróleo a gran distancia; *oil pipeline* (3).

oler *v.* lo que hacemos con la nariz para ver cómo huelen las cosas; *to smell* (4).

olfatear *v.* buscar por el olor; *to sniff* (6).

olor *m.* lo que percibe la nariz; *smell* (4).

olvido *m.* algo que no se recuerda; *oversight* (5).

ombligo *m.* agujero situado en el abdomen que se forma al nacer; *navel* (2).

operar *v.* actuar sobre una parte enferma del cuerpo para curarla, intervenir; *to operate on* (2).

origen *m.* comienzo, principio; *origin* (3).

orilla *f.* borde, lado; *edge* (2).

oscurecer *v.* hacer más oscuro; *to get dark* (5).

ostentoso, -a *adj.* aparatoso, grandioso, presumido; *ostentatious* (1).

otorgar *v.* dar, conceder; *to grant* (3).

paciente *m. y f.* persona enferma a la que va a curar un médico; *patient* (2).

paladear *v.* disfrutar; *to enjoy* (1).

paloma *f.* tipo de pájaro; *dove* (5).

palomino *m.* palomita; *young dove* (6).

palpar *v.* tocar; *to touch* (4).

pantanal *m.* extensión poco profunda de agua mezclada con tierra o lodo; *marshland* (3).

pantuflo *m.* zapato; *shoe* (6).

para colmo de males expresión de enojo y resignación para indicar que otro mal ha sucedido; *to make matters worse* (4).

paracaídas *m.* elemento de tela que modera la velocidad de la caída desde un avión; *parachute* (3).

(no) parar de *v.* (no) dejar de hacer algo; *to do something nonstop* (5).

(bien) parecido, -a *adj.* guapo; *good-looking* (2).

parentesco *m.* relación familiar; *kinship* (4).

partir *v.* irse, salir; *to set out* (5).

partírsele a uno el alma dar algo mucha pena; *to break one's heart* (6).

pasar las noches de claro en claro y los días de turbio en turbio estar totalmente absorbido por una pasión, hasta el punto de no dormir; *"to be totally engrossed in something"* (6).

pasar por el tubo hacer lo que otro quiera, rendirse; *to toe the line* (2).

paso a paso *adv.* poco a poco; *step by step* (2).

patrimonio *m.* conjunto de cosas valiosas que una región o persona posee; *heritage, assets* (3).

pecado *m.* culpa, falta; *sin* (6).

pedacito *m.* trozo o parte pequeña; *bit* (2).

pedazo *m.* trozo, parte; *piece* (4).

pedirle peras al olmo *m.* pedir algo que no se puede tener; *to ask for the impossible* (6).

pedrea *f.* el premio más pequeño; *minor prize* (2).

pedregullo *m.* pedruscos, piedras pequeñas; *gravel* (5).

pegado, -a *pp.* tocando uno con otro; *next to*; golpeado; *hit* (2).

pelar *v.* quitar la piel o la corteza; *to peel* (5).

pendencia *f.* pelea, riña; *fight* (6).

pendiente *adj.* atento; *attentive* (2).

pensamiento *m.* idea, razonamiento; *thought* (6).

pensión *f.* hotel pequeño y poco costoso; *guesthouse* (4).

penumbra *f.* poca luz; *half-light* (4).

percatarse *v.* enterarse, darse cuenta; *to notice* (4).

perceptible *adj.* que se puede oír, entender; *noticeable* (5).

percutir en la morsa del taller una bala de parabellum *v.* golpear una bala con un instrumento del banco de trabajo; *to bang a bullet on the workbench* (5).

perder el juicio volverse loco; *to go mad* (6).

perdurable *adj.* capaz de durar mucho tiempo; *lasting* (1).

perjuicio *m.* daño, inconveniente; *damage* (3).

pernoctar *v.* pasar la noche en algún lugar; *to stay overnight* (1).

pesadilla *f.* mal sueño; *nightmare* (4).

piapiá *m.* papá (cariñoso); *daddy* (5).

picada *f.* camino, senda; *path* (5).

picada roja de sol *f.* camino enrojecido por la luz del sol; *path reddened by the sunlight* (5).

pintarse *v.* maquillarse; *to put makeup on* (6).

pionero, -a *m. y f.* persona que hace algo en un campo determinado antes que los demás (o por primera vez); *pioneer* (3).

placer *v.* gustar; *to please* (1).

planchar *v.* alisar o quitar arrugas de la ropa con metal caliente; *to iron* (5).

plática *f.* conversación; *talk* (5).

plomero *m.* trabajador que arregla o repara las tuberías; *plumber* (4).

podar *v.* quitar algunas ramas de los árboles para que crezcan mejor; *to prune* (1).

polémica *f.* debate, conversación en que se intercambian ideas; *controversy* (3).

poner (algo) a consideración (de alguien) pedir (a alguien) que piense o considere (algo); *to put sth to sb for consideration* (5).

poner en efecto llevar a cabo, realizar; *to carry out* (6).

poner en marcha hacer funcionar, poner en funcionamiento; *to set in motion* (3).

poner una inyección *v.* introducir un líquido con una jeringa; *to give an injection* (2).

ponerse a *v.* empezar a; *to start (doing)* (2).

por medio por la mitad; *by half* (6).

por poco *adv.* casi; *nearly* (2).

porcentaje *m.* cantidad que representa una parte de cien; *percentage* (1).

postular *v.* pedir, pretender; *to seek* (3).

potencial *m.* capacidad; *potential* (3).

pragmático, -a *adj.* práctico, realista; *pragmatic* (1).

precipitado, -a *adj.* sin avisar, inesperada y aceleradamente; *hurried* (5).

prejuicio *m.* lo que se piensa con desconfianza de algo antes de conocerlo; *bias* (6).

prejuzar *v.* juzgar sin tener datos suficientes; *to prejudge* (5).

premio *m.* lo que se gana en los juegos y los concursos; *prize* (2).

preservación *f.* protección, conservación, cuidado; *protection* (3).

prevenir *v.* evitar lo que puede suceder; *to prevent* (3).

priesa *f.* prisa; *hurry* (6).

prisionero, -a *m. y f.* persona que está bajo el control o el poder de alguien; *prisoner* (4).

privilegiado, -a *adj.* favorecido, que recibe favores; *privileged* (3).

profesión *f.* actividad a que se dedica una persona; *profession* (4).

profesional *adj.* relativo a la profesión; *professional* (4).

profesionalmente *adv.* desde el punto de vista profesional; *professionally* (4).

promedio *m.* el punto medio; *average* (1).

promover *v.* tener un efecto favorable; *to promote* (3).

proponerse *v.* tener la intención de; *to intend* (2).

pros y contras ventajas y desventajas; *pros and cons* (3).

prosperar *v.* progresar, salir favorecido o beneficiado; *to do well* (1).

protuberancia *f.* bulto o elevación; *bulge* (2).

proveer *v.* dar, proporcionar; *to provide* (1).

proyección *f.* diseño y planificación; *projection* (3).

psicología *f.* ciencia que estudia los procesos mentales; *psychology* (5).

publicar *v.* hacer público un escrito; *to publish* (2).

puerco espín *m.* pequeño roedor que tiene espinas en el dorso para defenderse; *porcupine* (1).

pulso *m.* latido de la sangre; *pulse* (4).

purificar *v.* limpiar; *to purify* (3).

quebradero de cabeza *m.* preocupación; *worry* (2).

quebrantado, -a *adj.* roto, dolorido; *broken* (5).

quejido *m.* lamento; *moan* (4).

querer *v.* amar; *to love* (2).

quiste *m.* bulto que puede salir en cualquier parte del cuerpo; *cyst* (2).

racional *adj.* pensado con atención, lógico; *rational* (3).

radio de acción *m.* lugar por el que uno se mueve; *area of operation* (5).

ramito *m.* manojo de flores, ramas, etc.; *bunch* (2).

rareza *f.* acción poco frecuente; *peculiarity* (2).

raspar *v.* frotar ligeramente una cosa quitándole alguna parte superficial; *to scrape* (4).

rastro *m.* signo, señal; *trace* (5).

ratón *m.* instrumento que sirve para trabajar con una computadora; *mouse* (3).

rebelarse *v.* levantarse contra la autoridad en lugar de obedecerla; *to rebel* (3).

reblandecerse *v.* ponerse menos firme, menos duro; *to soften* (4).

recámara *f.* habitación de la casa; *bedroom* (4).

recargable *adj.* que puede volver a cargarse; *rechargeable* (3).

rechazar *v.* negar, rehusar; *to reject* (1).

recién (nacido, casado) *adv.* que hace poco que; *newly (born, married)* (2).

recio, -a *adj.* duro, fuerte; *robust* (6).

recluir *v.* encerrar, meter; *to confine* (5).

recomendación *f.* consejo que se da para hacer bien; *advice* (1).

reconocimiento *m.* aprecio, consideración, estimación; *acknowledgment* (1).

recortar todas las aristas *v.* hacer que los rasgos rectos y angulosos parezcan más redondeados; *to round off the edges* (4).

recostado, -a *pp.* con la parte superior del cuerpo apoyada o reclinada en algo, estar una cosa inclinada sobre otra; *leaning on* (4).

recreativo, -a *adj.* que divierte, con lo que se disfruta; *recreational* (1).

relacionarse con *v.* tratarse con, alternar con; *to be in contact with* (1).

rellenar *v.* llenar con varios ingredientes; *to stuff* (5).

rematado, -a *pp.* terminado, acabado; *completed* (6).

remontar *v.* elevar, subir en el aire; *to rise* (3).

remunerado, -a *pp.* pagado, retribuido; *remunerated* (1).

renunciar *v.* dejar; *to relinquish* (5).

repartir *v.* distribuir algo en partes; *to distribute* (5).

réplica *f.* copia, obra igual a la original, pero no auténtica; *replica* (4).

reponerse *v.* volver a estar sano o tranquilo; *to recover* (1).

represa *f.* muro o pared que se construye para acumular o regular corrientes de agua; *dam* (3).

represión *f.* falta de libertad; *repression* (5).

reprimido, -a *pp.* contenido, moderado; *repressed* (5).

reprochar *v.* mostrar enojo por lo que se ha dicho o hecho; *to reproach* (4).

reproche *m.* censura, amonestación; *reproach* (5).

repuesto, -a *pp.* recuperado, reemplazado; *replaced* (3).

requiebro *m.* palabra de amor; *amorous compliment* (6).

resignado, -a *pp.* dispuesto a aceptar algo malo con paciencia; *resigned* (6).

resistente *adj.* fuerte, que aguanta, soporta; *strong* (3).

restringir *v.* reducir; *to restrict* (3).

resucitar *v.* volver a la vida; *to revive* (6).

revés *m.* golpe dado con la parte de fuera de la mano; *slap (with the back of the hand)* (6).

revivir *v.* volver a vivir, recordar claramente; *to relive* (5).

revisor, -a *m. y f.* persona que en los trenes y tranvías revisa los billetes de los viajeros para comprobar que cada uno tiene el suyo; *conductor, conductress* (3).

revocar *v.* invalidar; *to revoke* (5).

rezongar *v.* protestar, quejarse demostrando mala gana o mala voluntad; *to grumble* (1).

riesgo *m.* posibilidad de que algo no salga bien; *risk* (1).

rincón *m.* lugar apartado; *remote corner* (5).

rizar(se) *v.* hacer ondas en el pelo de manera artificial; *to curl* (6).

roce accidental *m.* contacto casual; *casual contact* (5).

rocín *m.* caballo; *horse* (6).

rodar *v.* dar vueltas sobre una superficie, cambiando o no de lugar; *to roll* (5).

rogar *v.* pedir; *to beg* (3).

romperse *v.* partirse algo en dos o más partes, quebrarse; *to break* (2).

rotar *v.* alternar los cultivos; *to rotate* (3).

rotundo, -a *adj.* claro, firme; *emphatic* (4).

sabana *f.* extenso terreno plano, sin vegetación, de clima tropical; *savannah* (3).

sábana *f.* tela que sirve para cubrirse en la cama; *sheet* (2).

sabiduría *f.* conocimiento profundo; *wisdom* (3).

sacudir *v.* mover de forma muy fuerte; *to shake* (4).

salir con el rabo entre las patas salir de una situación humillado; *to leave with one's tail between one's legs* (6).

salpicadura *f.* gotas de un líquido que ha saltado; *splash* (2).

salpicón *m.* plato de varias carnes picadas; *chopped meat dish* (6).

salvar *v.* sacar de un peligro; *to save* (2).

sangriento, -a *adj.* relacionado con la sangre, la lucha; *bloody* (4).

satisfecho, -a *adj.* contento, orgulloso; *pleased* (5).

sauce *m.* tipo de árbol; *willow* (4).

sayo *m.* ropa; *smock* (6).

sedentario, -a *adj.* tranquilo, que no lleva una vida agitada y permanece en un mismo sitio; *sedentary* (1).

segunda guerra mundial *f.* guerra que tuvo lugar en Europa entre 1939 y 1945; *World War II* (2).

senectud *f.* etapa de la vejez; *old age* (5).

sensato, -a *adj.* prudente, acertado, conveniente; *sensible* (3).

sensible *adj.* que percibe fácilmente los cambios, impresionable; *sensitive* (3).

sentar las bases de *v.* establecer, fundamentar; *to lay the foundations for* (3).

separado, -a (de) *pp.* a poca distancia; *away from* (2).

ser del agrado de *v.* gustarle a; *to please* (1).

ser el ojito derecho de (alguien) ser el favorito; *to be the apple of sb's eye* (1).

ser un santo ser muy bueno; *to be a saint* (6).

ser una bala ser muy rápido; *to be very fast* (6).

show *m.* espectáculo; *show* (3).

sideral *adj.* relativo a los astros y las estrellas; *space (before n.)* (3).

sillón *m.* silla grande y cómoda; *armchair* (4).

silvestre *adj.* dicho de una planta, que nace sin que nadie la haya cultivado; *wild* (3).

simpático, -a *adj.* que cae bien, que resulta atractivo o agradable a los demás; *friendly* (3).

sin encomendarse a Dios ni al diablo directamente, sin más preparación; *without thinking it over* (2).

sincero, -a *adj.* que dice la verdad; *sincere* (1).

sino con sólo con; *but only with* (5).

sino *m.* destino, lo que nos espera en el futuro; *fate* (5).

sinvergüenza *adj.* aprovechado, que no tiene vergüenza; *shameless* (1).

sirvienta *f.* mujer que se dedica al servicio doméstico; *servant* (5).

sistemáticamente *adv.* según un sistema, una metodología; *systematically* (3).

soberbio, -a *adj.* que tiene mucho orgullo o que lo muestra; *haughty* (6).

sobrecogedor, -a *adj.* que sorprende e impresiona; *shocking* (5).

sobresaltado, -a *pp.* asustado repentinamente; *startled* (4).

sobrevivir *v.* seguir viviendo tras algún suceso o la muerte de otra persona; *to survive* (5).

socio, -a *m. y f.* alguien con quien compartes un negocio; *partner* (4).

sofocar *v.* ahogar, dominar; *to stifle* (5).

solidaridad *f.* preocupación por otros, apoyo; *solidarity* (1).

sombrío, -a *adj.* sin luz, a la sombra; *gloomy* (5).

sordo, -a *adj.* que no puede oír bien; *deaf* (5).

sostener *v.* mantener; *to hold* (2).

sótano *m.* habitación debajo de las casas, normalmente con poca luz; *cellar* (4).

stop *m.* señal de tráfico que indica que hay que detenerse; *stop sign* (3).

subsistir *v.* permanecer, mantenerse; *to survive* (5).

sucio, -a *adj.* manchado; *dirty* (4).

suelo *m.* piso, donde se anda; *ground* (5).

sumiso, -a *adj.* obediente; *submissive* (6).

superar *v.* sobrepasar, ser más que; *to exceed* (3).

superficialidad *f.* frivolidad, algo ligero y trivial; *shallowness* (1).

supermercado *m.* establecimiento donde se venden comestibles y, en ocasiones, otros artículos; *supermarket* (3).

talar *v.* cortar; *to cut down* (3).

tallar *v.* frotar, rozar con fuerza; *to scrub* (4).

tea *f.* palo de madera con fuego en el extremo para iluminar; *torch* (6).

tecnificado, -a *pp.* con las últimas tecnologías; *with the latest technology* (3).

tejer *v.* entrelazar hilos para formar una tela; *to weave* (5).

telera *f.* tipo de pan, redondo; *large loaf of bread* (5).

temática *f.* asuntos, tópicos; *subjects* (1).

tempestad *f.* lluvias muy fuertes; *storm* (4).

templado, -a *adj.* fuerte y calmado; *bold and steady* (5).

tender a *v.* soler, con frecuencia, habitualmente; *to tend to* (1).

tenderse *v.* extenderse, colocarse algo entre dos puntos; *to lie down* (6).

tener conocimiento de saber; *to know* (5).

tener los días contados quedar poco de vida; *to have one's days numbered* (6).

teñido, -a *pp.* coloreado, de un color que no es el suyo; *dyed* (4).

terco como una mula muy testarudo; *stubborn as a mule* (6).

tergiversar *v.* confundir; *to distort* (4).

terminarse *v.* llegar al fin, finalizar; *to come to an end* (5).

test *m.* prueba; *test* (3).

tez *f.* cara; *complexion* (5).

ticket *m.* recibo; *ticket* (3).

tienducha *f.* tienda pequeña y pobre; *small shop* (4).

tierna infancia *f.* primera infancia; *tender years* (5).

timar *v.* engañar, mentir sobre las cualidades de algo o alguien para obtener algún beneficio; *to swindle* (4).

tinta *f.* líquido de color que se usa para escribir o dibujar; *ink* (4).

tirado, -a *pp.* caído en el piso, tumbado; *lying* (4).

tirar *v.* dejar caer; *to drop* (5).

tiro *m.* disparo, sonido de un arma; *shot* (5).

titubeo *m.* duda, vacilación; *hesitation* (1).

tomara imperfecto de subjuntivo; *for (sb) take* (4).

topar *v.* encontrarse; *to come across* (6).

torcido, -a *adj.* que no está derecho; *bent* (4).

tornar al quehacer de uno *v.* volver al trabajo; *to go back to work* (5).

torpe *adj.* que se mueve con dificultad y poca habilidad; *clumsy* (2).

torso *m.* tronco del cuerpo, parte central desde el cuello hasta la cintura, excepto los brazos; *torso* (4).

tóxico, -a *adj.* malo para la salud, perjudicial, dañino; *harmful* (3).

traducirse en *v.* significar, implicar; *to result in* (1).

traer consigo *v.* implicar; *to entail* (3).

trajín *m.* movimiento, alboroto, lío, trabajo; *bustle* (2).

transcurrido, -a *pp.* que ha pasado; *gone by* (5).

transcurrir *v.* pasar (el tiempo); *to go by* (5).

trapo *m.* trozo de tela; *rag* (4).

tras *prep.* después; *after* (5).

tratar (a alguien) de *v.* hablar a alguien como si fuera…; *to treat sb as if they were sth* (4).

tratarse de *v.* ser; *to be* (4).

tripulado, -a *pp.* con personas dentro que lo manejan; *manned* (3).

trozo *m.* parte; *piece* (2).

truncado, -a *pp.* cortado, interrumpido y dejado incompleto; *truncated* (3).

tubería *f.* tubo por el que circula el agua de las casas; *pipe* (4).

uniforme *adj.* igual, muy parecido; *uniform* (1).

usina *f.* edificio industrial donde se producen o transforman fuentes de energía; *plant* (3).

vacío *m.* sensación de no tener nada dentro; *emptiness* (5).

valija *f.* maleta, pieza de equipaje; *suitcase* (1).

valorar *v.* estimar, apreciar, dar valor; *to appreciate* (1).

varios, -as *adj. pl.* algunos, unos cuantos; *several* (3).

vasto, -a *adj.* grande, extenso; *vast* (3).

vejez *f.* época de la vida en que se es viejo; *old age* (5).

velar por *v.* cuidar de alguien o algo; *to look after* (5).

vello *m.* pelo que cubre el cuerpo, excepto la cabeza; *body hair* (4).

ver + infinitivo (ver pasar) *v.* mirar, observar como los demás hacen algo; *to watch* (2).

verdadero, -a *adj.* que es verdad, real; *actual* (3).

verosímil *adj.* que se puede creer; *credible* (6).

versátil *adj.* que se adapta fácilmente a nuevas circunstancias; *versatile* (1).

vicisitud *f.* acontecimiento negativo; *mishap* (2).

viejo, -a *adj.* antiguo, anterior; *old* (4).

vigilar *v.* mantener observado, supervisar; *to watch* (3).

viril *adj.* varonil, masculino; *virile* (6).

visionario, -a *adj.* capaz de imaginar el futuro; *visionary* (3).

viudo, -a *m. y f.* una persona a la que se le ha muerto su esposa o su esposo; *widower, widow* (2).

vivencia *f.* experiencia de la vida; *experience* (1).

vivir del aire no tener con qué mantenerse; *to live on thin air* (6).

voluntario, -a *adj.* que se hace por propia voluntad y no por obligación o por fuerza; *voluntary* (4).

volver la vista atrás recordar; *to look back* (3).

voz *f.* sonido que hacemos al hablar; *voice* (4).

y ni ansina, porque pos no es lo mismo que lo mesmo y ni así pues no es lo mismo que lo mismo; *not even so, because it's just not the same thing* (5).

y punto y no más; *and that is that* (5).

yacer *v.* estar acostado; *to lie* (5).

■ Índice lingüístico

A

acento diacrítico: 222, R33; interrogativos y exclamativos 222, R34

acento ortográfico: 66, 116, 132, 164, R31–R34

acento tónico: 18, R31–R32

adjetivo: 16, R7–10; antes del sustantivo 16, R8; después del sustantivo 16, R8; demostrativo 16; comparativo 34, R9; superlativo 34, R9–R10

adjetivo demostrativo: 16

adverbios y frases adverbiales: 187, R21, R29

andar: 30, 288

antecedente: 184, R20

aspecto: 78, R10, R26

B

b (la letra b): 90; en el imperfecto 90

C

c (la letra c): 142, 194

cláusula: concepto 134; cláusula explicativa R6–R7; cláusulas nominales, adjetivas y adverbiales 134, 216, 220, R21; cláusulas nominales 238, R21; subjuntivo en cláusulas nominales 160–162, R21; subjuntivo en cláusulas adjetivas 184, R21; subjuntivo en cláusulas adverbiales 216–218, R21; cláusula principal y cláusula subordinada 184, R20–R21, R25–R26; cláusula de relativo 220; imperfecto de subjuntivo en cláusulas nominales 238; imperfecto de subjuntivo en cláusulas adjetivas 240; imperfecto de subjuntivo en cláusulas adverbiales 240; pluscuamperfecto de subjuntivo en las cláusulas nominales 266

coma: 272

comparativos: 34, R9; comparativos irregulares 34

condicional: 113, 242, R17, R25–R26, R98; verbos irregulares 113, R17–R18

condicional perfecto: 268, R19, R25–R26

conjunciones: 216, 240, R20–R21, R28–R29

correlación de tiempos verbales: 290–292, R25–R26

D

diptongos: 116, R32–R33, diptongos de verbos monosilábicos 116

dos puntos: 272

E

estar: 14, 288

F

frases adverbiales: 187

frases preposicionales: 186

futuro: 110, R16, R25; verbos irregulares 110, R16–R17

futuro perfecto: 112, R119

G

g (la letra g): 250

gerundio del verbo: 30, 80, R27

gustar: 14

H

h (la letra h): 42; la h intercalada 42

hiato: 116, R32–R33

I

imperfecto: 62, 78, 80, R10, R13–R14, R26–R27; verbos irregulares 62

imperfecto de subjuntivo en cláusulas adjetivas: 240

imperfecto de subjuntivo en cláusulas adverbiales: 240, R21

imperfecto de subjuntivo en cláusulas nominales: 238, R21

imperfecto de subjuntivo en oraciones condicionales: 242, R21

▣ Agradecimientos

Créditos fotográficos

viii (tr), Digital Image copyright © 2006 EyeWire; viii (c), Don Couch/HRW; viii (b), © Royalty-Free/CORBIS; ix (tl), Copyright © Image Source Limited; ix (tr & br), © 1998–2005 Ulla Zang; ix (bl), Latin Focus/HRW; x (t), © Danny Lehman/CORBIS; xi (tr), © Comstock; xi (b), © Bettmann/CORBIS; xii (t), NASA/GSFC image created by Reto Stöckli, Nazmi El Saleous, and Marit Jentoft-Nilsen; xii (b), Copyright © Twentieth Century Fox. All Rights Reserved/Photofest; xiii (tl), © Roger Ressmeyer/CORBIS; xiii (r), © Dann Coffey/Getty Images/The Image Bank; xiii (bl); © Bob Krist/CORBIS; xiv (t), © Robert Landau/CORBIS; xv (tl), © Gianni Dagli Orti/CORBIS; xv (cl), © Getty Images; xv (bl & cr), Corbis Images; xvi © Rob Lewine/CORBIS; xvii (tr), © Royalty-Free/CORBIS; xvii (cl), Alvaro Ortiz/HRW; xvii (bl, & bcl), Don Couch/HRW; xvii (br), John Langford/HRW; xviii (c-background), © Archivo Iconografico, S.A./CORBIS; xviii (blc), Schalkwijk/Art Resource, NY; xviii (brc), The Granger Collection, New York.; xviii (lc), Private Collection/Ken Welsh/ Bridgeman Art Library; xviii (br), age fotostock;xviii (bl), © Bettmann/CORBIS; xviii (cr), EFE/MTI/NewsCom; xviii (tl), Photo by Lope Medina REUTERS /NewsCom; xviii (tr), © Szenes Jason/Corbis/Sygma; xviii (trc), Gentileza de Ediciones "El Galeón" Roberto Cataldo, Libería Anticuaria; xviii (b), © Blue Lantern Studio/CORBIS; xix (bl), Corbis Images; 0-1 (all), Don Couch/HRW; 2-9 (border bkgd), Digital Image copyright © 2006 PhotoDisc; 2, 4, & 6 (border-tl, tc, tr, bl, & br), Digital Image copyright © 2006 EyeWire; 2, 4, & 6 (border-cl), John Langford/HRW; 3, 5, & 7 (border-tl, tr, cl, cr, & br), Digital Image copyright © 2006 EyeWire; 3, 5, & 7 (border-bl), John Langford/HRW; 3 (l), © Getty Images; 3 (r), © Ronnie Kaufman/CORBIS; 4 © Ghislain & Marie David de Lossy /Getty Images/The Image Bank; 5 & 6 (all personality test images), © 1998–2005 Ulla Zang; 6 (l), © Royalty-Free/CORBIS; 7 (t & bc), Don Couch/HRW; 7 (c), © Bettmann/CORBIS; 8 Don Couch/HRW; 9 Scala/Art Resource, NY; 10 (l), © Chris Minerva/Index Stock Imagery, Inc.; 10 (c), ©Wendy Ashton/Getty Images/Taxi; 10 (r), Victoria Smith/HRW; 13 © Manchan/Getty Images; 17 Victoria Smith/HRW; 19 © Christie's Images/CORBIS; 21-27 (border bkgd), Digital Image copyright © 2006 PhotoDisc; 21, 23, & 25 (border icons), Digital Image copyright © 2006 PhotoDisc; 22-24 (border -tl), © Royalty Free/CORBIS; 22-24 (border -tr, cl, cr, & bl), Digital Image copyright © 2006 PhotoDisc; 22-24 (border -br), Peter Van Steen/HRW; 24 Copyright © Image Source Limited; 25 © Don Smetzer/Getty Images/Stone; 27 (t), Griffith/United Artists/The Kobal Collection/The Art Archive; 27 (b), MGM/UA/The Kobal Collection/The Art Archive; 33 Don Couch/HRW; 35 (l), © Royalty Free/CORBIS; 35 (r), Digital Image copyright © 2006 PhotoDisc; 40 (r), Christine Galida/HRW Photo; 40 (l), Latin Focus/HRW; 40 (b), Victoria Smith/HRW; 41 (c), John Langford/HRW; 41 (t), Don Couch/HRW; 41 (b), age fotostock/Suzanne Murphy-Larronde, 2006; 48-49 © Danny Lehman/CORBIS; 50-57 (border), Digital Image copyright © 2006 PhotoDisc; 52 Courtesy escritoras.com; 59 Victoria Smith/HRW; 61 Sam Dudgeon/HRW; 63 (l), © George Shelley/CORBIS; 63 (c),

Digital Image copyright © 2006 PhotoDisc; 63 (r), © David Young-Wolff/PhotoEdit; 65 Victoria Smith/HRW; 67 © Jerry Cooke/Photo Researchers, Inc.; 68 Marcia Lieberman Photography; 69-75 (border), ImageDJ; 71 (fruit), Digital Image copyright © 2006 PhotoDisc; 71 (c), Tatiana Munoz/Notimex/NewsCom; 77 © Comstock; 88 (bc), The Granger Collection, New York; 88 (tc), Digital Image copyright © 2006 PhotoDisc; 88 (tr), © Bettmann/CORBIS; 88 (br), Corbis Images; 89 (t), "Photographs Copyright 1998 from The Flat Earth Collection"; 89 (b), Christine Galida/HRW Photo; 96-97 NASA/GSFC image created by Reto Stöckli, Nazmi El Saleous, and Marit Jentoft-Nilsen; 98-106 (border), Digital Image copyright © 2006 EyeWire; 99 (tl, tr, & br), © Bettmann/CORBIS; 99 (bl), © Royalty-Free/CORBIS; 100 (bl), © Bettmann/CORBIS; 100 (cr), © CORBIS; 101 © Roger Ressmeyer/CORBIS; 102 © AFP/CORBIS; 103 (t), © Rykoff Collection/CORBIS; 103 (b), © Bettmann/CORBIS; 104 (t), Copyright © Twentieth Century Fox. All Rights Reserved/Photofest; 104 (b), © Ariel Skelley/CORBIS; 106 (tl), © CORBIS; 106 (tr), © Bettmann/CORBIS; 106 (bl), Fine Art Photogaphic Library, London/Art Resource, NY; 106 (br), Digital Image copyright © 2006 PhotoDisc; 108 NASA; 111 (l), © David Young-Wolff/PhotoEdit; 111 (cl), Getty Images/Taxi; 111 (cr), © Jose Luis Pelaez, Inc./CORBIS; 111 (r), © Michael Keller/CORBIS; 117 NASA; 118 © AFP/CORBIS; 119-127 (border), © Jay Dickman/CORBIS; 121 (c), © Roger Tidman/CORBIS; 122 (t), © Dann Coffey/Getty Images/The Image Bank; 122 (b), © Reuters NewMedia Inc./CORBIS; 123 © Yann Arthus-Bertrand/CORBIS; 124 © Bob Krist/CORBIS; 125 Konrad Wothe/Minden Pictures; 127 © Bettmann/CORBIS; 129 (r), © Charles Gupton/CORBIS; 2006 PhotoDisc; 129 (l), © Harald Sund/Getty Images/The Image Bank; 129 (c), © Getty Images; 131 (l), © Mach 2 Stock Exchange/Index Stock Imagery, Inc.; 131 (c), © Stuart Westmorland/Getty Images/Stone; 131 (r), © Steve Allen/Getty Images/The Image Bank; 138 (tl), Saturnino Herrán (1887-1918). La Ofrenda, 1913. Oleo sobre tela, 183 x 210 cm. Col. Museo Nacional de Arte. Foto: Arturo Piera L. Reproducción autorizada por El Instituto Nacional de Bellas Artes y Literatura.; 140 (c), © Philip Coblentz, Brand X Pictures; 140 (b), John Langford/HRW; 140 (t), © Gavin Hellier/Getty Images/Photographer's Choice; 141 (tl, tr, c), "Photographs Copyright 1997 from The Flat Earth Collection" "www.picture-gallery.com"; 141 (b), © Philip Coblentz, Brand X Pictures; 143 Peter Van Steen/HRW ; 144 © Royalty-Free/CORBIS; 148-149 © Robert Landau/CORBIS; 152 (tc), Javier Lira/Notimex/NewsCom; 165 (bkgd), © Chinch Gryniewicz; Ecoscene/CORBIS; 165 (tl), Digital Image copyright © 2006 PhotoDisc; 165 (tc), © Bettmann/CORBIS; 165 (bl), John Langford/HRW; 167-178 (border), © Macduff Everton/CORBIS; 168 © Angelo Cavalli/SuperStock; 169 (tc), © Dallas and John Heaton/CORBIS; 169 (bc), Bernard Gotfryd/Woodfin Camp & Associates; 177 ©Joseph Drivas/Getty Images/The Image Bank; 178 (l), Corbis Images; 180 (tl), © Richard Glover/CORBIS; 180 (tr), Sam Dudgeon/HRW; 180 (bc), © Patrick Bennett/Getty Images/Stone; 185 (l), © Getty Images; 185 (r), Sam

Créditos literarios

ASSOCIATE DIRECTOR
Barbara Kristof

EXECUTIVE EDITOR
Douglas Ward

SENIOR EDITORS
Lynda Cortez
Janet Crossley
Zahydée González
Jean Miller
Beatriz Pojman
Paul Provence
Elisabeth Wright

MANAGING EDITOR
Amber Nichols

EDITORIAL STAFF
Hubert Bays
Milagros Escamilla
Gabriela Gándara
Rita Ricardo
Glenna Scott

EDITORIAL PERMISSIONS
Carrie Jones
Permissions Supervisor
Yuri Muñoz
Translator/Interpreter

BOOK DESIGN
Kay Selke
Director of Book Design
Marta Kimball
Design Director

Robin Bouvette
Senior Designer
Sally Bess
Designer
Ed Diaz
Design Associate
Holly Whittaker
Senior Traffic Coordinator
Liann Lech
Traffic Coordinator

GRAPHIC SERVICES
Cathy Murphy
Senior Graphic Specialist

IMAGE ACQUISITIONS
Curtis Riker
Director
Jeannie Taylor
Photo Research Manager
Terry Janecek
Senior Photo Researcher
Michelle Rumpf
Art Buyer Supervisor
Jenny Sneller
Art Buyer Assistant

INVENTORY
Jevara Jackson
Senior Manufacturing Coordinator
Rhonda Fariss
Inventory Planner
Jennifer Craycraft
Manufacturing Coordinator

MEDIA DESIGN
Richard Metzger
Design Director
Chris Smith
Senior Designer

NEW MEDIA
Jamie Lane
Project Manager
Kenneth Whiteside
Manager of Application Development
Marsh Flournoy
Quality Assurance Analyst
Robert Moorhead
Applications Developer
Lydia Doty
Senior Project Manager
Nina Degollado
Technical Assistant

PRODUCTION
Beth Prevelige
Senior Production Manager
Gene Rumann
Production Manager

PUBLISHING SERVICES
Jeff Robinson
Ancillary Design Manager

4001600077